P9-AQK-684

Quino

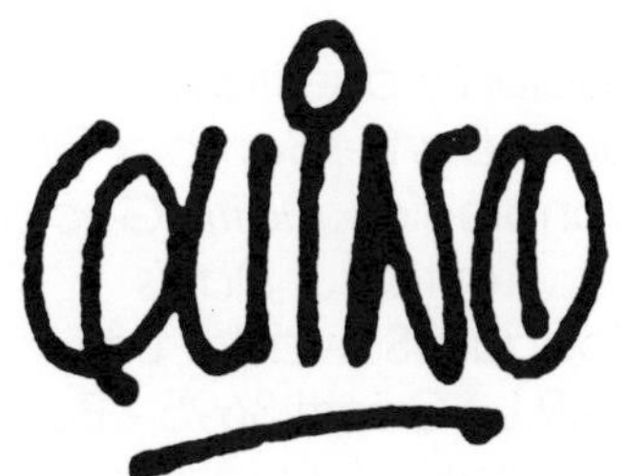

TODA
Mafalda

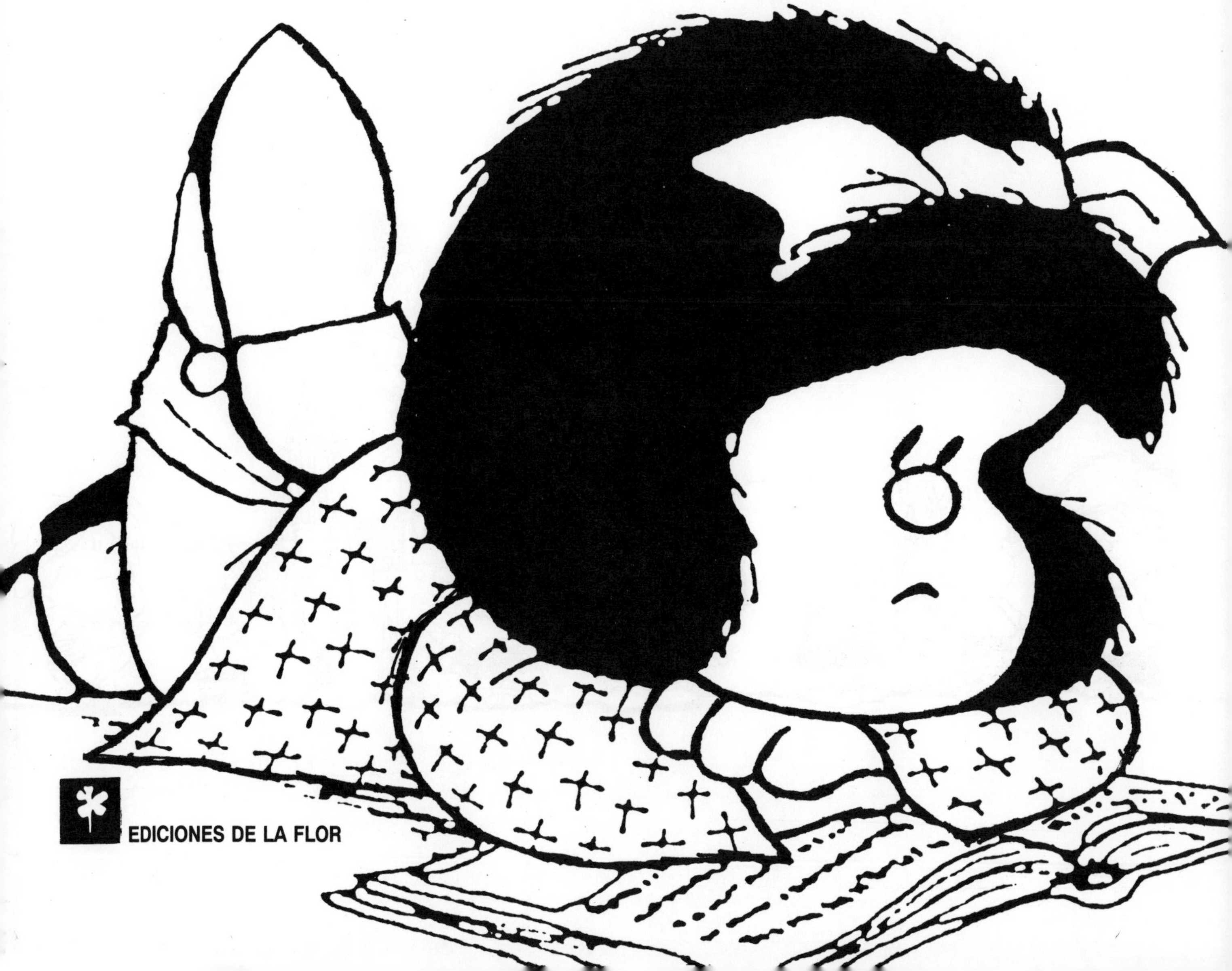

EDICIONES DE LA FLOR

Diseño gráfico, diagramación y puesta en página: *Patricia Jastrzebski*
Prólogo: *Daniel Samper Pizano*
Cronología: *Judith Gociol*
Textos: *J. Davis*
© 1993 *by* Joaquín Salvador Lavado (Quino)
© Ediciones de la Flor S.R.L., Gorriti 3695 - Buenos Aires, Argentina, sobre esta edición.
Impreso en la Argentina - *Printed in Argentina*
Queda hecho el depósito que establece la ley 11.723
ISBN 950-515-694-4

Novena edición: setiembre de 1998

ÍNDICE

PRÓLOGO

¿Y A ÉSTE, QUIÉN LO MANDÓ INFILTRARSE AQUÍ?
NO PIENSEN QUE LA CIA, PLIS
Q.
SCHULZ

MAFALDA, EL FOIE GRAS Y LA OCA

—¡Encantada! —dice una dama dichosa cuando le presentan a cierto humorista centroeuropeo—: ¡Me fascinan sus obras!
*—Pues yo lo lamento por usted —responde el humorista abochornado—. Admirar a un humorista y llegar a conocerlo, es como disfrutar del **foie gras** de oca y un día conocer la oca.*

1 - LA DAMA DICHOSA

Al autor de las páginas que leerán ustedes a continuación le ocurrió algo parecido a lo de la dama dichosa de la anterior anécdota, que es una historia auténtica; sólo que en la mía la oca tuvo final feliz. Durante muchos años disfruté todos los días con las tiras de Mafalda (el **foie gras**), aunque reconozco que, en realidad, el verbo disfrutar es un poco optimista: muchas veces Mafalda me perturbó, me conturbó y me llenó de angustia. De todos modos, la estudié con admiración; la cité en polémicas públicas con políticos y gobernantes, mientras ellos disparaban párrafos de Kant y de Churchill; escribí acerca de ella; coleccioné sus libros; pegué a la pared de mi despacho algunas de sus tiras; participé en mesas redondas sobre la terrible niña y sus amiguitos; la defendí de extremistas de izquierda y de derecha; regalé a mis hijos afiches y parafernalia mafaldiana, para disimular que me los estaba regalando a mí mismo; y descubrí asombrado que esos muñecos articulaban muchas cosas que yo sentía o pensaba pero era incapaz de expresar.
A lo largo de esos años —más de veinte— llegué a tener amigos comunes con Quino (la oca) y a saber que él sabía que yo era su admirador, como la dama dichosa. Pero no logré conocerlo. Un par de veces que visité Buenos Aires, Quino estaba en Milán. Y la única vez que he ido a Milán, Quino estaba en Buenos Aires. Hasta que la tarde del 4 de enero de 1990 recibí en mi apartamento de Madrid una llamada del **Pelado** Eduardo Galimberti, un buen amigo de los dos que ambos heredamos del **Negro** Fontanarrosa.
—¿Querés conocer a Quino? Venite ya para mi casa, que estamos reunidos aquí.

Creo que no le dejé terminar la frase. Metí en el bolsillo del chaleco a Pilar, mi mujer —la pobre es tamaño Libertad—, salí atropelladamente, recorrí a velocidad de Fórmula Uno el kilómetro y medio que me separaba del edificio del **Pelado** Galimberti y subí las escaleras a trancazos, porque el ascensor me parecía muy lento. Pero cuando el **Pelado** abrió la puerta y divisé a Quino, que desde un sofá estiraba la cabeza con sonrojo y curiosidad, quedé paralizado. Yo, que caí a los pies de Pelé hablando un milagroso portugués sin saber palabra de la lengua cuando pude conocer a **o Rei**; que tuve la frescura de llamar **compadre** a Joan Manuel Serrat y cantar a dúo con él "La Verbena de la Paloma" el día que me lo presentaron; que invadí los camerinos de Les Luthiers descolgándome por una ventana trasera para que me firmaran un autógrafo, me sentía ahora incapaz de dirigir palabra a Quino. Lo grave es que Quino sufre de timidez enfermiza y, al verme pasmado, se pasmó también. Pasaron así un par de minutos, hasta que Quino reaccionó. Con un gesto nervioso

NADIE ESPERE QUE YO DIGA ALGO

y mudo, pidió al **Pelado** un libro de Mafalda que estaba sobre la mesa y me lo entregó sin mirarme, luego de dibujar los siguientes trazos:

Quino había escogido al más expresivo de sus personajes para darnos la bienvenida. Flotaban corazones en el dibujo y en el ambiente. Emocionado, sólo atiné a humedecer con lágrimas de agradecimiento sus manos generosas, dar al **Pelado** un abrazo de hermano y salir corriendo con el libro y Pilar en el bolsillo. Meses después volví a ver a Quino. Esta vez nos comportamos como adultos. Almorzamos juntos, tomamos vino, conversamos y lo acompañé al montaje de la gran exposición quiniana que organizó en Madrid la Sociedad Estatal del Quinto Centenario entre abril y junio de 1992. Después de que se me apaciguó la taquicardia, he adquirido ya la serenidad suficiente para entender y poder contar lo que siente un goloso del **foie gras** cuando le permiten conocer la oca.

2 - EL FOIE GRAS

He creído siempre que hace falta una cronología horizontal cotidiana de Mafalda. Horizontal, ustedes saben, como esos cortes de calendario que ahora llevan en el apéndice los libros serios, donde es posible plantear, presumir y hasta descubrir vínculos mágicos o paradójicos entre hechos coetáneos. Por ejemplo:

Fecha	**En el mundo de Quino**	**En América latina**	**En el planeta**
Marzo 15 de 1962	Día en que nace Mafalda en la vida real, según su autobiografía.	El gobierno de Guatemala anuncia que han muerto 12 guerrilleros en choque con el Ejército. Cuba no puede cumplir sus exportaciones de azúcar con la URSS.	Cae al Pacífico Sur un avión con 107 ocupantes. Intensos esfuerzos por la paz en Argelia.
Set. 29 de 1964	Aparece publicada por primera vez una tira de Mafalda.	El presidente venezolano Raúl Leoni dice que "los guerrilleros se han convertido en bandoleros". En Ecuador, protestas callejeras y renuncias ministeriales por alzas de impuestos.	Estados Unidos revela que es inminente una prueba nuclear china.

¿Y CUANDO UNO ESTÁ AQUÍ Y NO TIENE GANAS DE DECIR NADA.... QUÉ?

Enero 19 de 1965	Debuta Felipe en una historieta de Mafalda.	Un estudio del gobierno británico revela "ausencia general de interés por América latina" en Inglaterra.	Indonesia concentra tropas contra Malasia. Exitoso viaje espacial de Estados Unidos. Cuatro generales se rebelan en Saigón (Vietnam del Sur).
Marzo 29 de 1965	Manolito Goreiro hace su primera aparición en las tiras de Mafalda.	Violento terremoto en Chile, que deja 247 muertos. El Ejército brasileño declara "zona de guerra" a tres Estados.	Atentado en la embajada de EE.UU. en Saigón. Washington responde bombardeando una isla norvietnamita.
Junio 6 de 1965	El mundillo de Mafalda adquiere un medio de información: aparece por primera vez Susana Clotilde Chirusi.	Fracasa una nueva misión de la OEA que pretendía poner de acuerdo a las facciones rivales en República Dominicana.	Lyndon Johnson invita a la URSS a dialogar por la paz. Marines de EE.UU. diezman un batallón del Vietcong. Moscú estudia retirar sus tropas de Alemania Este.
Junio 25 de 1973	Mafalda y sus amigos se despiden para siempre de sus lectores.	Salvador Allende denuncia, en entrevista a una revista norteamericana, que un sector de la oposición pretende derrocar su gobierno por la fuerza.	El Senado de EE.UU. se enfrenta a Nixon por el bombardeo de Camboya. Asesinados en Nueva Orleans 29 homosexuales.

Francamente no sé qué relación puede tener la aparición de Manolito Goreiro en la pandilla de Mafalda con el terremoto que sacudió a Chile, o el debut de Felipe con el súbito ataque de nervios del gobierno indonesio con sus vecinos malasios. Tampoco alcanzo a imaginarme por qué razón el estreno de Susanita coincide con las declaraciones y negociaciones de paz y desarme de Washington, la OEA y Moscú, todas ellas fracasadas o engañosas. Ni logro entender que, justamente el mismo día en que los lectores argentinos conocieron a Mafalda y su familia, el presidente de Venezuela lograra establecer con precisión de físico la transformación de los guerrilleros en bandoleros, como si pasaran del estado sólido al líquido. Pero Dios no es ocioso, no permite que estas cosas ocurran porque sí. Simplemente es mucho más listo que todos nosotros. Para desentrañar los cables subterráneos que unen a estos acontecimientos quizá se necesita la ayuda de alguien capaz de atar cabos invisibles; alguien con malicia suficiente como para sembrar el pánico con una pregunta que a primera vista aparece inocente; alguien que abrigue severas sospechas sobre la perversidad de este planeta y la mísera condición humana; alguien que riegue a su paso la duda y la inseguridad.
Alguien, en suma, como Mafalda. Ella sería la única con capacidad de entender esas conexiones que a nosotros se nos escapan y de poner en entredicho el acomodado equilibrio institucional con un comentario que descubra lo que todos sabemos: que vivimos cabeza abajo en el globo, o que "¡paz!" es la onomatopeya de una bofetada. Tal vez Mafalda habría hecho cara de "¿sí lo ves?" al darse cuenta de que Manolito debuta el día en que Vietnam del Norte hace volar en pedazos la embajada gringa en Saigón y Estados Unidos borra del mapa una isla norvietnamita, y quizá por eso exclama en algún parlamento: "La guerra es un negocio y los que la hacen son buenos comerciantes".
El caso es que la historieta guarda un escalofriante paralelo temático con la vida real. No es, por supuesto, una coincidencia. Mafalda nace como adorable excreción de la conciencia de un cierto señor llamado Quino, que es, a su turno, lúcida excreción de una cierta angustia generacional. Por eso por sus páginas desfilan y vuelven a desfilar los temas que llenan aquella época terrible y maravillosa de los años sesenta en una sociedad urbana del Tercer Mundo: Vietnam, el racismo, la fuga de cerebros, la guerra atómica, la aventura espacial, la amenaza china, la superpoblación, Fidel Castro (Felipe se refiere al problema de Cuba y el azúcar), Lyndon Johnson (Mafalda cree que a Johnson no lo mima su mamá), los militares, la literatura testimonial, los Beatles, la ONU (sospecho que también la OEA), Estados Uni-

HE DECIDIDO ENFRENTAR LA REALIDAD, ASÍ QUE APENAS SE PONGA LINDA ME AVISAN

dos, la Unión Soviética, las propuestas de Estados Unidos a la Unión Soviética, la Cortina de Hierro...

Pero también preocupan a los personajes de Mafalda otros temas más o menos abstrusos y definitivamente trascendentales. En el mundo de Quino, a diferencia del mundo real, lo urgente sí deja a veces tiempo para lo importante. Algunos de esos temas son la igualdad, la realidad, el envejecimiento, la felicidad, la dignidad, la democracia, la ternura, el porvenir, las diferencias entre el hombre y la mujer, la conciencia, la comunicación, la justicia... Hay, incluso, un lugar para Dios:

MAFALDA: Mamá, ¿Dios está en todas partes?

RAQUEL: Sí, claro.

MAFALDA: ¡Pobre!

No vale la pena repetir lo que ya han dicho sobre Mafalda ensayistas tan calificados como Umberto Eco o narradores con la intuición de Julio Cortázar y Gabriel García Márquez. Los personajes de Quino han servido para montar un juego dinámico de inquietudes profundas y permanentes en el marco inmediato del paisaje circunstancial de los años sesenta. La historieta ofrece muchas caras. Como el cubo de Rubik, cada quien arma la suya: los eternos temas humanos, la libertad, la rebeldía, la Década Prodigiosa, el Tercer Mundo, América latina en lo que llaman "la encrucijada", los eternos temas humanos, la sociedad urbanícola, Argentina, Buenos Aires, un barrio de Buenos Aires...

Quizás sea imposible armar de nuevo el cubo como lo montó desde un principio Quino, pues, además de todas las lecturas anteriores, están las familiares, las personales, los guiños a los amigos: Felipe se parece a uno que era periodista, Manolito a un panadero del barrio de San Telmo, Guille a un sobrino de Quino que es flautista... Cada quien, pues, ha de solucionar su cubo a partir de sus propias preferencias, a sabiendas de que el cubo tiene muchos colores y de que lo chévere y lo inquietante del mundo de Quino es que en cada uno de nosotros, sus lectores, coexisten todos los personajes en contubernio. Como ocurre, lo veremos, con él mismo.

III - LA OCA

Quino es la encarnación de Felipe: tímido, amable, introvertido, parece que anduviese de puntillas por la vida para no molestar a los demás. Alguna vez reconoció que era el personaje con el que más se identificaba y que cuando hablaba de la escuela en las historietas estaba echando mano de sus propios recuerdos. Eran los recuerdos de un niño de Mendoza, Argentina, que quedó hipnotizado cuando vio el primer dibujo de su vida. Lo tiene presente como si hubiera sido ayer. Ocurrió en 1935, una noche en que sus padres lo dejaron al cuidado de su tío Joaquín Tejón. El tío trazó con lápiz azul un caballo piafante en una hoja de papel y aquel instante se convirtió para Joaquinito Lavado en una verdadera epifanía. "Esa noche descubrí algo maravilloso que me dejó marcado para siempre", dice Quino. Tenía tres años y había ingresado al mundo de los **felipes**, esos personajes que en vez de ojos podrían llevar en la cara dos signos de admiración.

Un tiempo después Joaquinito —Quinito, Quino— fue sorprendido cuando dibujaba rostros en la mesa del comedor, una tabla clara de madera de álamo. Su madre, que era andaluza, se enfadó, pero no mucho. Llegaron a un acuerdo. Le estaba permitido pintar en la mesa, pero siempre y cuando la lavase después con agua y jabón. Así se consolidó en Quino una doble y admirable vocación: por el dibujo y por el aseo.

Al cabo de otros tres años iba a hacer un nuevo descubrimiento inolvidable. "La primera vez que tuve un asomo de lo que podría sentirse con el sexo —dice— fue un verano en el que llegaron unas primas adolescentes a visitar a mis vecinas. Una de ellas me abrazó en un cariñoso saludo y yo le atisbé el escote y sentí algo muy agradable, una especie de calor instintivo. Fue lo mejor que me ocurrió a los seis años." Después estuvo enamorado de la hija del lechero, pero, como sucede a Felipe con Muriel, las palabras se le atragantaban y las mejillas se le injertaban de tomate cada vez que la veía. Ella, ignorante de que dentro de ese niño flaco ardía una pequeña hoguera, nunca le prestó la menor atención.

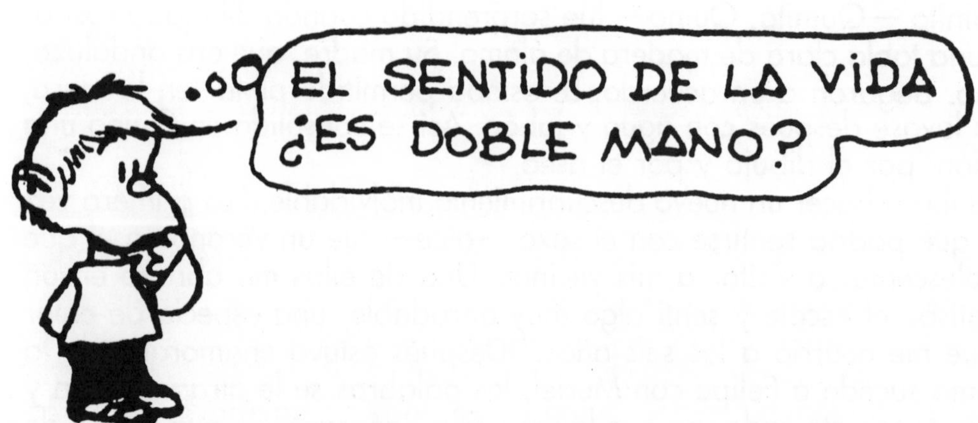
EL SENTIDO DE LA VIDA
¿ES DOBLE MANO?

En la escuela, Quino prefería hacer trazos que estudiar. La gramática y la ortografía le daban problemas, hasta el punto de que, cuando empezó a dibujar a Mafalda, compró un curso de redacción para que no se deslizaran errores en los globitos. No era malo el curso: a lo largo de las 1.928 tiras que llegó a publicar sólo aparecen dos faltas de ortografía: un **hechar** con h ("Mi papá los va a hechar de menos") y un **exije** con j ("Esta vida moderna exije juegos cada vez más breves"). La obsesión por la gramática lo ha acompañado siempre, como si su segunda nacionalidad no fuera la española sino la colombiana. Hace muchos años Quino asistió a una conferencia de Jorge Luis Borges. Y, en un insólito gesto de desparpajo que lo sorprendió a él mismo, se incorporó de entre el público y se atrevió a preguntarle si no pensaba, don Borges, que el verbo **aguaitar** (espiar, atisbar), que se parece mucho a otros de igual significado en otras lenguas ("agguato" en italiano, "await" en inglés), comparte con ellos una raíz latina.
—No —le contestó Borges en forma seca. Y siguió hablando de otra cosa.
"Me sentí un perfecto tonto", confiesa Quino y, aún hoy, se ruboriza.

Quino ya vivía en Buenos Aires. Fue una época dura en la cual contó con la ayuda económica de su hermano. A partir de 1954, cuando publicó su primera página de dibujos en la revista "Esto Es", aparecen diversos trabajos suyos: dibujos de humor en media docena de revistas y, a lo largo de cinco años, una caricatura cada 24 horas en el diario "Democracia". En 1962 realiza su primera exposición, que tiene lugar en una galería de Buenos Aires. Eran los tiempos de Juan XXIII, John F. Kennedy, Los Beatles, "La dolce vita" y el Ché Guevara: desde un pequeño apartamento en la calle Chile, Joaquín Lavado Tejón asistía a la inauguración de los años sesenta. Ya estaba casado con Alicia Colombo, a quien le ha tocado asumir la parte **manolita** de Quino, porque también los humoristas pagan comida, planchado de ropa y alquileres.
Uno de los trabajos comerciales que a la sazón le cayeron consistía en inventar una historieta que iba a servir de apoyo publicitario a una fábrica de electrodomésticos. Los dibujos no hacían mención de la marca —Mansfield—, pero era condición que aparecieran en la escena algunos aparatos eléctricos y que los nombres de los personajes empezaran con la M de Mansfield. Quino había visto en la película argentina **Dar la cara** a una niña llamada Mafalda, y utilizó este nombre para el personaje central de su historieta. Después bautizó Manuel a un pequeño comerciante inspirado en el padre de Julián Delgado, un periodista amigo suyo desaparecido luego durante la dictadura militar. Miguelito y los padres de Mafalda completaban el precario elenco inicial.
Cuando adivinaron el tufillo publicitario que la alentaba, los diarios se negaron a publicar la historieta. Quino archivó las doce muestras hasta que, en setiembre de 1964, el propio Delgado se las pidió para la revista **Primera Plana**. Había nacido Mafalda. Empezó con entregas semanales. Pero tuvo un éxito que el propio Quino jamás soñó y a partir de marzo de 1965 debió hacer una historieta cada 24 horas. "Era un trabajo tremendo, porque yo necesito tiempo para madurar la idea —comenta—. Nunca hubiera creído que podría aguantar diez años dibujando a Mafalda."

Hace ya veinte, en junio de 1973, Mafalda dejó de concurrir a la cita habitual con sus fanáticos. Pero ha hecho apariciones ocasionales por motivos humanitarios. En la gran exposición pentacentenarista de Madrid el mundo bidimensional de Mafalda se lanzó a la tercera dimensión escultórica. Fue un suceso sorprendente: los muñecos se volvieron personas, y Quino se volvió muñeco. Parte del atractivo de la muestra era un robot **made in USA** que imitaba a Joaquín Lavado en aspecto, tamaño, vestimenta y profesión. Dirigido por complicados circuitos de computador, el **quinotrónico** era capaz de mover la cabeza, saludar al público con la voz del actor argentino Héctor Alterio y levantar torpemente la mano. Cuando se lo presentaron, el verdadero Quino lo observó con una mezcla de pavor y simpatía. "No sé —comentaba aprensivo—. El robot este me crea una relación con la muerte que me inquieta mucho."
Pero lo toleró con su habitual sosiego. Y es que Quino ha conseguido anidar en una vida sosegada. Vive en Buenos Aires, pero pasa temporadas en Milán. Viaja mucho. Come poco

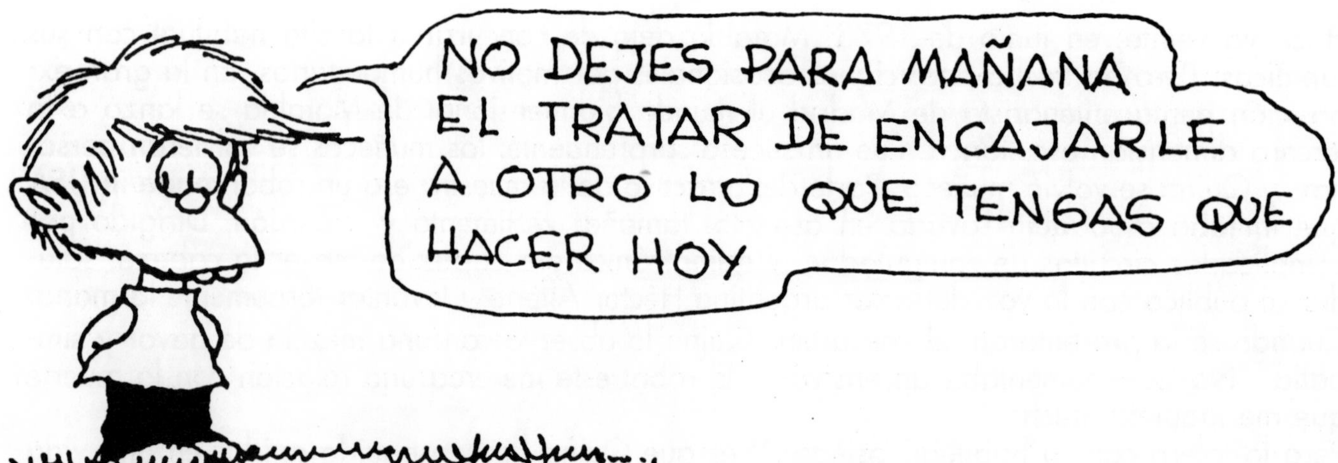
NO DEJES PARA MAÑANA EL TRATAR DE ENCAJARLE A OTRO LO QUE TENGAS QUE HACER HOY

y magro, porque el médico le ha prohibido la sal y las grasas. El **foie gras**, por consiguiente, ni verlo. Las ocas, sí; pero no tiene muchas ocasiones de pasar con ellas ratos de ocio. Ama el vino. Odia la corbata. Viste **blue-jeans**. Habla en voz baja. Es cariñoso con sus amigos. Y sigue siendo timidísimo.

Pero, al fin, ¿quién es Quino? ¿De qué está fabricada esta oca genial a la que debemos el **foie gras** exquisito de Mafalda? Habría que preguntárselo a sus criaturas. Aunque él —ya lo vimos— confiesa padecer muchas de las dudas ilusorias de Felipe es, en realidad, una amalgama de sus personajes, como lo somos todos. Puede sorprender con las inquietantes preguntas de Mafalda, poner una carga de trinitrotolueno en la reunión con reflexiones estilo Miguelito, hacer el tipo de críticas que uno esperaría de Susanita, mostrar el escepticismo intelectual de Libertad o desnudar sus sentimientos con el candor de Guille.
Uno de ellos fue expuesto en una entrevista que le hicieron aquella vez que visitó España con motivo de la gran exposición. Cuando preguntaron a Quino cómo veía el mundo actual, respondió sin cortapisas: "Mal, muy mal. Me alegro de no ser joven". Podría pensarse que semejante frase constituye una especie de traición o, al menos, de capitulación cuando procede de quien durante diez años creó un universo de jóvenes. Y, sin embargo, habría que ver si los muñecos de Quino son en realidad niños. O si lo que ha hecho Quino es albergar en cataduras infantiles ciertas reflexiones, angustias, ternuras y alegrías sin edad. Con excepción de Guille, los niños de Mafalda seguramente no son ciento por ciento niños. Si ello es así, tal vez lo que se proponía Quino era hacer menos estrepitosas las bofetadas, menos dolorosas las preguntas, menos deleznables las inseguridades. O a lo mejor no se proponía nada, sino que las cosas, simplemente, salieron de esa manera. Pero eso no importa. Lo que importa es el resultado, ese genial revulsivo de nuestra tranquilidad que son Mafalda y sus amigos. Al fin y al cabo, sería injusto pedirle a la oca que, además de producir el **foie gras**, escribiera tratados sobre el funcionamiento hepático en las aves de corral.

Daniel Samper Pizano

VISITAS ILUSTRADAS

Cuando se planificó la edición argentina de **Toda Mafalda**, un libro del que ya existen diferentes versiones en Italia, Portugal, Brasil y también España, pareció lógico pedirle a algunos colegas y amigos de Quino una contribución que tuviera que ver con el protagonista.
Caloi (Carlos Loiseau) prefirió entregar tres tiras publicadas de su exitosa historieta "Clemente" en las que ya había rendido su tierno homenaje al personaje y a su autor.

SI ALGUIEN GOLPEA TU MEJILLA IZQUIERDA VE Y APRENDE KARATE

Roberto Fontanarrosa, en cambio, elaboró este diálogo entre Inodoro Pereyra y el Mendieta donde juega, como suele hacerlo, con la ambigüedad de las palabras.
Otros dibujantes como Sendra (Fernando) y Rep (Miguel Repiso) sumaron a sus ilustraciones -que aparecen en las páginas siguientes-, textos cargados por la relación afectiva con Quino (páginas 26 y 28).
Rudy (Marcelo Daniel Rudaeff) que no es dibujante sino psicoanalista en retiro efectivo y coguionista -con Daniel Paz- de infinidad de chistes gráficos, aportó un texto confesional acerca de su relación con Mafalda, previamente aprobado por su propio psicoanalista (pág. 30).

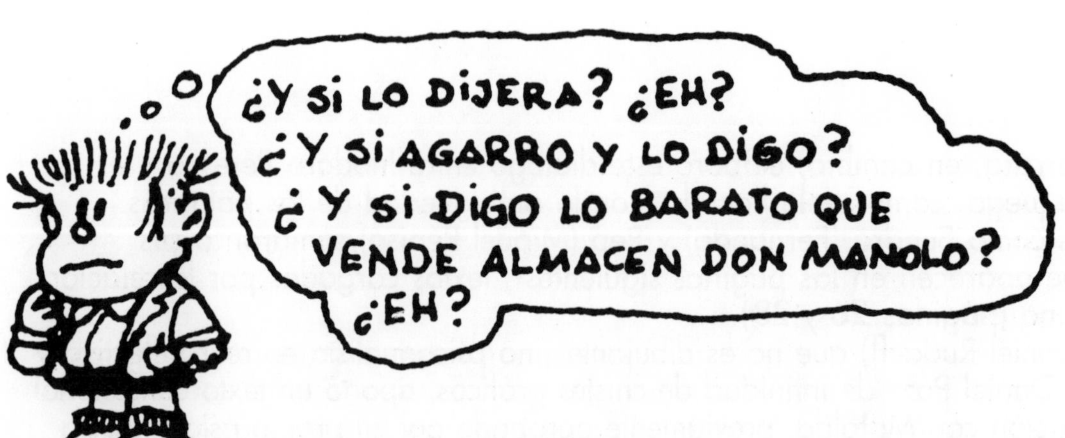
¿Y SI LO DIJERA? ¿EH?
¿Y SI AGARRO Y LO DIGO?
¿Y SI DIGO LO BARATO QUE
VENDE ALMACEN DON MANOLO?
¿EH?

1977 ■ BS AS ■ CANSADA DE INTERPRETAR PAPELES INFANTILES, MARÍA LAVADO, MÁS CONOCIDA COMO "MAFALDA", DECIDE VIAJAR A BARCELONA PARA PROBAR SUERTE EN EL COMIC ADULTO EUROPEO ■ SU AMIGA LIBERTAD, EXILIADA EN ESPAÑA DESDE 1975, LE ABRE LAS PUERTAS DE LOS ESTUDIOS MUÑOZ-SAMPAYO

EN 1980, PRATT LE DA UN PROTAGÓNICO JUNTO AL CORTO MALTÉS EN "TULIPANES MARROQUÍES"

SIN OBTENER EL MISMO RECONOCIMIENTO QUE CON SU PERSONAJE DE MAFALDA, MARÍA LAVADO ANUNCIA SU RETIRO DE LA HISTORIETA EN 1985 ■ ESE MISMO AÑO, CONTRAE MATRIMONIO CON UN PERSONAJE DE SEMPÉ

Daniel Paz, quien ya había entregado la coproducción con Rudy que se incluye en la página 31, se sintió sin duda rodeado por el personaje, porque el 26 de noviembre de 1991, en su columna "Efemérides truchas" que publica el suplemento juvenil "No" del diario "Página /12", delira con esta Mafalda madura y emigrada, apellidada como su autor, y aprovecha para rendir homenaje también a otros grandes de la historieta: Muñoz, Sampayo y Hugo Pratt.

Querido Quino:

me resulta muy difícil expresar mis sentimientos en privado e inevitablemente tiendo a minimizarlos cuando estoy frente a quien debo manifestarle mis afectos. Por eso aquí, solo frente a mi máquina, sin ver reflejada mi propia imagen en tu mirada, puedo contarte que tengo ese horror masculino a decirte que te quiero, pero te quiero. Intenté escribir "te estimo", era más de macho, pero distante. "Te aprecio", me pareció una artera puñalada por la espalda. "Gusto de vos" demasiado insinuante y provocativo. "Te amo", decididamente fuera de lugar, y además soy casado. "Te adoro", una exageración mística. "Te valoro", una bosta. Por eso, porque no me queda otra, te tengo que querer, y te quiero.

Pero hay algo más. De vos aprendí mucho.

Te lo debo.

Espero sabértelo pagar.

Un beso.

Fernando, el Sendra.

¡QUINO EXISTE Y MAFALDA ES SU PROFETA!
SENDRA

Lo mío con Mafalda es más o menos así: jamás compré un solo libro del 1 al 10, hasta que salió el Mafalda inédito, y recién ahí sí. Los demás o me los prestaron siempre, o los robé, o algún canje en Parque Lezica.
La primera mención de Mafalda en mi vida fue en 5º grado, cuando una compañera (Martínez) me contó asombrada aquella tira: Mafalda se niega a tomar la sopa, y descarga una rígida perorata acerca de su ética insobornable y sus principios y bla bla. De pronto interrumpe la madre: "Panqueques". En el último cuadrito, metiéndose cucharadas apresuradas en la boca, Mafalda piensa "Qué asco me doy a veces". Vaya a saber por qué, pero ese gag nos maravillaba. Mafalda era una de las nuestras, frente al astuto y dominante mundo adulto. Y tanto me quedó esa tira en la cabeza, que no paré hasta verla, hasta metabolizar esos monitos que intuía superiores a la escuela Dante Quinterno, y no paré hasta asomarme al Mundo Quino, por supuesto hasta el día de hoy. Y creo que mañana y días subsiguientes también.
Después fueron un delantal de cocina de regalo para mamá (Mafalda diciendo: "¿Qué te gustaría ser si vivieras?"), un afiche tamaño oficio que papá me hizo despegar del cuarto donde yo dibujaba ("Ves, este es el palito de abollar ideologías"), sospechado de panfleto político. A esa altura Quino abandonaba la tira, y yo la conseguía tardíamente debido a la provisión de amigos como Carballo (quien publicó dibujos en el Nº 1 de "Humor"), esos maravillosos libritos de lomo duro, tapa cartón mate, Ediciones de la Flor. Todo era placer, las dedicatorias del autor, las citas ("juro que no morí" de Paul Mc Cartney), los pies de imprenta.

Lecturas y relecturas. Mirar los detalles. Recuerdos como aquella inaudita espera en Almagro, subir a ese departamento tan parecido al de Libertad y sus padres, aquel Mafalda 5 de tapa celeste, aquella sustracción.
Quiero decir, ningún orden. Todo muy caótico, ni siquiera hoy tengo la colección completa (algo que subsanará la edición de este grande libro, que espero no tener que robarle a Divinsky).
Toda la saga de Mafalda y su mundo está en la galería de obsesiones de mi vida (como lo estuvieron las arañas, el Barón von Richtoffen y su Fokker, las momias y por arrastre lo egipcio, Picasso, Los Beatles), en fin, un misterio que este libro no alcanza a aclarar Porque... ¿Devela este tomo los misterios de Mafalda? Digo tomo, porque me gustarían otros.
El tomo 2 podría ser Todo Quino, con sus dibujos fuera de Mafalda, y quizá se expanda a un tomo 3. El tomo 4 debería traer un gran reportaje al autor (en lo posible hecho por otro humorista gráfico, a la manera de aquella entrevista que Truffaut le hizo al maestro Hitchcock y fue libro) con mucha investigación y fotos. Sólo así podríamos empezar a develar el mito. Hay tantas preguntas que uno se hace...
• ¿Por qué Mafalda nunca mostró los dientes, ni siquiera en la campaña de Salud Dental?
• ¿Por qué no hubo cabida para los abuelos de los personajes en la tira?
• ¿Qué pasa que no aparece, ni remotamente, la Mendoza natal de Quino? No pretendo un "Amarcord", pero, mi viejo, ni una sola acequia, ni un paisaje, un aroma, una vid, algo...
• ¿Quién es el José María Pemán que leo en una tira del "10 años con Mafalda"?
• ¿Cómo sería "el cuadrito después"? Un ejemplo: ¿Qué hacen los papás de Guille luego de que éste los viera abrazados, y gritase: "¡Eta e mi mujed!"? Otro: ¿Cómo califica finalmente la maestra al deber de Mafalda sobre las invasiones inglesas, donde dibuja a hippies con pancartas?
He querido demostrar de esta manera que este volumen, más que agotar la cosa, realimenta el mito. Por eso, sigamos el ejemplo de Mafalda, su doctrina: ¡No guardemos silencio! ¡Juntémonos! ¡Exijamos más y más tomos! ¡Nosotros podemos! ¡Quino también!

¡Callate ya Miguel Rep!

Joaquín Salvador Lavado, mendocino, Cáncer, Mono en el horóscopo chino. El argentino mas leído en este mundo. Y el mas querido.
Cabeza. Ideas. Déjenlo inventar
Argentino nativo, ciudadano español, vecino de Milán. Varias naciones se lo disputan, pero Alicia no negocia su pase
Mirada donde se confunden la astucia andaluza, la estirpe de un enólogo de Cuyo, la picardía criolla, cierta chispa de pornógrafo, la ternura de Libertad. Ojos que ven mas allá, como el protagonista de Las Alas del Deseo
Buen beber, buen comer, buen vestir. Campera para ocultar las alas
FRAGIL
Manos que antes eran de 4 dedos, ahora de 5, pero apenas son líneas, hebras
El Viejo Oski, que a veces se aparece para putear un poco
Mafalda quedó atrás
Ultratimidez. Delante suyo, uno se siente siempre un invasor.
Quino anda diez centímetros por encima del suelo, no como el resto de los mortales
REP
firma d'alumno

MAFALDA Y YO

Fue más o menos en 1965, o en el 66. Yo tenía 9 años, y mi papá trajo a casa el primer libro de Mafalda. Me gustó mucho que los personajes fueran niños, que se volvieran locos por ver la tele (yo era fana de Pepe Biondi), que Mafalda intentara ser astronauta "a propulsión a soda", que Felipe viviera mis propias contradicciones escolares y amorosas.

Y algunas tiras no las entendí. Recuerdo una donde Mafalda le pide al papá que le explique con claridad qué era esto de Vietnam. Entonces el papá se niega y Mafalda le dice "Claro, como yo soy opa, no puedo entenderlo" y el papá le explica que "No es que seas opa, sino que éste no es un tema para niños", y Mafalda: "Decime pa, ¿Y si me lo explicás sin las partes pornográficas?". Entonces yo fui y le pregunté a mi papá qué quería decir "pornográfico" y él, algo sorprendido, me dijo que esos temas no eran para niños. Lamentablemente no pude, como Mafalda, pedirle a mi papá que me lo explicara sin las partes pornográficas.

Después fue un amor a segunda vista (al año siguiente cuando salió el número 2, yo ya entendía de qué se trataba) y duró como ocho años más, hasta que Mafalda se fue a vivir con sus padres a otro sitio, y yo me quedé con sus recuerdos, con su diccionario "castellano-caramelo", con las peleas Susanita-Manolito, la pedantería de Miguelito, la indecisión de Felipe, la ideología de Libertad que comía pollo gracias a que Jean-Paul Sartre los escribía y su mamá los traducía, la viveza de Guille, y el aguante de los padres, que a pesar de su aparente mediocridad, su oficina, su aspiradora, sus plantitas, y su sopa constante, en algo habrán ayudado a sus hijos para que ellos puedan entender el mundo de esa manera.

Han pasado 26 años, Mafalda recorrió mucho mundo, yo sigo diciendo "grapcias", como Felipe al recibir el horrible "almanaque de Almacén Don Manolo", cada vez que me obsequian algún esperpento, y pongo caras como el papá de Libertad cada vez que tengo que votar y ninguno me convence. Más de una vez, al ver el precio de algún producto en el mercado, diría, como la mamá de Mafalda "¡Sunescán daluna buso!", o sea ¡es un escándalo, un abuso!, como la nena se encarga oportunamente de traducir. ¿Qué más les puedo decir de Mafalda que no sepan ya? Sólo una cosa. Que hace un cuarto de siglo, a un pibe de 9 años le abrió un mundo nuevo dentro del mundo de todos los días ¡Viva Mafalda!

RUDY

MANOLITO... ESTE YOGUR ESTÁ VENCIDO

BUENO... POR UNO O DOS DÍAS

NENE, ACÁ DICE "VENCE ABRIL 1965"

AH, ESO NO ES UN YOGUR... ES UN DOCUMENTO HISTÓRICO... ES DE CUANDO DEBUTAMOS EN EL DIARIO "EL MUNDO"

YOPIN
DON MANOLO

DANIEL PAZ - RUDY

MAFALDAS (CASI) PRIVADAS

Arriba: la participación de casamiento diseñada por Quino cuando la actriz Graciela Dufau y el director teatral Hugo Urquijo "legalizaron" su situación al dictarse la ley de divorcio.
Abajo: aporte al homenaje a los 20 años de Inodoro Pereyra publicado por "Clarín", más dedicatoria (no publicada).

QUIENES, COMO YO, AMAMOS CON TELÚRICA HONDEZ AL PAISANO DE NUESTRA VERNÁCULA TIERRA DAMOS GRACIAS A FONTANARROSA, ESE HOMBRE DE COLOR, POR HABER CREADO UN PERSONAJE TAN SIMPÁTICO Y TAN QUERIBLE COMO USTED, DON INODORO, QUE ES UN SÍMBOLO DE TINTA CHINA Y NO UNO DE ESOS MOROCHITOS DE CARNE Y HUESO HARAGANES, BORRACHINES, TAIMADOS, INDOLENTES, ZAPARRASTROSOS E IGNORANTES QUE, LAMENTABLEMENTE, PUEBLAN CASI TODO EL INTERIOR DEL PATRIO SUELO

¡que la re-parió!

¡te queremos, Negro! un abrazo del QUINO 92 y la Aliña

SNOB

¡¡AL UNICO PRESIDENTE CAPAZ DE DEMOSTRARNOS QUE TODO ESO QUE NOS ENSEÑAN EN LA ESCUELA PUEDE SER VERDAD!!

Dedicatoria en el ejemplar de *Mafalda inédita* obsequiado al Presidente Alfonsín aludiendo al famoso dibujo publicado al día siguiente del golpe de junio de 1966, incluido en ese libro.

¡CHISMOSO! QUERIENDO ENTERARTE DE LO QUE DIGO ¿EH? ¡CONFESÁ, CHISMOSO! HACIENDO ESFUERZOS POR LEER ¿NO? ¿VISTE COMO NO SOY YO SOLA?

ATENCIÓN ANA Y CARLOS ALBERDI

Bs. Aires, 26 NOV 92

¡SE VAN!.. ¡SNIF!.. ¡ANA Y CARLOS SE VAN!!

¡DEJALOS!..¡¡QUE SE VAYAN NOMÁS!! ¡YA VAN A EXTRAÑAR NUESTRA HUMILDAD, NUESTRAS VEREDAS, NUESTRA ALTURA POLÍTICA!!... "MISIÓN CULTURAL" ¿SABÉS CUÁL FUE LA MISION CULTURAL DE ESOS DOS? ¡HINCHARSE DE SÁNGUCHES DE MIGA!! ¡ESA FUÉ LA MISIÓN CULTURAL!!..

QUERIDOS ANA Y CARLOS: LAMENTO NO PODER ESTAR AHÍ COMPARTIENDO UN VINITO CULTURAL CON VOSOTROS. YA LO HAREMOS CON UNAS CAÑITAS EN MADRID. UN MUY FUERTE ABRAZO, Y BUEN VIAJE.

Alicia y QUINO

–¡AH! ¡FELICES NAVIDADES Y AÑO NUEVO Y ESAS CHORRADAS QUE SE DICEN!

La partida de Buenos Aires del director del Instituto de Cooperación Iberoamericana motivó este fax de despedida.

DEBEMOS OBSERVAR EN TODO MOMENTO UNA HIJICTUD EJEMPLAR

¡QUÉ MOMENTOS,
DON RAULITO!...

¡PERO SEPA QUE ESTAMOS JUNTO A USTED!

Durante la rebelión militar de Semana Santa de 1987, que puso en zozobra al país y marcó la aparición de los siniestros "carapintadas" Quino envió al Presidente Raúl Alfonsín la serie de tres dibujos que comienza en la pág. 41

MAFALDA TIRA A TIRA

MAFALDA
TIRAS DE QUINO
EDICIONES DE LA FLOR

LEX
DEPÓSITOS AQUÍ
¡BUEH!...¡QUEDA HECHO EL DEPÓSITO QUE MARCA LA LEY 11.723!

a Julián J.,
Miguel Brascó,
Alicia
y U-Thant
QUINO

¿EL JARDÍN DE INFANTES ES UNA CARRERA MAMÁ?
¡NO! ¡QUÉ VA A SER UNA CARRERA!
1

ENTONCES CUANDO LO TERMINE NO TENDRÉ QUE.... ¡MENOS MAL!

¡TE JURO QUE SIENDO TAN CHIQUITA NO QUERÍA, MAMÁ! ¡NO QUERÍA!
¡TE JURO!
¿NO QUERÍAS QUÉ?

¡TENER QUE IRME DEL PAÍS, COMO TODO EL QUE TERMINA UNA CARRERA!
QUINO

¿PORQUÉ TODOS LOS QUE TERMINAN UNA CARRERA SE VAN AL EXTRANJERO?
¡SONAMOS!
2

BUENO, TAL VEZ PORQUE AQUÍ NO TIENEN SUFICIENTE CAMPO

PERO DECIME...

¡CON TODO EL CAMPO QUE TIENEN AQUÍ LAS VACAS!...¿PORQUÉ DEMONIOS **TAMBIÉN ELLAS** SE VAN AL EXTRANJERO?
QUINO

¡ES HORRIBLE! ¡LA GENTE ESTUDIA, TERMINA SU CA-RRERA Y...¡ZAS! SE VA AL EXTRANJERO!
3

¡COMO SIGAMOS ASÍ, ESTE PAÍS SE VA IR A...

...A...

.. ¡AL EXTRANJERO!
QUINO

¿A VOS TE PARECE BIEN QUE LA GENTE DEJE EL PAÍS PARA TRABAJAR EN EL EX-TRANJERO?
¡POR SUPUESTO!
4

¿ACASO CUANDO MI PAPÁ VINO AQUÍ NO DEJÓ SU PATRIA POR UN PAÍS EXTRANJERO?

PERO ¿SOS TONTO? ¡ESTE **NO ES** UN PAÍS EXTRANJERO!

¡HAY GENTE TONTA!
QUINO

¡EXAGERACIONES TUYAS! ¡NO TODO EL QUE TIENE UN TÍTULO SE VA AL EXTRANJERO!
¿VOS CREES?
5

¡MIRÁ A LOS POLÍTICOS!.. ¡EL QUE NO ES ABOGADO ES INGENIERO, O MEDICO,

..O ARQUITECTO!...¡Y NO POR ESO SE VAN AL EXTRANJERO!

¡QUÉ LÁSTIMA!..
QUINO

¿CÓMO ES QUE NO VAS AL JARDÍN DE INFANTES, MANOLITO?
PORQUE SOY MAS ÚTIL EN EL ALMACÉN DE MI PAPÁ

¿Y A LA ESCUELA **TAMPOCO** PENSÁS IR?
AHÍ SÍ, PORQUE APRENDERÉ ARITMÉTICA. SERÁ UN PROGRESO PARA EL ALMACÉN DE MI PAPÁ

"¡PROGRESO!"...¡PROGRESO SON LOS VIAJES ESPACIALES Y **NO** EL ALMACÉN DE TU PAPÁ!
PERO SÍ EL COSMOS TAMBIÉN ME INTERESA!

TENGO EN VISTA SUCURSALES

DICCIONARIO

DICCIONARIO

¡ASÍ NUNCA VAS A TERMINAR DE LEER UN LIBRO TAN GORDO!

HACER PINTAR LIBREMENTE A LOS CHICOS AYUDA A CONOCER A CADA UNO

PORQUE LA PINTURA DESCUBRE LA PERSONALIDAD...

¡YO DIRÍA QUE LA CUBRE!

¡PTUAJ!

CREO QUE DEJÉ EL POMO DE TÉMPERA Y TRAJE EL DE DENTÍFRICO

¿ESTÁ TU MAMÁ?

¿DÓNDE LO PONE, SEÑORA?
EN EL LIVING, POR FAVOR.

¿Y A LA NENA?

¿ASÍ QUE TELEVISOR, ¿EH? ¡POR FIN!...
¡TENÉS QUE VERLO!...¡ES FANTÁSTICO!

¿Y TE DEJA VER TELEVISIÓN TU PAPÁ?
Y... TRATA DE NO DEJARME VER...

PERO EMPLEA RECURSOS...¿CÓMO PODRÍA DECIRTE?

...ALGO INGENUOS.

SI LE DIGO QUE NO VEA TANTA TELEVISIÓN VA A TERMINAR POR ODIARME. ¿PORQUÉ NO LE DECÍS VOS?

MAFALDA, SERÍA CONVENIENTE QUE VIERAS un..............

¿QUÉ?...

¿QUÉ QUÉ, HIJITA?

¿HAS PENSADO QUÉ VAS A SER CUANDO GRANDE?
¡UF!...HAY TIEMPO PARA ÉSO

¿HAY TIEMPO?...¿Y SI CUALQUIER DÍA SE ARMA UNA GUERRA ATÓMICA Y ESPICHAMOS TODOS? ¡LA HUMANIDAD DESPACHURRADA! ¡HORROR!

EN ÉSE CASO NO LLEGAREMOS A GRANDES

¡MIRÁ QUE SOS MACABRO, ¿EH?...

DECIME, MANOLITO ¿VOS QUÉ PENSÁS DE LA GUERRA ATÓMICA?
PUES QUE NO HABRÁ

LA GUERRA ES UN NEGOCIO. Y LOS QUE LA HACEN SON BUENOS COMERCIANTES.
MI PAPÁ TAMBIÉN ES BUEN COMERCIANTE
?

ASÍ QUE LOS OTROS NO VAN A TIRAR BOMBAS PARA ROMPERLE EL ALMACÉN A MI PAPÁ

PODÉS ESTAR TRANQUILA. ENTRE BUEYES NO HAY CORNADAS.

¿DÓNDE ESTAMOS NOSOTROS?

AQUÍ, ¿VES?

PERO ENTONCES... ¡VIVIMOS CABEZA ABAJO!
Y...SÍ.

¡DIOS MÍO! ¡CREO QUE A PARTIR DE HOY SENTIRÉ MÁS APEGO POR ESTE SUELO!

16
¿QUE VIVIMOS CABEZA-ABAJO? ¿DE DONDE SACASTE ESA ESTUPIDEZ?
BASTA MIRAR UN GLOBO TERRÁQUEO

LOS DEL HEMISFERIO NORTE VIVEN CABEZA ARRIBA. Y NOSOTROS CABEZA-ABAJO

¡ABSURDO!
¡NO!... ¿NO VES QUE LOS PAÍSES DESARROLLADOS SON JUSTAMENTE LOS QUE VIVEN CABEZA-ARRIBA?

QUINO
¿Y ÉSO QUÉ PRUEBA?
QUE POR VIVIR CABEZA ABAJO, A NOSOTROS LAS IDEAS SE NOS CAEN!.

17
¡VAMOS A REFUTARLE A MAFALDA SU TEORÍA DE QUE SOMOS SUBDESARROLLADOS POR VIVIR CABEZA-ABAJO!

¡SI AL PAPÁ DE MANOLITO SE LE CAYERAN LAS IDEAS DESARROLLISTAS, NO TENDRÍA UN ALMACÉN TAN PRÓSPERO!
¡CLARO!

PORQUE NACIÓ EN ESPAÑA, CABEZA-ARRIBA
¡PERO MANOLITO NACIÓ AQUÍ. Y A ÉL TAMPOCO SE LE CAEN LAS IDEAS!

QUINO
TOC TOC
SE EXPLICA PERFECTAMENTE

18

¿VES, FELIPE? EN REALIDAD NO ES QUE LOS ADULTOS CREZCAN

?
SIMPLEMENTE LLEVAN MÁS TIEMPO QUE NOSOTROS VIVIENDO CABEZA-ABAJO

QUINO
Y, LÓGICAMENTE, EL PESO DE LA CABEZA LOS VA ESTIRANDO.

19

!

?

QUINO

20

¿LOS GATOS A QUÉ SECTOR DE LA DEMOCRACIA REPRESENTAN?
QUINO

¿A QUÉ JUEGAN, CHICOS?
AL GOBIERNO
21

BUENO; A NO HACER LÍO ¿EH?

DESCUIDÁ, NO VAMOS A HACER ABSOLUTAMENTE NADA
QUINO

¿ASÍ QUE LOS CHICOS HAN FORMADO UN GOBIERNO?
SÍ, Y MAFALDA ES EL PRESIDENTE
22

SOSPECHO QUE AHORA DEBE ESTAR JUGANDO A CUALQUIER OTRA COSA
QUINO

¡MAFALDA, LEVANTÁ LA TRICOTA QUE DEJASTE TIRADA!
23

¡NO TENGO PORQUÉ OBEDECER A NADIE, MAMÁ; YO SOY UN PRESIDENTE!

¡Y YO SOY EL BANCO MUNDIAL, EL CLUB DE PARÍS Y EL FONDO MONETARIO INTERNACIONAL!

HAY QUE RECONOCER QUE ESTUVO ASTUTA
QUINO

¡ARRORRÓ MI NEEENE,
¡ARRORRÓ MI SOOOOL...
24

¡EH! ¿YA NO SOS MÁS PRESIDENTE, MAFALD
¡SSSHHH!.. ¿CÓMO QUE NO?

¿NO VES QUE ACÁ DUERMEN TODOS LOS PROYECTOS DE GOBIERNO?
QUINO

25

PERO MAMÁ, ¿DÓNDE HAS VISTO UN ACTO OFICIAL SIN ALFOMBRA?
QUINO

HOLA

VENIMOS A HACERTE UN PLANTEO, PRESIDENTE.
26

¡FUERA!
QUINO

¡ESTÁS MAL INFORMADA! ¡ASÍ NUNCA ES LA COSA!

¡NO SÉ QUÉ ME PASA HOY! ¡ANDO CON EL ÁNIMO POR EL SUELO!
27

QUINO
¡QUÉ TRISTE DESTINO PARA UN ÁNIMO!

¡TENÉS QUE TOMARLA! ¡LOS QUE NO TOMAN LA SOPA NO CRECEN NUNCA!
28

¡Y SE QUEDAN SIEMPRE NIÑITOS, Y NUNCA LLEGAN A SER GRANDES!

¡QUÉ TRANQUILIDAD REINARÍA HOY EN ESTE MUNDO SI MARX NO HUBIERA TOMADO LA SOPA!
QUINO

¡QUIERO TOMAR SODA! ¡Y NO VOY A ANDAR SEDIENTO POR CULPA DE TU TRAJE ESPACIAL!
¡NO ES POSIBLE!

29
QUINO

EN LA ERA ESPACIAL TODO ES POSIBLE

NADA DETIENE EL AVANCE DE UNA NUEVA GENERACIÓN TECNIFICADA.
30

QUINO

Y MENOS, UNA VIEJA GENERACIÓN DESPRESTIGIADA.

¡SORPRENDENTE!
FSSSH
31

¡NUNCA PENSÉ QUE UN SIFÓN BRINDARA ESTAS POSIBILIDADES TÉCNICAS!

¡Y COMERCIALES!.. ¡ESTO PUEDE LLEVAR LA COTIZACIÓN DEL ARTÍCULO A NIVELES MUY INTERESANTES!
¿! ?!

¡LAS GENERACIONES SON TUERTAS SI LES FALTA EL OJO COMERCIAL!
QUINO

¡VAS A VER!..¡CON ESTA IDEA MÍA, EL LANZAMIENTO SERÁ ESTUPENDO.
32

..CUATRO,... ...TRES,... ...DOS,... ...UNO,...

¡CERO!
FSSH!

SERÉ CURIOSA, FELIPE... ¿QUÉ SIGNIFICA PARA VOS LA PALABRA ESTUPENDO?
QUINO

¡VOS Y TUS VUELOS A CHORRO! ¡COMO SI NO HUBIERA YA BASTANTE QUE FREGAR EN LA CASA!
¿NO SOS FELIZ FREGANDO?
33

¡NO!
ESTÁ BIEN. NO DARÉ MAS SIFONAZOS...

SIN SENTIR UN REMORDIMIENTO TERRIBLE POR HACERLO.

¡PARECE QUE LA SOLIDARIDAD MORAL YA NO CONVENCE A NADIE!
QUINO

¡ALLÁ VOY!..¡RUMBO AL INFINITO!
34

GGGGGG
?

¡ALLÁ VOY!.. ¡RUMBO AL INFINITO!..
QUINO

¡TE AVISO, MAFALDA: MI PACIENCIA TIENE UN LÍMITE!..
EL INFINITO TAMBIÉN...

35

FSSSHH! FSSSSH!
¿!

QUINO

NO, MANOLITO. YA TE DIJE QUE NO.
36

NO SEAS ASÍ, MAFALDA, ACEPTÁ EL CARAMELO QUE MANOLITO TE OFRECE

ESTÁ BIEN, LO ACEPTO

PERO A FIN DE MES TE ARREGLÁS **VOS** CON ÉL, ¿EH?
QUINO

¿PORQUÉ LA T.V. Y LA RADIO HABLARÁN TANTO DEL VIETNAM?
¡QUÉ SÉ YO!..
37

ES UNO DE ESOS LÍOS QUE ARMA LA GENTE GRANDE, ASÍ QUE DEJÁ QUE LO SOLUCIONE LA GENTE GRANDE.

VOS QUE SOS GRANDE, MAMÁ, DECIME: ¿QUÉ LÍO ES ESE DEL VIETNAM?
Y...ESTEE...BUENO...¡JÉ-JÉ!...ES ...¡UN LÍO!...¡CUANDO LLEGUE PAPÁ PREGUNTALE A ÉL!

TOMÁ, FELIPE. PARA QUE ESPERÉS LAS SOLUCIONES DE LA GENTE GRANDE, ¿EH?
QUINO

¡QUÉ DÍA MALDITO! ¡CON EL MALHUMOR DEL JEFE Y ESE CONDENADO BALANCE, ESTOY QUE EXPLOTO!
38

¡MENOS MAL QUE UNO LLEGA A CASA Y SE OLVIDA DEL MUNDO!

¡HOL....
¡TE ESPERABA, PAPÁ! QUIERO SABER QUÉ LÍO ES ESE DEL VIETNAM ¡EXPLICAME!

DÉLE QUINCE GOTAS EN UNA TAZA DE TILO BIEN CARGADO Y SI NO SE LE PASA VUELVA A VERME
NERVO CALM
QUINO

¡PERO MAFALDA, AUNQUE YO TE EXPLICARA LO DEL VIETNAM, VOS NO LO ENTENDERÍAS!
¡CLARO!..¡COMO SOY OPA!..

¡NO ES QUE SEAS OPA! ¡ES QUE NO ES UN PROBLEMA PARA NIÑOS!
39

¿AH, NO?
¡NO!

¿Y SI ME LO EXPLICÁS SIN LAS PARTES PORNOGRÁFICAS?
QUINO

¿QUE NO?...¡ANDÁ Y HACÉ LA PRUEBA, ENTONCES!
40

PEDÍ EN TU CASA QUE TE EXPLIQUEN QUÉ PASA EN VIETNAM...¡VAS A VER CÓMO TE SALEN HABLANDO DE LA CIGÜEÑA!

¡PERO QUÉ DEMONIOS TIENE QUE VER LA CIGÜEÑA CON VIETNAM?
NO SÉ..

..PERO CUANDO LOS PADRES NO SABEN CÓMO EXPLICARTE ALGO, SEGURO QUE HAY UNA CIGÜEÑA DE POR MEDIO!
QUINO

41
ESCUCHANDO LA RADIO SE ME HA ACLARADO ALGO EL LÍO DE VIETNAM
¿AH, SÍ?

¡SÍ! PARECE QUE POR UN LADO ESTÁN "LOS NORTEAMERICANOS", ¿NO?, Y POR EL OTRO LOS "NORVIETNAMITAS". DESPUÉS ESTÁN LOS "SURVIETNAMITAS", QUE...

..LUCHAN CONTRA EL "VIETCONG", ÉSTE PELEA CONTRA LOS "ESTADOUNIDENSES", LOS QUE, A SU VEZ, ESTÁN CONTRA LOS "COMUNISTAS" TAMBIÉN ESTÁ "LA UNIÓN", Y LUEGO "LOS ROJOS" QUE...

¡SOCORRO!..
¿
QUINO

¿VOS ME DIJISTE AYER QUE EN VIETNAM LUCHAN LOS NORTEAMERICANOS?
SÍ
42

¡QUÉ CASUALIDAD! EN MIS REVISTAS DE HISTORIETAS TAMBIÉN LUCHAN SIEMPRE ELLOS

¿LUCHAN CONTRA LOS ROJOS?
BUENO,.... CONTRA LOS PIELES ROJAS

¡MIRÁ POR DÓNDE VIENE A ENTERARSE UNO DE QUE LOS INDIOS SON COMUNISTAS!
QUINO

¡ES TERRIBLE VER QUE A LA GENTE LE IMPORTA MÁS CUALQUIER SERIE DE T.V. QUE EL LÍO DE VIETNAM!
Y BUENO..
43

SERÁ TERRIBLE, PERO TAMBIÉN ES LÓGICO.
¿PORQUÉ?

PORQUE A LA GENTE EN REALIDAD NO LE INTERESA UNA LUCHA ENTRE MALOS Y BUENOS..

..SI NO SABE CÓMO SE LLAMA "EL MUCHACHO".
QUINO

44
¿TE PUEDO HACER UNA PREGUNTA, PAPÁ?
¡NO!

¡TUS PREGUNTAS SIEMPRE TRAEN PROBLEMAS! ¡YA LAS CONOZCO!
¡BUENO, BUENO!.. ¡ESTÁ BIEN!..

¡TE QUEDARÁS CON LA DUDA DE **QUÉ** ES LO QUE QUERÍA PREGUNTARTE!
¡SIEMPRE SERÁ MEJOR!

¿MAFALDITA? ¿DORMÍS?
QUINO

¡CÓMO, MANOLITO!... ¿EN ESTA ÉPOCA Y CON SANDALIAS?
45

ES QUE EN EL ALMACÉN ESTAMOS DE INVENTARIO

Y COMO PARA TODO LO QUE HAY QUE CONTAR NO ME BASTAN LOS DEDOS DE LAS MANOS, ME PONGO...

...ÉSTAS, QUE MÁS QUE SANDALIAS PARA MÍ SON UNA I.B.M.
QUINO

..."DEBEMOS PROTEGER A LA NIÑEZ, PORQUE LOS NIÑOS SON EL FUTURO DE LA PATRIA."
46

¡PUES ESTÁ FRITA LA PATRIA CON UN FUTURO TAN CHIQUITO!...
QUINO

¡ES UNA BARBARIDAD!... ¡UN ESCÁNDALO!...
47

¡CON ESTOS PRECIOS NO HAY DINERO QUE ALCANCE!... ¡YO NO SÉ DÓNDE VAMOS A PARAR!!

¡IR AL MERCADO TE INSPIRA, MAMÁ! ¿CÓMO SE TE OCURREN ESAS FRASES TAN, PERO TAN ORIGINALES?

LA INFLACION VUELVE SUSCEPTIBLE A LA GENTE
QUINO

BUEEEEEENOOO....... ME VOY A HACER LOS DEBEEEERES...
48

¿QUÉ ESPERÁS? ¡TENÉS QUE HACERLOS ¿NO?

LA VOLUNTAD DEBE SER LA UNICA COSA DEL MUNDO QUE CUANDO ESTÁ DESINFLADA NECESITA QUE LA PINCHEN
QUINO

49

¡SIEMPRE CON ESOS CHICOS!... ¡A MAFALDA LE CONVENDRÍA TENER AMIGUITAS!...

¡CLARO!... ¡HAY QUE VER SI A LAS AMIGUITAS LES CONVENDRÍA TENER A MAFALDA
QUINO

50

¿HABLAN DE PLANTAS EN ESE PROGRAMA?
SÍ

PERO DE PLANTAS FABRILES

¿QUIÉN PUEDE SENTIR SIMPATÍA POR PLANTAS QUE SE RIEGAN CON DINERO?
QUINO

¿QUÉ DEMONIOS ES ÉSO, FELIPE?
UN YÓ-YÓ

¿UN VOS-VOS?
¡NO! ¡UN "YÓ-YÓ"!

¡AH!..¿UN FELIPE-FELIPE?
¡NO! ¡NO ES YO DE "YO"! ¡SE LLAMA "YÓ-YÓ"! ¿ENTENDÉS? ¡"YÓ-YÓ", "YÓ-YÓ"!

¡EGOCÉNTRICO!

¡ASÍ VA A PROGRE-SAR MUCHO, ESTE PAÍS!

¡OTRO!..

¿VOS TAMBIÉN DALE QUE DALE AL CHIRIMBOLO ÉSE? ¿QUÉ SENTIDO TIENE? ¿EH?

SENTIDO COMERCIAL
¡CHICOS!: SU YO-YO ESTÁ EN ALMACEN DON MANOLO

....¡Y ADEMÁS ES NO TENER PERSONALIDAD, PORQUE **TODO EL MUNDO** ANDA CON UN YO-YO!

¡SÍ, PERO CADA CUAL LO USA DE ACUERDO A **SU** PERSONALIDAD!

¿AH SÍ? ¡UN EJEMPLO! ¡A VER UN EJEMPLO!

BUENAS...

MIRÁ, FELIPE. AL FINAL YO TAMBIÉN ME COMPRÉ UN YO-YO. ¿QUERÉS PROBARLO?
¿A VER?...

!
BUP!

¡CAÍSTE! ¡CAÍSTE!..

¿ASÍ QUE FUISTE VOS EL QUE LE VENDIÓ UN ALFAJOR A MAFALDA?

DECIME, ¿CUANDO VOS ERAS CHICO TAMBIÉN JUGABAS AL YO-YO?
¡POR SUPUESTO, Y NO HABÍA QUIÉN ME GANARA!

¡BUAAAA!..

¡MAFALDITA! ¿QUÉ TENÉS? ¿PORQUÉ LLORÁS?

¡PORQUE SI ÉSTA GENERACIÓN SALE COMO LA TUYA, ESTAMOS FRITOS!
¡BUAAAA!..

¿COMO PUEDE GUSTARTE JUGAR AL YÓ-YÓ, MANOLITO?
NO JUEGO AL YÓ-YÓ
56

¿VES? ESTO NO ES UN YÓ-YÓ. ES LA BOLSA. MIRÁ COMO SUBEN Y BAJAN LAS ACCIONES

Y LO BUENO ES QUE UNO MANEJA EL ASUNTO SEGÚN LE DÁ LA GANA. COMO VERÁS, NO JUEGO AL YÓ-YÓ

SINO A QUE SOY «ROQUE FELER»
QUINO

¡QUÉ CUADRO LAMENTABLE!
57

TIC!

¿
TIC!

¡DIOS MÍO! ¡CREO QUE HE CONTRAÍDO LA TELEPATÍA!
QUINO

MANOLITO, TE NECESITAMOS PARA UN EXPERIMENTO TELEPÁTICO
¿UN EXPERIMENTO QUÉ?
58

TELEPÁTICO. SE TRATA DE SABER SI MAFALDA LOGRA CAPTAR EL PENSAMIENTO.
DALE, PENSÁ ALGO
BUENO..

...YO PIENSO QUE EL
¡PERO NO!... ¡NO TENÉS QUE DECIR QUÉ PENSÁS!..

¿Y PORQUÉ NO? ¡ESTAMOS EN UNA DEMOCRACIA, ¿NO? ¿PORQUE NO PUEDO DECIR LO QUE PIENSO, EEH?

¡CUANDO HAY LIBERTAD DE PENSAMIENTO HAY DEMOCRACIA, Y LAS IDEAS NO SE MATAN, Y...
¡DIOS MÍO!
QUINO

¿Y SI EN UNA DE ÉSAS RESULTA QUE YO TENGO PODERES TELEPÁTICOS?
59

VEAMOS: ¿EN QUÉ IRÁ PENSANDO ESE PERRITO?

QUINO

PENSÁ EN ALGO, FELIPE, A VER SI PUEDO CAPTARLO TELEPÁTICAMENTE
VEAMOS...
60

¿ESTÁS PENSANDO NADA MÁS QUE EN UN RAQUÍTICO PUNTITO?
NO ES UN PUNTITO, SINO UN LEÓN.... CLARO QUE VISTO DE LEJOS, POR LAS DUDAS.
QUINO

ES MUY SIMPLE, MANOLITO. SOLO TENÉS QUE PENSAR EN ALGO, A VER SI NOSOTROS PODEMOS CAPTARLO TELEPÁTICAMENTE
BIEN, INTENTARÉ
61

?
?

¡AH! OLVIDÉ ADVERTIRLES QUE YO LAS COSAS LAS PIENSO PRIMERO EN BORRADOR
QUINO

¡FUERZA, MANOLITO! ¡FUERZA!... ¡A VER SI LOGRÁS PENSAR ALGO!
¡ÑÑÑÑÑUFF!.. ¡NO HAY CASO!..
62

¡AHÍ ESTÁ! ¡AHÍ ESTÁ!..

ES TRISTE, PERO TENDRÉ QUE LLAMAR AL "SERVICE"
QUINO

¡MAFALDA!... ¿QUÉ SIGNIFICA ESE TENEDOR EN LA CABEZA?
TELEPATÍA SIN HILOS
63

CON ESTA ANTENA TELEPÁTICA SERÁ FÁCIL CAPTAR TU PENSAMIENTO. INTENTÁ PENSAR ALGO, ¿EH?
PROCURARÉ. A VER...

¡AHÍ ESTÁ!.. ¡PENSÁS EN UN PLATO DE FIDEOS!
¿YOOO? ¡PERO SI NO PENSÉ EN NADA!

ENTONCES ÉSTE PIENSA POR SU CUENTA
QUINO

¡FELIPE!... ¡MIRÁ LO QUE ENCONTRÉ EN ESTA REVISTA!
64

¿Y ÉSE QUIEN ES?
¡CÓMO!..

¡EL DIOS DE LA TELEPATÍA, HOMBRE!
¡AAAAAAH!..
QUINO

¡NO PUEDE SER, FELIPE! ¡NO PUEDE SER!
¡Y DALE!.. ¡TE LEO LA LISTA, ASÍ TE CONVENCÉS!
65

"ASOCIACIÓN PRO AYUDA AL LACTANTE" - "LIGA PRO AYUDA AL DESVALIDO" - "ASOCIACIÓN PRO AYUDA A LA ANCIANIDAD" - "ASOCIACIÓN PRO AYUDA AL...

¡BASTA! ¡TE CREO! ¿O SEA QUE NO HAY NINGUNA?
ASÍ ES...

...NO EXISTE NINGUNA "ASOCIACIÓN PRO AYUDA AL TELEPÁTICO".
¡QUÉ INSENSIBILIDAD SOCIAL!
QUINO

66.

"THE BOYS ARE IN THE CLASSROOM. TELL ME, JOHN: ARE THE BOYS IN THE LIVING-ROOM? —NO, SIR. THE BOYS ARE IN THE CLASSROOM"

¡TROPAS EXTRANJERAS HAN INVADIDO EL PAÍS Y OCUPADO LAS RADIOS!

"Y ASÍ TERMINA UNA LECCION MÁS DE NUESTRO CURSO RADIAL: APRENDAMOS INGLÉS".

¡ALARMISTAS!
QUINO

¿VES? PONEMOS LA SEMILLITA, LA TAPAMOS...
TUP TUP
67.

...LA REGAMOS UN POQUITO...

Y DENTRO DE UNOS DÍAS TENEMOS UNA HERMOSA PLANTA

¡YA TUVISTE QUE CONTARME EL FINAL!
QUINO

¿QUÉ QUISIERAS SER CUANDO GRANDE, MAFALDA?
68.

¿QUÉ TE GUSTARÍA SER? ¿EH?

"WASH AND WEAR"
QUINO

¿SABÉS PORQUÉ LOS BILLETES VIENEN TAN PLANCHADITOS ÚLTIMAMENTE? ¡PORQUE SON "WASH AND WEAR"!
69.

¿"WASH AND WEAR"? LOS BILLETES NO SON "WASH AND WEAR"; SON "BEST-SELLERS"

¡BEST-SELLERS SON LOS LIBROS, HOMBRE!

¿Y PORQUÉ NO LOS BILLETES? ¡SI SON DE LO QUE MÁS EJEMPLARES SE IMPRIMEN Y LAS EDICIONES QUE MÁS PRONTO SE AGOTAN!
QUINO

¿SABÍAS QUE SE IMPRIMEN MÁS EJEMPLARES DE BILLETES QUE DE CUALQUIER OTRA COSA?
NO
70.

PUES ASÍ ES LA COSA. LOS BILLETES SON EL "BEST-SELLER" DEL AÑO

ENTONCES ESE SEÑOR QUE APARECE EN LOS BILLETES...

¿ES JAMES BOND?
QUINO

PENSÁNDOLO BIEN, ES MONSTRUOSO QUE SE IMPRIMAN MÁS BILLETES QUE LIBROS
71

¡ALGÚN DÍA SE DARÁ MÁS VALOR A LA CULTURA QUE AL DINERO!

¿NO SON ALGO INGENUAS TUS IDEAS, FELIPE?

¡INGENUAS NO! ¡SON PELIGROSAS!
QUINO

TUS IDEAS SON MUY LOABLES, FELIPE, PERO UN POCO INGENUAS
72

¿ES INGENUO PRETENDER QUE LA GENTE APRECIE MÁS LA CULTURA QUE EL DINERO?

¿NO SERÍA HERMOSO EL MUNDO SI LAS BIBLIOTECAS FUERAN MÁS IMPORTANTES QUE LOS BANCOS?

¡NO! ¡PEDAZO DE EXTREMISTA!
QUINO

PAPÁ, ¿QUÉ QUIERE DECIR ESO DE QUE EL MUNDO ES DE LOS AUDACES?
73

QUE QUIENES ENCARAN LA VIDA CON INTREPIDEZ Y VALOR, SON DUEÑOS DEL MUNDO

¡SALUTE! ¡DUEÑOS DEL MUNDO!

Y VOS NUNCA ESCRITURASTE, ¿NO?
QUINO

¿EN SERIO, FELIPE? ¿DE VERDAD TU PAPÁ TE REGALÓ UN JUEGO DE AJEDREZ?
SÍ
74

¿Y SABÉS JUGAR?
¡JHA!... ¡LA PREGUNTA! ¡CLARO!

NO JUEGO TAN BIEN COMO NAJDORF, POR SUPUESTO
QUINO

ÉL DEBE TENER MUCHO MEJOR PUNTERÍA

¡HICO! ¡HICO!
¡ARRE!
75

¡ÑK! ¡ÑK!
¡CLOP-CLOP! ¡CLOP-CLOP!

¡SOOOOOOOO! ¡QUIET-TOOO! ¡SSSHHHHH!
QUINO

¡TOMÁ, YO NO VEO QUE TU JUEGO DE AJEDREZ TENGA NADA DE CIENTÍFICO!
SIN EMBARGO, A MÍ ME DIJERON

¿Y ESTUM?

ERRARE
HUMANUM
EST

MI PAPÁ ME EXPLICÓ CÓMO ES ESTO DEL AJEDREZ. PRIMERO VAN LOS PEONES, EN ESTA LÍNEA....
AJHÁ
76

...DESPUÉS, EN ESTA OTRA, VAN EL REY, LA REINA Y.....
¡CÓMO!...¡NO, NO, NO!...DEBE SER AL REVÉS

PRIMERO EL REY Y LA REINA, Y DESPUÉS LOS PEONES
¡NO, MI PAPÁ ME DIJO QUE PRIMERO LOS PEONES!

¿ES SOCIALISTA TU PAPÁ? ¿EHÉ? ¡A QUE ES SOCIALISTA!...... ¿NO?... ¡ES!... ¿EHÉ? ¡ES SOCIALISTA! ¿NO ES VERDAD? ¿EHÉ?
QUINO

¡TE EXPLICO CÓMO SE JUEGA, PERO NADA DE INTERRUPCIONES! ¿PROMETIDO?
PROMETIDO
77

BUENO, ÉSTA ES LA REINA ¿VES?. LA REINA SE MUEVE PARA TODOS LADOS

¡DESCOCADA! ¡SEXY DE PORQUERÍA!

NO, FELIPE... ..NO ABRIRÉ LA BOCA.. ....LO JURO...FELIPE.. ...FELIPITO...
QUINO

¡NO, NO!...¡A VOS NO! ¡ME HARÉ MENOS MALA SANGRE EXPLICÁNDOLE A MANOLITO!
78

...Y LOS ALFILES SE MUEVEN ASÍ Y ASÍ, Y LOS CABALLOS SE MUEVEN ASÍ, Y LAS TORRES SE MUEVEN ASÍ, Y LOS PEONES SE MUEVEN ASÍ.

¿

¿Y POR DÓNDE SE LE COLOCAN LAS PILAS?
QUINO

NO SEAS ASÍ, FELIPITO. EXPLÍCAME. JURO NO INTERRUMPIRTE
¡ASÍ LO ESPERO!
79

BIEN. ÉSTE ES EL REY. EL REY PUEDE COMER PARA ADELANTE, PARA ATRÁS, PARA LOS COSTADOS...¡EN FIN! COME PARA TODAS PARTES.

LOS PEONES, EN CAMBIO, SÓLO PUEDEN COMER NADA MÁS QUE
¿VES? ¿VES?

¡DESPUÉS SE EXTRAÑAN DE QUE AVANCE EL COMUNISMO!
QUINO

..."RESPONDER SENCILLA Y CLARAMENTE A LAS PREGUNTAS DE LOS HIJOS ACRECIENTA LA COMUNICACIÓN Y LA CONFIANZA DE ESTOS HACIA SUS PADRES"
80

¡"SENCILLA Y CLARAMENTE"!... ¡ASÍ RESPONDERÉ DESDE HOY A LAS PREGUNTAS DE MAFALDA!
PEDAGOGÍA

PAPÁ, ¿PODRÍAS EXPLICARME PORQUÉ FUNCIONA TAN MAL LA HUMANIDAD?

¿SE HA DORMIDO?
QUINO

81

¡AAAH!...¡EL AJEDREZ!.... ¡ANTES, CUANDO YO LO JUGABA NO HABÍA QUIÉN ME GANARA!

¿LOS PADRES DIRÁN ESAS COSAS PARA QUE UNO LOS ADMIRE CON RETROACTIVIDAD?
QUINO

..."NO, JULIA. LO NUESTRO NO PUEDE SER. UN ABISMO NOS SEPARA"
82

..."TU POSICIÓN.... TU FORTUNA. LA GENTE DIRÍA QUE ME CASO CONTIGO POR TU DINERO."

"¡NO, FERNANDO, NO! ¡SOLO QUIENES SON UNOS CANALLAS PODRÍAN PENSAR ASÍ!."

¡ES LA PRIMERA VEZ QUE ME INSULTAN POR RADIO!
QUINO

¡HORMIGAS!..

¡DIOS MÍO!...¡ESTO SÍ QUE ES TRÁGICO!.. ¡NO HAY PEOR DESGRACIA QUE LAS HORMIGAS!..
83

..."...MÁS VÍCTIMAS DE LA LUCHA EN VIET-NAM. ASÍ MISMO, UNA MANIFESTACIÓN EN ARGEL DEJÓ COMO TRÁGICO SALDO DOS MUERTOS Y VARIOS..."

¡ANTIPÁTICAS!..
QUINO

MI PAPÁ HA DECIDIDO ERRADICAR LAS HORMIGAS DE SUS PLANTAS
¿Y CON QUÉ PIENSA MATARLAS?
84

¡?

¡PAF-PAF! TOC
TOC-TOC TO
¡PAF! ¡PAF!

¡YA ME PARECÍA QUE TU PAPÁ NO PODÍA SER TAN BRUTO!

¿"TAN"?
QUINO

EL ASUNTO ES DESCUBRIR DÓNDE ESTÁ ESE HORMIGUERO
85

ASÍ QUE SI VES UNA HORMIGA NO LA MATES ¿EH? ¡SEGUILA!

HASTA LUEGO. Y YA SABÉS, SI VES UNA HORMIGA: ¡SEGUILA!

QUINO

¿Y? ¿PUDO ELIMINAR LAS HORMIGAS, TU PAPÁ?
SÍ
86

CONSIGUIÓ UN HORMIGUICIDA FANTÁSTICO

ESTARÁ CONTENTO ¿NO?
¡UF!..

ESTÁ HECHO UNAS PASCUAS
QUINO

¡PAPÁ!¡SE ESTÁN LLEVANDO EL HORMIGUICIDA QUE LES PUSISTE!
87

¡AL HORMIGUERO!... ¡LO LLEVAN AL HORMIGUERO!...

¡FANTÁSTICO!... UNA VEZ QUE LO METAN ALLÍ....
QUINO

...¡LA SORPRESA QUE LES ESPERA!..

ESTE GRANULADO SE LO LLEVAN ELLAS MISMAS AL HORMIGUERO Y UNA VEZ ALLÍ,...¡JHE-JHÉ-JHÉ!...
88

¿SNIF SNIF?

¿
EL MUNDO
ATAQUES AEREOS EN VIET-NAM
QUINO

ADELANTE, SUSANITA. ME ALEGRA QUE VENGAS A CONOCER MI CASA
89

ÉSTE ES MI PAPÁ, ¿VES?
¿ESTÁ ARREGLANDO EL TOMACORRIENTE, SEÑOR?

NO. LO LLENO DE AZÚCAR, ASÍ LAS HORMIGAS VIENEN Y..... ¡¡FFSSSGG!!.... ¡SE ELECTROCUTAN!

¿CÓMO ALGUIEN PUEDE ASUSTARSE DE UNA IDEA TAN BUENA?
¡BAM!
QUINO

¿SIGUE TU PAPÁ LUCHANDO CONTRA LAS HORMIGAS?
SÍ, PERO NO PERSONALMENTE
90

¿PIDIÓ AYUDA A UNA COMPAÑÍA FUMIGADORA?
NO EXACTAMENTE

QUINO

PLATOS VOLADORES ¡DIOS MÍO!
91

¿Y PORQUÉ HABIENDO MUNDOS MÁS EVOLUCIONADOS **YO** TENÍA QUE NACER EN **ESTE**?
QUINO

¿ASÍ QUE HAY MUNDOS QUE TIENEN PLATOS VOLADORES, Y TODO!...

¡ASÍ QUE HAY MUNDOS MÁS EVOLUCIONADOS QUE EL NUESTRO!...
92

¡ÑÑÑÑÑ!
QUINO

¿DE DÓNDE VENDRÁN LOS PLATOS VOLADORES?
NO SÉ...
93

¡PERO PARECE QUE LOS CIENTÍFICOS TAMPOCO LO SABEN!

¿Y ÉSO PORQUÉ TE ALEGRA TANTO?

¡PORQUE ME SIENTO IMPORTANTE COMPARTIENDO LA IGNORANCIA CON LOS CIENTÍFICOS!
QUINO

SI ES CIERTO QUE LOS PLATOS VOLADORES VIENEN DE UN MUNDO MÁS AVANZADO QUE ESTE...
94

...YA NADIE PODRÁ DECIRNOS QUE VIVIMOS EN **UN** PAÍS SUB-DESARROLLADO!

¡PORQUE RESULTA QUE **TODO** ÉSTE PLANETA ES SUB-DESARROLLADO!
QUINO

¡GRACIAS, POR SALVAR NUESTRO PRESTIGIO INTERNACIONAL!
?

SI LLEGA A SER CIERTO QUE EN OTROS PLANETAS EXISTEN SERES SUPERIORES, ESTAMOS FRITOS.
¡BAH, TONTERÍAS!
95

¿ACASO NO ES EL HOMBRE **EL REY** DE LA CREACIÓN?

SÍ. PERO EN ESTE SIGLO LAS MONARQUÍAS HAN TENIDO TAN MALA PATA!...
QUINO

96.

..."HIZO EL PAPA UN NUEVO LLAMADO A LA PAZ"...

Y LE DIÓ OCUPADO, COMO SIEMPRE, ¿NO?
QUINO

MI MUÑECO ES MUY INTELIGENTE; APRETÁNDOLE LA BARRIGA DICE "MAMÁ"
97

DEBE SER EXTRANJERO ¿NO?
NO SÉ. ¿POR?

PORQUE SI FUERA DEL PAÍS, AL **APRETARLE LA BARRIGA....**

..."GRITARÍA: ¡HUELGA!"
Q.

¿QUÉ VAS A SER CUANDO LLEGUES A GRANDE, SUSANITA?
98

¡VOY A SER MADRE!

QUINO
TU PAPÁ ES MUY ORIGINAL PARA ECHARSE A DESCANSAR

¡LÍOS EN TODAS PARTES!...¡QUÉ MAL ANDA EL MUNDO!
99.

¿Y QUIÉN ES EL CULPABLE, EH? ¡QUE APAREZCA EL CULPABLE Y VERÁ LA QUE LE DOY!

¡EL MUNDO HACE SIGLOS QUE ANDA MAL! ¿OÍSTE? ¡SIGLOS!
QUINO

¡ENTONCES EL CULPABLE DEBE HABERSE MUERTO! **¡¡EL MUY COBARDE!!..**

¿NO TE PARECE SUSANITA QUE VIVIMOS EN UN MUNDO MUY COMPLICADO?
100

A MÍ ME RESULTA MUY SENCILLO, ES UN MUNDO DE PADRES E HIJOS

TODOS LOS HABITANTES DEL GLOBO SON PADRES O HIJOS DE ALGUIEN ¡Y ESO ES TODO!

ESTA NENA ME HACE SENTIR VIEJA
QUINO

LO MALO DE NACER DE UN HUEVO ES QUE CADA CALVO QUE PASA ME DESPIERTA EL EDIPO
?

CUANDO VOS ERAS CHICO, ¿QUÉ PROGRAMA DE TELEVISIÓN TE GUSTABA MÁS?
LAS PLANTAS
101

CUANDO YO ERA CHICO NO HABÍA TELEVISIÓN
¿NOO?

LAS PLANTAS

¿Y ENTONCES **PARA QUÉ** ERAS CHICO? ¡QUÉ TONTO!..

¡APURATE, FELIPE! NO QUIERO PERDER EL NOTICIOSO. ¡SEGURO DIRÁN ALGO DEL "MARINER" Y LAS FOTOS DE MARTE!
102

¡VIDA EN MARTE! ¿NO ES SORPRENDENTE QUE HAYA VIDA EN OTROS PLANETAS?
TIC

"...Y BOMBARDEARON INTENSAMENTE VIET-NAM DEL NORTE. - GINEBRA: NO SE LLEGA A UN ACUERDO SOBRE DESARME NUCLEAR. - JORDANIA: UN NUEVO TIROTEO CON TROPAS DE ISRAEL".....

LO SORPRENDENTE ES QUE HAYA VIDA EN **ESTE** PLANETA

SAQUÉ ENTRADAS PARA IR LOS TRES A UN TEATRO INFANTIL
¡FANTÁSTICO!
103

YO CREO QUE A MAFALDA LE VA A GUSTAR. SON TODOS BUENOS ACTORES, Y DICEN QUE EL ESPECTÁCULO ES MUY DIVERTIDO

¡EH, MAFALDA! ¡ADIVINÁ ADÓNDE TE VAMOS A LLEVAR!

YA OÍ: AL CONGRESO

¡QUÉ FOTOGÉNICO HABÍA RESULTADO MARTE! ¿EH? ¡MUY FOTOGÉNICO!
104

¡Y LOS O.V.N.I.S TAMBIÉN, POR SUPUESTO! ¡MUY LINDOS!

¿TE HAS VUELTO TONTO, FELIPE?
¡SSSHH!

CONVIENE IR CAYÉNDOLES SIMPÁTICOS

¿HAS VISTO ALGUNA VEZ UN MUÑECO TAN INTELIGENTE COMO EL MÍO, MANOLITO?
MA-MÁ
105

$

¡MAMÁ, ESTA LECHE TIENE NATA!
106

¡SIEMPRE IGUAL! ¿AL SERVIRLA NUNCA TE FIJÁS SI TIENE NATA?

¿O ESTÁS CONTRA EL CONTROL DE LA **NATALIDAD**?

¡ES ABSURDO! ¡LAS PALANGANAS VOLADORAS NO EXISTEN!
¡YA LO SÉ!
107

¿ENTONCES PORQUÉ NO JUGÁS A LOS PLATOS VOLADORES?

¡PORQUE EN UN PLATO NO QUEPO, PAPANATAS!

SUSANITA OLVIDÓ AQUÍ A SU HIJITO
108

MA-MÁ

¿Y SI NO FUNCIONA, DE QUÉ SIRVE TENER HECHA LA INSTALACIÓN?

¡ME REVIENTA ESTO DE TENER AL CAPITALISMO POR UN LADO Y AL COMUNISMO POR OTRO!
109

¡UNO SE SIENTE SANDWICH!.... ¡Y, YA SE SABE **QUÉ LES OCURRE** A LOS SÁNDWICHES!

¡GRUMF! ¡CROF!

¡IMPERIALISTA!
?

¡ESTOY HARTA DE COMUNISMO Y CAPITALISMO! ¿PORQUÉ NO PODREMOS VIVIR EN UN MUNDO SIN OPCIONES? ¡DETESTO LAS OPCIONES!
110

HOLA
HOLA

¿VOS A QUIÉN QUERÉS MÁS; A TU MAMÁ O A TU PAPÁ?

¡FANTÁSTICO! ¡ESTOY IGUALITO! ¡ME EMOCIONA QUE TE ACORDÉS TAN BIEN DE MÍ!
111

PORQUE....LO HICISTE DE MEMORIA ¿NO?
NO...

LO HICE CON ESTE MODELO

HOY HE APRENDIDO QUE LA VERDAD DESILUSIONA A LA GENTE
QUINO

FELIPE SE ENOJÓ PORQUE LE HICE NOTAR QUE SU CABEZA TIENE FORMA DE ZAPATO
ES TONTO ENOJARSE POR UNA COSA ASÍ
112

¡CLARO! ES COMO SI VOS TE ENOJARAS PORQUE TU CABEZA PARECE UN CEPILLO
¡CLARO! ¿CÓMO IBA A ENOJARME YO POR ÉSO?

¿UN CEPILLO?
QUINO

PRIMERO VOY A SER UNA SEÑORA, ¿NO?, DESPUÉS VOY A TENER HIJITOS
113

LUEGO COMPRARÉ UNA CASA GRANDE, GRANDE, GRANDE Y UN AUTO MUY LINDO Y DESPUÉS JOYAS Y LUEGO TENDRÉ NIETITOS

Y, ESA SERÁ MI VIDA. ¿TE GUSTA?
SÍ; EL ÚNICO DEFECTO....

....ES QUE ÉSO NO ES UNA VIDA; ¡ES UN ESCALAFÓN!
QUINO

TENER HIJITOS ESTÁ MUY BIEN, SUSANITA, PERO LOS TIEMPOS CAMBIAN
114

ADEMÁS DE SER MADRE, HOY LA MUJER DEBE CONTRIBUIR AL PROGRESO, HACER COSAS IMPORTANTES!
¡TENÉS RAZÓN!

¡DESDE MAÑANA MISMO APRENDERÉ A JUGAR AL BRIDGE!

¿QUÉ PASA?...¿ACASO NO JUEGAN AL BRIDGE LAS SEÑORAS IMPORTANTES?
¡DIOS MÍO!
QUINO

¿DÓNDE NACIÓ TU PAPÁ, MAFALDA?
ESPERÁ...A VER...
115

ÉL ME DIJO QUE DE CHICO, NO CONOCIÓ LA TELEVISIÓN, NI EL NYLON, NI LA ENERGÍA ATÓMICA, NI LOS ANTIBIÓTICOS, NI LOS TRANSISTORES,..

....NI LOS AVIONES A REACCIÓN, NI LOS SATÉLITES ARTIFICIALES, NI LOS COHETES TELEDIRIGIDOS, NI LOS LENTES DE CONTACTO

ASÍ QUE DEBE HABER NACIDO EN EL MATTO GROSSO
QUINO

¡PARECE INCREÍBLE! LA TIERRA DA VUELTAS Y VUELTAS..
116

....Y NOSOTROS, PARADOS ENCIMA, NI NOS DAMOS CUENTA

ES UNA SUERTE, PORQUE SI LA GENTE NOTARA QUE LA TIERRA DA VUELTAS..

...LAS CALESITAS IRÍAN A LA QUIEBRA
QUINO

¿A CUÁNTO VENDES LOS CARAMELOS, MANOLITO?
A DOS PESOS CADA UNO
$ 70
117

¿Y NO HAY DESCUENTO PARA UNA FUTURA MADRE?

¿FUTURA MADRE? ¿DÓNDE ESTÁ LA FUTURA MADRE?
$ 70

¡LO MALO DE ÉSTE PAÍS ES QUE LA GENTE NO TIENE VISIÓN PARA IMAGINAR EL FUTURO!
?
QUINO

118

¡EJHÉM!

¡¡DESDE ESTA HUMILDE SILLITA FORMULO UN EMOTIVO LLAMADO A LA PAZ MUNDIAL!!

¡TOTAL!... PARECE QUE HOY EN DÍA, EL VATICANO, LA UN Y MI SILLITA TIENEN EL MISMO PODER DE CONVICCIÓN
QUINO

¿QUÉ ES ESE RECORTE DE DIARIO, MAFALDA?
LA FOTO DE UN COHETE ATLAS
119

¿NO TE EMOCIONA? ¡ES COMO TENER EL FUTURO EN LA MANO!
¡ES CIERTO, SÍ!..

¡ES REALMENTE EMOCIONANTE! ¡PARECE UN LÁPIZ DE LABIOS!

¿QUÉ PASA? ¿NO VAS A USAR LÁPIZ DE LABIOS CUANDO SEAS GRANDE? ¿NO TE EMOCIONA ESE FUTURO?
¡DIOS MIO!
QUINO

¿USTED ES BUENO, SEÑOR?
120
¡POR SUPUESTO NENITA!

¿USTED ES BUENA, SEÑORA?
¿YO? ¡SÍ, M'HIJITA, SÍ!

¿USTED ES BUENO, DON?
¡EH! ¡SEGURO, NENA!

¡VAYA!..¡POR FIN UN RUBRO EN EL QUE HEMOS LOGRADO EL AUTOABASTECIMIENTO!
QUINO

121
¿USTED ES BUENO, DON POLICÍA?

LOS POLICÍAS SOMOS TODOS BUENOS

EMPIEZO A COMPRENDER CÓMO FUNCIONA LA BONDAD

¿USTED ES BUENO, DON MANOLO?
¡VAYA PREGUNTA, HIJA! ¡PUES CLARO!
122

¡ES SORPRENDENTE! A TODO EL QUE LE PREGUNTO SI ES UNA BUENA PERSONA, RESPONDE QUE SÍ. ¡AL FINAL RESULTA QUE TODO EL MUNDO ES BUENO!

BASTA de HAMBRE Y DESPIDOS!!
¡¡Fidel al paredón!!
VIVA LA DEMOCRACIA!
¡no!
¡ASESINOS YANQUIS FUERA de VIET-
y unos cerdos!!
¡ESTAMOS HARTOS!
EL GOBIERNO
PAZ
LA INDUSTRIA NO TOLERARÁ LA SUBVERSIÓN OBRERA!
POR ESO DENUNCIA:
SALVAREMOS A LA DEMOCRACIA
¡JUSTICIA
¿Y UDS. QUÉ HICIERON EN HUNGRÍA?
¡RECONFORTA SABERLO!...
¡Vagos!
AHORCAREMOS A LOS VENDEPATRIAS
Mueran los

123

¿VOS SOS BUENO, GATITO?
MIAOUU

ES LA RESPUESTA MÁS HONESTA QUE HE ESCUCHADO ÚLTIMAMENTE

¡TOMÁ!... ¡Y A VER CUÁNDO APRENDÉS A ESCRIBIR!
GRACIAS, FELIPE

¿QUÉ TE ESCRIBIÓ FELIPE EN ESE PAPELITO?
UNA DE LAS COSAS QUE TENGO QUE HACER EN MI VIDA
124

COMO NO QUIERO OLVIDAR TODAS LAS COSAS QUE TENGO QUE HACER EN MI VIDA, A MEDIDA QUE SE ME VAN OCURRIENDO LE PIDO A FELIPE QUE ME LAS ANOTE
¿Y ESO LO ENOJA?

SÍ

¿SABÍAS, MAFALDA? ¡MI HIJITO SERÁ MÉDICO!
125

Y CUANDO YO PASE LA GENTE DIRÁ: "¡AHÍ VA DOÑA SUSANITA, LA MADRE DEL DOCTOR HIJO DE DOÑA SUSANITA!"

¡Y TODO EL MUNDO SE ENFERMARÁ DE ENVIDIA...Y MI HIJITO SE HARÁ MUY RICO CURANDO LA ENVIDIA!

¿CUÁNTO CREES QUE PUEDE LLEGAR A GANAR POR MES UN BUEN ENVIDIÓLOGO?

NOSOTROS NO TENEMOS OMBLIGO

¡DECIDIDO!
¿DECIDIDO QUÉ?
126

¡SERÉ INGENIERO!
¿Y PARA ESO TENÍAS QUE SUBIRTE A LA SILLA?

¡ES QUE SERÉ UN GRAN INGENIERO!

QUINO

¿QUÉ ESTÁS HACIENDO, MAFALDA?
ESTOY PLANIFICANDO MI VIDA
127

PARA NO VIVIR A TONTAS Y A LOCAS ESTOY TRAZANDO UN PLAN QUE ME AYUDE A ORGANIZAR MI VIDA CON CLARIDAD

TEÓRICAMENTE HABLANDO, POR SUPUESTO
QUINO

¡CUIDADO, MAMÁ!.. ¡NO ME PISES LA VIDA!
!
128

¡¿NO VES QUE ESTOY TRAZANDO UN ESQUEMA DE CÓMO SERÁ MI VIDA!?

QUINO

¡HAS ARRUINADO MI VIAJE DE ESTUDIOS AL JAPÓN!

QUIZÁS YO TAMBIÉN DEBERÍA PLANIFICAR MI VIDA
129

VEAMOS: LA SEMANA QUE VIENE COMPRARÉ DOS NUEVAS REVISTAS DE HISTORIETAS

PERO....¿LAS COMPRARÉ? NO HAY QUE OLVIDAR QUE EL DESTINO NOS MANEJA A SU CAPRICHO

¿CÓMO DIABLOS HARÁ EL DESTINO PARA ADELANTAR SUS CAPRICHOS UNA SEMANA? ¿TENDRÁ UNA I.B.M.?
QUINO

¿TE CONTÉ QUE MI HIJITO SERÁ MÉDICO?
¡DIOS MÍO! ¡ÉSTA Y SU HIJITO!.... ¡NO LA AGUANTO!
130

¿TE LO IMAGINÁS CUANDO PASE EN SU AMBULANCIA "ALFA-GIULIA" SÚPER SPORT?

¡ESO YA ES DEMASIADO!.. ¡ES EL COLMO!

¿DEMASIADO? ¡AAAH!, PARA LOS ENFERMOS POBRES ES DEMASIADO, ¡SÍ! PARA ELLOS DEBERÁ TENER OTRA, MÁS ORDINARIA...
QUINO

NO. EL DICCIONARIO NO DICE QUE SEA MALA PALABRA
¿NOOOO?
131

¿Y QUE ES UNA ASQUEROSIDAD INMUNDA? ¿EÉH? ¿NO DICE QUE ES UNA ASQUEROSIDAD INMUNDA?
NO, TAMPOCO
¡NO, PUEDE SER!... LEÉ, A VER

"SOPA: (del alemán, suppe) PLATO DE CALDO CON PAN, PASTAS, FÉCULAS, ETC."

?
QUINO

¡NO ES POSIBLE QUE TU UNICA AMBICIÓN SEA SER MADRE, SUSANITA! ¿NO PENSÁS SEGUIR NINGUNA CARRERA?
132

NO SE ME HABÍA OCURRIDO, PERO AHORA QUE ME LO DECÍS VEO QUE NO ES MALA IDEA

DÁ MUCHO PRESTIGIO ESO DE HACERSE VER DE VEZ EN CUANDO POR EL HIPÓDROMO Y SALIR LUEGO EN LAS FOTOS DE LOS DIARIOS
?

"LA SEÑORA DOÑA SUSANITA CLOTILDE, EN COMPAÑÍA DE SU HIJITO, SIGUIÓ CON SUMO INTERÉS LA 7ª CARRERA."
¡ESTA ES PEOR QUE LA SOPA!
QUINO

¿QUIEN ES ESTE TIPO, FELIPE?
EL LLANERO SOLITARIO
133

¿POR QUÉ SOLITARIO?
PORQUE LUCHA EL SOLO CONTRA LOS MALOS

¡COMO! ¿EL BORRICO ÉSTE NO SABE QUE ES MUCHO MAS POSITIVO TRABAJAR EN EQUIPO?

¡HAY TIPOS IGNORANTES!..
QUINO

¿TE GUSTA, SUSANITA? ¡ME LO REGALÓ MI MAMÁ!
¡AH! ¿UN NEGRITO?
134

SÍ, ¿PORQUÉ? ¡NO VAS A DECIRME QUE TENÉS PREJUICIOS RACIALES!...
¿YO? ¡POR SUPUESTO QUE NO!

SI SOMOS TODOS IGUALES, ¿CÓMO VOY A TENER PREJUICIOS RACIALES?
¿ADÓNDE TE VAS?

A LAVARME EL DEDO
QUINO

¡BUEN DÍA, MUNDO! ¡BUEN DÍA, GENTE BUENA DE TODA LA TIERRA!
135

¡ÑUEN ÑIA!

SI UNO NO LA SALUDA, LA GENTE MALA ES CAPAZ DE OFENDERSE
QUINO

ESTE ES JOE CRANE, UN MALVADO QUE LES VENDE ARMAS A LOS APACHES
136

PERO EL LLANERO SOLITARIO ESTÁ AL TANTO DE TODO ¿VES?

¡IMPEDIRÉ QUE JOE CRANE CONTINÚE VENDIENDO ESOS FUSILES A LOS APACHES!

¿Y QUIÉN SE CREE QUE ES EL MASCARUDO ESE PARA VENIR A COARTAR LA LIBERTAD DE COMERCIO?
QUINO

A CONTINUACIÓN PRESENTAMOS....
137

EL PANORAMA INTERNACIONAL, CON NOTICIAS

?

¿SE HABRÁN ACABADO LAS PILAS?...¿O LOS PROBLEMAS INTERNACIONALES?
QUINO

¡SOPA!....¡CUANDO A ÉSTA SE LE ACABA LA PILA YA NO SUELTA PALABRA!
138

¿POR QUÉ NO TENÉS UN CABLE CON UN ENCHUFE? ¿EÉH?

¡CLARO!...¡A LA SEÑORITA NO LE GUSTA CONECTARSE CON LOS DEMÁS!

¡INTROVERTIDA!
QUINO

BUENO, YA ESTÁ. ¿VISTE QUÉ FÁCIL ES COLOCAR UNA PILA NUEVA EN LA RADIO?
¡GRACIAS, PAPÁ!
139

CLIK

...Y TRIIIIISTE, EL JIBARITO VA, PENSANDO ASÍ, DICIENDO ASÍ, LLORANDO ASÍ POR EL CAMINO...

...¿QUÉ SERÁ DE BORINQUEN MI DIOS QUERIDO? ¿QUÉ SERÁ DE MIS HIJOS Y DE MI HOGAR?

TE VENDIERON UNA PILA CARGADA DE AMARGURA
QUINO

¡MAFALDA!...
VOOOY..
140

YA QUE ME ESTÁS AYUDANDO, PASALE EL PLUMERO AL GLOBO TERRÁQUEO ¿EH?

?

QUINO
¿LIMPIO TODOS LOS PAÍSES, O SÓLO LOS QUE TIENEN MALOS GOBIERNOS?

¿HACIA DÓNDE CREEN USTEDES QUE SE DIRIGE LA HUMANIDAD?
141

HACIA ADELANTE, POR SUPUEST....

¡ADELANTE ES PARA ALLÁ!
!

¡ALLÁ NO ES "ADELANTE"!
¡PERO ES MI "ADELANTE"!
¡TU "ADELANTE" NO ES MI "ADELANTE"!
¡NO!
EMPIEZO A COMPRENDER PORQUÉ A LA HUMANIDAD LE CUESTA TANTO IR HACIA ADELANTE
QUINO

¿ADÓNDE VAS, FELIPE?
AL ALMACÉN DE MANOLITO
142

ESTOY AHORRANDO PARA COMPRARME UN MECCANO
¿ENTONCES POR QUÉ NO GUARDÁS ESA MONEDA EN TU CHANCHITO?

?

PORQUE APARTE DEL DE MANOLITO, NO CONOZCO NINGÚN OTRO CHANCHITO QUE PAGUE INTERESES ACUMULATIVOS
QUINO

¡QUÉ CALAMIDAD!
143

ME HE ENTERADO DE QUE CUANDO AQUÍ ES MEDIODÍA, EN EUROPA YA ES MEDIATARDE Y EN ASIA MEDIANOCHE

¿Y?

¡Y!...¡QUE NO VEO CÓMO PUEDE ADELANTAR UN PAÍS AL QUE LAS HORAS LE LLEGAN YA USADAS POR MÁS DE MEDIO MUNDO!
QUINO

¡CLARO! ¿CÓMO NO VA A ANDAR MAL EL MUNDO?
PUMBI
144

SI CUANDO EN NORTEAMÉRICA ES MEDIANOCHE, EN CHINA ES MEDIODÍA

Y CUANDO EN CHINA ES MEDIANOCHE, EN NORTEAMÉRICA ES MEDIODÍA

¿CÓMO DEMONIOS PUEDEN LLEGAR A ENTENDERSE DOSCIENTOS MILLONES DE TIPOS ALMORZANDO CON SEISCIENTOS MILLONES DE TIPOS DURMIENDO?
QUINO

ES UNA CARTA IMPORTANTE, FELIPE. ¡POR FAVOR, ESCRIBÍMELA!
BUENO, ESTÁ BIEN. DAME
145

"AL SR. SECRETARIO GENERAL DE LA UN: CONSIDERANDO QUE CUANDO EN WASHINGTON Y LONDRES ES DE DÍA,...."
!

"...EN MOSCÚ Y PEKÍN ES DE NOCHE,...¿HA PENSADO USTED QUE TAL VEZ...."

"...LO QUE DIVIDE AL MUNDO, NO ES LA POLÍTICA, SINO LA CAMA?"
QUINO

PAPÁ...
¿HÚH?

LOS CHINOS SON UN PELIGRO PARA EL MUNDO OCCI-DENTAL, ¿NO?
SSSÍ
146

Y AHORA QUE PARA NOSOTROS ES DE NOCHE Y ESTAMOS DESCANSANDO,..

..PARA ELLOS ES DE DÍA Y **ESTÁN TRABAJANDO**, ¿NO?
SÍ, CLAR....!

QUINO

¡HAY QUE VER LO POCO QUE DURA UN MINUTO!
TIC-TAC TIC-TAC TIC-
147

¡QUÉ DESPERDICIO!
TAC-TIC TAC-TIC TAC-

MINUTOS EN BUEN USO, Y PORQUE APARECEN OTROS NUEVOS YA NO SE PUEDEN VOLVER A EMPLEAR
TIC-TAC TIC-TAC TIC-..

TAC-TIC TAC-TIC TAC-..

IGUAL QUE LOS NORTEAMERICANOS CON LAS HELADERAS
TIC-TAC TIC-TAC TIC-
QUINO

¿SE TE HA OCURRIDO PENSAR EN LA CANTIDAD DE MINUTOS QUE ESPERAN TURNO PARA SALIR DE LOS RELOJES?
148

¡TENEMOS POR DELANTE MILLONES DE MINUTOS SIN USAR! ¡MINUTOS RELUCIENTES, NUEVITOS!

¡MINUTOS QUE, SOBRE TODO, TENDREMOS QUE SABER EMPLEAR POSITIVAMENTE!

¡DIOS MÍO! ¡QUÉ RESPONSABILIDAD!
QUINO

¿QUÉ TE PREOCUPA, SUSANITA?
149

EL CONTROL DE LA NATALIDAD

BUENO, PERO ÉSO...
¡"PERO ÉSO" UN PEPINO!

¡YO QUIERO SER UNA MADRE DESCONTROLADA!
QUINO

150

ES LA ÚNICA MANERA DE SOBRELLEVAR ÉSTA INMENSA Y BLANCA SOLEDAD DE LA BAÑADERA
QUINO

¡POLICÍA! ¡DOS MOSCAS DESNUDAS!

PARECE QUE A MAFALDA LE HA GUSTADO MUCHO TU BEBÉ, ROSITA
151

AP-BBBB, GUGH-DÁ, DÁ-ZZS, NNGUÍG

¡TAN CHIQUITO, Y YA DICE INCONGRUENCIAS!

¿UN CARAMELO?
GRACIAS, MANOLITO
152

¡HMMM! ¡QUÉ RICO!
ES UNA ATENCIÓN DEL ALMACÉN DE MI PAPÁ, QUE VENDE MUY BARATO

¡AHORA COMPRENDO! ¡ÉSO SE LLAMA INTERÉS!

¡PERO EN LENGUAJE POÉTICO-COMERCIAL, ÉSO SE LLAMA RELACIONES PÚBLICAS!
QUINO

LA FUNCIÓN DE LAS RELACIONES PÚBLICAS ES MOSTRAR A LA GENTE QUE LOS EMPRESARIOS SOMOS HUMANOS....
153

SERVITE, SUSANITA. EL ALMACÉN DE MI PAPÁ TE INVITA A SABOREAR UN RICO CARAMELO
¡OH! ¡GRACIAS!

¡UN RICO CARAMELO!
QUINO

.....Y QUE LOS EMPRESARIOS NO SOMOS TONTOS

154

...INESTABLE...

.....Y EMPEORANDO LUEGO

HA SIDO EL PRONÓSTICO METEOROLÓGICO

¡CREÍ QUE HABLABAS DEL GOBIERNO!... ¡MALDITO ALARMISTA!
QUINO

POR RADIO DIJERON NO SÉ QUÉ DE MILIBARES. ¿QUÉ SON LOS MILIBARES, PAPÁ?
155

TE EXPLICARÉ: LOS MILIBARES SON UNA MEDIDA DE PRESIÓN

SEGÚN ESTÉ LA ATMÓSFERA, SE DICE QUE HAY UNA PRESIÓN DE TANTOS MILI
PERDÓN, PAPÁ

YO TE PREGUNTÉ POR LOS MILIBARES; NO POR LOS MILITARES
QUINO

¿QUÉ RICA COMIDA HAS HECHO HOY, MAMITA?
SOPA

¡CHST!¡NO SE DICEN MALAS PALABRAS EN LA MESA!

¡SOPA NO ES MALA PALABRA!

¡TAMPOCO SE DICEN MENTIRAS EN LA MESA!

¡BUENAS NOCHES, MUNDO! SERÁ HASTA MAÑANA

PERO ¡OJO!, QUE QUEDAN MUCHOS IRRESPONSABLES DESPIERTOS, ¿EH?

¡ESTÁS FRITA! ¡JAQUE!

¿PUEDO EMPLEAR LA "DEFENSA SICILIANA"?
EMPLEALA

¡MASCALZONE!

¡GRACIAS!

VEAMOS: SI YO COMO ÉSA, ÉL ME COME ÉSTA. ¡AJHÁ! ¿Y SI COMO ESA OTRA?...

¡NO! MEJOR COMO AQUÉLLA, PORQUE SI COMO, ÉL NO ME COME. ¿Y SI COMO....
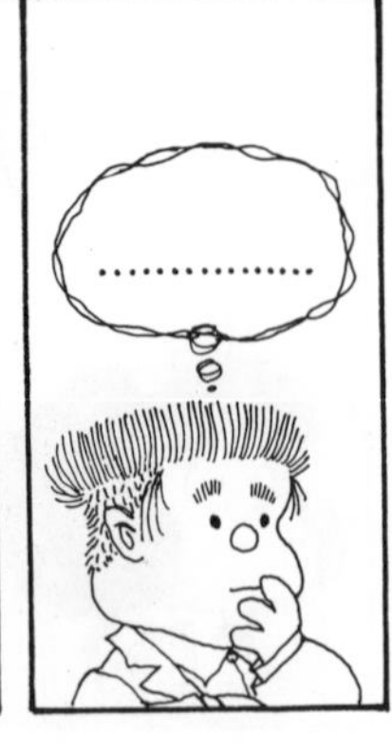
....

?

VEAMOS: SI YO.....

¿QUIEN ES ESTE MUCHACHO?
YO

LA VERDAD ES QUE SOS MÁS LINDO AHORA

¿Y ÉSE, TAN CONTENTO?
¡ALGÚN MASOQUISTA!

161

¿POR QUÉ HAY GENTE POBRE, MAMÁ?

Y...BUENO...PUES.. ...ESTEEE.... ENFÍN...

¡ESPERÁ, ESPERÁ!

NO SOSPECHÉ QUE MI PREGUNTA FUERA TAN INTERESANTE
QUINO

...TODAS SE PROBABAN EL ZAPATITO, PERO A LA QUE NO LE QUEDABA CORTO, LE APRETABA DE ACÁ, O DE ALLÁ...
162

...ENTONCES EL PRÍNCIPE, VIENDO QUE NADIE PODÍA CALZAR AQUÉL DELICADO ZAPATITO...

¡ABRIÓ UNA SUCURSAL DEL DR. SCHOLL!

¡QUÉ POCA VISIÓN COMERCIAL!
QUINO

¡ÉSTA NO FLORECIÓ! Y TUVO RIEGO, LUZ, ABONO.....NO SÉ QUÉ PUEDE HABERLE FALTADO.
163

¡LLEGÓ LA PRIMAVERA!

¡

INFORMACIÓN
QUINO

¿PARA MÍ? ¿EN SERIO?
REGALITO DE PRIMAVERA
164

¡QUÉ LINDA FLOR! ¡GRACIAS, FELIPE!

¿DÓNDE TE PARECE QUE LA PONGA?

HA SIDO COMO REGALARLE UN TERRÓN DE AZÚCAR A FIDEL CASTRO
QUINO

165

¡...Y CUANDO SEA GRANDE VOY A TENER UNA CADENA DE SÚPER-MERCADOS, QUE VA A CORTAR EL HIPO!

QUINO
¡HÍP!
?

¿QUÉ PODRÍAMOS HACER POR MANOLITO Y SU HIPO?
PRIMERO PODEMOS VER QUÉ NOS EXPLICA EL DICCIONARIO SOBRE EL HIPO
¡HIP! ¡HIP!
166

"HIPO: MOVIMIENTO CONVULSIVO, PROVOCADO POR CONTRACCIONES INVOLUNTARIAS DEL DIAFRAGMA".
¡HIP!

¡HIP!

¿NO TE SENTÍS, AL MENOS, UN POQUITO MÁS IMPORTANTE?
¡HIP!
QUINO

¡HIP!
OÍ QUE PARA CORTAR EL HIPO HAY QUE TOMAR SIETE SORBOS DE AGUA, SIN RESPIRAR
167

¡ÉSO YA ME LO RECOMENDÓ TODO EL MUNDO!
¡HIP!
¿Y HAS HECHO CASO?

QUINO
¡A TODO EL MUNDO!
¡HIP!

¿CREÉS QUE UN SUSTO LE CORTARÁ EL HIPO A MANOLITO?
PROBEMOS
¡HIC!
168

¡REVOLUCIÓN!..
¡LOS TANQUES!
16$
$68
JABÓN

¡GUERRA CIVIL!

¡HIC!
$91
89$
JABÓN
QUINO

NO TE PREOCUPÉS, YA SE TE PASARÁ ESE HIPO. ADEMÁS EL HIPO NO DESMERECE A NADIE, ¿NO HAS OÍDO HABLAR DE LAS HIPOTECAS?
¡HIP!
169

LAS HIPOTECAS SON UNOS LUGARES EN LOS QUE SE GUARDAN HIPOS. LOS HIPOS MÁS FAMOSOS DE LA HISTORIA SE ENCUENTRAN ALLÍ: HIPOS DE COLÓN, DE VERDI,....

...HAY UN CURIOSO HIPO QUE CONTRAJO NAPOLEÓN, DE TANTO DECIR: "EGIPTO". LUEGO HAY UN HIPO DE "CHÉSPIR", Y OTROS DE.....

¿Y TU HIPO, MANOLITO?
¡SUSANITA ACABA DE CORTÁRMELO!
QUINO

¡TRABAJÁS COMO UNA NEGRA EN LA COCINA!...¿Y, PARA HACER QUÉ?....
¡SOPA!
170

PARA ÉSO NO TUVE QUE TRABAJAR NADA; ES SOPA EN CUBITOS

¿EN CUBITOS?

¡QUÉ BAJO HA CAÍDO LA GEOMETRÍA, SEÑOR!
QUINO

¿ESTÁ TU MAMÁ, NENITA?
SE ESTÁ BAÑANDO, ¿QUÉ DESEA?
171

OFRECERLE LA EXTRAORDINARIA MÁQUINA DE LAVAR "WHASHEX-70"

¿SIRVE PARA LAVAR CONCIENCIAS?

¿QUIÉN ERA, MAFALDA?
NADIE ORIGINAL, MAMÁ
QUINO

...SEÑALANDO QUE LOS AGENTES DEL COMUNISMO SE HALLAN INFILTRADOS EN TODOS LADOS; ANTE EL REQUERIMIENTO...
172

...PERIODÍSTICO, DE SI PODÍA ESPECIFICAR EN QUÉ LADOS, EL SR. MINISTRO SE LIMITÓ A RECALCAR:...

-"EN TODOS."
QUINO

¿QUÉ HACÉS, MAFALDA?
SOY UNA CÁPSULA ESPACIAL
173

¿LLEVÁS ALGÚN TRIPULANTE DE ÉSOS QUE ABREN LA ESCOTILLA Y SALEN AL ESPACIO?

QUINO
¡A QUE NUNCA VISTE UN TRIPULANTE TAN HÚMEDO!..

¿CUANTO GANA TU PAPÁ?
NO SÉ, ¿Y EL TUYO?
174

TAMPOCO SÉ; PERO GANA MÁS QUE TU PAPÁ
¡SI NO SABÉS CUÁNTO GANA NINGUNO DE LOS DOS NO PODÉS AFIRMAR ÉSO!

¡NO ES CUESTIÓN DE AFIRMAR NADA, SINO DE NO ESTROPEAR MI ESQUEMA!
QUINO

.....Y SI SUSANITA VUELVE A PREGUNTARTE, CONTESTALE QUE..
175

..TU PAPÁ GANA LO BASTANTE COMO PARA QUE PODAMOS VIVIR DECENTEMENTE

¡ÉSO LE DIRÉ! ¡SÍ SEÑOR! "¡MI PAPÁ GANA LO BASTANTE COMO PARA QUE PODAMOS VIVIR DECENTEMENTE!

¡QUÉ PAPELÓN!..
QUINO

PUES SÍ, CUANDO ESOPO ESCRIBIÓ LA DECLARACIÓN DE LOS DERECHOS HUMANOS...

DECIME, MANOLITO, ¿CUÁNTO GANA TU PAPÁ?
176

Y,...PUES,...BUENO,... ...EL ALMACÉN NO DEJA MUCHO MARGEN,...¡EN FIN!...TODO ANDA TAN MAL HOY EN DÍA...

¡YA ME PARECÍA!... ¡ENTONCES **MI** PAPÁ GANA **MÁS** QUE TU PAPÁ!

¡JHÁ!..
QUINO

¿TE MOLESTA QUE TE PREGUNTE CUÁNTO GANA TU PAPÁ, FELIPE?
¡NO, POR SUPUESTO!
LLANERO
177

¡NO VOY A MOLESTARME PORQUE ME PREGUNTES ÉSO!...

¿CUÁNTO GANA?
QUINO

¡TAMPOCO VOY A MOLESTARME EN CONTESTARTE ÉSO!...
LLANERO

¿HAS VISTO EL FARDO DE PROBLEMAS QUE HAY EN EL MUNDO, FELIPE?..¡HUMM, NO SÉ!...PERO ME PARECE QUE LOS ADULTOS ANDAN CON GANAS
178

¿CON GANAS?
¿CON GANAS DE QUÉ?

...LLLLMMMMMLLMMML...

¡DE ENDILGARNOS ESE FARDO A LAS GENERACIONES JÓVENES!
QUINO

¡MAFALDA! ¿VOS TENÉS EL DIARIO DE HOY?
179

¿NO PODÍAS HABER USADO UN DIARIO VIEJO?

QUINO

¿QUÉ RECORTÁS DEL DIARIO, MAMITA?
UNA RECETA
180

¿ALGO RICO?
SOPA DE PESCADO

¡MALDITA SEA LA LIBERTAD DE PRENSA!
QUINO

¡CUANDO SEA GRANDE QUIERO TENER MUCHOS VESTIDOS!
¡Y YO MUCHA CULTURA!
181

¿TE LLEVAN PRESA POR SALIR A LA CALLE SIN CULTURA?
NO

¡PROBÁ SALIR SIN VESTIDO!...

ES MUY TRISTE TENER QUE PEGARLE A ALGUIEN QUE TIENE RAZÓN

¡SE ACERCA EL DÍA DE LA MADRE Y NO SÉ QUÉ REGALARLE A MI MAMÁ!...
182

¡QUÉ HIJISMO FLOTA EN EL AMBIENTE!...

¡ES TERRIBLE!...¡SE VIENE ENCIMA EL DÍA DE LA MADRE Y NO SÉ QUÉ REGALARLE A MI MAMÁ!
YO TAMPOCO
183

HAY CANTIDAD DE COSAS LINDAS PARA REGALAR: UN FRASCO DE BUENAS ACEITUNAS, MARISCOS EN LATA, UN QUESITO, FIAMBRES, GARBANZOS, FIDEOS, DULCES....

¿CÓMO VAMOS A REGALAR A NUESTRAS MADRES COSAS DE ALMACÉN?

¡HOMBRE!...¡SI LES DÁ POR HACERSE LOS INTELECTUALES!...
QUINO

QUERIDA MAMITA: EN TU DÍA DE LA MADRE TE REGALO TODOS ESTOS BESITOS: CHUIC!-CHUIC!-CHUIC! CHUIC!-CHUiiiiC!
184

BUENO, AHORA VEAMOS SI AL DESTAPARLA SE ESCUCHA

¡NO RESULTÓ!

¡CLARO!... ¡SI RESULTARA, EL SEÑOR GRUNDIG FABRICARÍA BOTELLAS!

¡DIOS MÍO! ¡PASADO MAÑANA ES EL DÍA DE LA MADRE, Y YO NO SÉ QUÉ REGALARLE A MI MAMÁ!
YO A LA MÍA LE REGALARÉ UN PAÑUELITO
185

¡DICHOSA VOS, QUE TENÉS EL PROBLEMA RESUELTO!

GRACIAS POR TU OPTIMISMO

QUINO

¡FELIPE! ¡FELIPE!
186

¿SABÉS QUÉ SE ME OCURRIÓ REGALARLE A MI MAMÁ? ¡UN LIBRO!
¡FANTÁSTICO! ¿CÓMO HICISTE?

¡Y!... PENSÉ QUÉ ME GUSTARÍA QUE ME REGALARAN A MÍ, SI YO FUERA MI MAMÁ
¡CLARO! ¡ESE ES EL SISTEMA! ¡A VER!... ¡YA ESTÁ!...

AUNQUE NO SÉ PARA QUÉ DIABLOS QUIERE MI MAMÁ LA COLECCIÓN COMPLETA DE "EL LLANERO SOLITARIO"
QUINO

¡FELIZ DÍA, MAMITA!
187

¡OH!..¡UN LIBRO! ¡GRACIAS, MAFALDA!
PLATERO Y YO

¡HOY ES UN DÍA HERMOSO!

SÍ... ¡LÁSTIMA LA HUMEDAD!..
QUINO

TIC!
188

¡FIIIIIIIIIZ-FIIIIIIIZ!
¡GOOOK!
¡DOINNNG!
¡ZÁS! ¡ESTÁ DESCOMPUESTA LA RADIO!...

SE HA ESCUCHADO MÚSICA ELECTRÓNICA

¡ZÁS! ¡ESTÁ DESCOMPUESTO EL ARTE!..
QUINO

¡PORRR FINNN!... ¡SALIÓÓÓÓ LA NNNNUEVA SOPA CONNNCENTRADA, MARRRRCA....
189

¡CUANDO ALGUIEN ES TAN IDIOTA!...
CLIC!

¡IDIOTA!

... MERECE SER INSULTADO EN CINERAMA!
QUINO

AYER ESTUVE EN PENITENCIA POR COMER BOMBONES SIN PERMISO
190

CUANDO A MÍ ME PONEN EN PENITENCIA PIENSO QUE SE VA A QUEMAR LA CASA Y YO VOY A SALVAR A MIS PAPÁS Y ELLOS VAN A PEDIRME PERDÓN, LLORANDO

MAFALDA ¿NO VISTE POR AQUÍ UNA CAJA DE FÓSFO
SÍ, TOMÁ, LA TENGO YO
QUINO

¿DE QUÉ HABLÁBAMOS?

ES MUY GRACIOSO LO QUE SE ME OCURRE PENSAR A MÍ, CUANDO ME PONEN EN PENITENCIA
191

PIENSO QUE ME VOY A MORIR...¡JHA!... Y QUE MIS PAPÁS LLORARÁN ARREPENTIDOS, POR HABERME PUESTO EN PENITENCIA, SIENDO YO TAN BUENO

"¡ERA TAN BUENO!... ¡Y SE MURIÓ!... ¡Y ESTABA EN PENITENCIA!..¡Y... .... Y........"........

¡SÑIG!..
QUINO

DECIME, MANOLITO ¿NUNCA TE PUSIERON TODO UN DÍA EN PENITENCIA POR ALGUNA TRAVESURA?
¡NUNCA!
192

MI PAPÁ DICE QUE ÉSO DE LA PENITENCIA ES UN CASTIGO ALARGADO, COMO UN CHEQUE...

QUINO
...Y ÉL PREFIERE DAR BOFETONES AL CONTADO

¡PERO MAFALDA!..¡SÓLO SÍ TOMÁS LA SOPA PODRÁS LLEGAR A SER GRANDE!...
¿GRANDE COMO QUIÉN?
193

¡Y!....COMO MAMITA,.. ...COMO YO......

QUINO

¡ASÍ QUE ENCIMA,.... ..¡ÉSO!....

¿QUÉ DECÍS, PREMIO NOBEL DE LA MACETA?
194

¿DÓNDE ESTÁ EL RESPETO QUE DEBÉS GUARDAR A TU PADRE?

¿EN LA HELADERA?

¡BUEN DÍA, PAPÁ! ¿CÓMO ES QUE NO HAS IDO A TRABAJAR?
¡PORQUE TENGO DOLOR DE MUELAS!
195

¡AH! ¿CUANDO UNO TIENE DOLOR DE MUELAS NO VA A TRABAJAR?
ASÍ ES

¡POBRES!...¡QUÉ MAL DEBEN ANDAR DE LAS MUELAS ÚLTIMAMENTE ALGUNOS GREMIOS!
QUINO

¡MALDITA MUELA!
TENDRÁS QUE IR AL DENTISTA
196

¡CÓMO!...¿TENEMOS ALGÚN DENTISTA EN EL PAÍS?

¡¡POR SUPUESTO, MAFALDA!!...... ¡¡O QUÉ CREÍAS!!...

QUE TODOS, TODOS, TODOS SE HABÍAN IDO A NORTEAMÉRICA
QUINO

197

?

¿QUÉ OCURRE? ¿ARRANCÓ LA HELADERA?

NO; MI PAPÁ COMENZÓ A VESTIRSE PARA IR AL DENTISTA
QUINO

MI PAPÁ ME CONTÓ SU VISITA AL DENTISTA
¡SIEMPRE QUISE SABER CÓMO ES UN CONSULTORIO DE ESOS!
198

BUENO, TE DIRÉ,.... NO ES NADA ORIGINAL.

ES UNO DE ESOS TANTOS LUGARES A LOS QUE LA GENTE VA, SE SIENTA,...

...Y ABRE LA BOCA PARA NO DECIR NADA
QUINO

¡CONTAME, MAFALDA, CONTAME!...¿SUFRIÓ MUCHO TU PAPÁ EN EL SILLÓN DEL DENTISTA?
199

NO,.... PORQUE EL DENTISTA TIENE TORNO ULTRASÓNICO, QUE NO HACE DOLER

ASÍ QUE NO SINTIÓ ABSOLUTAM
?

¿A QUIÉN PUEDE INTERESARLE UNA HISTORIA EN LA QUE EL PROTAGONISTA NO SUFRE?
QUINO

...EL QUE TRABAJA SABE QUE EL QUE ESTÁ SIN HACER NADA PASA UN MAL MOMENTO
200

...Y EL QUE ESTÁ SIN HACER NADA, SE QUEJA

¡PORQUE VIVIMOS UNA CRISIS SOCIAL Y GREMIAL! ¡ESO ES LO QUE OCURRE EN EL PAÍS!

PERO NOSOTROS HABLÁBAMOS DE LO QUE OCURRE EN LO DEL DENTISTA
QUINO

NO VAYA A SER QUE POR BUSCAR SALIDAS NOS QUEDEMOS SIN ENTRADAS, ¿EH?

¡SUSANITA HA CONTADO TANTAS VECES SU GASTADO CUENTO!...
...Y EL PRÍNCIPE TOMÓ EN SUS BRAZOS A CENICIENTA Y BAILÓ CON ELLA TODA LA NOCHE,...
201

....LÓ CON ELLA TODA LA NOCHE, ...LÓ CON ELLA TODA LA NOCHE, ...LÓ CON ELLA TODA LA NOCHE, ...LÓ CON ELLA TODA LA NOCHE,

TIC
TIC

...HASTA QUE EL RELOJ DIÓ LAS DOCE; ENTONCES CENICIENTA.........
¡HA CONTADO TANTÍSIMAS VECES SU **RAYADO** CUENTO!...

¿ASÍ QUE ÉSTA ES TU NENA, QUERIDA? ¡QUE RICURITA!
202

¿A QUIÉN QUERÉS MÁS, TESORO, A TU MAMÁ O A TU PAPÁ?

¿USTED QUIERE LA RESPUESTA "STANDARD", O UNA EXPLICACIÓN MÁS COMPLETA DE LO QUE SIENTO POR CADA UNO?

203
¡LA SOPA ES A LA NIÑEZ LO QUE EL COMUNISMO ES A LA DEMOCRACIA!

ADIÓS, CHICAS
ADIÓS, FELIPE
204

ESTE FELIPE ES MUY BUENO, ¿NO?
¿ES DE GRAN ACEPTACIÓN EN EUROPA Y ESTADOS UNIDOS?

¿Y ÉSO?
¿A QUÉ VIENE?

A QUE **NADA** ES BUENO, SI NO ES DE GRAN ACEPTACIÓN EN EUROPA Y ESTADOS UNIDOS

¡NO ES POSIBLE QUE SÓLO TE INTERESE SER MADRE Y AMA DE CASA, SUSANITA!
205

HOY EN DÍA, LA MUJER ESTÁ LLAMADA A OCUPAR UN LUGAR CADA VEZ MÁS IMPORTANTE

MAÑANA MISMO COMIENZO UN RÉGIMEN CONTRA LA IMPORTANCIA

¡TENGO UN CUENTO GRACIOSÍSIMO!
¡CONTÁLO!
206

UN SUBMARINO SE SUMERGIÓ, Y BAJÓ TANTO, TANTO, PERO TANTO, QUE LOS PECES SE PREGUNTABAN: "¿SERÁ UN SUBMARINO MONEDA NACIONAL?"

JHÁ-JHÁ JHÁ-JHÁ..

LO QUE PASA ES QUE ES DE UN HUMOR MUY PROFUNDO

CUANDO SEA GRANDE, TRABAJARÉ COMO INTÉRPRETE EN LA UN
207

ASÍ CONTRIBUIRÉ A QUE LOS PUEBLOS SE ENTIENDAN

ESTUDIARÉ INGLÉS, RUSO,.....

¡DÍGALE QUE SE VAYA A
E.E.U.U.
INTÉRPRETE
U.R.S.S.

....Y ALGO DE YUDO, POR LAS DUDAS

VEO QUE SOS BUENA PERDEDORA, SUSANITA
208

OTROS, CUANDO PIERDEN,.. ¡HAY QUE VER CÓMO SE PONEN!..

¡SÑÍG!..

¡MALDITO SEA!... ¡CON LO BIEN QUE ME ESTABA SALIENDO LA HIPOCRESÍA!...

¡MAFALDA, YA NO SOS MÁS LA HIJITA DE UNA MEDIOCRE!
!

¡ESTUDIÉ UNA CARRERA! ¡TENGO UN DIPLOMA!
209

¡MAMÁ!..¡ANOCHE SOÑÉ QUE TENÍAS UN DIPL......

?

ANOCHE SOÑÉ QUE MI MAMÁ HABÍA ESTUDIADO UNA CARRERA
210

¿Y HABÍA IDO A LA FACULTAD, Y TODO?
CLARO

¿Y HABÍA CONSEGUIDO NOVIO, Y TODO?
¿NOVIO? ¡NO!

¿ ASÍ QUE HABÍA IDO A LA FACULTAD, Y NADA!

¿VOS SOÑÁS MUY A MENUDO, MANOLITO?
SÍ; JUSTAMENTE ANOCHE TUVE UN SUEÑO
211

SOÑÉ QUE YO ESTABA EN EL ALMACÉN DE MI PAPÁ; Y VEÍA QUE LOS PRECIOS DE TODA LA MERCADERÍA SUBÍAN, SUBÍAN Y SUBÍAN

¿Y?
Y NADA MÁS

¡PODRÍAS CONSEGUIR LIBRETOS ALGO MÁS ORIGINALES, PARA TUS SUEÑOS!
QUINO

ME HE ENTERADO QUE TE INTERESA EL TEMA DE LOS SUEÑOS, MAFALDA
212

LAS OTRAS NOCHES TUVE UN SUEÑO QUE ENFOCABA EL PROBLEMA DE LA SOLEDAD DEL INDIVIDUO
¡SALUTE!

¡SÍ SEÑOR! ¡EL TERRIBLE Y ANGUSTIOSO PROBLEMA DE LA SOLEDAD DEL INDIVIDUO! ¡NO TE EXAGERO!...

BUENO,... TAL VEZ SÍ TE EXAGERO,... PORQUE EN REALIDAD, SOÑÉ CON "EL LLANERO SOLITARIO"
QUINO

¿LES HE DICHO ALGUNA VEZ QUE CUANDO SEA GRANDE VOY A TENER HIJITOS?
213

¡NOS LO HAS DICHO MIL VECES!

QUINO

¡ME ENCANTA HABLAR DEL ASUNTO CON GENTE TAN BIEN INFORMADA!

PAPÁ....
¿HÚH?
214

NO ME PUEDO DORMIR
CONTÁ OVEJITAS
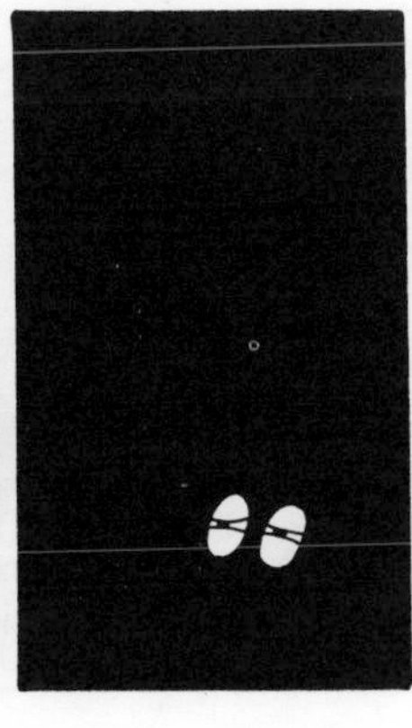

PAPÁ....
¿MMH?
QUINO

DECIME, ¿VENDERÁN COMPUTADORAS ELECTRÓNICAS EN CUOTAS?

ESCUCHEN ÉSTO: "EN EL AÑO 1900, LOS HABITANTES DE LA TIERRA SUMABAN MIL SEISCIENTOS MILLONES. EN LA ACTUALIDAD, SOMOS TRES MIL MILLONES,..."
215

"...Y SE CALCULA QUE EN LOS PRÓXIMOS 30 AÑOS LLEGAREMOS A SER SIETE MIL MILLONES."

QUINO

POR FAVOR, MANOLITO, ¿QUERÉS NO ADELANTARTE TREINTA AÑOS, Y SACAR TU CODO DE MIS COSTILLAS?

¿TE HAS ENTERADO, SUSANITA? ¡DENTRO DE TREINTA AÑOS LOS HABITANTES DE LA TIERRA VAMOS A SER SIETEMIL MILLONES!
216

¡SANTO DIOS! ¿Y MIS HIJITOS?

¿TUS HIJITOS, QUÉ?..

¿CABRÁN?...

¡O SEA QUE, SEGÚN LAS ESTADÍSTICAS, DENTRO DE 30 AÑOS LA POBLACIÓN MUNDIAL SERÁ DE SIETEMIL MILLONES!...
¡DIOS MÍO!
217

¡ME PREGUNTO CUÁL SERÁ LA SOLUCIÓN A LOS PROBLEMAS QUE VA A ACARREAR SEMEJANTE CANTIDAD DE GENTE!

¿UNA ESCOPETA?...

¡ES HORRIBLE SABER QUE DE AQUÍ A 30 AÑOS EL MUNDO VA A ESTAR SÚPER-REQUETEPOBLADO POR SIETEMIL MILLONES DE PERSONAS!
218

SÍ,... Y PARA ÉSE ENTONCES VAMOS A TENER LA EDAD QUE TIENEN AHORA NUESTROS PAPÁS

¡¿ASÍ QUE ADEMÁS DE APRETADOS,... ...¡VIEJOS!....

...Y CUANDO LA POBLACIÓN MUNDIAL LLEGUE A SIETEMIL MILLONES VAMOS A VIVIR TODOS APRETADOS COMO PEREJIL EN MACETA!
219

¡VAMOS, MAFALDA!... ¡NO HAY QUE TOMAR EL ASUNTO TAN A LA TREMENDA!..¡NO ES PROBLEMA LA CANTIDAD DE GENTE!

¡LO ESENCIAL ES QUE NO AUMENTE EL PORCENTAJE DE TONTOS!... ¡Y ÉSO NO TIENE PORQUÉ OCURRIR!

TENÉS RAZÓN FELIPE. NO LO HABÍA PENSADO. ¡GRACIAS POR TRANQUILIZARME!

SE ME OCURRE QUE EL DÍA DE MAÑANA NO VOY A SER MAL PADRE

220
¡SOPA!

¿POR QUÉ DECÍS MALAS PALABRAS, SUSANITA?
¡POR EL MALDITO ASUNTO DE LA SUPERPOBLACIÓN!

¡¿AHORA VOS, CON ESA CUESTIÓN?!..¿PERO QUÉ DIABLOS TIENE DE MALO QUE DENTRO DE UNOS AÑOS EL MUNDO TENGA MÁS HABITANTES?...¿EH?

¡QUE ENTRE TANTA GENTE, LOS INDIVIDUALISTAS VAMOS A ANDAR DE PARAMALES!

¡TRAIDORA! ¡ME METISTE EN LA CABEZA EL PROBLEMA DE LA SÚPERPOBLACIÓN MUNDIAL, Y AHORA TE DESPREOCUPÁS DEL ASUNTO!
¡QUÉ LATOSA! ¡DIOS MÍO!
221

¡PARA QUE SEPAS: CUANDO EL MUNDO ESTÉ SÚPERPOBLADO VAN A FALTAR LOS ALIMENTOS!

EL DIARIO
ESCASEZ MUNDIAL DE SOPA
TRATOSE EL PROBLEMA EN LA UN

?
¡ÚÚÚÚJHUU!
QUINO

222
¿Y ESE PITO?
¡CON ESTE MALDITO CALOR, TENGO QUE USARLO, POR MI PAPÁ!

¿POR TU PAPÁ? ¿Y QUÉ TIENE QUE VER TU PAPÁ?...

¡PRRRRIIP!
QUINO

¡EL CAMINO!
¡CRECEN MUCHO LAS PLANTAS, CON ESTE MALDITO CALOR!...

MIRÁ, PAPÁ; SE TE HA CAÍDO UNA SEMILLA
223

¿Y ÉSO DE SEÑALAR CON EL MEÑIQUE? ¿ES UNA NOVEDAD?

Y,.... ME DIÓ NO SÉ QUÉ SEÑALAR A UNA INOCENTE SEMILLITA CON EL ÍNDICE

¡EL ÍNDICE ESTÁ TAN USADO EN POLÍTICA!......
QUINO

224
REALMENTE, EL ÍNDICE ES UN DEDO FANTÁSTICO

DISCA EL TELÉFONO,..... PASA LAS HOJAS DE LOS LIBROS,....

...HACE CALLAR A LA GENTE,..... OPRIME MUY IMPORTANTES BOTONES,..

QUINO

¡SOS TODO UN EJECUTIVO!

¡ES INCREÍBLE LA IMPORTANCIA DEL DEDO ÍNDICE!
225

UN PATRÓN PONE SU ÍNDICE ASÍ,....¡Y TRESMIL OBREROS QUEDAN EN LA CALLE!

¡AAAAAAH!..

¡ESTE DEBE SER EL MALDITO ÍNDICE DE DESOCUPACIÓN CON EL QUE ESCORCHAN TANTO!.
QUINO

¿Y NO SERÁ QUE EN ESTE MUNDO HAY CADA VEZ MÁS GENTE Y MENOS PERSONAS?

AQUÍ DONDE LO VES, DE UN DEDO COMO ÉSTE DEPENDE EL DESTINO DE LA HUMANIDAD
226

BASTA QUE ALGUIEN LO APOYE SOBRE EL BOTÓN DE DISPARO DE UN COHETE NUCLEAR, PARA QUE EL MUNDO SALTE EN PEDAZOS

¿HAY ALGO CAPAZ DE SUPERAR EL PODER DE SEMEJANTE DEDO?

¡UNA PUERTA!
QUINO

LO MALO DEL DEDO ÍNDICE ES QUE NO SIRVE PARA LLEVAR ANILLO

ADEMÁS, ES ÚTIL PARA DECIR "NO",...
227

...PERO MIRÁ LO RIDÍCULO QUE RESULTA PARA DECIR "SÍ"

¡NI PARA ANILLO, NI PARA DECIR "SÍ"! ¡NO ES UN DEDO MUY CASAMENTERO, QUE DIGAMOS!....
QUINO

¡OH!..¡QUÉ PLANTA MÁS DIVINA!.....
228

TU PAPÁ TIENE MUY LINDAS PLANTAS, MAFALDA
QUINO

SON TODAS DE PLÁSTICO, ¿VERDAD?

DÉME ALGO EFICAZ CONTRA "SHOCKS" HEPÁTICOS

PAPÁ...
¿MMM? ¿QUÉ PASA?
229

QUE NO PUEDO DORMIRME
¿OTRA VEZ? CONTÁ OVEJITAS, MAFALDA

¡PST!...
¿QUÉ HACÉS AQUÍ? ¡ANDÁ A TU CAMA A CONTAR OVEJAS!

¿ESTÁS LOCO? ¡ECHÉ UN VISTAZO Y HAY COMO SIETEMIL!
QUINO

¡QUE A MANOLITO, CON LO BESTIA QUE ES, LE GUSTE LA SOPA, NO ME EXTRAÑA!...¡LO QUE ME REVIENTA ES QUE LOS GRANDES NOS QUIERAN HACER CREER QUE SI UNO NO LA TOMA, NO CRECE!

230

ALMACEN
!

¿SABEN QUE POR FIN LARGARON A MI HERMANO DEL SERVICIO MILITAR?

¡SÍ!...¡Y ES UNO DE LOS SUSTOS MÁS GRANDES QUE NOS HAN DADO LOS MILITARES!
?

¿ASÍ QUE TU HERMANO ACABA DE DEJAR LA VIDA MILITAR? ¡CONTÁME ALGO DE ÉL, MANOLITO QUERIDO!

¿LAS CHICAS DE LA SOCIEDAD LO INVITABAN A SUS FIESTAS DE 15 AÑOS; Y ÉL BAILABA, CON SU HERMOSO UNIFORME DE CADETE?

MI HERMANO NO ERA CADETE; ¡ERA CONSCRIPTO!

¡QUÉ ASCO!...

¡TAN CONTENTO QUE ESTABA MANOLITO PORQUE SU HERMANO SALIÓ DEL SERVICIO MILITAR!...
¿Y QUÉ PASÓ?

QUE SUSANITA LE DIJO QUE ERA UN ASCO TENER UN HERMANO QUE FUE CONSCRIPTO
¡LA TARADITA!...

¿QUÉ HARÍA ENTONCES SUSANITA EN ISRAEL, DONDE LAS MUJERES HACEN EL SERVICIO MILITAR?

¡SERÍA ANTISEMITA!

PAPÁ, ¿VOS HICISTE EL SERVICIO MILIT......
?

¿EL SERVICIO MILITAR? ¡POR SUPUESTO! ¡NUNCA VOY A OLVIDAR AQUELLA VEZ QUE EL CABO SIRACUSSA ME PRIVÓ DE FRANCO POR SALUDAR SIN EL BIRRETE PUESTO!
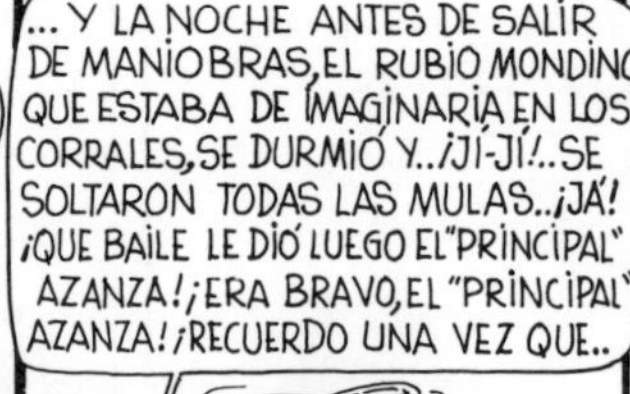
...Y LA NOCHE ANTES DE SALIR DE MANIOBRAS, EL RUBIO MONDINO, QUE ESTABA DE IMAGINARIA EN LOS CORRALES, SE DURMIÓ Y..¡JI-JI!..SE SOLTARON TODAS LAS MULAS..¡JÁ! ¡QUE BAILE LE DIÓ LUEGO EL "PRINCIPAL" AZANZA! ¡ERA BRAVO, EL "PRINCIPAL" AZANZA! ¡RECUERDO UNA VEZ QUE..

¡EL QUE NO ERA MAL TIPO, ERA EL GORDITO PERUZZI! RESULTA QUE UNA VEZ, VA EL GORDITO PERUZZI A LA GUARDIA Y SE....
HASTA MAÑANA, MAFALDITA
PERDONAME MAMÁ, ¡YO QUÉ SABÍA!...

LA VERDAD....ME ATERRA UN POCO PENSAR QUE ALGÚN DÍA TENDRÉ QUE HACER EL SERVICIO MILITAR

¡TE MANDARÉ AL CALABOZO, POR INÚTIL!

LE CONVIENE NO HACERLO, SARGENTO
¡CIELOS!..¡"EL LLANERO SOLITARIO!"

¿OÍSTE ANOCHE AL IDIOTA QUE NO SÉ A QUÉ HORA, SE PUSO A DAR HURRAS?
NNN...NO, NO

TU HERMANO HABRÁ SIDO BUEN CONSCRIPTO, PERO...¿QUÉ QUERÉS? ¡A MÍ NO ME GUSTAN LOS CONSCRIPTOS!
-NO LE HAGÁS CASO, MANOLITO. NOSOTROS TE APOYAMOS-

¡LOS CONSCRIPTOS SON PELADOS Y FEOS!

¡AAAAAAAAAAH!
¡CLARO! ¡A ELLA LE GUSTAN ÉSOS TARADOS PELUDOS DE "LOS BEATLES"!

¡¡EPA!!....

¿ASÍ QUE NO TE GUSTAN "LOS BEATLES", MANOLITO?
¡ME LOS NOMBRAN, Y ME DÁ UNA FIEBRE DE CUARENTA GRADOS!

¡¿PERO CÓMO?! ¿VOS NO ADMIRÁS A LOS MILLONARIOS?....¡"LOS BEATLES" SON MILLONARIOS!

¡BUENO!...¡Y QUÉ!.. ¿TE CREES QUE ÉSO CAMBIA EN ALGO MI OPINIÓN SOBRE "LOS BEATLES"? ¿EEEH?
¿QUÉ PASA CON "LOS BEATLES?

¡QUE ME LOS NOMBRAN, Y ME DÁ UNA FIEBRE DE TREINTAYSIETE GRADOS!

¡SI CREEN QUE ME VAN A GUSTAR "LOS BEATLES" PORQUE SON MILLONARIOS, SE EQUIVOCAN!

¡LOS DE WALL-STREET!...¡ÉSOS SON MILLONARIOS! ¡A ÉSOS SÍ LOS ADMIRO!

¡PORQUE "LOS BEATLES" HACEN BAILAR SÓLO A LA JUVENTUD!
¡EN CAMBIO LOS DE WALL-STREET HACEN BAILAR A TODO EL MUNDO!

¡Y SIN GUITARRITAS!

¿DENTRO DE CUÁNTOS DÍAS ES NAVIDAD?
VEAMOS; HOY ES 13 DE DICIEMBRE

ASÍ QUE NAVIDAD VIENE A SER DENTRO DE
MÑSB-SSÑM BSST-MÑÑG SSMÑÑBS...

ESTEEE,...DENTRO DE..
¡MALDITO SEA! ¡NECESITARÍA MÁS DEDOS!

¿DENTRO DE?...

¡DENTRO DEL ZAPATO!

VEINTICINCO

VEINTIZZZZZ..

?
..ZZZZZZ..

¡BÉEEEE!..

...SEIS!..

ZZZZ

¡STUP! ¡STUP!

¡BUENO!.. ¡A VER!...

¿POR DÓNDE HAY QUE EMPEZAR A EMPUJAR ESTE PAÍS PARA LLEVARLO ADELANTE?

ASÍ ES LA COSA, MAFALDA

AQUELLOS ENSAYARON ESTO

SE LUCHA POR AHÍ

FUERZAS DE TAL PARTE ATACARON A LAS DE TAL OTRA, MIENTRAS QUE EN OTRO LADO LOS DE MÁS ALLÁ COMBATEN CONTRA TROPAS DE MÁS ACÁ

LEX

DEPOSITOS AQUÍ

¡VAMOS, HOMBRE, NO SEA TÍMIDO! SÓLO QUIERO QUE MIS PAPÁS Y LOS LECTORES CONOZCAN A QUIEN RECIBE EL DEPÓSITO QUE MARCA LA LEY 11.723

Ediciones de la Flor

a la *Humanidad*,
aunque no a toda
QUINO

¡AH! VEO QUE TU RADIO TAMBIÉN TIENE EL SELLITO "MADE IN JAPAN"
¿CÓMO "TAMBIÉN"?
241

SÍ, ¿VES? AHÍ DICE "MADE IN JAPAN".
MI LINTERNA TAMBIÉN ES "MADE IN JAPAN"

EL ENCENDEDOR DE MI PAPÁ TAMBIÉN, LA CÁMARA FOTOGRÁFICA, LOS PRISMÁTICOS, MIS JUGUETES A PILA,...¡TODO TIENE EL MISMO SELLITO "MADE IN JAPAN"!

?

¡ES DISTINTO!
¡QUÉ SUSTO!..
QUINO

CUANDO SEA GRANDE VOY A CONSEGUIRME UNA BECA PARA CONOCER EL JAPÓN
242

UN PAÍS QUE FABRICA TANTAS COSAS LINDAS DEBE SER ALGO FANTÁSTICO, ¡SÍ SEÑOR!
¡ADEMÁS, LOS JAPONESES TIENEN SIEMPRE MUCHOS HIJITOS!

¡YA SALIÓ ÉSTA CON LOS HIJITOS!...

¡PARA QUE SEPAS: EL JAPÓN ES LO QUE ES, GRACIAS A SU PRODUCCIÓN HIJÍCOLA!
QUINO

¿NO TE RESULTAN APASIONANTES LOS JAPONESES, MANOLITO?
¡YA LO CREO! HE OÍDO ALGUNAS COSAS SOBRE ELLOS
243

POR EJEMPLO, QUE PARA SUICIDARSE, AGARRAN UN CUCHILLO Y...
¡FFGGGGGSS!..
¡SE HACEN EL IKEBANA!

¡ANDA!...¡EL IKEBANA ES EL ARREGLO DE LAS FLORES!
¿EL ARREGLO DE LAS FLORES?

¡ESO ES EL VELORIO,
¡BESTIA!
QUINO

DECIME, ¿CÓMO SE LLAMA ESO QUE ¡FFGGGSS!, HACEN LOS JAPONESES PARA SUICIDARSE?
"HARAKIRI" ¿POR QUÉ?

PORQUE YO LE DISCUTÍ A MAFALDA QUE SE LLAMABA "IKEBANA"
Y BUENO,... VAS Y LE DECÍS: "MAFALDA, RECONOZCO QUE ESTABA EQUIVOCADO"

COMPRENDO; ES DURO TENER QUE ADMITIR QUE UNO ESTABA EQUIVOCADO
¡OTRA QUE DURO!...
QUINO

¡ES EL HARAKIRI DEL ORGULLO!

245

¿KIMONO HITACHI FUJI-YAMA HARAKIRI MINOLTA HIROHITO?
?

¡KARATE, HIROSHIMA GHEISHA! ¿SAMURAI IKEBANA?

¡Y DESPUÉS HABLAN DE UNA MAYOR COMPRENSIÓN ENTRE ORIENTE Y OCCIDENTE!...
QUINO

SE ACERCA NAVIDAD Y HAY QUE IR PENSANDO EN REGALOS
YO, A MI PAPÁ LE VOY A REGALAR UNOS TIRADORES

ÉSO VA A DAR ELASTICIDAD A MIS RELACIONES CON ÉL

PORQUE MI PAPÁ, CUANDO SE ENOJA CONMIGO, SE PONE MUY,...¿CÓMO PODRÍA DECIRTE?....MUY...
¿RÍGIDO?

NO,...¡CORREOSO!
QUINO

¡POR FIN, DIOS MÍO, POR FIN!..
247

¿QUÉ TE PASA, MAFALDA?
¡QUE LLEGA LA NAVIDAD! ¡Y LLEGA PARA TODOS! ¿TE DAS CUENTA? ¡PARA TODOS!

¿Y?
¡CÓMO!... ¿NO TE DAS CUENTA?
¿DE QUÉ?

¡DE QUE POR FIN LLEGA ALGO QUE NO ES SÓLO PARA EJECUTIVOS, HOMBRE!...
QUINO

¡VAYA MI SALUDO DE NAVIDAD PARA TODOS LOS PUEBLOS DE OCCIDENTE!
248

¡Y VAYA MI SALUDO DE NAVIDAD PARA TODOS LOS PUEBLOS DE ORIENTE!

.....ODOS LOS PUEBLOS DE ORIENTEEEEE

REBOTÓ EN LA MALDITA CORTINA DE HIERRO!
QUINO

¡ZÁS!...¡MAFALDA ANDA PENSANDO ALGO!...¡YA ME LA VEO VENIR CON UNA DE SUS PREGUNTAS!
249

"PAPÁ, ¿POR QUÉ TAL COSA?"

¡AAAAAH!...
QUINO

ESTOY EMPEZANDO A NOTAR QUE JUEGO UN PAPEL IMPORTANTE EN EL METABOLISMO DE ESTA FAMILIA
NERVO CALM
DRUGSTORE

DECIME, PAPÁ, ¿EXISTE EL AÑO QUE VIENE?
¿EXISTE QUEÉ?

¡EL AÑO QUE VIENE! ¿EXISTE REALMENTE? ¿O SERÁ UNA DE LAS TANTAS COSAS QUE SE DICE QUE VIENEN Y LUEGO NO VIENEN!....
¿EÉH?

¡PERO MAFALDA!... ¡¿CÓMO NO VA A EXISTIR EL AÑO QUE VIENE?!...

¿VOS LO VISTE?
QUINO

ME PREGUNTO CUÁNTOS MESES MEDIRÁ EL AÑO QUE VIENE
251

¡DOCE,...COMO TODOS! ¿O QUÉ ESPERABAS?

UN AÑO ¡COMPACTO!

¡SE ME OCURRE QUE EL AÑO QUE VIENE DEBE SER MÁS MALO QUE NO SÉ QUÉ!...
252

¿POR QUÉ SE TE OCURRE ÉSO?

¿HAS VISTO POR AHÍ ALGÚN AVISO, O ESCUCHADO ALGÚN "JINGLE" PONDERANDO LA CALIDAD DEL AÑO QUE VIENE?
LA VERDAD, NO

¡Y BUENO! ¿QUÉ PUEDE ESPERARSE DE UN AÑO TAN POCO PUBLICITADO?

UNA FRASE TAN GASTADA COMO "FELIZ AÑO NUEVO" NO CONVENCE A NADIE DE QUE EL AÑO QUE VIENE SERÁ MEJOR QUE ÉSTE.
¿Y QUÉ HABRÍA QUE DECIR, ENTONCES?
253

¡¡PORRR FINNN!! ¡¡YA LLEGAAAAA!!.. ¡¡"AÑO NUEVO"!! ¡ÚNICO CON 'F-K-66'!

¿NO CREÉS QUE ESO LEVANTARÍA LA MORAL DE LA GENTE?
¡NO!

FRANCAMENTE, YO TAMPOCO

¡LA CALIDAD DE SUS MESES, HACE QUE "AÑO QUE VIENE" SEA MÁS AÑO QUE NINGÚN OTRO AÑO!
RECUERDE:
"AÑO QUE VIE-NEEE"
254

¡NO!

LOS ALMANAQUES QUE SABEN LO QUE ES DISTINCIÓN USAN SOLAMENTE "AÑO QUE VIENE"

¡TAMPOCO!
¡NO HAY CASO!..

ESTÁ VISTO QUE LO ÚNICO BUENO QUE SE PUEDE DECIR DEL AÑO QUE VIENE ES "¡FELIZ AÑO NUEVO!"

¿SE HAN ACABADO EL HAMBRE Y LA POBREZA EN EL MUNDO?
255

¿SE SUPRIMIERON LAS ARMAS NUCLEARES?

¿SI?
ESTEEE,..BUENO, CREO QUE NO, HIJITA

¡¿Y ENTONCES PARA QUÉ CUERNOS CAMBIAMOS DE AÑO?!

TIC!
256

...Y AHORA EL PANORAMA DEL EXTERIOR: BOMBAS DE GRAN PODER ARROJÓ HOY LA AVIACIÓN DE....

TIC!

¡NO SE LES PUEDE DAR UN AÑO NUEVO, QUE ENSEGUIDA LO ROMPEN!
QUINO

257

XXX

XXX
QUINO

¡MENOS MAL QUE LOS REYES SON MAGOS, PORQUE SI NO JAMÁS SABRÍAN QUÉ LES PEDIMOS LOS ANALFABETOS!

¡ESTA NOCHE LLEGAN LOS REYES!
258

¡TENGO UNOS NERVIOS!.... ¿Y VOS? ¿EEH?

¡EH! ¿Y VOS? ¿TENÉS NERVIOS, O QUÉ TENÉS?

QUINO
"NERVO-CALM" -GRAGEAS-

¡¡LOS REYES!! ¡¡LLEGARON LOS REYES!!
259

¡LA REVOLUCION FRANCESA FUÉ UN POROTO, COMPARADA CON LO QUE EN ESTE MOMENTO PIENSO DE LA MONARQUÍA!

¡QUÉ LINDO CAMIÓN! ¿TE LO TRAJERON LOS REYES?
SÍ
260

CUMPLIERON CON SU COMETIDO DE REYES
¡SÍ, LÁSTIMA QUE YO YA CUMPLÍ CON MI COMETIDO DE CHICO!

QUINO
GGGGGG...

¡ES MUY LINDO!...¿ME LO PRESTÁS?
261

¡PEATONA!

?
262

¿QUÉ?

¿QUÉ?

¡QUE SÍ TE GUSTA EL CASCO ESPACIAL QUE ME TRAJERON LOS REYES!

263

NADIE ME OYE CUANDO HABLO CON MI CASCO ESPACIAL

¡ES INÚTIL!... LA GENTE NUNCA ESCUCHA AL QUE VIENE CON ALGO PROGRESISTA EN LA CABEZA

264

?
TUP!

¡BONK!

¿SOS VOS GORDON COOPER?

¿QUÉ PASÓ?
TE ATROPELLÉ CON MI TRICICLO
265

Y SALISTE POR EL AIRE
¡FUUUIIIIIIIIIIIIIIIIIIIIIIIT!
Y ¡BONK!, VOLVISTE A TIERRA

NO DIRÉ QUE HEMOS ESCRITO LA PRIMERA PÁGINA, PERO SÍ LOS PRIMEROS RENGLONES DE LA COSMONÁUTICA NACIONAL

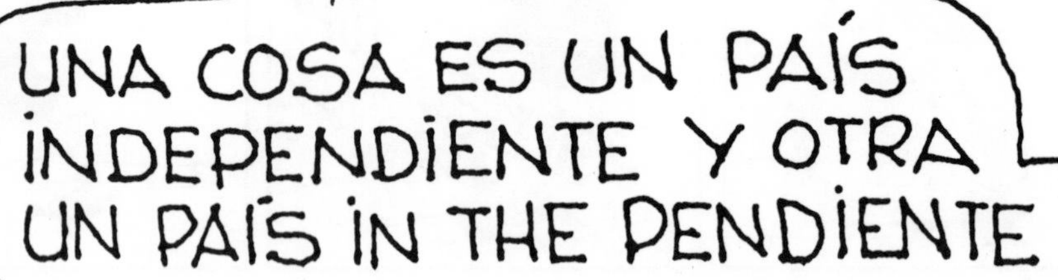
UNA COSA ES UN PAÍS INDEPENDIENTE Y OTRA UN PAÍS IN THE PENDIENTE

...Y LO ATROPELLÉ CON MI TRICICLO, Y SALIÓ POR EL AIRE
¡FUUUiiiiiiiiiiiiiT! Y ¡BONK!
VOLVIÓ A TIERRA
266

¿QUÉ SE TE OCURRE QUE PODEMOS HACER POR ÉL, MANOLITO?

¿GESTIONARLE UNA BECA EN LA N.A.S.A.?
QUINO

¿TE ENTERASTE? ¡MAFALDA ATROPELLÓ CON SU TRICICLO A FELIPE Y LO TIRÓ DE CABEZA!
267

QUINO

¡CÓMO!..¿LLEGUÉ TARDE? ¿NO ESTABAS TIRADO EN EL SUELO, DESANGRÁNDOTE?
¡NO, YA ME LEVANTÉ Y ESTOY LO MÁS BIEN!

¡ESTO ES BURLARSE DE LA HONESTA MORBOSIDAD DE UNO!

¡NO SÉ QUIÉN ME MANDA A EMBARCARME EN ESTAS COSAS CON ÉL!..
268

¡COMO SI NO SUPIERA QUE SIEMPRE PASA LO MISMO!

¡SOY MÁS ESTÚPIDA QUE NO SE QUÉ!.

¿MOVISTE, DE UNA VEZ, MANOLITO?
¡EÉÉÉÉEH! ¡NO SOY UNA IBM!

¡NO SÉ QUIÉN ME MANDA A EMBARCARME EN ESTAS COSAS CON ÉL!..
QUINO

269

LOS PRÓCERES DEBEN HABER SIDO TODOS, GENTE MUY EQUILIBRADA
QUINO

270

¿QUIEREN QUE LES CUENTE "LA CENICIENTA"?

¡NO! ¡NO!

BASTABA UNO SOLO. ¡NO HABÍA PORQUÉ HACÉRMELO ESCUCHAR EN "ESTEREO"!
QUINO

¡BANG!
¡BANG!
¡OOUUG!

BUEN "TRABAJO", JOE

¡BANG!
¡BANG!
¡AAAAY!

?
BUEN TRABAJO, JOE

¡¿DÓNDE FUÉ EL GOLPE?! ¡¿DÓNDE?!
¡AQUÍ, AQUÍ!

...¿Y USTEDES ESTABAN AL LADO DE ÉL?
¡SIIIIIII

TAL VEZ DEMASIADO LARGO EL HILO

SOSPECHO QUE HE CREADO UNA PSICOSIS DE GOLPE

TE AVISO QUE MANOLITO ESTÁ APRENDIENDO A JUGAR AL BALERO Y ES UN DESASTRE
¡MIRÁ!

¡AH! ¡QUÉ BONITO!.. ¡LINDA MANERA DE QUERER A TUS AMIGOS! ¡SI QUISIERAS A TUS AMIGOS LOS DEFENDERÍAS!

¡PORQUE A LOS AMIGOS HAY QUE DEFENDERLOS, ¿ENTENDÉS?!

....Y NO VENIR A AVISARLES CUANDO YA ES TARDE, ¡ESTÚPIDA!

¡¡UN OVNI!!..
¡¡UN OVNI!!...

¡UN OV.....
¡TOC!

¡TOC!
¡TOC!

¡DESPUÉS DICEN QUE ES LA TELEVISIÓN LA QUE NOS DEFORMA!

HOLA, MAFALDA. VENGO A PRESTARTE ALGUNAS REVISTAS

¡GRACIAS POR TU AMABILIDAD, SUSANITA!; ¡SON MUY LINDAS!

¡PST!

¿NO TE AMARGA UN POQUITO SABER QUE NO SON TUYAS?

VEAMOS: DIEZ DÍAS DE VACACIONES EN UN HOTEL SIN COMIDA, VIENEN A SALIR...
MÑBS, BSÑB..

¡SALUTE!

¿Y A VER CUÁNTO SALE CON COMIDA?

¿QUIÉN SE HA COMIDO MI LÁPIZ?

¿CUÁNTOS DÍAS TE VAS DE VACACIONES?
UNOS DIEZ, CREO; DEPENDE DE MI PAPÁ

ÉL DICE QUE LOS PASAJES CUESTAN UNA BARBARIDAD, QUE LOS HOTELES CUESTAN UNA BARBARIDAD Y QUE TODO CUESTA UNA BARBARIDAD!

¿Y VOS?... ¿CUÁNTOS DÍAS TE VAS DE BARBARIDAD?

NOS ENTERAMOS QUE ESTA NOCHE TE VAS DE VACACIONES Y VENIMOS A TRAERTE ALGO PARA EL VIAJE

¡HASTA LA VUELTA, FELIPE; Y GRACIAS POR LOS BOMBONES!
TE VAMOS A ECHAR DE MENOS

¡HASTA LA VUELTA, SUSANITA; Y GRACIAS POR LAS GALLETITAS!
TE VAMOS A ECHAR DE MENOS

¡HASTA LA VUELTA, MANOLITO; Y GRACIAS POR LOS CARAMELOS!

MI PAPÁ LOS VA A ECHAR DE MENOS

281

¿Y, MAFALDA? ¿QUÉ TE PARECE EL MAR?

HASTA AHORA, UN INDECISO

¡ES LINDO, EL MAR!
282

¡ZAS!.. ¡SE VA!

¡EH, VOLVÉ!

¡GUASSH!..

¡DEMONIOS CON LA OBEDIENCIA!..

283

FRANCAMENTE, AQUÍ EL GÉNERO HUMANO NO TIENE NADA NI DE HUMANO NI DE GÉNERO

¡PENSAR QUE EN ESTE MISMO INSTANTE HAY MILLONES DE PERSONAS TRABAJANDO COMO NEGROS, Y UNO AQUÍ, DE VACACIONES!..
¡JÍ-JÍ!
284

¡QUÉ BÁRBARO! ¿CÓMO SE ME OCURRE PENSAR SEMEJANTE COSA? ¡SOY UN EGOÍSTA!

¡JÍ-JÍ!..

¡Y LO PEOR ES QUE NI SIQUIERA SOY UN EGOÍSTA ORIGINAL!

285

¡EL FUTURO QUEDA HACIA ADELANTE!

¿NO ME OÍSTE?
286

¡EL FUTURO QUEDA HACIA ADELANTE!

¡REACCIONARIO!

¡Y DALE CON LA MANÍA DE CAMINAR PARA ATRÁS! ¡QUÉ BICHO SIN PORVENIR!
287

¡SOS UN ESTÚPIDO BICHO SIN PORVENIR!

¿O SERÁ TAN MALO EL PORVENIR QUE ÉSTE SE VUELVE?

HOLA, ¿CÓMO TE LLAMÁS?
MIGUELITO
288

¿VAMOS A BAÑARNOS, MIGUELIT
¡NO! ¡ODIO EL MAR!

¡LO ODIO DESDE QUE UN DÍA ME IMAGINÉ QUE TODO ÉSO ERA SOPA!

NO,..NO COMÍ NADA,.. .....DÉJENME......... YA LES EXPLICARÉ...

VAMOS, MIGUELITO; TENÉS QUE SACARTE ESA IDEA DE QUE EL MAR PARECE SOPA
289

¿VES? ¿NO ES LINDO CÓMO SE BAÑA TODA ESA GENTE? ¿EHÉ? ¿QUÉ TE PARECE? ¿EHÉE?

¡FIDEOS!

¡POBRE MIGUELITO!
¿QUÉ LE PASA?
290

QUE DESDE EL DÍA EN QUE SE IMAGINÓ QUE EL MAR ERA SOPA, NO PUEDE VERLO SIN DESCOMPONERSE DEL ESTÓMAGO

PERO...
¡AHÍ ESTÁ!
¡EN EL MAR!..

¡BRAVO, MIGUELITO! ¡TOMASTE CORAJE!

NO
TOMÉ ALKA-SELTZER

¿CÓMO ERA QUE ERAN LOS DERECHOS HUMANOS?

¡MAFALDA DE VACACIONES, FELIPE DE VACACIONES, SUSANITA DE VACACIONES Y TODO EL MUNDO DE VACACIONES!
291

Y YO AQUÍ, TRABAJANDO. MIENTRAS LAS CIGARRAS DESCANSAN, YO PIENSO EN EL FUTURO Y TRABAJO, COMO LA HORMIGA DE LA FÁBULA

¡MALDITOS SEAN ESOPO, SAMANIEGO, IRIARTE Y TODOS ÉSOS!

¿LO ENCONTRASTE AQUÍ?
AJHÁ
292

¿A VER?

¿HABRÁ TAMBIÉN DE LA ESSO?

¡ZÁS!..¡AHÍ VIENE EL NEURÓTICO!
293

¿EL NEURÓTICO? ¿QUIÉN ES EL NEURÓTICO?

¡SPLASH!

AH...

MAMÁ..
¿HÚH?..

¿ESTE SOL ES EL MISMO QUE ALUMBRÓ A NAPOLEÓN, A BEETHOVEN, A NEWTON?....... ¿O ES OTRO?

ES EL MISMO, MAFALDA, ¡CÓMO VA A SER OTRO!..

¡PAVADA DE SOL ESTAMOS TOMANDO!....

¡PENSAR QUE ESTE SOL, ESTE MISMO SOL, ALUMBRÓ A SHAKESPEARE!..
295
A PASTEUR!..

¡A SAN MARTÍN!..
¡A BACH!..

¡CONTAGIAME!

296
¿TE DAS CUENTA, MIGUELITO? ¡ÉSE SOL QUE AHORA NOS ALUMBRA ES EL MISMO SOL QUE ALUMBRÓ A LINCOLN A REMBRANDT!...

¡A BOLÍVAR!..
¡A CERVANTES!.

¡A MUSSOLINI!..

MI ABUELITO HABLA MARAVILLAS DE MUSSOLINI
QUINO

297
REALMENTE, ESTE SOL ES VIEJO. ¡MIRÁ QUE SER EL MISMO SOL QUE ALUMBRÓ A LOS ANTIGUOS ROMANOS!..

¡Y A LOS ANTIGUOS EGIPCIOS!...

¡Y A COLÓN!..

QUINO
¡EEEEEEHH!.. ¡TANTO NO!

298
¡OLÉ, OLA!

¡OLÉ!oooo

HOLA
¡ESTÚPIDO!
?

299

¡SGLÚSH!

QUINO
NO TE GASTÉS;.... NO RESULTA

A PESAR DEL DESBARAJUSTE QUE HAY EN EL MUNDO, YO TENGO MUCHA FE EN EL FUTURO ¿Y VOS?
¡MUCHÍSIMA!
300

AL FIN DE CUENTAS EL FUTURO SOMOS NOSOTROS,... ¡LAS NUEVAS GENERACIONES!

Y ESTOY SEGURA QUE HAREMOS UN MUNDO MEJOR, SIN AGRESIONES NI LÍOS!

POR ÉSO TENGO TANTA FE EN EL FUTURO ¿VOS NO?
SÍ,... BASTANTE
QUINO

¿HAS VISTO, PEPE, QUÉ LINDA VECINITA DE CARPA TENEMOS?
MSÉ..
¡ZÁS!..

¿SABÉS, TESORO? SE ME OCURRE QUE NOS VAMOS A ENTENDER MUCHO

¿SÍ? ¿A USTED **TAMBIÉN** LE GUSTAN "LOS BEATLES"?

JHÉ-JHÉ...

"JHÉ-JHÉ"... SE ME OCURRE QUE NO NOS VAMOS A ENTENDER NADA

¡SALUTE!..

¡ASÍ QUE ES UNA ESTRELLA DE MAR!.. ENTONCES,...¿NO CAYÓ DEL CIELO?
NO

¿ESTÁS BIEN SEGURO?
REQUETESEGURO

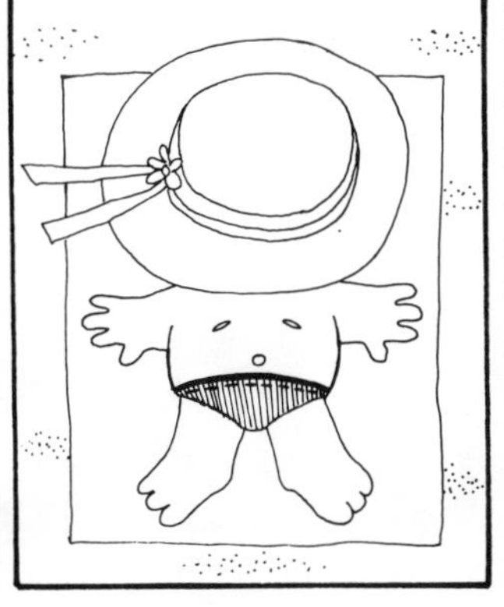

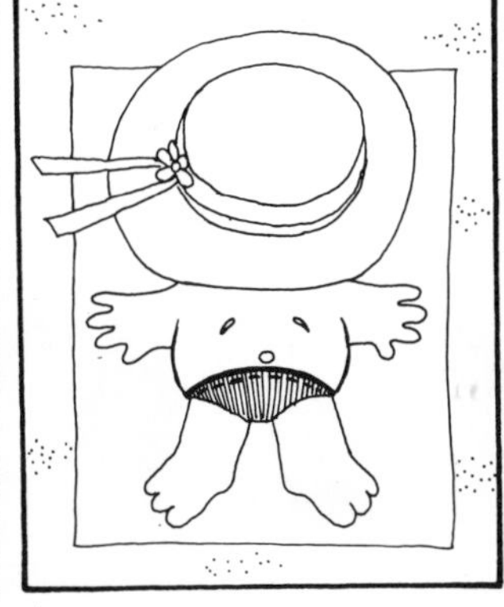

CADA VEZ QUE PIENSO QUE PASADO MAÑANA VOLVEMOS A CASA ME PONGO **TODA** TRISTE

HOY ES MI ÚLTIMO DÍA DE PLAYA, MIGUELITO. LO ÚNICO QUE ME ALEGRA ES SABER QUE VIVÍS CERCA DE MI CASA, ASÍ QUE NOS VEREMOS POR ALLÍ
CLARO

Y TE PRESENTARÉ A MIS AMIGOS
¡CÓMO!.. ¡TIENE AMIGOS!

YO CREÍ QUE ERA **SU** AMIGO ¡Y RESULTA QUE SÓLO SOY **UN** AMIGO MÁS!

¡SOS IGUAL QUE TODAS!

¡Y SE ACABARON LAS VACACIONES, NOMÁS!

MIRAR POR LA VENTANILLA DEL TREN ES COMO VER AL PAÍS POR TELEVISIÓN

¡LÁSTIMA QUE LA TELEVISIÓN TENGA MEJORES PROGRAMAS QUE EL PAÍS!
QUINO

¡MANOLITO!
¡MAFALDA! ¿QUÉ TAL TE TRATARON LAS OLAS?
307

¡CALLATE; NO HICIERON MÁS QUE DARME PALIZAS ¿Y A VOS, POR AQUÍ CÓMO TE FUÉ?

¡IGUAL!
QUINO

UNOS DÍAS MÁS Y EMPEZAREMOS A IR A LA ESCUELA
308

¿TE DAS CUENTA, SUSANITA? ¡APRENDEREMOS A LEER, A ESCRIBIR, A HACER CUENTAS!..

¿NO TE PARECE MARAVILLOSO?
SÍ,... POR UNA PARTE SÍ...

PERO POR OTRA, ES TRISTE ECHAR AHORA POR LA BORDA TODA UNA VIDA DEDICADA AL ANALFABETISMO
QUINO

VOS QUE YA HICISTE EL PRIMER GRADO, CONTAME, FELIPE, ¿CÓMO ES IR A LA ESCUELA?
309

¡LA PUCHA!..

310

¿CABRÁ AQUÍ **TODO** LO QUE EN LA ESCUELA ME VAN A METER EN LA CABEZA?
QUINO

ME CONTÓ MI PAPÁ QUE CUANDO ÉL IBA A LA ESCUELA, A LOS CHICOS QUE ERAN BRUTOS PARA APRENDER, EL MAESTRO LES PEGABA.
311

Y A LOS QUE NO QUERÍAN IR A CLASE, LOS PADRES LES DABAN UNAS PALIZAS TREMENDAS!....

ASÍ QUE LA INFANCIA DE MI PAPÁ FUÉ UN LARGO ROUND

DECIME, FELIPE, ¿ES CIERTO QUE EN LA ESCUELA LOS MAESTROS PEGAN A LOS CHICOS?
NO, ESO ERA ANTES; HOY LAS COSAS HAN CAMBIADO MUCHO
312

¿AHORA SON LOS CHICOS LOS QUE PEGAN A LOS MAESTROS?
¡NO, HOMBRE! ¡TAMPOCO!

¡COMO SIEMPRE!.. ¡AQUÍ LOS CAMBIOS NUNCA SON DE FONDO!

AL FIN DE CUENTAS NO SÉ PARA QUÉ HAY QUE IR A LA ESCUELA..
313

¡SI TODO EL MUNDO DICE QUE LA VIDA ES LA MEJOR ESCUELA!...¿PARA QUÉ IR A OTRA, DIGO YO?...¿NO APRENDEMOS TODO, EN LA VIDA? ¿QUÉ TIENE DE MALO ÉSTA ESCUELA DE LA VIDA?

¡QUE LAS FIESTAS DE LOS EGRESADOS SON SIEMPRE UN VELORIO!

¡DICHOSAS LAS MOSCAS QUE NO TIENEN QUE IR A LA ESCUELA! ¡ME GUSTARÍA SER UNA MOSCA!

¡Y VOLAR, LIBRE! Y NO TENER QUE REPASAR LAS TABLAS DE MULTIPLICAR, NI AGUANTAR A LA MAESTRA, NI.....

¡PAF!

TRES POR UNO, TRES. TRES POR DOS, SEIS. TRES POR TRES, NUEVE. TRES POR CUATRO,...

MI PAPÁ ME DIJO QUE HAY QUE VER LO QUE GASTÓ EN MIS ÚTILES DE ESCUELA
315

...Y QUE SI ESA PLATA LA HUBIERA INVERTIDO EN EL ALMACÉN, LE HUBIERA DEJADO UN 30% DE GANANCIA

ENTONCES YO LE DIJE QUE MI INSTRUCCIÓN Y MI CULTURA, CON EL TIEMPO, SERÍAN TAMBIÉN UN CAPITAL
MUY BIEN! ¿Y QUÉ TE CONTESTÓ?

QUE SÍ,... SI NO FUERA POR LA CARA DE DÉFICIT QUE TENGO

LO MALO DE LA GRAN FAMILIA HUMANA ES QUE TODOS QUIEREN SER EL PADRE

¡QUE ALEGRÍA ES QUE MAFALDA COMIENCE A IR A LA ESCUELA!
316

¡CIERTO, ES MARAVILLOSO: TENEMOS UNA HIJA QUE YA VA A LA ESCUELA!

¡TENEMOS UNA HIJA QUE YA VA A LA ESCUELA!

¡DIOS MÍO!..¿QUÉ SUCEDE?
!
NADA...

....QUE NO VAYAMOS A LLEGAR TARDE EL PRIMER DÍA DE ESCUELA

318
...Y A VOSOTROS, LOS MÁS PEQUEÑUELOS, QUE POR VEZ PRIMERA ACUDÍS A ESTE TEMPLO DEL SABER, OS ASEGURO QUE AQUÍ HALLARÉIS UN SEGUNDO HOGAR,...

...EN EL QUE CADA MAESTRA OS BRINDARÁ AQUELLO QUE TODA MADRE OFRECE A SUS HIJOS: AMOR.

¡MENOS MAL; CREÍ QUE IBA A DECIR SOPA!

¡QUÉ BARBARIDAD, MANOLITO! ¿DÓNDE TE HAS ENSUCIADO ASÍ?
AQUÍ, EN LA ESCUELA
319

LA ESCUELA DEPENDE DEL MINISTERIO DE EDUCACIÓN, ¿NO?
SÍ

¡VAYA!..

¡ES LA PRIMERA VEZ QUE CONSIGO MUGRE EN UN NIVEL MINISTERIAL!

¡ESTOY TAN CONTENTO CON MI MAESTRA!.... ES UNA MUJER BONDADOSA, SIMPÁTICA,.. ¡QUÉ SÉ YO!...¡ES EXTRAORDINARIA!
320

ES UNA SUERTE QUE TE HAYA TOCADO UNA MAESTRA ASÍ, PORQUE A LA MAESTRA UNO TIENE QUE VERLA TODOS LOS DÍAS,...

...Y TODAS LAS SEMANAS,...Y TODOS LOS MESES DE TODO UN LARGO AÑO!

¡QUÉ VIEJA INSOPORTABLE!

¿HICISTE LA PÁGINA DE PALOTES QUE PIDIÓ LA MAESTRA PARA MAÑANA, SUSANITA?
¡NO! ¡LA MAESTRA ESTÁ LOCA!
321

¡O SORDA!..... ¡PARECE QUE ELLA NO OYE DECIR A TODO EL MUNDO QUE EN ESTE PAÍS NADIE QUIERE TRABAJAR!

¡UN RENGLÓN, VAYA Y PASE!...¿PERO A QUIEN SE LE OCURRE PEDIR UNA PÁGINA ENTERA DE PALOTES EN UN PAÍS DONDE LA GENTE NO QUIERE TRABAJAR?

¡CON MAESTROS ASÍ JAMAS VA A ADELANTAR ESTE PAÍS!
QUINO

1171
322

1171

1171

1171
QUINO

MAÑANA CUMPLO YA SEIS AÑOS ¡CÓMO PASA EL TIEMPO!
QUINO
323

RETROCEDO UN POCO EN MI PASADO Y AHÍ ESTÁN MIS CINCO AÑOS; Y OTRO POCO MÁS ALLÁ, MIS CUATRO AÑOS....

.....Y LUEGO MIS TRES AÑOS....Y MIS DOS AÑOS... Y MI UN AÑO.....Y MI.......

?
¿MI, QUÉ?

324
MI MAMÁ ME MIMA
mi mamá me mima
mi mama me ama
MI MAMÁ ME AMA

LA FELICITO, SEÑORITA; VEO QUE TIENE USTED UNA MAMÁ EXCELENTE

Y AHORA, POR FAVOR, ENSEÑENOS COSAS REALMENTE IMPORTANTES
QUINO

¿QUÉ DIFERENCIA HAY ENTRE DECIR "PAPÁ" Y DECIR "PADRE"?
NINGUNA
325

SÓLO QUE "PAPÁ" ES MÁS FAMILIAR; Y "PADRE" MÁS RESPETUOSO

QUINO

¿¡O SEA QUE NUNCA PODRÉ DECIRTE "PADRE"!?

¡MIRÁ, SUSANITA, SI TENÉS ALGO CONMIGO DECÍMELO DIRECTAMENTE Y LISTO!
326

¡¡TE LO DIGO, SÍ SEÑOR!!¡¡CLARO QUE TE LO DIGO!! ¿SABÉS QUÉ PASA CON VOS?

¡QUE SOS UN BESTIA!

¡JHA!... ¿SUTILEZAS A MÍ?

HE SABIDO QUE TUS RELACIONES CON MANOLITO NO ANDAN MUY BIEN, SUSANITA
¡AH! ¿YA TE FUÉ ÉSE CON EL CHISME? ¡QUÉ TIPO CHISMOSO!... ¡CLARO, NO ME EXTRAÑA!
327

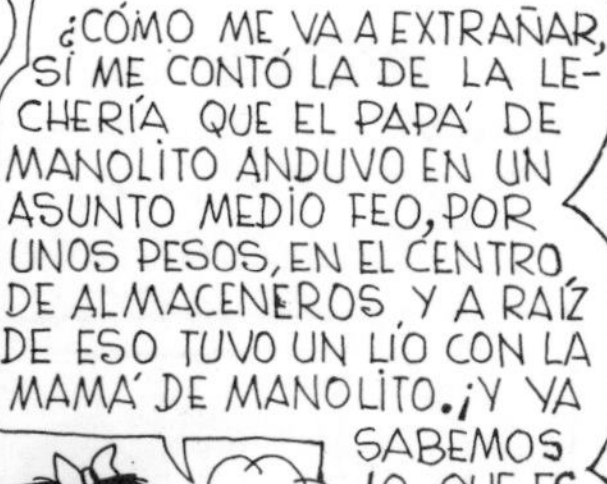
¿CÓMO ME VA A EXTRAÑAR, SI ME CONTÓ LA DE LA LECHERÍA QUE EL PAPÁ DE MANOLITO ANDUVO EN UN ASUNTO MEDIO FEO, POR UNOS PESOS, EN EL CENTRO DE ALMACENEROS Y A RAÍZ DE ESO TUVO UN LÍO CON LA MAMÁ DE MANOLITO. ¡Y YA SABEMOS LO QUE ES ESA SEÑORA!

...QUE AL HERMANO DE MANOLITO, QUE SEGÚN SUPE, EN MAYO CUMPLE 23 AÑOS, LO CONTROLA EN TODOS LOS GASTOS; ¡Y EL MUY GRANDULÓN, LA NOVIA QUE SE BUSCÓ!.. ESA MOROCHITA, QUE, EL PADRE VENDE TERRENOS Y VIVIÓ DOS AÑOS EN BRASIL Y QUE ES PARIENTE DE UN TÍO DE MANOLITO QUE EN 1925....

¿CON QUIÉN ESTUVISTE, MAFALDA?
CON EL F.B.I.

¡ZÁS!, ¡AHÍ VIENE SUSANITA! DESDE QUE ANDA PELEADA CON MANOLITO, ESTAR CON ELLOS ES COMO ESTAR EN LA U.N.
328

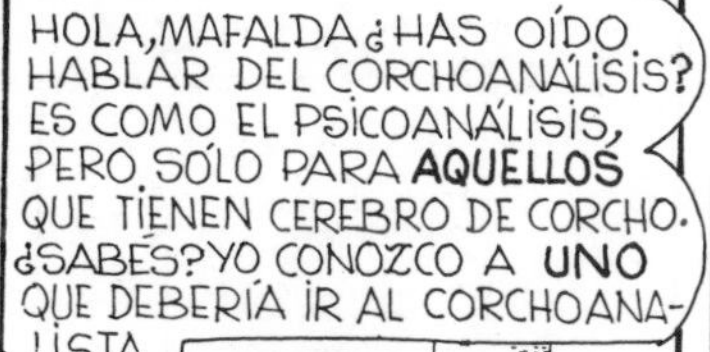
HOLA, MAFALDA ¿HAS OÍDO HABLAR DEL CORCHOANÁLISIS? ES COMO EL PSICOANÁLISIS, PERO SÓLO PARA AQUELLOS QUE TIENEN CEREBRO DE CORCHO. ¿SABÉS? YO CONOZCO A UNO QUE DEBERÍA IR AL CORCHOANALISTA

¡VAYA!.. YO CREÍA QUE HOY HABÍA HUELGA DE IDIOTAS, PERO PARECE QUE SALIERON A TRABAJAR

AUNQUE DUDO QUE U-THANT DEBA AGUANTAR LO QUE YO TENGO QUE AGUANTAR

¡ES ABSURDO QUE ESTÉS ENOJADO CON SUSANITA! ELLA TENDRÁ SUS COSAS, PERO ES BUENA AMIGA. Y UNO NO PUEDE ENOJARSE CON BUENOS AMIGOS. Y ADEMÁS....

329

...Y ADEMÁS, ¡CLARO! SI TUVIÉRAMOS A UN JUGADOR COMO PELÉ, NO ANDARÍA ASÍ NUESTRO FÚTBOL. PORQUE CON UN PELÉ NOS COMERÍAMOS CRUDOS AL INTER Y AL REAL MADRID Y AL.....

¿ADÓNDE VAS, MANOLITO?
A LLEVAR ESTE PEDIDO A CASA DE SUSANITA
330

¡COMO!..¿NO ESTABAS ENOJADO CON ELLA?
¿Y QUÉ? LOS NORTEAMERICANOS Y LOS RUSOS TAMBIÉN ESTÁN ENOJADOS Y SIN EMBARGO COMERCIAN ENTRE ELLOS ¿NO?

BUENO, PUES EN ESTE CASO OCURRE LO MISMO

CON LA SOLA DIFERENCIA DE QUE LA HUMANIDAD NO ESTÁ HARTA NI DE SUSANITA, NI DE VOS

331

Mi mamá
me mima.
Amo a mi
mamá

SNIF
SNIF

¡UNA DE
DOS, MAMÁ:..

..¡O VOS DEJÁS DE
HACER SOPA, O YO
DEJO DE ESCRIBIR
HIPOCRESÍAS!

Mi mamá
amasa
¿Amasa
sola?

Sí, amasa sola
y sala la masa
La masa se
amasa en la
mesa

La masa es
sana
Sí,
esa masa
es sana

LO BUENO DE IR A
LA ESCUELA ES QUE
UNO YA PUEDE CON-
VERSAR EN UN NIVEL
LITERARIO

FEDERACIÓN OBRERA
DE LA CONSTRUCCIÓN.
BUENAS TARRRDESSS
333

BUENAS TARDES, SEÑOR!,
POR FAVOR ¿ME PODRÍA
INFORMAR SI EL GREMIO
ESTÁ EN HUELGA?
NO, POR
EL MOMENTO
NO ESTÁ EN
HUELGA

¡CRETINOS!
¡ENTONCES TENDRÉ QUE
RESOLVER ESE MALDITO
ASUNTO PARA MAÑANA
MISMO!
¡CLACK!

"SI UN ALBAÑIL COLOCA
100 LADRILLOS EN 1 HORA,
¿CUÁNTOS LADRILLOS
COLOCARÁ EN 2½ HORAS?"

¡ANDA, CONDENADO!
¡HAZ LOS DEBERES!
BONK!
334

¡YA VAS A VER, PAPÁ!
¡CUANDO YO TENGA
UNA CADENA DE SÚPER-
MERCADOS Y SEA MI-
LLONARIO, MI BIOGRAFÍA
SALDRÁ PUBLICADA EN
"SELECCIONES"!....

...¡Y TODO EL MUNDO
SABRÁ CÓMO ME
MALTRATABAS, PORQUE
ENTRE LAS AMARGAS
ANÉCDOTAS DE MI
NIÑEZ FIGURARÁ
ÉSTA!

BONK!

¡DALE!,.....
¡SEGUÍ A LOS
ANECDOTAZOS,
NOMÁS!....

Ema se asoma.
Ve la mesa
de la sala.
335

MAMÁ, ¿LA SALA
QUÉ PIEZA VIENE A
SER?

EL "LIVING"
AH

¡¿POR QUÉ DEMONIOS
NO ESCRIBIRÁN
ESTOS LIBROS
EN CASTELLANO?!

¡ES INÚTIL! TODAVÍA NO SÉ LEER EL DIARIO
336

LO ÚNICO QUE ME HAN ENSEÑADO HASTA AHORA EN LA ESCUELA ES QUE A FULANITO LO MIMA SU MAMÁ, O QUE MENGANITA ASEA SU MOÑO

¡Y YO QUIERO SABER QUÉ PASA CON JOHNSON, O CON FIDEL CASTRO!

PERO PARECE QUE NI A JOHNSON LO MIMA SU MAMÁ, NI FIDEL CASTRO ASEA SU MOÑO
QUINO

¡HAGO UN LLAMADO EN FAVOR DEL DESARME MUNDIAL!
337

ESE LLAMADO LO VIENEN HACIENDO A CADA RATO GRANDES PERSONALIDADES ¿Y QUIÉN LES LLEVA EL APUNTE?

NADIE

PERO TOTAL, ES GRATIS,.......Y ESAS PERSONALIDADES Y YO QUEDAMOS COMO REYES
QUINO

...Y ESTAS HAN SIDO LAS NOTICIAS DEL PANORAMA MUNDIAL.
338

¡AAAAAAY!
?

AH,...CREÍ QUE ERA EL MUNDO EL QUE SE HABÍA QUEJADO
QUINO

pa
pe
pi
po
pu
A VER, MANOLITO; UNA PALABRA QUE EMPIECE CON "P"
339
QUINO

¡ZAS!... ESTE ES CAPAZ DE DECIR ESA MALA PALABRA

"POLÍTICA"

¡Y LA DIJO, NOMÁS!

¡LA TRACCIÓN TRASERA ES MEJOR QUE LA TRACCIÓN DELANTERA!
¡PERO NO TENÉS MARCHA ATRÁS!
340

¡Y ADEMÁS EL MIO GASTA MENOS COMBUSTIBLE; YO CON UNA TAZA DE CAFÉ CON LECHE TENGO PARA ANDAR TODA LA MAÑANA ENTERA!

¡EN CAMBIO VOS, CON ÉSA CATRAMINA, A MEDIA MAÑANA: ¡ZAS!, UN SANDWICH!
¿NO?

¡BUENO, BASTA! ¡ESTAS COSAS DE MECÁNICA NO ME GUSTA DISCUTIRLAS CON MUJERES!
QUINO

HOLA
NO!
341

¿CÓMO TE LLAMÁS?
¡NO!

TENGO UNA GALLETITA ¿LA QUERÉS?

CRUNCH
¡GULP!

¡NO!

¡AL PRIMERO QUE ME VENGA A HABLAR DE COMUNICACIÓN HUMANA LE ROMPO EL ALMA!
QUINO

¡LISTO!..
YIP! YIP! YIP!
342

HE BORRADO DEL MAPA A PEKÍN, AL PENTÁGONO Y AL KREMLIN; POR FIN PODREMOS VIVIR TRANQUILOS!

QUINO

YIP! YIP!

ME OLVIDABA DE JAMES BOND

Señorita Mafalda (punto) De mi mayor estima (dos puntos) En vista y considerando.......
343

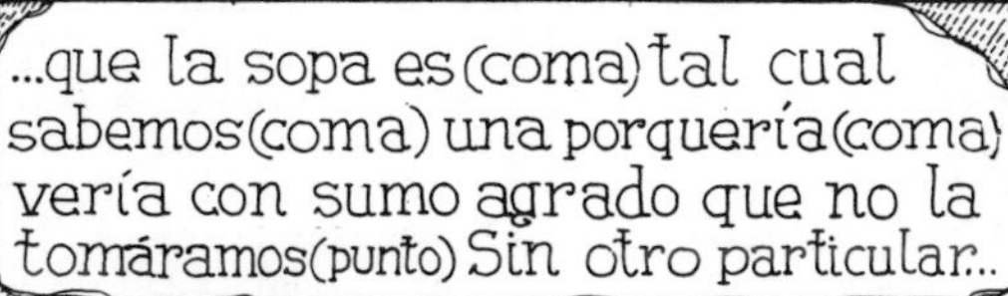
...que la sopa es (coma) tal cual sabemos (coma) una porquería (coma) vería con sumo agrado que no la tomáramos (punto) Sin otro particular...

¡MAFALDA, TOMÁ ESA SOPA DE UNA BUENA VEZ!

¡YA TUVISTE QUE INTERRUMPIR EL DICTADO DE MI CONCIENCIA!...
QUINO

ME HE ENTERADO DE QUE MÁS DE LA MITAD DE LA POBLACIÓN MUNDIAL SOMOS NIÑOS
¿Y ESO DE QUÉ NOS SIRVE?
344

AHORA, DE NADA; PERO DENTRO DE TREINTA AÑOS VAMOS A SER NOSOTROS LOS QUE HAREMOS COSAS Y OCUPAREMOS CARGOS. Y EL MUNDO VA A ESTAR EN MANOS DE NOSOTROS LOS NIÑOS

¡PERO HOMBRE! ¡DENTRO DE TREINTA AÑOS YA NO VAMOS A SER NIÑOS!

¡VOS SIEMPRE TRATANDO DE AMARGARLE LA VIDA A UNO!
QUINO

¡QUÉ FANTÁSTICO! AQUÍ DICE QUE DENTRO DE DIEZ AÑOS, LOS RUSOS Y LOS NORTEAMERICANOS YA VAN A ESTAR INSTALADOS EN LA LUNA
345

¡QUÉ SUERTE PARA LOS SELENITAS!

LOS SELENITAS NO EXISTEN

JUSTAMENTE........ ¡QUÉ SUERTE PARA LOS SELENITAS!
QUINO

¿QUÉ HACÉS, MAFALDA?
VOY A ENVIAR UN NUEVO MENSAJE PRO DESARME MUNDIAL
346

¿OTRO? ¿PARA QUÉ, SI NADIE SE DÁ POR ENTERADO?

EXIJO INME-DIATA PROSCRIP-CIÓN ARMAS NUCLEARES

¡COLACIÓNESE!

ESTA VEZ TIENEN QUE ENTERARSE

¡ESTO NO ES VIDA! ¡SIEMPRE METIDO AQUÍ EN LA CIUDAD!
347

¡CÓMO QUISIERA ESTAR EN EL CAMPO, TODO RODEADO DE VERDE!....
?

....Y DE VAQUITAS MUGIENDO DULCEMENTE.....

"MUUUUU,...QUEREMOS LA REFORMA AGRAAAARIAA"

NO HAY CASO; ESTE MUNDO MATERIALISTA DE HOY NO ES PARA VOS, FELIPE
NERVOCALM

HOLA, SUSANITA. ¿HICISTE LOS DEBERES QUE NOS PIDIÓ LA MAESTRA PARA MAÑANA?
348

NO, PORQUE DESGRACIADAMENTE EN ESTE PAÍS LA GENTE NO QUIERE TRABAJAR, MAFALDA

LA GENTE NO QUIERE HACER NADA; LA GENTE ES ASÍ. ¿TE DAS CUENTA CUÁL ES MI DRAMA?
NO. ¿CUÁL ES?

QUE YO SOY MUY GENTE

FRANCAMENTE, YO CREO QUE SI LOS NOR-TEAMERICANOS Y LOS RUSOS DICEN QUE QUIEREN EL DESARME, ES PORQUE REALMENTE LO QUIEREN
349

¡SEGURO, FELIPE!... SI TE DICEN QUE LAS VACAS VUELAN, TAMBIÉN LO CREÉS, ¿NO?
¡ANDA!....¡VOS SIEMPRE LA MISMA!

Papá fuma su pipa
¿ESO HAY QUE ESCRIBIR?
350

¿Y PARA QUÉ DIABLOS TENEMOS QUE APRENDER A ESCRIBIR ESO, DIGO YO? ¿EHÉ?

¿DE QUÉ NOS SIRVE SABER ESCRIBIR QUE ALGUIEN FUMA EN PIPA, SI EN ESTE PAÍS CASI NADIE FUMA EN PIPA?

¡ASÍ ES COMO LOS QUE ESTUDIAMOS TENEMOS QUE IRNOS LUEGO AL EXTRANJERO A APLICAR ALLÍ NUESTROS CONOCI-MIENTOS!...

351

¿QUÉ DICE AQUÍ, MANOLITO?
no sé
"NO SÉ"

¿NO? BUENO, NO ME EXTRAÑA; SIEMPRE PENSÉ QUE ERAS UN POQUITO BESTIA

QUINO

352

LOS ESTIMADOS OYENTES DESEAN CONOCER SU OPINIÓN SOBRE LA SITUACIÓN NACIONAL
QUINO

¡HOLA!
¡SHHH!... EN VOZ BAJA, QUE TENGO UN ENFERMO EN CASA
353

¿ESTÁ ENFERMO TU PAPÁ?
NO

¿TU MAMÁ, ENTONCES?
TAMPOCO

QUINO

VAMOS A ESCUCHAR EL NOTICIOSO, A VER CÓMO SIGUE EL ENFERMO
354

EL ENFERMO SIGUE MAL

SANA, SANA, COLITA DE RANA, SI NO SANA HOY SANARÁ MAÑANA
QUINO

SÍ, REALMENTE, A ÉSTE MUNDO SE LO VE ALGO DEMACRADO, ¿CREÉS QUE DE VERDAD ESTÁ ENFERMO?
UF!...
355

¿QUÉ SÍNTOMAS TIENE?

LE DUELE EL ASIA
QUINO

¿QUÉ LE OCURRE AL MUNDO, MAFALDA?
ESTÁ ENFERMO
356

¿ENFERMO?... ¿Y TIENE FIEBRE?

¡TIENE UN COMUNISMO, QUE VUELA!
QUINO

ADIÓS, MAFALDA, QUE SE MEJORE EL MUNDO
GRACIAS
357

¡EL MUNDO ENFERMO! ¡ESTA MAFALDA TIENE CADA OCURRENCIAS!..
JA-JA JA

J...

¿CÓMO?
¿EL MUNDO ESTÁ QUÉ?
QUINO

¡BESTIA!
¡MALA ENTRAÑA!
¡OTRA VEZ!
358

¡PELEAR!...¡LO ÚNICO QUE SABEN ES PELEAR! ¿PARA USTEDES NO HAY NADA MÁS POSITIVO QUE PELEAR?

SEGURO QUE NO, ¿QUÉ TENDRÍA DE POSITIVO JAMES BOND SI NO SE LA PASARA PELEANDO?
¿Y CASSIUS CLAY? ¿QUÉ MÉRITO TENDRÍA CASSIUS CLAY SI NO PELEARA? ¿EHÉH?

¡MARMOTA!
¡PEDAZO DE CRETINA!
¡ASÍ AVANZA LA HUMANIDAD!
QUINO

NO ENTIENDO QUÉ GUSTO LE SACÁS A PELEARTE CADA DOS POR TRES CON MANOLITO
359

SI GIUSEPPE GARIBALDI NO HUBIERA PELEADO NUNCA, ¿QUIÉN LO CONOCERÍA? ¡NADIE! ¡ABSOLUTAMENTE NADIE!

¡PRIMERA NOTICIA QUE TENGO DE QUE LOS PRÓCERES PELEABAN PARA PROMOCIONARSE!
QUINO

¡UNA TUERCA!
¡OXIDADA! ¿PARA QUÉ DEMONIOS SIRVE?
360

TODO SIRVE PARA ALGO

PERO NADA SIRVE PARA TODO

QUINO

....YA LO DIJO ORTEGA Y GASSET, AMIGOS; EL NUESTRO ES UN PUEBLO TRISTE...
361

¡PUES SI CON ESO QUISO DÁRSELAS DE ALEGRE, PODRÍA HABER DICHO ALGO MÁS DIVERTIDO!
QUINO

¿HAS PENSADO EN LO QUE OCURRIRÍA SI NO EXISTIERA LA DISTANCIA, FELIPE?
¿SI NO EXISTIERA LA DISTANCIA? NO. ¿QUÉ OCURRIRÍA?
362

QUE TODO ESTARÍA AQUÍ ¿TE DAS CUENTA LO QUE SERÍA QUE TODO ESTUVIERA AQUÍ?

EL KREMLIN
EL LLANERO SOLITARIO
LOS BEATLES
AFRICA
CUBA
TODO AQUÍ
EL MURO DE BERLÍN
DISNEYLANDIA
VIETNAM
Jerry Lewis
PELÉ
EL KU-KLUX-KLAN

¿TE DAS REALMENTE CUENTA, FELIP.....

SÍ, SE DÁ REALMENTE CUENTA
QUINO

NO PUEDO TOMAR LA SOPA, PORQUE SOY UNA VIEJITA DE PULSO TEMBLEQUE Y SE ME CAE TODA, ¿VES?
363

ESTÁ BIEN; VENGA LA CUCHARA. YO TE DOY LA SOPA

¿Y? ¿QUÉ PASA?

PASA QUE SOY VIEJITA, PERO NO ESTÚPIDA

¿TE HAS PREGUNTADO ALGUNA VEZ PARA QUÉ ESTAMOS EN ESTE MUNDO, FELIPE?
364

NO; NO ME LO HE PREGUNTADO NUNCA, PERO ME LO PREGUNTO AHORA MISMO: "¿PARA QUÉ ESTAMOS EN ESTE MUNDO?"

Y ME CONTESTO TAMBIÉN AHORA MISMO: ¡QUÉ SÉ YO PARA QUÉ DIABLOS ESTAMOS EN ESTE MUNDO!
QUINO

ESTE TIPO DE PROBLEMAS, CUANTO ANTES SE LOS SAQUE UNO DE ENCIMA, MEJOR

MILLONES Y MILLONES DE PERSONAS VIVIMOS EN EL MUNDO; Y AL FIN DE CUENTAS, ¿PARA QUÉ?
365

¿PARA QUÉ ESTAMOS TODOS EN ESTE MUNDO, DIGO YO?

AHORA VOY ALGO APURADO, PERO SI QUERÉS PUEDO AVERIGUÁRTELO PARA MAÑANA

¿OYERON HABLAR ALGUNA VEZ DE LA INSEGURICRACIA?

MAMÁ, ¿PARA QUÉ ESTAMOS TODOS EN ESTE MUNDO?
366

PARA TRABAJAR, PARA AMARNOS, PARA HACER DE ÉSTE UN MUNDO MEJOR

¡PICARONA! ¡SOS BUENA HUMORISTA Y NUNCA ME LO HABÍAS DICHO!..

¿PARA QUÉ CREÉS VOS QUE ESTAMOS EN ESTE MUNDO, SUSANITA?
BUENO,...FRANCAMENTE, NO SÉ.....
367

SÓLO RECUERDO QUE LA CIGÜEÑA QUE ME TRAJO A ÉSTE MUNDO DESPEGÓ DE ORLY A LAS 17,22, HORA DE PARÍS, POR SUPUESTO LUEGO.

...HICIMOS UN ESCALA EN DAKAR, OTRA EN RÍO, DONDE LE CAMBIARON UNA PLUMA QUE NO VENÍA BIEN Y FINALMENTE ME DEJÓ AQUÍ

PERO NO SE ME OCURRIÓ PREGUNTARLE PARA QUÉ ME TRAJO

¿Y? ¿QUÉ ME DICEN DE LO DE AYER? ¿VIERON? ¿EHÉÉÉ? ¿VIERON?
¿QUÉ PASÓ AYER?

¿QUÉ PASÓ? ¡LO DE SIEMPRE: QUE EN ESTE PAÍS LO ÚNICO QUE SABE HACER LA GENTE ES **NO** TRABAJAR! ¿QUIÉN TRABAJÓ AYER?
¡NADIE!

¡PARA QUE SEPAS, AYER FUÉ EL DÍA **MUNDIAL** DEL TRABAJO Y NO TRABAJÓ NADIE NI AQUÍ NI EN NINGÚN OTRO PAÍS! ¡Y CONSTE QUE ESE DÍA NO LO INVENTA- AQUÍ!

¿NO?
¡NO!

¡COMO DE COSTUMBRE! ¡EN ESTE PAÍS LO ÚNICO QUE SABE HACER LA GENTE ES COPIAR COSAS DEL EXTRANJERO!

"NUEVAMENTE SE HALLA REUNIDA EN GINEBRA LA COMISIÓN QUE TRATA DE LOGRAR UN ACUERDO SOBRE DESARME NUCLEAR"

¿GINEBRA ES LA CAPITAL DE SUIZA?

NO. ES LA CAPITAL DEL FRACASO

¿CONOCEN EL CUENTO DE LA HORMIGUITA Y EL ELEFANTE? ¡ES GRACIOSÍSIMO ¡JÁ-JA!
CONTALO
¡DALE!
370

RESULTA QUE VA UN ELEFAN..¡JÁ-JÁ!.. ..FANTE POR..¡JÁ-JÁ-JÁ!...POR LA SELVA Y SE...¡JÁ-JÁ-JÁ-JÁ!. ..SE ENCUENTRA CON UNA...¡JÁ-JÁJÁ-JÁJÁ-JÁ!..CON UNA **JÁJÁJÁ**!

PENSÁ EN TODOS LOS DÍAS QUE FALTAN PARA QUE SE ACABEN LAS CLASES, Y EN LOS EXÁMENES DE FIN DE AÑO, Y EN TODO ÉSO

BIEN, ¿CÓMO ERA ESE CUENTOS

RESULTA QUE VA UN ELEFANTE POR LA SELVA Y SE ENCUENTRA CON UNA HORMIGUITA Y ENTONCES LA MIRA Y LE DICE CON SU VOZ DE ELEFANTE "¡QUÉ CHIQUITA SOS", ENTONCES

¡BANG!
¡LA PUCHA!

¡¡"LA PUCHA" NO! ¡TENÉS QUE DECIR "¡AAUUGH!," COMO EN LAS HISTORIETAS DE COW-BOYS.!!

¿DONDE HAS VISTO QUE UN COW-BOY DIGA "¡LA PUCHA!" CUANDO LE PEGAN UN TIRO?!

¿POR QUÉ NO TE VAS UN POCO AL CUERNO CON TUS MUERTES EXTRANJERIZANTES, FELIPE?
QUINO

372

QUINO

TENGO QUE IRME A HACER LOS DEBERES
YO, A LLEVAR UN PEDIDO DEL ALMACÉN
Y YO, A VER MI PROGRAMA DE T.V.
373

ESTÁ VISTO QUE SÓLO TENEMOS TIEMPO DE JUGAR A LA GUERRA NUCLEAR, ¿NO?
SÍ

¡BOOOM!

ESTA VIDA MODERNA EXIJE JUEGOS CADA VEZ MÁS BREVES
QUINO

¡ESA ES LA PREGUNTA MÁS ESTÚPIDA QUE HE OÍDO EN TODA MI VIDA, SUSANITA!
374

¡AH! ¿Y CUANDO A VOS SE TE DÁ POR PREGUNTAR POR QUÉ EL MUNDO TAL COSA Y POR QUÉ LA GUERRA TAL OTRA? ¿EHÉ?

¿ACASO SÓLO VOS PODÉS PREGUNTAR? ¿ACASO SOS LA VEDETTE? ¿EHÉ? ¿ACASO NO PUEDO YO TENER MI PREGUNTA? ¿EHÉÉÉ?
CUÁL ES TU PREGUNTA, SUSANITA?
QUINO

¿POR QUÉ EN ESTE PAÍS LOS OBREROS SON MOROCHOS POBRES Y NO RUBIOS, LINDOS Y CON AUTO, COMO EN NORTEAMÉRICA?

¡ESTA MAFALDA!..... ¡DICE QUE MI PREGUNTA ES ESTÚPIDA!
¿CUÁL ES TU PREGUNTA?
375

¿POR QUÉ EN ESTE PAÍS LOS OBREROS SON MOROCHOS POBRES Y NO RUBIOS, LINDOS Y CON AUTO COMO EN NORTEAMÉRICA?

¿A VOS TE PARECE UNA PREGUNTA ESTÚPIDA?
NO. SI UNO LA PIENSA BIEN, NO ES UNA PREGUNTA ESTÚPIDA

REALMENTE, SI UNO LA PIENSA MUY BIEN, ES UNA PREGUNTA PELIGROSA!
QUINO

"¡MAL!"...
¡OTRA VEZ LA MAESTRA ME PUSO: "MAL"!
376

¿PARA ESO VIENE UNO TODOS LOS DÍAS A LA ESCUELA?

¡PORQUE SI UNO VINIERA DE VEZ EN CUANDO, VAYA Y PASE!..

¡PERO HACERLE ESTO A UN CLIENTE!..

¡DIOS MÍO! ¿ESTOS SON DAMNIFICADOS DE UNA INUNDACIÓN, O ALGO ASÍ?

¡PERO NO, MAFALDA! ¡ESTOS SON AVISOS DE CINE!..

BUENO, NO IMPORTA; IGUAL HABRÍA QUE ENVIARLE ROPA A ESA POBRE GENTE

"...QUE LAS RONDAS NO SON BUENAS,.."
378

"...QUE HACEN DAÑO, QUE DAN PENA..."

"...QUE SE ACABA POR LLOOORAAAR."

LAS RONDAS SE PARECEN ASOMBROSAMENTE AL CINTURÓN DE MI PAPÁ

CHA-CHÁÁNN, CHA-CHÁÁÁÁNN..
AQUÍ VIENE NADA MENOS QUE......

¡EL LLANERO SOLTERÓN!

¡SOLITARIO!

VIENE A SER LO MISMO, FELIPE; EN EL FONDO, TODO SOLTERÓN ES UN SOLITARIO

HAY GENTE CAPAZ DE ESTROPEARLE LA FANTASÍA AL MÁS PINTADO

¿NO CREÉS QUE CADA DÍA ESTÁN MÁS TORCIDOS?
SÍ, EN REALIDAD NO TIENEN NADA DE DERECHOS
380

NO TE GASTÉS, MANOLITO; ESTAMOS HABLANDO DE LOS DERECHOS HUMANOS

PAPÁ, ¿EN ESTE MUNDO SOMOS TODOS IGUALES?

SÍ, MAFALDA, SOMOS TODOS IGUALES. ¿PERO POR QUÉ NO TE DORMÍS, EN VEZ DE ANDAR PREOCUPÁNDOTE POR ÉSAS COSAS?

SI NO ME PREOCUPO; SÓLO PREGUNTABA, NOMÁS
BUENO, HASTA MAÑANA

¡PST!..... ¿IGUALES A QUIÉN?

¿VOS CREÉS EN LA IGUALDAD HUMANA, MANOLITO?
¡POR SUPUESTO QUE NO!
382

¡ÉSO DE QUE LOS HOMBRES SON TODOS IGUALES ES UNA ESTUPIDEZ!

¡NO HAY DOS PERSONAS IGUALES, NI NADIE ES IGUAL A NADIE!..¿QUIÉN TE HABLÓ DE ESA TONTERÍA DE LA IGUALDAD?
MI PAPÁ

¡CUANDO NO!... ¡ESTOS PADRES SON TODOS IGUALES!

¿TE GUSTA MI NUEVO PAÑUELO "JAMES BOND"?
383

¿QUERÉS? SON PASTILLAS MENTOLADAS "JAMES BOND"

¡IRRESISTIBLEMENTE VARONIL!...LOCION COLONIA "JAMES BOND"!

¡SOCORRO!

Y EL QUE NO HAYA ENTENDIDO, QUE LEVANTE LA MANO

VEAMOS, MANOLITO, ¿QUÉ ES LO QUE NO HAS ENTENDIDO?

DESDE MARZO HASTA AHORA, ¡NADA!

¿POR QUÉ DEMONIOS LOS ADULTOS SE LA PASAN HACIENDO Y DICIENDO COSAS QUE UNO NO ENTIENDE?
ES MUY SENCILLO, SUSANITA
385

CUANDO LLEGÁS AL CINE Y RESULTA QUE YA ESTÁN DANDO LA PELÍCULA, ¿LA ENTENDÉS?
NO

BUENO, CON LOS ADULTOS OCURRE LO MISMO ¿CÓMO VAMOS A ENTENDERLOS?

¡SI CUANDO NOSOTROS LLEGAMOS, ELLOS YA ESTABAN TODOS EMPEZADOS!

¿CONOCEN EL CUENTO DEL JAPONÉS QUE VA AL DENTISTA?
NO
¡CONTALO!
386

BUENO, RESULTA QUE UN JAPONÉS ~*COMPRE EN ALMACÉN "DON MANOLO"*~ VA AL DENTISTA...

...ENTRA AL CONSULTORIO, ~*ALMACÉN "DON MANOLO" VENDE BARATÍSIMO*~ Y ENTONCES EL DENTISTA....

....

ACABA DE FRACASAR UN INGENIOSÍSIMO ARDID PUBLICITARIO
QUINO

¡ASÍ QUE OTRA VEZ SACASTE MALA NOTA POR NO HACER BIEN LOS DEBERES!....¡CÓMO ES POSIBLE QUE SEAS TAN PICHIRUCHI, MANOLITO?
387

¿PICHIRUCHI YO? ¿QUIÉN PICHIRUCHI? ¿YO PICHIRUCHI?

¡MÁS PICHIRUCHI SERÁS VOS! ¿ENTENDÉS? ¡VOS SÍ QUE SOS PICHIRUCHI! ¡VOS SÍ QUE.....

A PROPÓSITO MAFALDA, ¿QUÉ QUIERE DECIR PICHIRUCHI?
QUINO

¿CÓMO ERA ESA ESPECIE DE INSULTO QUE ME DIJISTE AYER, MAFALDA?
"PICHIRUCHI" ¿POR QUÉ?
AHH!
388

PORQUE ES IDEAL PARA IR Y DECÍRSELO A SUSANITA ¡YA VERÁ ESA!

HOLA, SUSANITA ¿QUERÉS QUE TE DIGA LO QUE SOS? ¿EHÉE? ¿QUERÉS?
¡DECÍLO!.. ¡A VER!... ¡DECILO!

¡SOS UNA MACHU PICCHU!

QUINO

¿PERO QUÉ DIABLOS SIGNIFICA ESA PALABRA *"PICHIRUCHI"*?
NO SÉ EXPLICÁRTELO. PICHIRUCHI PUEDE USARSE PARA DEFINIR MUCHAS COSAS
389

NO ENTIENDO CÓMO PODÉS USAR UNA PALABRA SIN SABER EXPLICAR QUÉ QUIERE DECIR. LO SIENTO EN EL ALMA PERO NO ENTIENDO

¿LO SENTÍS DÓNDE?
EN EL ALMA
¿Y QUÉ ES EL ALMA, FELIPE? EXPLICAME

Y... PUEEES... BUENO, ¿EL ALMA?... ES ESA COSA QUE ES UNO... PERO NO ES UNO, SINO QUE... ¡CLARO!... ES... ¿NO? ES... MÁS BIEN... ¡EN FIN!.... ES... .. ES... ES...

¡ESTUVISTE CLARÍSIMO, FELIPE! ¡CLARÍSIMO!

HE QUEDADO COMO UN VULGAR PICHIRUCHI
QUINO

390

¿ADÓNDE VAS, MAFALDA? ¡EL DESAYUNO!
DESPUÉS

¡CHUIIC!

¡¡FELIZ CUMPLEAÑOS, CHE, TIERRA PATRIA!!

CURIOSO, UNO CIERRA LOS OJOS Y EL MUNDO DESAPARECE

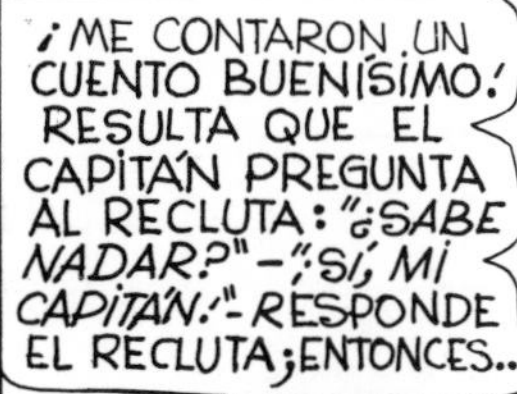
¡ME CONTARON UN CUENTO BUENÍSIMO! RESULTA QUE EL CAPITÁN PREGUNTA AL RECLUTA: "¿SABE NADAR?" —"¡SÍ, MI CAPITÁN!"— RESPONDE EL RECLUTA; ENTONCES...

391

¡AH, SÍ! ¡LO CONOZCO! LUEGO EL CAPITÁN LE PREGUNTA: "¿Y DÓNDE APRENDIÓ?" —"EN EL AGUA"— CONTESTA EL OTRO. ¿ES ÉSE, FELIPE? ¿EHÉ? ¿ES ÉSE? ¡ES ÉSE! ¿NO? ¿ES ÉSE? ¿EHÉ?

¡¡TE REQUETE-CONTRAODIO, SUSANITA!!

Y AL FINAL, NO NOS ENTERAMOS SI ERA O NO ÉSE
QUINO

FIJADOR
392

HOY TE NOTO ALGO CAMBIADO, MANOLITO ¿QUÉ TIENE TU PELO?

QUINO

AUTODETERMINACIÓN

QUINO
TIC
393

"...AUMENTAN LAS RESERVAS DE ARMAS NUCLEARES.- CRECE EL PROBLEMA DEL HAMBRE -VIOLENTOS CHOQUES RACIALES EN..."

FFFFST

ASÍ LA POBRE NO LAMENTARÁ MUCHO HABER DEJADO ESTE MUNDO

UNA AYUDA PARA LOS NIÑOS DESVALIDOS

OH, ¡GRACIAS!

UNA AYUDA PARA LOS NIÑOS DESVALIDOS

QUINO

¡HOP-DÓ-TRIÉE CUATRO!... ¡HOP-DÓ-TRIÉE CUATRO!...
395

¡AAAAL-TÓ!
¡TRAC!

DESCANSEN, ¡ARRRRR!
¡POC!

BASURA, ¡ARRRRRR!
¡CLANK!

¡TEEEERRRR-MINADO!
QUINO

¡QUÉ GINEBRA NI GINEBRA!... ¡ASÍ HABRÍA QUE LOGRAR EL DESARME!

396

CHIF - CHIF - CHIF

¡TOC! ¡TOC!
?

ESTÁ BIEN: ADMITO QUE SOY UN POCO BESTIA

397

¡FFFHÚ!

¡YA TUVO QUE DEJAR SU OPINIÓN SOBRE ESTE MUNDO!

¡ES FANTÁSTICO!
398

ENCONTRARON RESTOS FÓSILES DE UN ANIMAL MUERTO HACE CIEN MIL AÑOS
¡SALUTE! CIEN MIL AÑOS!

¡SNÍG!

¿A QUÉ HORA MURIÓ EL POBRECITO?

¡TENGO UN CUENTO GRACIOSÍSIMO!.... ¿QUIEREN OÍRLO?
POR SUPUESTO
399

BIEN, PERO ANTES UNAS PALABRAS EN NOMBRE DE LA FIRMA ANUNCIADORA

ES UN PLACER PARA ALMACÉN *"DON MANOLO"* AUSPICIAR ESTE CUENTO QUE.....

....

¡NO ENTIENDO! ¿O SERÁ QUE PARA ESTO DE LA PUBLICIDAD ME FALTA "ÁNGEL"?

TENÉS RAZÓN, MAFALDA; NO PUEDO SER UNA MUJER COMO NUESTRAS MADRES, QUE SE CONFORMABAN CON APRENDER CORTE Y CONFECCIÓN
400

LA NUESTRA ES UNA GENERACIÓN *DIFERENTE* ¡SOMOS LA GENERACIÓN DE LA TÉCNICA, DE LA ERA ESPACIAL, DE LA ELECTRÓNICA Y TODO ESO!

POR LO TANTO, **NO** ME QUEDARÉ EN LA GRIS MEDIOCRIDAD DEL CORTE Y CONFECCIÓN ¡JAMÁS! ¡LA CIENCIA ME LLAMA!

¡CUANDO SEA GRANDE ME COMPRARÉ UNA MÁQUINA DE TEJER! ¡ME APASIONA ESO DE LA CIBERNÉTICA!

401
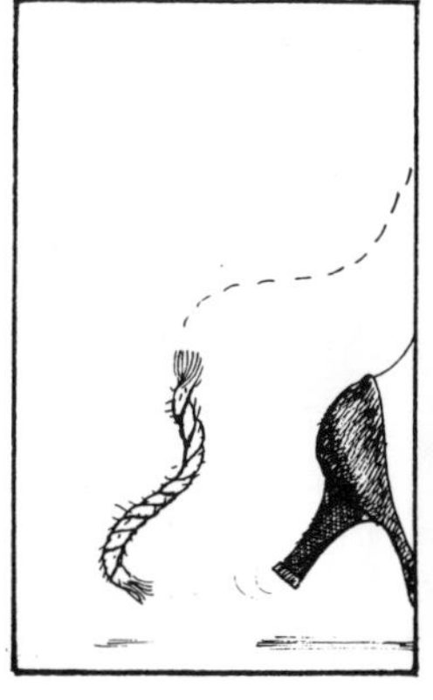

¡NO SE DEJA ASÍ TIRADA POR AHÍ LA BUFANDA!

"OCULTÉMONOS ACÁ. DEBEMOS INTERCEPTAR A LA MUJER QUE TRAE EL MENSAJE"
402

"SÍ, ASÍ DESBARATAREMOS EL PLAN DE "EL LLANERO SOLITARIO"

"¡CHIST! ¡ATENCIÓN, QUE AQUÍ VIENE LA MUJER!"

¡Y ENCIMA LO PROCLAMAN POR LA CALLE!...
¡QUÉ ASCO DE GENERACIÓN!

¡VIVA LA PATRIA!
403

¡VIVA!
¡QUE VIVA LA PATRIA!

¡VIVA LA PATRIA!

¿QUÉ TE PASA, MAFALDA? MIRÁ QUE HOY NO SE CELEBRA NINGUNA FECHA PATRIA, ¿EH?

¿Y A MÍ QUÉ CUERNOS ME IMPORTA? ¡YO A LA PATRIA LA QUIERO TODOS LOS DÍAS, Y NO CUANDO LE DA LA GANA AL ALMANAQUE!

¡HOY ESTOY CON UN HUMOR DE LOS MIL DEMONIOS!
SIN EMBARGO PARECÉS MUY CONTENTA, SUSANITA
404

ES QUE NO QUIERO QUE NADIE SE DÉ CUENTA QUE ESTOY DE MAL HUMOR

¡ENTONCES NO TENDRÍAS QUE DECIRLO!

ESO SERÍA SER HIPÓCRITA
ME EXTRAÑA QUE DEFENDÁS LA HIPOCRESÍA, MAFALDA

ALGÚN DÍA ME SENTARÉ A ANALIZAR QUIÉN ME ENFERMA MÁS: SI SUSANITA O LA SOPA

NO FUNCIONA

NO FUNCIONA

BAR
TELÉFONO PÚBLICO
NO FUNCIONA

CREÍ QUE IBA A COLGÁRSELO A LA HUMANIDAD

BANG!

¡PAPÁ!..
¡ME SALVASTE DEL MONSTRUO

FIN

CARAMELOS, BOMBONES, CHOCOLATINES PASTILLAS, ...

"AL QUE MADRUGA, DIOS LO AYUDA"
407

¡PAVADA DE AYUDANTE VAMOS A TENER MAÑANA!

MIRÁ, ELLA ESTÁ TEJIENDO
408

...Y AHÍ ENTRA EL ESPOSO, PERO ELLA NO LO HA VISTO

¡¡COMO, QUERIDA!! ¿¿ESTÁS TEJIEND...?¡ ¡¡¡ QUERIDA!!!...¡¡VAMOS A TENER UN BEBÉ!!!

¡ESO ES ABSURDO! ¡MI MAMÁ SE MATA TEJIENDO Y TODO LO QUE CONSIGUE SON PULLÓVERES!

para PAPÁ
NO

para PAPÁ
¡MENOS!

para PAPÁ
¡NO!
¡NO!

para PAPÁ
¡TAMPOCO!

¡MIRÁ QUE SOS COMPLICADO, ¿EHÉ?
?

PASADO MAÑANA ES EL DÍA DEL PADRE Y YO AQUÍ, HECHA UNA POBRE NENA, QUE NO SABE QUÉ REGALARLE A SU PAPÁ

Y EL DÍA DEL PADRE SE ACERCA, ¡SE ACERCA!..

¡Y LA POBRE NENA NO SABE QUÉ REGALARLE A SU PAPÁ! ¡Y EL DÍA YA ESTÁ ENCIMA,..Y LA NENA NO SABE!.. ¡¡Y....

¡QUÉ TEMA PARA HITCHCOK!

AQUÍ TENÉS EL VUELTO. Y CON ESTA BOLETA RETIRÁS EL LIBRO EN EL EMPAQUE
GRACIAS
411

¡ESTO SÍ QUE ESTÁ BUENO!..

LOS PADRES NOS METEN EN ESTE DESQUICIO DE MUNDO, SIN CONSULTARNOS.. ¡Y, ENCIMA, HAY QUE HACERLES UN REGALO!

TE LO ENVUELVO COMO PARA REGALAR A TU PAPÁ ¿NO?

NO; COMO PARA PERDONARLO

¡FELIZ DÍA PAPÁ!

LA VOZ DE LA SANGRE, QUE LE DICEN

413

?

¡A QUE YA SE HA CORRIDO LA VOZ DE QUE NO ME GUSTAN LOS BEATLES!..

¿ESCUCHASTE EL ÚLTIMO DISCO DE LOS BEATLES, MANOLITO?
¡NO!
¡NO ME GUSTAN ESOS TIPOS!
414

¡A TU EDAD, TIENEN QUE GUSTARTE!...¡A TODOS LOS CHICOS DEL MUNDO NOS GUSTAN LOS BEATLES!
¡PUES A MÍ NO ME GUSTAN Y LISTO!

¿QUÉ PASA CON MANOLITO?

QUE NO RESPONDE A SUS MANDOS NATURALES

¡LOS BEATLES!... ¿CÓMO PUEDEN GUSTARLE A LA GENTE UNOS INFRADOTADOS DÁNDOLE TODO EL TIEMPO A LA GUITARRITA?
415

¡YEAH! ¡YEAH!

¡QUÉ ASCO DE GENERACIÓN!

¡BUENO, CHÉ...SI VAN A PONERSE PERFECCIONISTAS!...

HOLA, ¿SOS LA PALOMA DE LA PAZ?
416

¡VIVAN LA AGRESIÓN Y LA BOMBA H!

SPLIT!

¡ES!

AHÍ ESTÁ;..... ESA PALOMITA NO SABE LO QUE ES EL DINERO Y SIN EMBARGO ES FELIZ
417

¿VOS CREÉS QUE EL DINERO ES TODO EN ESTA VIDA, MANOLITO?

NO; POR SUPUESTO QUE EL DINERO NO ES TODO

...TAMBIÉN ESTÁN LOS CHEQUES

418

ME PARTE EL ALMA VER GENTE POBRE
A MÍ TAMBIEN

¡HABRÍA QUE DAR TECHO, TRABAJO, PROTECCIÓN Y BIENESTAR A LOS POBRES!

¿PARA QUÉ TANTO? BASTARÍA CON ESCONDERLOS

¡OTRA VEZ SE DESCOMPUSO EL TELÉFONO DE MI CASA! ¡YA ESTOY HARTA DE VIVIR EN UN PAÍS SUBDESARROLLADO!
419

¿NO TE DUELE UN POCO DECIRLE "SUBDESARROLLADO" AL PAÍS, SUSANITA?

¡Y SI ES UN PAÍS SUBDESARROLLADO! ¿CÓMO QUERÉS QUE LE DIGA? ¿EHÉ? ¿UN PAÍS QUÉ?

UN PAÍS "AMATEUR"

ES CURIOSO, LAS CATEGORÍAS DEL BOX SIRVEN TAMBIÉN PARA CLASIFICAR A LOS PAÍSES

POR EJEMPLO, LOS PAÍSES CHIQUITOS Y MUY SUBDESARROLLADOS SON PAÍSES PESO MOSCA; OTROS, COMO EL NUESTRO, SON PESO GALLO O MEDIO-MEDIANOS....

AJHÁ; Y SEGÚN ESO, ¿QUÉ SON NORTEAMÉRICA, O RUSIA?

PESADOS...
¡MUY PESADOS!...

¡ÉSTE MALDITO ME ESTÁ GANANDO!

SEGÚN EL REGLAMENTO, ¿HAY ALGÚN CASO EN QUE SE PUEDA MOVER MÁS DE UNA PIEZA POR VEZ?
SÓLO EN EL ENROQUE

¡TOC!

EL REGLAMENTO DEBIERA CONTEMPLAR OTROS CASOS

¡MAFALDA... TENÉS "PULGARCITO"! ¿PUEDO LEERLO?
POR SUPUESTO

En una modesta casita vivía una familia muy pero muy pobre.........

¡PAF!
?

¡ME REVIENTA LA LITERATURA TESTIMONIAL!

¡LO QUE NECESITAMOS EN ESTE PAÍS ES SABER APROVECHAR LOS RECURSOS NATURALES!

¡TENEMOS A LA VISTA INSOSPECHADOS RECURSOS NATURALES!...

....Y ES HORA DE QUE LOS APROVECHEMOS!

?

BRILLANTE IDEA, MANOLITO

Mi querido Diario Intimo: Hoy me levanté muy contenta,....

....por lo que creo que durante el día mi estado de ánimo será bueno.......

SNIF SNIF

....desmejorando hacia el mediodía, con probabilidades de sopa.

hoy jugué un partido de ping-pong con Felipe, pero...

....estuve hecha una pichiruchi y perdí por 9 a 20.

ÚNICO DIARIO ÍNTIMO CON SUPLEMENTO DEPORTIVO

¿QUÉ ES ESA LIBRETITA, MAFALDA?
NADA,... MI DIARIO ÍNTIMO
426

¿TU DIARIO ÍNTIMO? ¡QUÉ BUENO! ¡ME IMAGINO LAS "COSITAS" QUE DIRÁS AHÍ SOBRE MANOLITO, FELIPE Y ETCÉTERA! ¿NO? ¡CONFESÁ! ¿NOOO?

¡PARA QUE SEPAS; EN MI DIARIO NO DIGO NINGUNA "COSITA" SOBRE MANOLITO, NI FELIPE, NI ETCÉTERA!
¿NO?
NO!

¿Y NO ACEPTARÍAS COLABORACIONES ESPONTÁNEAS?

ÉSO QUE A UD. NO LE SIRVE,...¡EMAÚS LO NECESITA!... LLÁMENOS A 00-4849 Y SE LO AGRADECEREMOS
427

NO; NO CREO QUE EMAÚS NECESITE DIRIGENTES POLÍTICOS
QUINO

ME PREOCUPA MI MAMÁ
DICE QUE ESTÁ CANSADA DE FREGAR TODO EL DÍA EN LA CASA.
428

PERDÓN, MIGUELITO, ¿NO DIRÁ: "TODO EL SANTO DÍA"?

SÍ; ES VERDAD; DICE: "TODO EL SANTO DÍA" ¿CÓMO SABÉS?

BUENO, TENGO CIERTOS CONOCIMIENTOS SOBRE FOLKLORE MATERNO
QUINO

NO DEBÉS AMARGARTE POR LAS PROTESTAS DOMÉSTICAS DE TU MAMÁ, MIGUELITO. TODAS LAS MADRES SE LA PASAN DICIENDO SIEMPRE LO MISMO....
429

"¡AL FINAL UNA SE CASÓ PARA HACER DE SIRVIENTA! ¡PARA ÉSO SE CASÓ UNA!"

"¡PERO YA VERÁN!... ¡EL DÍA MENOS PENSADO ME CANSO Y NO SÉ QUÉ ES LO QUE HAGO! ¿EHÉ? ¡NO LO SÉ!"

SI ALGUIEN HUBIERA REGISTRADO TODO ESO, GANARÍA MILLONES POR DERECHOS DE AUTOR
QUINO

CON MOTIVO DE CELEBRARSE HOY EL DÍA DE LA INDEPENDENCIA NACIONAL, TODAS LAS HISTORIETAS DEL PAÍS CONECTAN SUS CUADRITOS EN CADENA CON ESTA HISTORIETA
430

¡VIVA LA PATRIA!
QUINO

A PARTIR DE ESTE INSTANTE, LAS HISTORIETAS INTEGRANTES DE ESTA CADENA, CONTINÚAN CON SUS RESPECTIVOS CUADRITOS
GRACIAS

EL PROBLEMA DE MUCHOS PAÍSES ES HABER TENIDO CASI SIEMPRE GOBIERNOS-CARAMELO

¿GOBIERNOS-CARAMELO? ¿Y QUÉ DEMONIOS ES UN GOBIERNO-CARAMELO?

¿A VOS CUÁNTO TE DURA UN CARAMELO, MIGUELITO?

COMPRENDO

(¿NO ES SORPRENDENTE QUE MANOLITO, CON LO BESTIA QUE ES, HAYA ASIMILADO TAN BIEN LOS SECRETOS DEL AJEDREZ?)
¿QUÉ?

¡TE COMO EL PEÓN, FELIPE!..
¡GOOOOL!

¡GOOOOOOOOOOOOOOOOOOLLL!

¿QUÉ?
¡NADA!

Querido Diario Intimo: hoy hice renegar a mi mamá. Reconozco que me porté muy mal y que.....

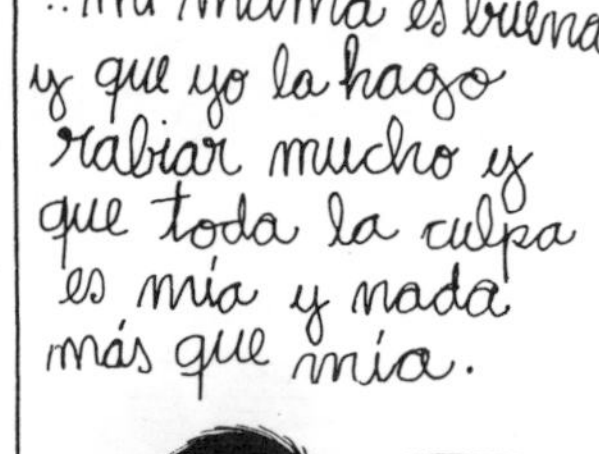
..mi mamá es buena y que yo la hago rabiar mucho y que toda la culpa es mía y nada más que mía.

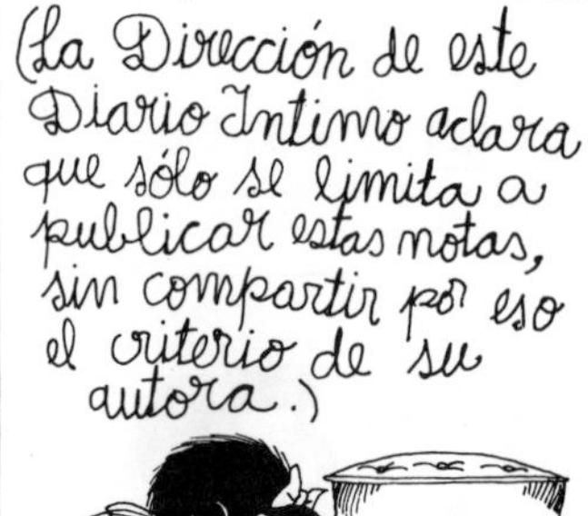
(La Dirección de este Diario Intimo aclara que sólo se limita a publicar estas notas, sin compartir por eso el criterio de su autora.)

REINA LA MÁS ABSOLUTA TRANQUILIDAD

LOS MANDOS ESTÁN ABOCADOS A SUS TAREAS ESPECÍFICAS

ERA UNA PENA NO DARLE UN GOLPE DE ESTADO A LOS BOMBONES

¡BANG! ¡BANG! ¡Y BANG!

¿CÓMO "Y" BANG? ¿DÓNDE VISTE QUE UN REVÓLVER DIGA "Y"?

¡UN REVÓLVER PUEDE DECIR "¡BANG!", "¡PANG!" E, INCLUSIVE, "¡PÚNG!", PERO NUNCA "Y"!

¿A QUIEN PUEDE INTERESARLE JUGAR A LOS "COW-BOYS" CON DON JOSÉ MARÍA PEMÁN?

CUANDO UNO SE MUERE, ¿ADÓNDE IRÁ?
436

MI MAMÁ ME DIJO QUE AL CIELO

¿TE CONTÓ DETALLES DEL LANZAMIENTO?

HAY ALGO QUE NO ENTIENDO
437

SI CUANDO UNO SE MUERE SE VA AL CIELO....

¿QUÉ DEMONIOS VIENE A SER EL CEMENTERIO?

¡¿UNA ESPECIE DE CABO KENNEDY?!

VOS ME DIJISTE QUE CUANDO UNO SE MUERE SE VA AL CIELO, ¿NO?
SÍ, ¿POR?
438

PORQUE HAY ALGO QUE NO ENTIENDO; POR EJEMPLO: ¿CÓMO HACEN LOS GORDOS PARA TOMAR SEMEJANTE ENVIÓN?

¡PERO, NO, MIGUELITO!... EL ASUNTO ES ASÍ: AL CIELO SUBE NADA MÁS QUE EL ALMA, EL CUERPO LO DEJAMOS AQUÍ

¡CÓMO!... ¡¿O SEA QUE EL ENVASE HAY QUE DEVOLVERLO?!

¡AJAJHAÁÁÁ! ¡JAQUE!
439

¡GANÉ! ¡JAQUE AL REY!

EL REY HA MUERTO ¡VIVA EL REY!

ANTE TANTA DIGNIDAD, ¿QUIÉN PUEDE ALEGRARSE DE HABER GANADO?

?
440

¿QUÉ DIABLOS TE PASA, MAFALDA, TE HAS VUELTO LOCA?

HAY QUE AVANZAR CON LA HUMANIDAD, MIGUELITO, HAY QUE AVANZAR CON LA HUMANIDAD

TENEMOS HOMBRES DE PRINCIPIOS, LÁSTIMA QUE NUNCA LOS DEJEN PASAR DEL PRINCIPIO

...¡LLEVA LA PELOTA POR EL MEDIO CAMPO!....
¡ESO ME GUSTARÍA!... ¡SER JUGADOR DE FÚTBOL, PARA NO TENER QUE IR A LA ESCUELA!
442

....¡SIGUE AVANZANDO PELIGROSAMENTE, ELUDE A UN HOMBRE, SE VA ACERCANDO AL ÁREA, ¡VA A **REMATAAAR** Y....

...¡¡**FOUL**!!...... ¡VIOLENTÍSIMO EL FOUL, MIS AMIGOS!.....¡¡LO **BARRRRR**IERON AHÍ AL HOMBRE!!,¡¡LE **HACHARON** LA PIERNA!!...

EL CONTINENTE AMERICANO ESTÁ FORMADO, A SABER, POR: AMÉRICA DEL NORTE, AMÉRICA CENTRAL, O CENTROAMÉRICA, Y AMÉRICA DEL SUR, O SUDAMÉRICA; SIENDO SUS PRINCIPALES RÍOS.....

¿QUÉ LE OCURRE A MANOLITO?
443

COMETIÓ UNA DE SUS BESTIALIDADES EN LA ESCUELA Y SACÓ MALA NOTA

NO DEBERÍA AFLIGIRSE POR ESO. TODOS TENEMOS NUESTRAS BESTIALIDADES DE VEZ EN CUANDO

SÍ, PERO LO MALO DE MANOLITO ES QUE PARECE SER UN BESTIA *FULL-TIME*

FFFF
444

¡BANG!

"BIENVENIDO"
¡QUÉ LINDO FELPUDO, MIGUELITO!
YO LO ODIO
445

¿LO ODIÁS?
¿POR QUÉ?

¿LLEGASTE, MIGUELITO? ¡A QUE YA ESTÁS CAMINANDO SIN PATINES!..¿NO? ¡CLARO!..¡TOTAL, LA QUE SE DESLOMA TODO EL SANTO DÍA ENCERANDO LOS PISOS SOY YO:¡LA ESTÚPIDA!

¡PORQUE ES EL FELPUDO MÁS HIPÓCRITA QUE VÍ EN MI VIDA!

HE OÍDO POR AHÍ QUE NACEMOS DENTRO DE UN REPOLLO. ¿VOS QUÉ OPINÁS?

QUE NOS TRAE LA CIGÜEÑA, MIGUELITO. ESO DEL REPOLLO ES UNA PATRAÑA SIN PIES NI CABEZA

SERÁ COMO VOS DECÍS, PERO LO QUE ES YO,... ¡EN MI VIDA VUELVO A PROBAR *CHUCRUT*!

¿VOS QUÉ OPINÁS, MANOLITO: NACIMOS DENTRO DE UN REPOLLO, O NOS TRAJO LA CIGÜEÑA?

¡JHÁ!..¡PERO MIRÁ LO QUE LE VENÍS A PREGUNTAR A ESTE ADOQUÍN!.....¡ESOS TEMAS SON DEMASIADO PROFUNDOS PARA ESTE BESTIA!

ES VERDAD, MIGUELITO. ESO DE NACER Y MORIR NO ME PREOCUPA. A MÍ ME INTERESA LA VIDA; NO LAS PUNTAS DE LA VIDA

¡JHA!

¿Y SI FUERA VERDAD QUE NACEMOS DENTRO DE UN REPOLLO?

¿POR QUÉ TIENE QUE SER **CIERTO** LO DE LA CIGÜEÑA Y **FALSO** LO DEL REPOLLO?

¡AL FIN DE CUENTAS UN REPOLLO TIENE TANTA O MÁS VALIDEZ CIENTÍFICA QUE UNA CIGÜEÑA!

¿Y DE DÓNDE SACAN REPOLLOS PARA NACER LOS ESQUIMALES, MIGUELITO?

LOS ESQUIMALES SON LA MEJOR PRUEBA DE QUE NOS TRAE LA CIGÜEÑA, MIGUELITO

SI NACIÉRAMOS DENTRO DE UN REPOLLO LOS ESQUIMALES NO EXISTIRÍAN, PORQUE DECIME, ¿VOS CREÉS QUE EN EL POLO HAY REPOLLOS?

¡Y QUÉ SÉ YO! ¡CON TANTO MERCADO COMÚN!...

¡NO SÉ PARA QUÉ CUERNOS VENGO A LA PELUQUERÍA!

¡NO SÉ PARA QUÉ RECUERNOS VOY A LA PELUQUERÍA!

VEO MUCHAS REVISTAS DE FOTONOVELAS,.
?
451

...Y VEO BAILES EN UN CLUB DE BARRIO Y LUEGO UN CASAMIENTO,.

...Y DESPUÉS VEO FREGAR Y FREGAR EN LA CASA HASTA SER UNA VIEJITA

¡PENSAR QUE ESO ES TODO LO QUE VEN LAS MUJERES QUE MIRAN LA VIDA A TRAVÉS DE UN RULERO!..

DECIME, MAFALDA, ¿VOS CREÉS QUE EL HAMBRE EN EL MUNDO SE SOLUCIONARÍA DÁNDOLE UN CARAMELO A CADA PERSONA HAMBRIENTA?
452

A MÍ SE ME OCURRE QUE NO. ¿POR QUÉ LO PREGUNTÁS?

BUENO,...¡PORQUE TE IMAGINÁS QUE LINDO CARGO DE CONCIENCIA! ¿NO?

UN PRIMO MÍO QUE SABE INGLÉS ME TRADUJO ALGUNAS CANCIONES DE "LOS BEATLES"
¿A VER?
453

¿TENÉS UN LÁPIZ? AQUÍ HAY UNA FRASE QUE QUISIERA COPIAR
¡SEGURO!

"CUANDO TE VÍ CON ÉL, SENTÍ QUE MI FUTURO SE DERRUMBABA"

SÓLO UNOS GENIOS COMO "LOS BEATLES" PODÍAN INTERPRETAR TAN BIEN LO QUE SENTÍ LA PRIMERA VEZ QUE VÍ A MI MAMÁ CON UN PLATO DE SOPA

SE REUNIERON HOY EL PRIMER MINISTRO INGLÉS Y EL SECRETARIO GENERAL DE LA UN
454

ME IMAGINO QUE TRATARÍAN EL PROBLEMA DEL DESARME

AMBOS FUNCIONARIOS TRATARON EL PROBLEMA DEL DESARME

DESPUÉS DICEN QUE LA TV NOS ATROFIA LA IMAGINACIÓN

DECIME, FELIPE, ¿VOS CREES REALMENTE QUE LA TV NOS ATROFIA LA IMAGINACION A LOS CHICOS?
455

BUENO, NO SÉ; NUNCA HE PENSADO EN EL ASUNTO

¿Y SI FUERA CIERTO QUE LA TV NOS ATROFIA LA IMAGINACIÓN A LOS CHICOS?
¿EÉH?
456

¿EEH? ¿Y SI FUERA CIERTO?

!
457

¡ACABO DE DESCUBRIR QUE EN EL ESPEJO LAS COSAS SE VEN AL REVÉS! ¡ES TERRIBLE!
¿POR QUÉ ES TERRIBLE?

PORQUE ESO QUIERE DECIR QUE CUANDO UNO SE MIRA AL ESPEJO,... ¡SE VE AL REVÉS DE COMO REALMENTE ES!

¡VAMOS, MIGUELITO!... ¡PARA ESO NO HACE FALTA MIRARSE AL ESPEJO!

MIGUELITO TIENE RAZÓN: EN EL ESPEJO LAS COSAS SE VEN AL REVÉS
458

LA DERECHA VIENE A SER LA IZQUIERDA...

...Y LA IZQUIERDA VIENE A SER LA DERECHA

¡QUÉ CONTUBERNIO!

459

¡¿DE DÓNDE CUERNOS SACASTE ESO DE QUE EN EL ESPEJO UNO SE VE AL REVÉS DE COMO ES?!

HOA, BAFADDA ¿CÓHO E VA? ¿UÁNDO COD E AUDIDO?
460

BE USDAÍA EDADBE A UAD COD VOS, PEO BI BABÁ BE BANDÓ A DA ECHEÍA

HASDA UÉO

AÚN ESTÁ POR ESCRIBIRSE UN DICCIONARIO "CARAMELO-ESPAÑOL ESPAÑOL-CARAMELO"

¿HAS LEÍDO ESTO? AQUÍ DICE QUE LA TV ES UN VEHÍCULO DE CULTURA
461

¿UN VEHÍCULO DE CULTURA?
AJHÁ

¡TOMA!
¡BANG! ¡BANG!
¡AUGGH!

¡YO QUE LA CULTURA, ME BAJABA Y SEGUÍA DE A PIÉ!

462
ZAPATERÍA

boutique

Sastrería

DECIME, MAMÁ ¿VOS ESTÁS SEGURA DE QUE ESTAMOS CAMINANDO PARA ADELANTE?
WOOL

TIC!
463

"UNA ANTIGUA COSTUMBRE QUE SIEMPRE ESTÁ DE MODA,....."

¿MATAR GENTE?

"...BEBER WHISKY BLACK-GROG"
AH...

¡MUY BIEN! ¡ME VOY! ¡PERO BAJO PROTESTA!
464

ESTÁN HABLANDO DE TENER CHICOS,... ¡Y ME ECHAN!

¡AHORA RESULTA QUE LOS CHICOS NO PODEMOS OÍR HABLAR DE TENER CHICOS! ¡Y ENTONCES NOS ECHAN!

¡ESO ES TAN ABSURDO COMO HABLAR DE TENER MÉDICO Y ECHAR A BEN CASEY!

FRANCAMENTE, TU PAPÁ ES BASTANTE TONTO. ¿NO SABE QUE HAY MEJORES NEGOCIOS QUE ESTE DE LAS PLANTAS?
465

¿NEGOCIO? PARA MI PAPÁ, LAS PLANTAS NO SON UN NEGOCIO, MANOLITO, SINO UN ENTRETENIMIENTO

¡CÓMO!...¿NO LAS VENDE?
¡PERO NO, HOMBRE!

¡DIOS MIO! ¿CÓMO SE PUEDE SER TONTO Y, ENCIMA, AD-HONOREM?!

¿LA CULPA DE TODO LA TIENE EL CARISMA DE LAS PAUTAS COYUNTURALES?

ILLOS
GOLOSINAS
466

HOLA, MIGUELITO ¿COMO TE VA?
ÑIEN, AMGHÍ ESFOY, OMENDO CAAMFELHO
?

?
MGÜÉS TEFOEONTU HASA, ¿MMFFI? ZSCHAO

ES RARO QUE NADIE HAYA SEÑALADO LA IMPORTANCIA DE LOS CARAMELOS EN EL PROBLEMA DE LA INCOMUNICACIÓN HUMANA

¡TRAJE A MAFALDA PARA JUGAR AQUÍ, MAMÁ!
467

¡LOS PATIIIIINES!.. ¡A QUE ESTÁN CAMINANDO SIN PATINES Y ESTROPEANDO EL PARQUET!..

¡NO JUEGUEN NI EN EL LIVING NI EN EL COMEDOR, ¿EH?
¡AH! Y OTRA COSA.......

¡NO DEJEN LUEGO TODOS LOS JUGUETES TIRADOS POR AHÍ! ¡GUÁRDENLOS! ¡YA LO SABEN!

MI ÚNICA ESPERANZA ES QUE EN EL SERVICIO MILITAR ME COMPUTEN TODO ESTO Y ME LARGUEN ENSEGUIDA

"La Bondad es algo natural en el hombre."
468

¿Y LA MALDAD? ¿NO ES TAMBIEN NATURAL?

NO. DEBE SER DE ALGUNA DE ESAS FIBRAS ARTIFICIALES QUE ESTÁN TAN DE MODA EN TODO EL MUNDO

469

¡ATCHIÍÍSS!

¡RESFRIARME!.... ¡ESO ES LO ÚNICO QUE ME FALTA!...

...ADEMÁS DE INTELIGENCIA, GRACIA, SENSIBILIDAD, INGENIO, TACTO, ELEGANCIA, HABILIDAD, FINEZA, BUEN GUSTO, SENSATEZ, IMAGINACION, CULTURA, ETCÉTERA

LE HE PRESTADO MIS REVISTAS A MANOLITO, PARA QUE SE DISTRAIGA UN POCO DE SU GRIPE
470

AT,...AAAT....
¡¡NO ESTORNUDES DELANTE DE LA...
REV....
..CHIÍÍÍSSS!

¡TARDE!
COW-BOY

¡MALDITA GRIPE!... ¡TENÍA QUE DARME JUSTO A MÍ!
471

¡VAMOS, MANOLITO!... LA GRIPE LE DÁ A GRANDES Y CHICOS, A GORDOS Y FLACOS, A POBRES Y RICOS, A NEGROS Y BLANCOS. ¡A TODOS!

PUES PODRÍA IRSE AL CUERNO CON SU DEMOCRACIA

ALMACEN "DON MANOLO"
472

¿CÓMO VA LA GRIPE, MANOLITO?
AL SALIR DE LA ESCUELA SE NOS OCURRIÓ VENIR A VISITARTE Y VER SI NECESITÁS ALGO

SÍ, QUISIERA PEDIRLES UN UN FAVOR
¿CUÁL ES? LO HAREMOS CON MUCHO GUSTO

NO SE VAYAN SIN COMPRAR ALGO. ¡ALMACÉN "DON MANOLO" VENDE BARATÍSIMO!

¡MANOLITO ESTÁ EN CAMA CON GRIPE, DE ACUERDO! PERO,... ¿PARA QUÉ VAS A VISITARLO CON ÉSE CASCO ESPACIAL?
PARA EVITAR EL CONTAGIO
473

¿QUÉ PASA SI VOY SIN CASCO Y ME CONTAGIA?
¡SI TE CONTAGIA, MALA SUERTE! ¡LA AMISTAD EXIGE CIERTOS SACRIFICIOS!

NO VEO QUE TENGA NADA DE MALO DARLE UN TOQUE MODERNO A LOS SACRIFICIOS

¡LO CONTENTOS QUE SE VAN A PONER FELIPE, SUSANITA Y MAFALDA CUANDO ME VEAN LEVANTADO!
474

¡AMIGOS!... ¡ME HE SACADO ESA MALDITA GRIPE DE ENCIMA!.... ¿DONDE ESTÁN TODOS?

¿CUÁNTA GENTE ENGRIPADA COMO NOSOTROS CREÉS QUE HABRÁ EN EL MUNDO, MAFALDA?
475

NO SÉ. SUPONGO QUE MUCHA ¿POR QUÉ?

Y,... QUÉ SÉ YO.... SIEMPRE CONSUELA UN POCO SABER QUE UNO NO ESTÁ SOLO ¿NO TE PARECE?

SÍ; AUNQUE FRANCAMENTE, EN ÉSTE CASO NO SÉ PARA QUÉ CUERNOS PUEDE SERVIRNOS EL SINDICALISMO

A MÍ, LO QUE ME GUSTA DE LA GRIPE ES **NO** TENER QUE IR A LA ESCUELA
476

QUÉ QUERÉS QUE TE DIGA, FELIPE..

YO PREFIERO IR A LA ESCUELA, ESTUDIAR Y HACER DEBERES....

...EN LUGAR DE TENER QUE SOBRELLEVAR ESTA INCULTURA A VIRUS
QUINO

ME ENTERÉ QUE ESTUVISTE EN CAMA CON GRIPE, PERO MI MAMÁ NO ME DEJÓ IR A VISITARTE POR MIEDO A QUE ME CONTAGIARA
477

Y YO, CON MIS AHORROS HABÍA COMPRADO UNA CAJA DE GALLETITAS PARA LLEVARTE,...¡ASÍ QUE ME PESQUÉ UNA RABIETA,...PERO UNA RABIETA!....

SOS MUY AMABLE, MIGUELITO, PERO NO TE HUBIERAS MOLESTADO EN COMPRARME ESAS GALLETITAS
BUENO,...NO,... SI...¡EN FIN!...

....¡HAY QUE VER EL HAMBRE QUE ME DAN A MÍ LAS RABIETAS!
QUINO

Fa-Fe-Fi-Fo-Fu fama-febo-fino foca-fuego
478

Ese roble es fuerte Esa niña es Felisa Ese niño es Fidel
QUINO

¡ESE NIÑO ES ANTIDEMOCRÁTICO!

MAMÁ, ¿PUEDO DECIRTE QUE ESTA SOPA ES UN BREBAJE ESPANTOSO?
¿EHÉ?
479

¿Y QUE ES LA PORQUERÍA MÁS INMUNDA QUE HE PROBADO EN MI VIDA?

QUINO

¿O TE MOLESTA LA CRÍTICA CONSTRUCTIVA?

MIRÁ, ESTO ES EL MUNDO ¿VES?
480

¿SABÉS POR QUÉ ES LINDO ESTE MUNDO? ¿EHÉE?

PORQUE ES UNA MAQUETA
¡EL ORIGINAL ES UN DESASTRE!
QUINO

TIRAS DE QUINO~EDICIONES DE LA FLOR 

a "Los Beatles"

QUINO

ESTE LIBRO SE ACABÓ DE IMPRIMIR EN **NOVIEMBRE** DE ... EN LOS TALLERES DE GRÁFICA GUADALUPE, AV. SAN MARTÍN 3773 - RAFAEL CALZADA - BUENOS AIRES, Y QUE VIENEN A SER COMO UNA MATERNIDAD EN LA QUE NACEN LIBRITOS Y LIBRITOS Y LIBRITOS Y LIBRITOS Y LIBRITOS Y LIBRITOS.......

VOY AL MERCADO Y VUELVO, ¡NO LE ABRAS LA PUERTA A NADIE, POR MÁS QUE LLAME, ¿EH?
BUENO
481

¡MAMÁ!..

¿Y SI ES LA FELICIDAD?

PAPÁ, ¿DÓNDE VIVE LA GENTE QUE TODAVÍA NO NACIÓ?
482

ES GENTE QUE NO EXISTE, MAFALDA. ASÍ QUE NO VIVE EN NINGÚN LADO. ¿POR QUÉ?
AAAH... NO, POR NADA

Antes de venir, ¡Piénsenlo!

LO QUE NOS HACE FALTA EN ESTE ALMACÉN ES UNA INVESTIGACIÓN DE MERCADO
483

YA MISMO VOY A PREGUNTAR A LA GENTE POR LA CALLE: "¿COMPRA UD. EN ALMACÉN DON MANOLO, SÍ O NO?"

A LOS QUE CONTESTEN SÍ, LOS ANOTO EN ESTA COLUMNA; Y A LOS QUE CONTESTEN NO.....

484

¿QUÉ HACÉS AHÍ SENTADO, MIGUELITO?

PUES AQUÍ ESTOY, ESPERANDO ALGO DE LA VIDA

NO ENTIENDO, MIGUELITO ¿QUÉ QUIERE DECIR ESO DE QUE VAS A QUEDARTE AHÍ SENTADO ESPERANDO ALGO DE LA VIDA?
485

PUES ÉSO: QUE VOY A QUEDARME AQUÍ SENTADO, ESPERANDO QUE LA VIDA ME DÉ ALGO

¿Y NO SERÁ QUE EL MUNDO ESTÁ LLENO DE MIGUELITOS Y POR ESO ANDA COMO ANDA?

¡ES ABSURDO, MIGUELITO! ¿PENSÁS SEGUIR AHÍ SENTADO ESPERANDO ALGO DE LA VIDA?
SÍ
486

PERO, DECIME, ¿QUÉ ES LO QUE ESPERÁS DE LA VIDA? ¿EHÉ?

Y,...¡ALGO!...¡QUÉ SÉ YO!...NO TENGO PRETENSIONES. CUALQUIER COSA QUE ME DÉ LA VIDA ESTARÁ BIEN

¡AMARRETA!

¿QUÉ HACE MIGUELITO AHÍ SENTADO?
DICE QUE ESTÁ ESPERANDO ALGO DE LA VIDA
487

¡MIRÁ QUE SOS TONTO! ¿VOS CREÉS QUE TODO ES CUESTIÓN DE QUE UNO SE SIENTE A ESPERAR, PARA QUE LA VIDA LE DÉ ALGO? ¿EHEEE?

SÍ

¿Y CUANTO TE PARECE QUE TENDREMOS QUE ESPERAR?

¡BANG! ¡BANG! ¡BANG! ¡BANG!
488

¡BANG! ¡BANG!

¡PÚM!

¡NO, NO y NO! ¡PUM NO SE USA MÁS! ¿QUIÉN ES EL OBSOLETO QUE DIJO PUM?

"SÍ UNA PERSONA NACE HOY, ¿CUANTOS AÑOS TENDRÁ DENTRO DE MEDIO SIGLO?"
489

50 años

ESO DE QUE ALGUIEN QUE NACE DESPUÉS QUE UNO SEA TAN VIEJO, DEPRIME A CUALQUIERA

?
490

CREMA de Belleza

¿Y?

CUANDO SEA GRANDE VOY A TRABAJAR DE INTÉRPRETE EN LA U.N.
491

Y CUANDO UN DELEGADO LE DIGA A OTRO: "¡SU PAÍS ES UN ASCO!," YO VOY A TRADUCIR: "SU PAÍS ES UN ENCANTO" Y...¡CLARO!, NADIE PODRÁ PELEARSE

¡Y SE ACABARÁN LOS LÍOS Y LAS GUERRAS Y EL MUNDO ESTARÁ A SALVO!

ESO SÍ; VOS PROMETEME QUE VAS A DURAR HASTA QUE YO SEA GRANDE, ¿EHÉ?

492
A MÍ LO QUE ME ENFERMA ES QUE UNO NACE, ¿Y QUÉ ES? ¡HIJO!... ¡UNO TIENE CINCO AÑOS ¿Y QUÉ ES? ¡HIJO!

¡UNO TIENE OCHO, DOCE, QUINCE, DIECINUEVE AÑOS, ¿Y QUÉ ES? ¡HIJO! ¡¡HIJO!! ¡SIEMPRE HIJO!!

¡RECIÉN COMO A LOS VEINTE AÑOS PARECE QUE UNO PUEDE LLEGAR A SER ¿QUÉ? ¡PADRE!

¿EN QUÉ ESCALAFÓN SE HA VISTO QUE UNO TENGA QUE TRAGARSE VEINTE AÑOS PARA ASCENDER AL GRADO INMEDIATO SUPERIOR?!

493

INDUDABLEMENTE, LA PRIMAVERA ES LO MÁS PUBLICITARIO QUE TIENE LA VIDA

¡MMMMMMMHHH! YA SE RESPIRA LA PRIMAVERA EN EL AIRE, MANOLITO, ¿SENTÍS?
494

?

¡SNIIIIIIIIFF!

NO

495
¿TE GUSTA LA PRIMAVERA, PAJARITO?

¡PIT PIT!

DECIME, ¿TE GUSTA LA SITUACIÓN MUNDIAL?

¡PIT PIT!

POR UN MOMENTO PENSÉ QUE PIT-PIT QUERÍA DECIR SÍ

HE OÍDO DECIR POR AHÍ QUE LA PRIMAVERA ES LA ESTACIÓN DEL AMOR ¿VOS CREÉS QUE REALMENTE ES ASÍ?
496

SÍ, YO CREO QUE LA PRIMAVERA ES LA ESTACIÓN DEL AMOR

¿VALE DECIR QUE TENDREMOS QUE ARCHIVAR NUESTROS ODIOS HASTA EL VERANO?
QUINO

...ES INNEGABLE QUE EL IMPULSO QUE ROCKEFELLER DIÓ A LAS....
497

QUINO

¡OIGO NOMBRAR A ROCKEFELLER Y SE ME LLENAN LOS BOLSILLOS DE ENVIDIA!

¡QUÉ CASUALIDAD!.. MI MAMÁ TIENE UN GOMERO IGUAL, IGUAL A ESTE, PERO DE PLÁSTICO
498
¡DE PLÁSTICO!

¡ENTONCES NO ES IGUAL, MIGUELITO!... ¡EL PLÁSTICO ES FRÍO, SIN VIDA, SIN GRACIA Y NUNCA SE LO PUEDE COMPARAR A ALGO NATURAL!

QUINO

UD. MUÉSTREME UN AUTITO HECHO CON UN GOMERO Y LUEGO HABLAMOS

¡QUÉ MALA PATA! ¡TENÍAMOS QUE VIVIR JUSTO EN ESTA ÉPOCA EN QUE EXISTEN ÉSTOS CHINOS!..
499

PERO MAFALDA, LOS CHINOS HAN EXISTIDO EN TODAS LAS ÉPOCAS

SÍ, BUENO...

..PERO A LOS CHINOS DE ANTES SÓLO LES DABA POR HACER PROVERBIOS
QUINO

¡NO SÉ PARA QUÉ DIABLOS ESCUCHÉ ESE NOTICIOSO!
500
¿POR QUÉ? ¿QUÉ DIJERON EN EL NOTICIOSO?

¡QUE EL PELIGRO DE UN LÍO NUCLEAR NOS AMENAZA A TODOS! ¿TE DAS CUENTA? ¡ABSOLUTAMENTE A TODOS!

QUINO
¡HOMBRE!..

¡ES LA PRIMERA VEZ QUE HABLAN DE MÍ POR RADIO!

¡UDS. CREEN QUE LO ÚNICO QUE ME INTERESA ES EL ALMACÉN DE MI PAPÁ Y QUE SOY UN BESTIA SIN SENSIBILIDAD! ¿NO?
501

PUES PARA QUE SEPAN: ¡YO NO SOY LO QUE UDS. CREEN!

QUEDATE TRANQUILO, MANOLITO; AQUÍ NADIE CREE QUE VOS SEAS ALGO

CUANDO SEA GRANDE VOY A SER ASTRONAUTA ¡SÍ SEÑOR!..... UN BUEN ASTRONAUTA DEBE GANAR UN SUELDAZO
502

Y ADEMÁS,....¡ESO DE FLOTAR!...¡Y DE SENTIRSE SUSPENDIDO EN EL ESPACIO!....¡Y.....

¡BONK!

¿CUÁNTO CREÉS QUE PUEDE GANAR UN BUEN COLCHONERO, MAFALDA?

¡LA PRIMAVERA, MANOLITO!.... ¡LLEGÓ LA PRIMAVERA!
503

¿Y?

¿QUIÉN PODÍA ESTAR PREPARADO PARA SEMEJANTE PREGUNTA?

¿QUÉ PLANES TENÉS PARA ESTA PRIMAVERA, MIGUELITO?
504

VIVIR

TAN CHIQUITO,... ¡Y YA TAN ORGANIZADO!...

"No dejes para mañana lo que puedes hacer hoy"
505

¡DIOS MÍO!...¡SI LOS CHINOS LLEGAN A LEER ESTO!....

TAN BUENAS FIGURAS SOBRE EL ESCENARIO POLÍTICO Y NADIE COMPRA ENTRADAS

506
¡BANG!
¡AUUUGH!

¡RAT-TA'TA'TA'TAT!
¡OUUUG!
¡AYYYJ!
¡UUUCH!

¡BAING! ¡BAING!
¡HEEEY!
¡AAAUGH!

¿Y CÓMO DIABLOS NO VIÓ MI PAPÁ QUE EL NEGOCIO NO ES PONER UN ALMACÉN, SINO UNA POMPA FÚNEBRE?
QUINO

VOY A DIVERTIRME UN RATO ASUSTANDO A MAFALDA CON ESTA ARAÑA DE GOMA
507

¿SABÉS QUÉ TENGO PARA VOS?

BUENO, NUNCA HABÍA QUERIDO DECÍRTELO, PERO PARA MÍ, TENÉS LOS DIENTES MUY SALIDOS Y LA CARA DEMASIADO LARGA Y POCO CARÁCTER...

QUINO

¡MCHUiiiK!
508

TOMÁ, MAFALDA; LEÉ "PULGARCITO", QUE PARA TU EDAD ES MUCHO MEJOR, ¿EHÉ?
¡TIC!
PULGARCITO

"...y en la oscuridad, creyendo dar cuenta de Pulgarcito y sus hermanos, el Ogro mató a sus propias hijas..."
PULGARCITO

¡ESTO SÍ QUE ESTÁ BUENO! YO CREÍA QUE PARA LA EDAD DE CUALQUIERA, ERA MUCHO MEJOR UN BESITO QUE UN CRIMEN
QUINO

"...QUIEN APLICÓ UN RECIO GOLPE DE PUÑO AL GUARDAVALLA, ANTE LA IMPASIBILIDAD DEL ÁRBITRO, QUE NO SANCIONÓ EL FOUL...."
509

¿CÓMO ALGUIEN PUEDE QUEDARSE IMPASIBLE ANTE UNA COSA ASÍ?, ¡ES INDIGNANTE!

"ES CADA VEZ MAYOR EL NÚMERO DE NIÑOS ABANDONADOS Y DESNUTRIDOS"

ES BUENO VER QUE TE PREOCUPA ALGO TAN IMPORTANTE, PAPÁ ¡TODO EL MUNDO DEBIERA SER COMO VOS!

QUINO

¿Y VOS, QUÉ TAL, MANOLITO? ¿SACASTE MEJORES O PEORES NOTAS QUE LA VEZ PASADA?
510

BUENO, ¿QUÉ TE DIRÉ? PARECE QUE YO A LA MAESTRA LE DESPIERTO UNA ESPECIE DE SIMPATÍA COMERCIAL

¿SIMPATÍA COMERCIAL? ¿Y, ESO QUÉ QUIERE DECIR?
QUINO

QUIERE DECIR QUE MIENTRAS MÁS ME CONOCE, MÁS DESCUENTO ME HACE

¿QUÉ TE OCURRE, FELIPE?

¡ALGO TERRIBLE! ¡SE ME ESTÁ AFLOJANDO UN DIENTE; MIRÁ
¡UY! ¿A VER?

¿QUÉ TE PARECE?

QUE EN ESTE MOMENTO SOS UNA PÉSIMA PROPAGANDA PARA CUALQUIER PEGATODO

NO TE AMARGUES POR ESE DIENTE FLOJO, FELIPE; CUANDO SE TE CAIGA, LO PONÉS BAJO LA ALMOHADA, Y A LA MAÑANA SIGUIENTE TE ENCONTRÁS CON QUE LOS RATONES TE HAN DEJADO UNA MONEDA

¿ME DEJARÁN UNA MONEDA? ¿A MIÍÍÍ? ¿LOS RATONES?
AJHÁ

¡QUÉ BICHOS SIMPÁTICOS RESULTARON SER LOS RAT.....

¿NO ES ESPANTOSO? ACABO DE APRENDER A ODIAR POR CUESTIONES ECONÓMICAS

TENGO UN DIENTE FLOJO, ¿VES? CUANDO SE ME CAIGA, LO PONDRÉ BAJO LA ALMOHADA Y LOS RATONES ME DEJARÁN UNA MONEDA

¿UNA MONEDA? ¿EN SERIO? ¿Y CUÁNTO TARDARÁ EN CAERSE EL DIENTE?
Y,..... NO SÉ; UNOS DÍAS

¿DÍAS? ¡HOMBRE!.... ¡CUANTO ANTES LO BAJEMOS, MENOS DEVALUADA ESTARÁ ESA MONEDA!

¡ES INÚTIL!.... LOS COBARDES NUNCA HARÁN BUENOS NEGOCIOS

ESTE ASUNTO DE LOS DIENTES DE LECHE NO LO ENTIENDO

¿ACASO NO ESTÁN BUENOS? ¿QUÉ NECESIDAD HAY DE CAMBIARLOS?

¡ME REVIENTA TENER QUE CAMBIAR ALGO CUANDO TODAVÍA SIRVE!
¡Y ADEMÁS....

¡NO ESTÁN LAS COSAS COMO PARA ANDAR DESPILFARRANDO DIENTES!

EXPLICAME CÓMO ES ESO DE LOS DIENTES DE LECHE, MAMÁ; ¿A UNO SE LE CAEN TODOS DE GOLPE?
¿POM?

NO, MAFALDA; PRIMERO SE TE CAE UNO......

VARIOS DÍAS DESPUÉS, OTRO...

UN TIEMPO MÁS ADELANTE, OTRO....

¡DIOS MÍO!... ¿SABRÉ SOBRELLEVAR ESE LENTO STRIP-TEASE DE MIS ENCÍAS?

516

¡ASÍ ES LA COSA!.. AL FINAL SE ME CAYÓ EL DICHOSO DIENTE DE LECHE

LO QUE NO SABE EL POBRE ES QUE ADEMÁS SE LE HA CAÍDO MEDIA PERSONALIDAD
QUINO

ESCUCHÁ QUÉ LINDO LO QUE ENCONTRÉ EN ESTE LIBRO, MANOLITO
517

"SI DE NOCHE LLORAS POR EL SOL, LAS LÁGRIMAS TE IMPEDIRÁN VER LAS ESTRELLAS"

¿Y CUANDO LA PALIZA ES AL MEDIODÍA?....¡¿QUÉ?!..
QUINO

¡MANOS ARRIBA, EN NOMBRE DE LA LEY!
518

..¡UN DESASTRE DE LEY; ESO ES LO QUE TENEMOS!...¡QUE SI NOS DAN LA JUBILACIÓN, QUE SI NO NOS LA DAN!...... ¡VAYA UNA LEY!..

¡SÍ, HOMBRE, VAYA UNA PORQUERÍA DE LEY!...

PODÉS BAJARLAS; YA ME ARRUINARON EL CLIMA
QUINO

TENGO QUE HACER UNA COMPOSICIÓN SOBRE LA VACA, ¿QUÉ SE TE OCURRE QUE PUEDO DECIR, MIGUELITO?
519

LA VACA VIVE EN EL CAMPO. ALLÍ COME PASTO Y PASTO Y MÁS PASTO. ¡MUCHO PASTO!

LUEGO LA VACA VIENE A LA CIUDAD Y NOSOTROS NOS LA COMEMOS. Y YA ESTÁ

O SEA QUE PARA VOS, LA VACA NO ES OTRA COSA QUE UN INTERMEDIARIO ENTRE EL PASTO Y NOSOTROS
QUINO

¿HICISTE EL DIBUJO DE LA VACA, QUE NOS PIDIÓ LA MAESTRA, MANOLITO?
SEGURO
520

¿ESTÁ PARECIDA?
BUENO,..... LA VERDAD......

SÍ, YA SÉ. LO QUE PASA ES QUE COMO NO TENÍA UNA VACA A MANO, NO ME SALIÓ EXACTAMENTE UNA VACA, SINO MÁS BIEN..

QUINO
...EL "IDENTI-KIT" DE UNA VACA

SIN EMBARGO YO CREO QUE A LA MAESTRA LE VA A GUSTAR MI DIBUJO DE LA VACA. TAN MAL NO ESTÁ. Y SE NOTA BIEN QUE ES UNA VACA, ¿NO?
521

VISTO ASÍ.. ¿EHÉÉ? ¿QUÉ TAL?

¡QUÉ LINDO!..¿ES TUYO ESTO TAN LINDO, MANOLITO?
¡SEP!

¿Y ALGUIEN TE DIÓ LA IDEA, O SE TE OCURRIÓ A VOS SOLO ESTO DE PROYECTAR EL MONUMENTO A LA MEDIALUNA?

¡CHICOS! ¿QUÉ REGALAR A MAMÁ EN SU DÍA?
522

¡HAY QUE IR PENSANDO!
ALMACEN DON MANOLO SUGIERE SU AMPLIO SURTIDO DE JABÓN DE LAVAR, TRAPOS DE PISO, ETC.

PUES NO OLVIDEN QUE UNA MADRE CANSADA PEGA MENOS FUERTE

¿QUIEN HAY AQUÍ EN ESTA NIEBLA?
YO, QUE ME ESTOY BAÑANDO
523

¿QUIEN ES "YO"? ¡AH!... ¿SOS VOS, MAMÁ?
¡CLARO!..¿A QUIÉN ESPERABAS ENCONTRAR ACÁ, SI NO?

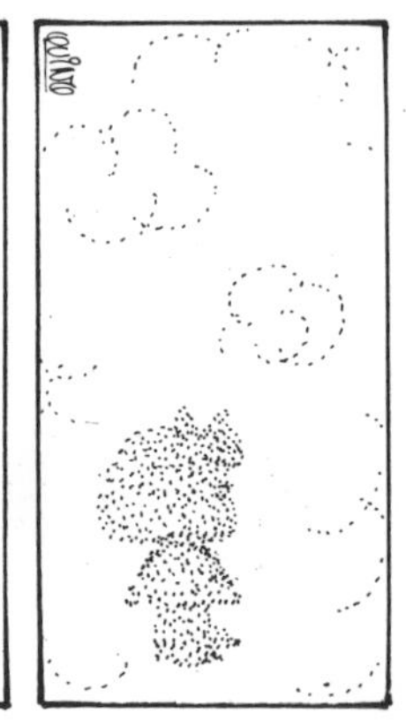

A SCOTLAND YARD

...Y PESE A LAS BURLAS Y A LA INCOMPRENSIÓN DE TODOS, COLÓN SEGUÍA AFIRMANDO QUE LA TIERRA ERA REDONDA
¡REDONDA...¡QUÉ BRUTO!
524

525

?

MUESTREME QUÉ TALLES TIENE EN PAÑUELOS PARA REGALAR A UNA MADRE

526
HOLA, FELIPE;... ESTEEEE,..... DECIME, ¿HAS PENSADO YA QUÉ REGALITO VAS A HACERME PARA EL DÍA DE LA MADRE?
¿REGALITO? ¿A VOS? ¿POR QUÉ?

BUENO,... ES ALGO DIFÍCIL DE EXPLICAR; NO SÉ SI ESTÁS PREPARADO PARA OÍRLO,... PERO **YA** NO PUEDO SEGUIR OCULTÁNDOLO;... TENDRÁS QUE HACERME UN REGALITO PORQUE YO,....ESTEE,...YO....
¿VOS QUÉ?

YO, HIJO MÍO,... ¡SOY TU MADRE!

SIN EMBARGO EN LOS TELETEATROS SIEMPRE DA RESULTADO

SUSANITA QUISO HACERME CREER QUE ELLA ES MI MAMÁ, ASÍ MAÑANA YO TENÍA QUE HACERLE UN REGALITO
¿Y VOS QUÉ LE DIJISTE?
527

Y,....YO TAMPOCO LE DIJE NADA

¡EN ESTE DÍA DE LA MADRE, UN BESOTE PARA MI MAMÁ Y PARA TODAS LAS MAMÁS DEL MUNDO!
528

Y POR FAVOR,..... NO VAYAN A COMETER HOY *LA GAFFE* DE HACER SOPA

¿DE NUEVO AHÍ TIRADO SIN HACER NADA Y ESPERANDO ALGO DE LA VIDA COMO LA OTRA VEZ, MIGUELITO?
529

NO, MAFALDA. ÉSTA VEZ HE PENSADO EN TODAS LAS INDUSTRIAS, EN TODOS LOS SEMBRADOS, LOS DIQUES, LAS TIENDAS, LOS CAMINOS,.....

....LOS HOSPITALES, LAS BIBLIOTECAS, LOS LABORATORIOS, LOS MUSEOS, LAS OFICINAS, LOS TEATROS,..
¿Y?

Y HE LLEGADO A LA CONCLUSIÓN DE QUE POR EL MOMENTO ESTÁ TODO HECHO Y PUEDO DESCANSAR

530
¿QUÉ TE PASA, MIGUELITO? ¿ESTÁS ENFERMO?

¿ENFERMO? NO...

¿NUNCA OÍSTE ESO DE *"CREA FAMA Y ÉCHATE A DORMIR"*?
SÍ

BUENO, LA FAMA LA HE DEJADO PARA MÁS ADELANTE

MUY SALUDABLES, LOS
NUEVOS VIENTOS QUE
SOPLAN ¡LÁSTIMA
ESE MALDITO OLOR
A NAFTALINA!

531

¿SABE USTED DONDE COMPRAN LOS EJECUTIVOS SUS LENTEJAS? ¡PUES EN ALMACÉN...

..."DON MAN..."
¡BONK!

MIGUELITO VA A TOMAR HOY SU DOSIS DE VACUNA SABIN ORAL Y QUIERE SABER ALGO, MAMÁ
532

ES COMO YO TE DECÍA, MIGUELITO; LA VACUNA SABIN TE PROTEGE DE LA POLIO,....

...PERO NO DEL COMUNISMO
¡LÁSTIMA!... HUBIERA SIDO BUENO MATAR DOS PÁJAROS DE UN TIRO

HABRÍA QUE EMPEZAR DE NUEVO, A VER SI SALE MEJOR
DE ACUERDO
533

¿A QUÉ SE JUEGA?

¡A NADA, HOMBRE!... HABLÁBAMOS DE LA HUMANIDAD

534

?
¡PAF!

PODRÍAN DECIRSE MUCHAS SUTILEZAS, PERO HOY NO TENGO GANAS

BUEN DÍA, MAMÁ. ¿NO SABÉS SI PROSCRIBIERON YA LAS ARMAS NUCLEARES?
535

NO SÉ, MAFALDA, PERO CREO QUE NO. ¿POR QUÉ?

BUENO, POR NADA EN ESPECIAL

SÓLO QUE SERÍA LINDO LEVANTARSE UN DÍA Y ENCONTRARSE CON QUE POR FIN LA VIDA DE UNO DEPENDE DE UNO

536
LA VERDAD ES QUE MANOLITO TIENE UNA CARA HONESTA, ¡SÍ SEÑOR! CUANDO LO VEA SE LO VOY A DECIR

PORQUE MIRÁ QUE HAY CARAS HIPÓCRITAS, ¿EH? LA DE MANOLITO, EN CAMBIO, ES UNA CARA FRANCA, ABIERTA, SINCERA....

...QUE DICE SIN TAPUJOS LO BESTIA QUE ES...

537
AQUÍ DICE QUE EN EL FUTURO LA HUMANIDAD PADECERÁ UN HAMBRE ESPANTOSA

¡ZÁS!..

SIENTO UN AMAGO FUTURISTA ¿TENDRÍAS PAN CON MANTECA?

LOS DIARIOS ESTÁN LLENOS DE MALAS NOTICIAS Y NADIE LOS DEVUELVE POR ESO;...
538

LA VIDA ESTÁ LLENA DE COSAS MALAS Y TODOS LA ACEPTAN

Y USTED PRETENDE DEVOLVER UN SIMPLE SALAMÍN PORQUE ESTÁ MALO EL RELLENO ¡VAMOS, SEÑORA!...

¡TIC!
539

"...SU DESAPARICIÓN PRIVA A LA PANTALLA DE UNA DE SUS MÁS GRANDES FIGURAS..."
¿QUIÉN?

"...CUYO ARTE INIGUALABLE NO OLVIDAREMOS JAMÁS"
¿PERO QUIÉN? ¿QUIEN?

Y POR HOY, AMIGOS, NADA MÁS. SERÁ HASTA MAÑANA
¡Y NO DIJO!
¡DIOS MÍO!..

¡QUE NO HAYA MUERTO EL PÁJARO LOCO!

¡NO ME SIGAS LEYENDO! ¡NO SOPORTO PENSAR QUE EL LOBO VA A COMERSE A LA ABUELA DE CAPERUCITA!
¡BUENO, BUENO, ESTÁ BIEN!...
540

MEJOR JUGAMOS UN POCO AL BOWLING, ¿EH?
¡DALE!

DECIME, ¿LE ECHÓ MAYONESA, O SE LA COMIÓ ASÍ NOMÁS?

PLÍNK
PLÍN
PLÍNK
541

PLÍNK
PLÉN
PLÍN
PLÍN

DESPUÉS DE TODO, NO QUIERO NI PENSAR EL PAPELÓN QUE HARÍA EDUARDO FALÚ EN TRICICLO
QUINO

PIENSO QUE DEBE DARTE UN POQUITO DE ENVIDIA SABER QUE **MI** PAPÁ GANA MÁS QUE **TU** PAPÁ, MIGUELITO ¿NO PENSÁS LO MISMO?
542

BUENO, NO LO HABÍA PENSADO, PERO PIENSO QUE AL LADO DE LO QUE GANAN LOS BEATLES, NUESTROS PAPÁS GANAN UNA MISERIA

¡QUE SEA LA ÚLTIMA VEZ QUE ME VENÍS CON TUS MALDITOS PENSAMIENTOS!
QUINO

LO SIENTO, PERO LAS HORMIGUITAS NO DEBEN VIVIR EN LAS CASAS DE LA GENTE
SUBÍ
543

¡ADIÓS!....
¡ADIÓS!....

¡SGLUB!

AL MENOS, RESULTA MÁS POÉTICO QUE ECHARLE GAMMEXANE
QUINO

HOLA, SUSANITA, VENÍA A VER SI PODÍAS PRESTARME TU AGUJA DE ENHEBRAR COLLARES
544

PODRÍA HABERME COMPRADO UNA, PERO LA NECESITO POR ÉSTA SOLA VEZ Y ME ACORDÉ QUE VOS TENÍAS

ASÍ QUE ME DIJE: *BUENO, AL FINAL, ¿PARA QUÉ ESTÁN LOS AMIGOS?*

¿PARA QUÉ ERA QUE ESTABAN?
QUINO

NO SE ADMITEN MOSCAS
545

¡PAF!
NO SE ADMITEN MOSCAS

NO SE ADMITEN MOSCAS

¡ANALFABETA!
QUINO

I'M LOOKING THROUGH YOU, WHERE DID YOU GO....
¡LOS BEATLES!
546

¿CÓMO PUEDEN GUSTARTE, SI NO ENTENDÉS LO QUE DICEN?
¿Y?

A MEDIO MUNDO LE GUSTAN LOS PERROS; Y HASTA EL DÍA DE HOY NADIE SABE QUÉ QUIERE DECIR *GUAU*
QUINO

"SE OTORGÓ EL PREMIO NOBEL DE FÍSICA AL PROFESOR ALFRED KASTLER"
547

¿POR QUÉ SE LO DIERON?

"POR EL DESCUBRIMIENTO Y DESARROLLO DE MÉTODOS ÓPTICOS PARA EL ESTUDIO DE LAS RESONANCIAS HERTZIANAS EN LOS ÁTOMOS"

¡HOMBRE!... ¡ME LO SACASTE DE LA BOCA!
QUINO

RRRRRRRRR

RRRRR

RRRRR

NO SÉ SI ELEGÍ UN MAL MOMENTO, O UN MAL SIGLO PARA TRATAR DE COMUNICARME CON MI MAMÁ
RRR
QUINO

549
ASÍ ES LA COSA, MIGUELITO

HE ESTADO PENSANDO MUCHO EN LAS FUNCIONES DEL HOMBRE

Y LLEGUÉ A LA CONCLUSIÓN DE QUE NOSOTROS ESTAMOS RECIÉN EN LA MATINÉE DE LA VIDA
QUINO

EL MUNDO ES COMO EL CINE, MIGUELITO; Y NOSOTROS RECIÉN ESTAMOS EN LA MATINÉE DE LA VIDA
550

QUINO

AHÍ PASÓ UN PREESTRENO

TOMÁ, MAFALDA, ANDÁ A COMPRAR FIDEOS
551

PERO FIJATE BIEN, ¿EH? QUE SEAN SEMOLADOS; Y NI MUY GRUESOS, NI MUY FINOS

TAMPOCO MUY AMARILLOS, PORQUE ENTONCES ES QUE TIENEN COLORANTE. Y SI SON MUY BLANCUZCOS ES PORQUE TIENEN POCO HUEVO

¿VENÍS A JUGAR, MAFALDA?
NO PUEDO, ACABAN DE DARME UNA BECA PARA EL ESTUDIO DE LA FIDEOLOGÍA
QUINO

552
¡OH-OH! ¡UNA CANA!

¡QUÉ EMOCIÓN! ¡SEGURO QUE ES DE UN EJECUTIVO! ¡LOS EJECUTIVOS TIENEN CANAS EN LAS SIENES!

BUENO,....¿POR QUÉ NO PODRÍA SER TAMBIÉN DE UN POBRE VIEJITO JUBILADO?

PORQUE LA VIDA ES LINDA PARA ARRIBA Y NO PARA ABAJO ¡ZANAHORIA!
QUINO

VEAMOS ESTE NUEVO LIBRO DE CUENTOS
553

En un lejano país vivía un ogro que se comía a los niños

¡Y DALE!....
¡SIEMPRE NOS COMEN!
QUINO

¿HASTA CUÁNDO VAMOS A SER LOS POLLOS DE LA LITERATURA?

¡YA ME TIENEN CANSADA ESTOS CUENTOS EN QUE LOS LOBOS Y LOS OGROS SE COMEN A LOS CHICOS!
554

¿NO ES QUE SOMOS EL FUTURO DE LA HUMANIDAD Y QUÉ SÉ YO?
¿EHÉÉÉ?

¿SOMOS O NO SOMOS?
QUINO

¡CARNE DE IMPRENTA! ¡ESO ES LO QUE SOMOS!

¡BANG!
555

¡FFFFFFF!

¡PAT! ¡PAT!

PERDONÁ QUE NO ME MURIERA ANTES, PERO ES QUE EN CASA ESTÁ DESCOMPUESTO EL LAVARROPAS
QUINO

¿LA PARTE DE ABAJO DE ESTOS BICHOS QUÉ VIENE A SER: LA BARRIGA O LA SUELA?
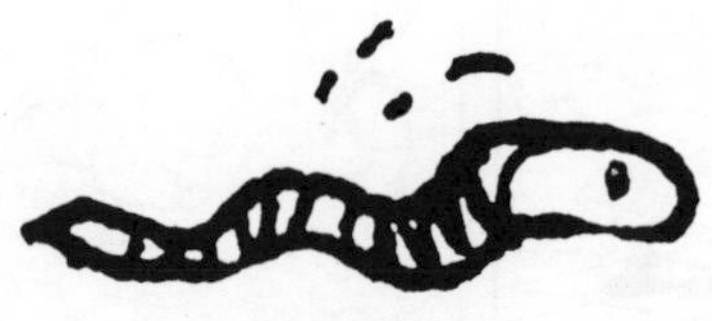

¿QUÉ ES ESE RECORTE DE DIARIO, MANOLITO?
556

LA COTIZACIÓN DEL MERCADO DE VALORES

¿DE VALORES MORALES? ¿ESPIRITUALES? ¿ARTÍSTICOS? ¿HUMANOS?

NO, NO; DE LOS QUE SIRVEN
QUINO

...Y EL AUTO VENÍA Y ¡POM!, CHOCÓ A LA VACA, QUE ¡BOOOOOOOP!, CAYÓ SENTADA EN LA LUNA
¡NO, EN UN SATÉLITE ARTIFICIAL!
557

¡LOS CHICOS TIENEN UNA IMAGINACIÓN REALMENTE INSUPERABLE! ¡NO HAY QUIÉN LES GANE A INVENTAR FANTASÍAS!

"SE AFIRMÓ EN GINEBRA QUE UNA VEZ QUE SE LOGRE EL DESARME NUCLEAR, LA PAZ MUNDIAL SE VERÁ ASEGURADA"

QUINO

¡TOC!
558

¡NI UNO!... ¡MALDITO SEA!

¡SOY UN TORPE! ¡ESO ES LO QUE SOY! ¡UN TORPE Y UN ZANAHORIA!

PLAP-PLAP-PLAP
PLAP-PLAP-PLAP
PLAP-PLAP-PLAP
PLAP-PLAP-PLAP
PLAP-PLAP-PLAP
QUINO

¡ALTO AHÍ! ¡SOY EL LLANERO SOLITARIO!
559

¡HMM!.. NO ME PARECE; EL LLANERO SOLITARIO ES MAYOR, ADEMÁS ES MOROCHO, USA BOTAS Y NO TIENE ESA CARA

¡ES QUE SOY EL LLANERO SOLITARIO PARALELO!
QUINO

560
?

¿QUIÉN ES ESTA NENA, MAMÁ?
YO

QUINO

¡¿POR QUÉ ME HAS OCULTADO QUE FUISTE MI HERMANA?!

BUEN DÍA, ¿SE HAN ABOLIDO YA LAS INJUSTICIAS TERRESTRES?
561

AH, ¿NO?

QUINO

DESPIÉRTENME PARA EL ALMUERZO, ENTONCES

562
A VER CÓMO TE PORTÁS, MANOLITO

?
QUINO

¡CRASH!

BUENO, LAS COSAS SUELEN ROMPERSE ¿O NO HAN OÍDO HABLAR DE LA FATIGA DE LOS MATERIALES?

¡ES UNA BARBARIDAD!.. ¡ME PREGUNTO DÓNDE VAMOS A PARAR!
563

¿Y NO SERÍA MUCHO MÁS PROGRESISTA PREGUNTARSE DÓNDE VAMOS A SEGUIR?
QUINO

¡AJHAJHÁÁ!..¡ALTO AHÍ! ¡SOY EL LLANERO SOLITARIO!
564

¿EL LLANERO SOLITARIO? ¡MUCHO GUSTO! MI NOMBRE ES ROCKEFELLER, A SUS ÓRDENES

SIEMPRE HAY UN SARCÁSTICO MATERIALISTA DISPUESTO A ESTRO-PEARNOS LA FANTASÍA
QUINO

565
¿QUÉ HACÉS, MIGUELITO?

TRATO DE VER A MI TATARABUELO. SEGÚN ME CONTÓ MI MAMÁ, MI TATARABUELO SE FUÉ AL CIELO A LOS NOVENTA AÑOS

¡PERO HOMBRE! ¿CÓMO VAS A VERLO? ¡EL CIELO ES ENORME Y QUIÉN SABE POR DÓNDE ANDA TU TATARABUELO!
¡BAH!... POR AQUÍ NO MÁS

A LOS NOVENTA AÑOS NADIE PUEDE TENER MUCHA AUTONOMÍA DE VUELO
QUINO

SEGÚN ESTADÍSTICAS, EN LA INDIA NACEN CUARENTA PERSONAS POR MINUTO
566

¡DIOS MÍO!

¡QUÉ DESPOBLADO ME RESULTA AHORA UN MINUTO NACIONAL!
QUINO

MAFALDA, ¿PODRÍAS FIJARTE SI UN DIARIO QUE HAY POR AHÍ ES VIEJO O ES EL DE HOY?
567

27 de Noviembre
"RECHAZÓ LA URSS UNA PROPUESTA NORTEMERICANA"

LAS DOS COSAS, PAPÁ
QUINO

...TENEMOS ENTONCES QUE LA TIERRA PRESENTA LA FORMA DE UN ¿QUÉ?
DE UN...ESTE... ¡AH!, DE UN ESFEROIDE
568

¡UN ESFEROIDE! ¡CORRECTO! AHORA BIEN, NUESTRO PLANETA TIENE TAMBIÉN UN LIGERO ACHATAMIENTO EN ¿DÓNDE?

¿EN EL ÁNIMO?
QUINO

AYER SE ME VOLCÓ EL TINTERO SOBRE LA HOJA Y TUVE QUE HACER TODO EL DEBER DE NUEVO
569

¡ME DIÓ TANTA RABIA, QUE EMPECÉ A DECIRME DE TODO: ¡ZANAHORIA! ¡IDIOTA! ¡BOBALICONA!....
QUINO

¡ESTÚPIDA! ¡IMBÉCIL! ¡¡GAZNÁPIRA!! ¡¡TONTARRONA!! ¡¡INFELIZ!!

¿ES PECADO ENTUSIASMARSE?

EN REALIDAD, LOS GRANDES HOMBRES SE HICIERON FAMOSOS POR HABER HECHO COSAS FUERA DE LO COMÚN
570

ASÍ QUE UN DÍA DE ÉSTOS ME PONGO A HACER ALGO FUERA DE LO COMÚN Y ¡LISTO; ME HAGO FAMOSO!...¿NO ES FANTÁSTICAMENTE SENCILLO?

QUINO

¿ME LLEVARÁN ESTE DOMINGO A LO DE MI ABUELITO? ¡LA PASO DE BIEN CON ÉL!.....

¡VÍ UNA AMETRALLADORA FANTÁSTICA!...¡A PILAS!.. ¡Y ECHA UNAS CHISPAS Y SE LE ENCIENDE UNA LUZ ROJA Y TODO!.... LE PEDÍ A MI MAMÁ QUE ME LA COMPRARA
571

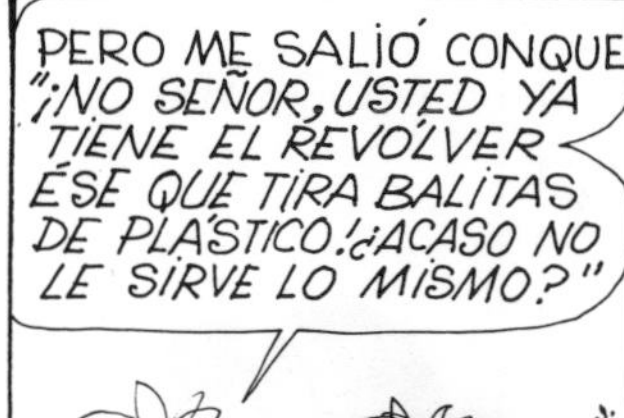
PERO ME SALIÓ CONQUE "¡NO SEÑOR, USTED YA TIENE EL REVÓLVER ÉSE QUE TIRA BALITAS DE PLÁSTICO! ¿ACASO NO LE SIRVE LO MISMO?"

"¡LO MISMO!.."

DECIME SI NO PODRÍA HABER INVENTADO MEJOR EXCUSA QUE ESA DE HACERSE LA INCULTA
QUINO

572
¡BUENO,..¿QUIÉN FUÉ EL GRACIOSO?!
LOS BEATLES
© QUINO
QUINO

MIRE UD., DON COSME, QUÉ NIÑITA ALEGRE Y FELIZ
¡EH!.. ¡TAMBIÉN!... TIENE TODA LA VIDA POR DELANTE
573

¿Y POR LOS COSTADOS, QUÉ?
QUINO

574
¡QUÉ FORMIDABLE!

UN OBSERVATORIO METEORO-LÓGICO DE INGLATERRA TIENE MÁQUINAS ELECTRÓNICAS PARA PRONOSTICAR EL ESTADO DEL TIEMPO
QUINO

¡BUENO!...¡POR FIN HAN LOGRADO AUTOMATIZAR LOS PAPELONES!

575

¡DIOS MÍO, MANOLITO! ¿TE CAÍSTE?
QUINO

¡NO, ES QUE AHORA ME DÁ POR HACER HAPPENINGS!

¿TENÉS ALGUNA NUEVA REVISTA DE HISTORIETAS PARA PRESTARME MAFALDA?
576

TENGO ESTA, QUE ME TRAJO MI PAPÁ
"VIDAS EJEMPLARES" ¿Y ESO QUÉ ES?

ES LA VIDA, EN FORMA DE HISTORIETA, DE GENTE QUE HIZO GRANDES COSAS POR EL BIEN DE LA HUMANIDAD

GRACIAS. YO QUIERO ENTRETENERME; NO SENTIRME INTRASCENDENTE

TÚ TÚ TÚ TÚ
577

TÚ TÚ ¡TÚT!

TÚT TÚ TÚ TÚT

¡ES CURIOSO!... SIEMPRE PENSÉ QUE EL JAZZ ERA MÁS INTERESANTE

....Y CUANDO EL SOL ILUMINA UNA MITAD, EN LA OTRA ES DE NOCHE, ¿ENTENDÉS AHORA CÓMO ES LA COSA?
AAAAAAH...
578

¿O SEA QUE MIENTRAS LOS DE ESTA MITAD DEL MUNDO ESTAMOS DESPIERTOS, LOS DE LA OTRA MITAD ESTÁN DURMIENDO.?
CLARO

?

579

¿QUÉ PASA, MIGUELITO? ¿POR QUÉ CAMINÁS ASÍ?

¡SSSHHH!.... EN LA OTRA MITAD DEL MUNDO ES DE NOCHE,.... Y DUERMEN

EL POBRE AÚN NO SABE QUE EN ESTE MUNDO, UNA MITAD ES INCAPAZ DE ESCUCHAR A LA OTRA

¿QUÉ LE PASA A TU AMIGO MIGUELITO, MAFALDA? ¿POR QUÉ CAMINA ASÍ?
¿ASÍ CÓMO? ¡AH!...
580

PORQUE DICE QUE EN LA OTRA MITAD DEL MUNDO ES DE NOCHE, Y NO HAY QUE DESPERTAR A LOS QUE DUERMEN

¡JÁ! ESTO ME RECUERDA AQUELLA VEZ QUE MAO TSÉ-TUNG DIJO QUE SI LOS 700 MILLONES DE CHINOS SE PONÍAN DE ACUERDO Y DABAN AL MISMO TIEMPO UNA PATADA EN EL SUELO, EL RESTO DEL MUNDO IBA A PASARLA MAL, ¿NO ES GRACIOSO?

NO; NO ES GRACIOSO

MAS QUE UN PLANETA, ÉSTE
ES UN INMENSO CONVENTILLO ESPACIAL

ESTOY SOLO Y ABURRIDO, ¿PODÉS VENIR A MÍ CASA?

LO SIENTO, MIGUELITO, VOY A SALIR CON MI MAMÁ, PERO ¿NO TENÉS ALGÚN LIBRO? UN LIBRO ES UN BUEN AMIGO

BUENO, ¿A QUÉ QUERÉS QUE JUGUEMOS?

582

QUE LLUEVA, QUE LLUEVA, LA VIEJA ESTÁ EN LA CUEVA...

¿QUIÉN IBA A IMAGINARSE ESTA DERIVACIÓN SOCIAL?

WE ALL LIVE IN A YELLOW SUBMARINE...
¡LOS BEATLES!... ¿POR QUÉ NO ESCUCHÁS ALGO NUESTRO, EN VEZ DE A ESTOS QUE NO SE LES ENTIENDE LO QUE DICEN?
583

...STRO HABITUAL PROGRAMA DE MÚSICA NATIVA
¡ESO! ¡AHÍ ESTÁ!

¡Y EN PRIMER LUGAR, AMIGOS, UNA VIDALA, QUE ES GRITO HECHO PIEDRA! ¡RAÍZ ANCESTRAL, MADURADA EN EL VIENTRE MINERAL DE LA MADERA!... ¡CANTO FUNDAMENTAL QUE DESBORDA...

...SU SANGRE DE TORO MILENARIO TREPANDO POR EL VINO HACIA LA NOCHE, LEYÉNDOLE LAS VENAS AL SALITRE,....

?
?

BUENO, ¿Y A TU PAPÁ COMO LE VAN LAS COSAS EN LA OFICINA?
CLIK!

"VEO-VEO"
¿QUÉ VES?
UNA COSA
¿DE QUÉ COLOR?
584

NEGRO

¿EL FUTURO?

"ESTADOS UNIDOS, RUSIA Y OTROS PAÍSES LLEGARON A UN ACUERDO SOBRE UN TRATADO MEDIANTE EL CUAL, EL COSMOS SE VERÁ LIBRE DE PRUEBAS NUCLEARES, ASÍ COMO DEL USO DE ARMAS ATÓMICAS"
585

¡SUERTUDOS!

¡NO ME HAGAS ACORDAR!... ¡QUÉ TAJO, DIOS MÍO!.... ¡QUÉ ESPANTO!... ¡CADA VEZ QUE ME ACUERDO ME ENTRA UNA COSA!...

586

¡UN TAJO TERRIBLE!.... ¡ME ACUERDO Y ME DESCOMPONGO!... ¡UNA MASACRE EN EL DEDO!... ¡TE JURO QUE ME DESCOMPONGO AL RECORD
BUENO, NO PENSÉS...

¡NO ME INTERRUMPAS!
¡Y LA SANGRE!.. ¡PREFIERO NO ACORDARME!... ¡QUÉ MANERA DE PERDER SANGRE!.. ¡NO QUIERO RECORDAR LA DE SANGRE QUE....

¿QUÉ TE PASÓ EN EL DEDO, SUSANITA?
587

¡AH!, ¿VOS NO TE ENTERASTE?
NO

¡SI VIERAS, FELIPE!.... ¡ANTEAYER ME HICE UN TAJO QUE PARA QUÉ TE VOY A CONTAR! ¡SI SUPIERAS!... PERO NO, NO; MEJOR NO HABLAR DEL ASUNTO

SÍ, EN REALIDAD, DE ESAS COSAS ES MEJOR NO HABLAR

¡MALDICIÓN!

¿POR QUÉ LA MATASTE? ¿QUÉ MAL TE HABÍA HECHO ESA POBRE HORMIGUITA?
588
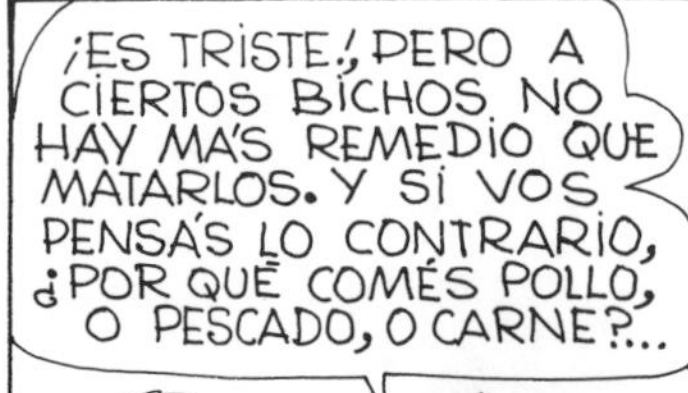
¡ES TRISTE!, PERO A CIERTOS BICHOS NO HAY MÁS REMEDIO QUE MATARLOS. Y SI VOS PENSÁS LO CONTRARIO, ¿POR QUÉ COMÉS POLLO, O PESCADO, O CARNE?...

¡A LOS BUENOS NOS TIENEN AGARRADOS CON ESE MALDITO ARGUMENTO!

¡PUEBLOS DEL MUNDO: LES TRAIGO UNA IDEA SENSACIONAL!....
589

"¡NO HAGAMOS CASO A LAS ADVERTENCIAS PACIFISTAS DEL PAPA, NI DE U-THANT!"
¿EHÉ? ¿QUÉ TAL?

¿EH?

¡AH!,... ¿YA SE LES HABÍA OCURRIDO?

¡OOOOOOOOYH!..
¡QUÉ LINDO!.. ¿ME LO PRESTÁS?
FFFFFFF
590

¿PARA QUÉ? ¿PARA QUE LO ROMPAS? ¡NO SEÑOR!
¡EEEEH!... ¿QUE CLASE DE AMIGA SOS?

AMIGA CLASE "B"

¡CADA DÍA UNA NOVEDAD!

"SEGÚN ALGUNOS OBSERVADORES, LA SITUACIÓN INTERNACIONAL ES SUMAMENTE CRÍTICA"
¿AJHÁ?
591

"LAS PROBABILIDADES DE UN CONFLICTO BÉLICO GENERALIZADO AUMENTAN DÍA A DÍA"
¡MIRÁ VOS!...

"EL ARMAMENTISMO CRECE EN FORMA ALARMANTE"
¡SLURP!

PERDÓN, FELIPE; PERO MIENTRAS TOMO UN HELADO SE ME DESDIBUJA EL MUNDO ¿VOS ME HABLABAS?

592
...Y EN LO ALTO DE TODO, LA ESTRELLA QUE GUIÓ A LOS REYES HASTA BELÉN

¿SABÉS QUÉ LLEVABAN LOS REYES EN SUS ALFORJAS?
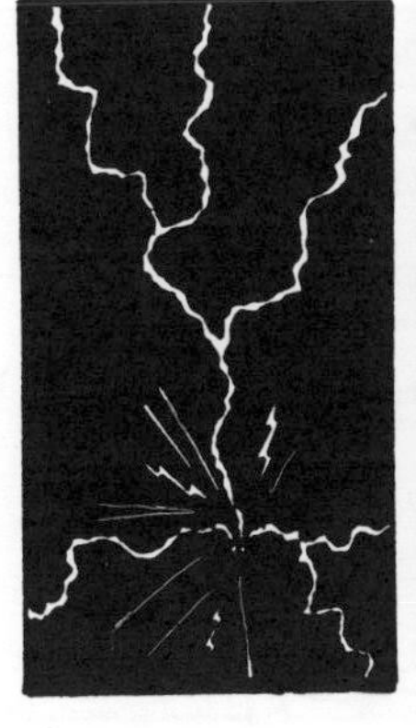

¡SÍ; FUSIBLES!

593
¡PUEBLOS DEL MUNDO: ESCUCHEN!...

TIC-TIC TIC-TIC

NOOOOOCHE DE PAZ, NOOOOCHE DE AMOR..

ANTES DE CONTINUAR ME GUSTARÍA SABER SI SE ENTIENDE LA LETRA

594
Y SE NOS VA ACABANDO EL AÑO, NOMÁS
ASÍ ES

¿CÓMO SERÁ EL AÑO QUE VIENE?

¡MUY VALIENTE, PORQUE COMO ANDA LA COSA, ANIMARSE A VENIR!....

JUSTAMENTE IBA PARA TU CASA A LLEVARTE UN ALMANAQUE DE LOS QUE REGALA EL ALMACÉN DE MI PAPÁ
¡OH, GRACIAS MANOLITO!
595

VAS A VER QUÉ LINDO PAISAJE TIENE ¡CON UNOS COLORES!... Y UNA LUNA, UN LAGO CON BOTECITOS, Y VACAS EN LA ORILLA, Y CERROS NEVADOS, Y EN PRIMER PLANO UN CORTINADO, Y UN JARRÓN CON FLORES, Y MARIPOSAS..

TOMÁ

GRACIAS, MANOLITO

LA POBRE SE HA EMOCIONADO

TENGO ALGO PARA VOS, FELIPE: UN ALMANAQUE DE LOS QUE REGALA EL ALMACÉN DE MI PAPÁ
¡QUÉ BUENO!
596
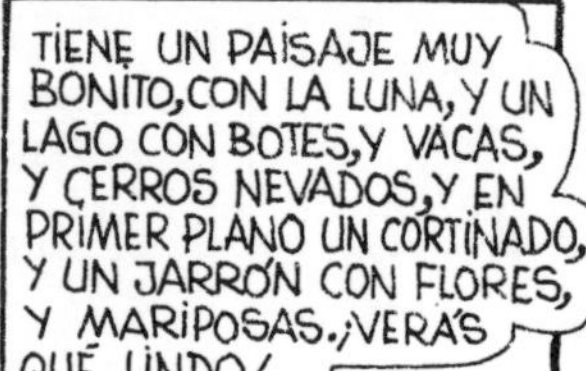
TIENE UN PAISAJE MUY BONITO, CON LA LUNA, Y UN LAGO CON BOTES, Y VACAS, Y CERROS NEVADOS, Y EN PRIMER PLANO UN CORTINADO, Y UN JARRÓN CON FLORES, Y MARIPOSAS. ¡VERÁS QUÉ LINDO!..

¿Y? ¡QUÉ ME DECÍS!...
¡GRAP!....

......CIAS, MANOLITO

¿"GRAPCIAS"?
QUINO

VEAMOS, HASTA AHORA HE REGALADO DOS ALMANAQUES DE ALMACÉN "DON MANOLO": UNO A MAFALDA Y OTRO A FELIPE
597

QUE LES DEBE HABER GUSTADO MUCHÍSIMO, PORQUE EL PAISAJE ES MUY BONITO ¡Y QUÉ COLORES!....

BIEN, ENTONCES AHORA LE TOCA EL TURNO A SUSANITA

AH, ¿OTRO MÁS DE TU ALMACÉN? MAFALDA Y FELIPE YA ME REGALARON DOS
QUINO

598

QUINO

EL AÑO QUE VIENE LLEGA DE AQUEL LADO, MIGUELITO
AH, GRACIAS

HAY QUE ESTAR EN TODO

599
¡ADIÓS, ADIÓS AÑO VIEJO! ¡YA NO VOLVEREMOS A VERTE NUNCA MÁS!

NO, FELIPE; EN VEZ DE MIRAR HACIA LO VIEJO CON PENA, HAY QUE MIRAR HACIA LO NUEVO CON ALEGRÍA Y OPTIMISMO!

ASÍ, ¿VES? "¡HOLA, HOLA, AÑO NUEVO! ¡QUÉ ALEGRÓN TENERTE CON NOSOTROS!"
QUINO

¡Y A VER SI EN JULIO PODEMOS DECIR LO MISMO! ¿ESTAMOS?

600
¿QUÉ VAS A PEDIRLE A LOS REYES, SUSANITA?

BUENO,.... NO SÉ..... LOS REYES SON TAN BUENOS, QUE ME CONFORMARÉ CON LO POCO QUE ELLOS QUIERAN TRAERME

QUINO

¡PERO VERDE, CON BOCINA A PILAS EN EL MANUBRIO Y RUEDITAS A LOS COSTADOS PARA NO CAERME!

HOLA, MAFALDA, ¿TENDRÍAS UN MARTILLO PARA PRESTARME, POR FAVOR?
CÓMO NO, MIGUELITO, ADELANTE
601

¿TE SIRVE ÉSTE?
¡FANTÁSTICO! APENAS TERMINE TE LO TRAIGO

¿ALGÚN ARREGLO EN TU CASA?
NO, NO...

QUIERO EMPEZAR DE CERO MI PEDIDO A LOS REYES

¡MAÑANA A LA NOCHE PASAN LOS REYES, MANOLITO!!
LOS REYES, SÍ
602

TE DIRÉ, MAFALDA. ESTE ASUNTO DE LOS REYES,... ¡EN FIN!... UNO VA CRECIENDO.....
¿Y?
¡ZAS!

Y,...PUES,.... EMPIEZA A DARSE CUENTA
¿A DARSE CUENTA? ¿DE QUÉ?

DE QUE COMO FINANCISTAS SON UN DESASTRE ¡¿DÓNDE SE HA VISTO, REGALAR LA MERCADERÍA UN AÑO, Y OTRO, Y OTRO, Y OTRO!... ¡EEEEEEEEEH!......

BUENO, ¿Y QUÉ LE PEDISTE A LOS REYES, MAFALDA?
603

LA PROSCRIPCIÓN DE LAS ARMAS ATÓMICAS, O ALGO ASÍ; ¡SEGURO!...¡ESTA ANDA SIEMPRE CON ESAS ESTUPIDECES!

UN LIBRO DE CUENTOS, UNA MUÑECA Y UN JUEGO DE ARMAR CASITAS, FELIPE

¿QUÉ HAY, SUSANITA? ¿POR QUÉ CORRÉS?
INTUICIÓN FEMENINA

¡AHORA ES EL MOMENTO!

UNO SE SIENTE COMO UN TERRORISTA DE LA FELICIDAD

¡QUÉ LINDO! ¿SUBE MUY ALTO?
¡UF!
605

¡HASTA EL CIELO!
¿A VER? ¡DALE!

TIC!

¡LO QUE PASA ES QUE PARA ESO DE LA ALTURA, EL CIELO ES UN EXAGERADO!

¡GUAU!
¡GUAU!
¡GUAU!

606

Y A CONTINUACIÓN PRESENTAMOS NUESTRO INFORMATIVO, CON NOTICIAS NACIONALES E....

...INTERNACIONALES DE LAS AGEN

HOY QUIERO VIVIR SIN DARME CUENTA

¿Y SUBE COMO LOS COHETES DE VERDAD?
¡CLARO!
¿A VER? ¡DALE!
607

TIC!

ESTÁ MUY BIEN, MIGUELITO, TAMPOCO ES CUESTIÓN DE QUE VAYA Y LE SAQUE UN OJO A ALGÚN ÁNGEL

¡GRAN TIPO, ESTE FELIPE!

608

TIC!

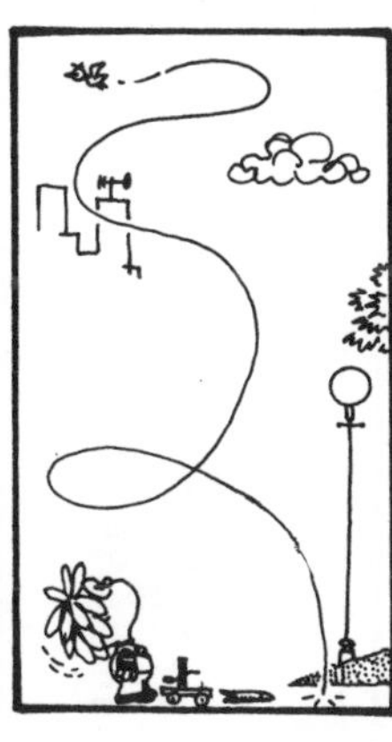

¡SÑIF!..

¿QUÉ? ¿QUE EL COHETUCHO ESE FUNCIONA? ¿COMO LOS DE VERDAD? ¡VAMOS!...
AH, ¿NO? ¡MIRÁ!..
609

TIC!

¡JHÁ! ¿Y?

TOC!

?

¡PERO MAMÁ!.. ¡ESTOY JUGANDO!
¡NO IMPORTA! ¡TENÉS QUE IR A SALUDAR A LA TÍA PACA!
610

¡OOOOOOOOY!...¡LA REGALONA DE LA CAAAAAAASA!...¡QUÉ TESORO!...¡VENGA CON PAQUITA!....¡VENGA!

¿MMMMCÓMO ESTÁS? ¡RICA, HERMOSA! ¿A QUIEN QUERÉS MAS; A TU MAMÁ O A TU PAPÁ? ¡PICARONA! ¿Y A LA TÍA PACA? ¿EHÉ? ¿LA QUERÉS? ¡CHUIIIK! ¡MMMMCHUIIIIK!

LA TÍA PACA ES UN PUNTO EN CONTRA PARA LA HUMANIDAD

¡ESTÚPIDA!
611

¿QUÉ FUÉ?
¡UNA HORMIGA! ¡ME DA UNA RABIA CUANDO ME PICA UN BICHO DE ESTOS!...

SÍ, ES MUY MOLESTO.. A MÍ ANOCHE ME PICÓ UN MOSQUITO

¡NO VAS A COMPARAR!... ¡EL MOSQUITO PICA PARA GANARSE EL PAN!
QUINO

TENÍA QUE PASARME JUSTO AHORA QUE MI MARIDO ESTÁ POR PERDER SU EMPLEO
612

¡LOS PLATINOS!.. ¡SIEMPRE LOS MALDITOS PLATINOS!

¡UN ABOGADO ME DICE ESTO, OTRO AQUELLO!... ¡QUÉ SÉ YO, MIRÁ!..¡ESTOY DESESPERADO!

NO PUEDO QUITARME DE LA CABEZA LA DUDA DE SI LOS ÁNGELES PUEDEN VOLAR PARA ATRÁS, O NO

EN ESTE MUNDO, CADA CUAL TIENE SU PEQUEÑA O GRAN PREOCUPACIÓN
QUINO

DECIME, PAPÁ, ¿CUANDO VOS ERAS CHICO, LA GENTE LE TENÍA MIEDO A LA GUERRA Y A LA BOMBA ATÓMICA?
613

POR SUPUESTO QUE MIEDO A LA GUERRA SÍ; PERO EN AQUÉL ENTONCES NO HABÍA BOMBAS ATÓMICAS

¡VAYA UN MIEDO DE MORONDANGA, ENTONCES!
QUINO

614
VEAMOS, LA 9 VERTICAL DICE: "SE TRASLADAN DESDE AQUÍ HACIA ALLÁ"

¡YA LA TENGO, FELIPE!
TRES LETRAS, ¿EH?

AH....
QUINO

NO; ENTONCES "TÉCNICOS NACIONALES" ES MUY LARGA

¿MAFALDA? ¡NO SABÉS EL CALOR QUE HACE HOY EN MI CASA!...
615

LO SÉ, MIGUELITO; EL MISMO QUE HACE EN LA MÍA
AH,... ¿AHÍ TAMBIÉN?

¡SÍ HOMBRE, AQUÍ Y EN LA CALLE Y EN TODAS PARTES HACE UN CALOR BÁRBARO!
¡CLAC!
?

¡Y YO QUE CREÍ QUE ERA CALOR DE HOGAR!
QUINO

¿MMMH?
¡NO,NO!¡A MÍ DEJAME DE BOWLING!.... ¡O HACEMOS EL CRUCIGRAMA, O ME VOY A MI CASA!
616

¡BUÉH!...¡HAGAMOS EL CRUCIGRAMA! ¡DALE!

HORIZONTALES 1- "LABRAN LA TIERRA CON EL ARADO"

¡POBRES!..¿Y PARA QUÉ? ¡PARA QUE SE ENRIQUEZCA EL INTERMEDIARIO! ¡ESA ES LA TRISTE VIDA DEL HOMBRE DE CAMPO!

¿QUIÉN TE ENTIENDE, FELIPE?
¡YO!

¿Y LA FRUTA? ¿VIÓ EL PRECIO DE LA FRUTA?
¡LA FRUTA!..¿Y LO DEMÁS? ¡QUÉ ROBO!
617

BUENO, DESPUÉS DE TODO, ESTOS PEQUEÑOS MISTERIOS SON LOS QUE HACEN VARIADA LA VIDA

618

NO FUNCIONA

¡QUÉ SUSTO, DIOS MÍO!.....¡CREÍ QUE ESTABA HUECA!

"ESTOCOLMO: SUECIA TIENE CONSTRUIDOS YA REFUGIOS ANTIATÓMICOS COMO PARA ALBERGAR A LA MITAD DE SU POBLACIÓN"
619

"ASIMISMO, GRAN CANTIDAD DE FÁBRICAS HAN SIDO INSTALADAS BAJO TIERRA"

¡QUÉ DILEMA CON ESTOS SUECOS!

UNO NO SABE SI ADMIRARLES LA INGENIERÍA, O EL PESIMISMO

"GRANDES ONDAS QUE SE PRODUCEN EN LA SUPERFICIE DEL MAR"
OLAS
620

OLAS.¡MUY BIEN!...ESTE CRUCIGRAMA PROMETE. VEAMOS LA SIGUIENTE...

"HIJO DE SATURNO Y HERMANO DE JÚPITER, CASADO CON PROSERPINA"

EL HIJO DE LA DEL 4º D SE CASÓ CON LA NOVIA DEL HERMANO Y HAY QUE VER LA QUE SE ARMÓ

621

¡NUNCA *EL LLANERO* SE SINTIÓ MÁS *SOLITARIO*!
?
QUINO

HOLA, SUSANITA. VENÍA POR AQUELLAS REVISTAS QUE TE PRESTÉ
AH, SÍ. VENÍ, VAMOS A MI PIEZA QUE LAS BUSCO
622

10 nov. 66
17 jul. 66
3 ene. 67

¿QUÉ TENÉS EN ESTOS FRASQUITOS CON FECHA, SUSANITA?

LÁGRIMAS; ES MI COLECCIÓN DE MALOS-RATOS
QUINO

HAY UNA PALABRA DE ESTE CRUCIGRAMA QUE NO ME SALE, MANOLITO. ¿VOS NO SABRÍAS CUÁL ES EL SÍMBOLO QUÍMICO DEL URANIO?
623

ESPERÁ,.... DEL URANIO..... A VER.....
DEL URANIO....
DEL URANIO.....

¿PUM?
QUINO

FELIPE ME HA ENTUSIASMADO CON ESTO DE LAS PALABRAS CRUZADAS ¿ME AYUDAN EN MI PRIMERA EXPERIENCIA?
POR SUPUESTO
624

BUENO, PRIMERO LAS HORIZONTALES. A VER....

1- "SERES FABULOSOS QUE
¿FABULOSOS? ¡LOS BEATLES!
QUINO

?

¿TENDRÍAS UN PAPELITO PARA DARME, MAFALDA?
CREO QUE SÍ, MIGUELITO
625

AQUÍ TENÉS. SON LOS ÚNICOS QUE TENGO, ¿TE SIRVE ALGUNO?
AH,..... NO, DE ESTOS NO

YO QUERÍA DE LOS OTROS. DE LOS QUE SIRVEN PARA COMPRAR COSAS
¡PERO ESO ES **PLATA** Y NO *"UN PAPELITO"*!

¡BUENO, COMO SE LLAME!

QUINO

¿CÓMO HARÁ PARA VIVIR SIN CONTAMINARSE?

626
FIN

TIC

¡¿PERO CÓMO ES POSIBLE QUE NO LE HAYAN DADO TODAVÍA EL OSCAR AL PÁJARO LOCO?!
QUINO

...Y ESTAS HAN SIDO LAS NOTICIAS
¡LO DE SIEMPRE!... ¡EL MUNDO HECHO UN LÍO!
TIC
627

¡CARRERA ARMAMENTISTA!..¡PAÍSES QUE NO SE ENTIENDEN!..¡VIOLENCIA!..¡DISTURBIOS!.. ¿QUÉ NOS ESPERA?

¡YO LO ÚNICO QUE SÉ ES QUE LOS PAJARITOS NO PRECISAN ESCALERAS PARA SUBIR A NINGUNA PARTE!

¡PAVADA DE MAÑA PARA DESANGUSTIAR!..
QUINO

TODO HA CAMBIADO Y EL MUNDO ES HERMOSO
628

¿QUÉ HA OCURRIDO, SUSANITA? ¿NO MÁS INFLACIÓN? ¿PROSCRIPCIÓN DE ARMAS ATÓMICAS? ¿COMIDA EN LA INDIA? ¿DIJERON ALGO LOS NOTICIOSOS?

¿LOS NOTICIOSOS?

NO, NO CREO QUE ASSOCIATED PRESS, REUTER O ANSA SEPAN TODAVÍA LO DE MIS ZAPATOS NUEVOS
QUINO

¡EH, MAFALDA! ¿TE MOSTRÉ MIS ZAPATOS NUEVOS?
ME LOS MOSTRASTE AYER, SUSANITA ¡MUY LINDOS!
629

A VOS LA CUESTIÓN *MODAS* NO DEBE INTERESARTE GRAN COSA, ¿NO?
SÍ QUE ME INTERESA, ¿POR QUÉ CREES QUE NO?

BUENO,...NO SÉ,... ...POR NADA,... ...¡EN FIN!..... HASTA LUEGUITO, ¿EH?
HASTA LUEGO

¡LA POBRE TIENE TAN POCA PRESTANCIA MUJERIL!...
QUINO

630

¡ANSELMO!
¡ESTEBAN!

¡HOMBRE, VOS POR AQUÍ!
¡PERO MIRÁ CÓMO VENIMOS A ENCONTRARNOS!

¡ES QUE EL MUNDO ES UN PAÑUELO!

HABRÁ QUE QUEJARSE AL LAVADERO, ENTONCES
QUINO

¡PST! EL PAÍS ESTÁ AHÍ ESPERANDO ¿LE DIGO QUE SE SIENTE O QUÉ?

¿CÓMO ANDA EL ALMACÉN DE TU PAPÁ, MANOLITO?
¡EH!.... ¡TIRANDO!.. HAY MUCHA GENTE DE VACACIONES Y POCA VENTA
631

¿Y POR QUÉ NO CIERRAN POR UNOS DÍAS Y SE VAN UDS. TAMBIÉN DE VERANEO? ¿NO SE TE OCURRIÓ PROPONÉRSELO A TU PAPÁ?

AH

DE TODO ESTE TURRÓN, LA MITAD PARA CADA UNA ¿EHÉ?
BUENO, PERO ¿NO TE VAS A ARREPENTIR?
632

¿ARREPENTIRME? ¡POR FAVOR!..
¡TROC!

¡EN FIN!.... BIEN DICEN QUE PARTIR ES MORIR UN POCO

633

¿A CUÁNTO ESTÁ HOY LA LECHUGA, MIGUELITO?

¡Y PENSAR QUE EN ESTE MISMO MOMENTO, EN ALGÚN LUGAR DEL MUNDO, SE ESTÁN DISPARANDO BALAS QUE NO VAN A PEGARLE A NADIE! ¡QUÉ DESPERDICIO!

634

¡TUMP!

¡ZÁS!... ¡CÓMO ME PUSE!...

¡TAMBIEN!...

¡NO SÉ A QUIÉN SE LE OCURRE VIVIR EN UN PLANETA QUE DESTIÑE!

635

MAFALDA TIENE RAZÓN; ESTE PLANETA EN QUE VIVIMOS....¡DESTIÑE!

LO MALO DE ANDAR SIEMPRE CON LAS OREJAS PUESTAS ES QUE UNO SE EXPONE A OIR COSAS COMO ESTA

636
VAS A VER, MANOLITO

¿VES? LO QUE TE DIJE: ¡DESTIÑE!

AHÍ TENÉS; NUESTRO PLANETA, NUESTRA VIEJA TIERRA, NUESTRO CACAREADO MUNDO, RESULTA QUE DESTIÑE ¡QUÉ ME DECÍS!...

QUE HABRÁ QUE AGUANTARLO ASÍ, PORQUE VAYA UNO A SABER EN QUÉ SIGLO CADUCÓ LA GARANTÍA
QUINO

¡QUIÉN DIRÍA!...HACE YA UN MES Y PICO QUE EMPEZÓ EL AÑO Y PARECE QUE FUÉ AYER
637

¡CÓMO PASA EL TIEMPO, MIGUELITO, CÓMO PASA EL TIEMPO!

BBBBZZZZZZZZZZZZZZZZZZ

¡PUCHA!.... NO ALCANCÉ A VER SI ERA UN MOSCARDÓN O UN MINUTO!
QUINO

"SEGÚN UN INFORME DE LA UNESCO, SE ESTIMA QUE EN EL MUNDO HAY MÁS DE 700 MILLONES DE ADULTOS ANALFABETOS"
638

SETECIENTOS MILLONES ¡DIOS MÍO!

¡QUÉ ATRASADO ESTÁ EL PROGRESO!
QUINO

¡BOTARATE!
639

NO TE ENOJES, MANOLITO, ¿ACASO CUANDO SEAS GRANDE NO VAS A TENER UNA CADENA DE SÚPERMERCADOS Y A SER TODO UN EJECUTIVO?
¡SÍ! ¿Y?

Y BUENO, UN EJECUTIVO DEBE TENER SENTIDO AUTOCRÍTICO. Y SI YO TE INSULTO ES PARA AYUDARTE A AMPLIAR TU VOCABULARIO, ASÍ PODRÁS AUTOCRITICARTE MEJOR, ¿COMPRENDÉS?

COMPRENDO

¿COMPRENDO?
QUINO

¡HE DESCUBIERTO ALGO FANTÁSTICO,....MIRÁ!
¿QUÉ?
640

¿NO VES? ¡LA ESPALDA!... MIRÁ CUANDO UNO SE VA

¿NO ES SORPRENDENTE LO ÚTIL QUE RESULTA LA ESPALDA PARA IRSE? NO SÉ COMO HARÍA LA GENTE PARA IRSE SI NO TUVIERA ESPALDA

QUINO

641

TIC

DEBIERA HABER UN DÍA A LA SEMANA EN QUE LOS INFORMATIVOS NOS ENGAÑARAN UN POCO DANDO BUENAS NOTICIAS

642

¿NOSOTROS VAMOS A SALIR A VERANEAR?

?

AH...

¿VERANEAR NOS VA A SALIR A NOSOTROS?...

¡HABLEMOS DE VERANEO, MAFALDA! ¡ME ENCANTA HABLAR DE SALIR A VERANEAR!... ¡CHARLAR DE LOS PREPARATIVOS!...

643

¡COMENTAR LAS EMOCIONES DEL VIAJE!... ¡ME PASARÍA LA VIDA HABLANDO DE TODO ESO Y DE NADA MÁS QUE DE TODO ESO!

PORQUE, ¿SABÉS? ¡LA SEMANA QUE VIENE ME VOY DE VERANEO!
¡QUÉ CASUALIDAD!

YO TAMBIÉN, SUSANITA
¿AH, SÍ?

MI TÍA CLARITA SE QUEDÓ SIN MUCHACHA, ADEMÁS TIENE REUMA Y UN HIJO EN VENEZUELA Y HOY EN CASA SE DESCOMPUSO LA TV ¿AUMENTÓ EL PAN? LEÍ QUE DORIS DAY.....

644
CONTAME, MAMÁ ¿CÓMO ES EL LUGAR DONDE VAMOS A VERANEAR?

¡AH,... ESTUPENDO!... ¡CON MARAVILLOSOS LAGOS RODEADOS DE MONTAÑAS Y BOSQUES HERMOSÍSIMOS!

¿Y QUIÉN HIZO TODO ESO TAN LINDO?
TODO ESO TAN LINDO LO HIZO DIOS

¡QUÉ LÁSTIMA QUE AQUÍ LE DIERAN LA LICITACIÓN A OTROS!

VOS, A LOS LAGOS DEL SUR; YO, A LA PLAYA..... ¿NO ES MARAVILLOSO ESO DE IRSE POR AHÍ A VERANEAR?
645

PORQUE,..... HAY QUE VER QUE **NO CUALQUIERA** PUEDE PAGARSE UN VERANEO ¡¡NNÓ-NNÓ-NNÓ!!

¡AH! ¿Y ESO TE PARECE MARAVILLOSO? ¡PENSALO! ¿ES PARA ALEGRARSE? ¿EHÉ?

¡QUÉ QUERÉS!... ¡YO LO PIENSO... ¡¡Y TE JURO QUE ME AGARRA TODO POR AQUÍ UN STATUS!!....

¿ASÍ QUE MAÑANA SALÍS DE VERANEO PARA LOS LAGOS DEL SUR? ¡QUÉ BUENO!
SÍ, MI MAMÁ FUÉ ALLÁ CUANDO SE CASÓ Y DICE QUE ES MUY LINDO
646

¡¡ES QUE CUANDO UNO SE CASA, DEBE SER TODO TAN HERMOSO!!... ¿¿EHÉÉÉ, FELIPE??

¡¡NOOOOOOOOO
¡TUMP!

¡JA'H!....
¡ESTE FELIPE!... ESTUVO GRACIOSO, ¿NO? ¡EL MUY BOBO NO SE DIÓ CUENTA QUE LO DIJE EN BROMA!

QUINO

¡PERDEMOS EL TREN, MAFALDA! ¿QUÉ HACÉS AHÍ CON ESO?
647

QUERÍA QUE QUEDARA GUARDADO MIENTRAS ESTAMOS DE VACACIONES

¡MAH!....¡DEJALO ASÍ COMO ESTÁ Y VAMOS, QUE NO LE VA A PASAR NADA!..

¡DIOS LO OIGA!
QUINO

¡LÁSTIMA QUE MAMÁ DUERMA, PAPÁ! ¡ES TODO TAN LINDO!.. ¡SEMBRADOS Y SEMBRADOS!...
648

¡EH!... ¡Y VAQUITAS!

¡OH!.. Y ESA POBRE GENTE!..¡QUÉ RANCHITO MISERABLE!...

"PINTORESCO", NENA, "PINTORESCO"
QUINO

POR ESTA ZONA EL PANORAMA SE PUSO UN POCO TRISTE, ¿NO, PAPÁ?
649

SÍ, LA TIERRA NO ES MUY FÉRTIL, AUNQUE HAY MUCHA RIQUEZA; OÍSTE HABLAR DEL PETRÓLEO, SUPONGO

¿PETRÓLEO? SÍ, CLARO. Y MÁS DE UNA VEZ......

.....POR ESTA ZONA EL PANORAMA SE PUSO UN POCO ESPESO, ¿NO, PAPÁ?
QUINO

650
ZAPALA
¡BUENO!..
¿POR QUÉ BAJAMOS ACÁ?

PORQUE DESDE AQUÍ EMPEZAMOS A RECORRER EN ÓMNIBUS LA ZONA DE LOS LAGOS
¡AH! ¿NO SEGUIMOS MÁS EN EL TREN?
NO

ENTONCES ESPEREN
?
QUINO

ADIÓS... Y PERDONÁ EL DÉFICIT

651
¿Y, MAFALDA? ¿QUÉ TE PARECE?

¡¡DIOS MÍO!! ¡ESTO ES TAN HERMOSO, QUE LOS HOMBRES SE LAS VAN A VER EN FIGURILLAS PARA ECHARLO A PERDER!
QUINO

652
¿POR QUÉ HAY TANTAS FLORES? ¿POR QUÉ ES TODO TAN LINDO ACÁ?

SEGÚN CUENTA UNA LEYENDA, CUANDO DIOS ESTABA HACIENDO EL MUNDO SE SENTÓ A DESCANSAR POR AQUÍ, SE QUEDÓ DORMIDO... Y SIN QUE SE DIERA CUENTA SE LE CAYERON TODAS ESTAS COSAS HERMOSAS

ESA LEYENDA.... ¿NO ADVIERTE NADA SOBRE RECLAMOS PASADAS 48 HORAS?
QUINO

653
HOSTERÍA
¡OH-OH! ¡ESTO ES PARA UNA FOTO!
QUINO

¿Y?

NO PUEDO.... ME PARTE EL ALMA **VERME** CUANDO SE ME ACABEN LAS VACACIONES

654

QUINO

QUINO
A VOS LA MODESTIA DEBE IMPORTARTE UN PITO, ¿NO?

655

¿Y NUNCA SE TE OCURRIÓ CONSULTAR A UN PSICOANALISTA?
QUINO

PENSAR QUE ESTOS ARBOLAZOS COMENZARON SIENDO ASÍ DE CHIQUITOS

DE AQUÍ A QUE ESTA PLANTITA HAYA ALCANZADO SEMEJANTE TAMAÑO, ¿QUÉ HABRÁ OCURRIDO CON LA HUMANIDAD?

TIC!

¡VAYA HORÓSCOPO!

WOW! IT'S BEAUTIFUL!
LOOK OVER THERE!
BOY, WHAT A VIEW!

GEE!...THAT'S THE MOST EXCITING MOUNTAIN I'VE SEEN IN ALL MY LIFE!
AND WHAT ABOUT THAT WATER FALL, THERE?
THE LITTLE ISLAND, DAD! WATCH THE LITTLE ISLAND!
YEAP!
IT'S LIKE A PANORAMIC VISION FILM! ISN'T IT?
LET'S CATCH SOME TYPICAL TREES

¡PRONTO, POR FAVOR!... ¡DÍGANME LO MÁS GAUCHESCO QUE SE LES OCURRA!

PROHIBIDO HACER FUEGO

DIRECCIÓN DE PARQUES NACIONALES
¡CÓMO!..

¿NO FUÉ U-THANT QUIEN LO DIJO?

¿Y SI EN VEZ DE VOLVER A CASA NOS QUEDÁRAMOS A VIVIR AQUÍ? ¡ES TODO TAN LINDO!...

NO PODEMOS, MAFALDA. A PAPÁ SE LE ACABAN LAS VACACIONES Y DEBE VOLVER A LA OFICINA; Y VOS A LA ESCUELA Y YO A OCUPARME DE LA CASA

¡¡BUENO, PERO LA IDEA DE MAFALDA, PENSÁNDOLA BIEN...
¿EHÉÉÉ?

¿EHÉÉ?

¡FUERON UNAS VACACIONES MARAVILLOSAS, MIGUELITO! AQUÍ ESTOY JUNTO A UNO DE ESOS ÁRBOLES QUE TE CONTABA

ES ASOMBROSO QUE UN ÁRBOL PUEDA CRECER TANTO, ¿NO?

BUENO, DESPUÉS DE TODO, ¿EN QUÉ OTRA COSA PUEDE EMPLEAR SU TIEMPO UN ÁRBOL?

HOLA, ¿QUÉ LES PASA A TODOS?
QUE DENTRO DE UNA SEMANA EMPIEZAN LAS CLASES
661

YA VEO QUE SERÁ UNA LARGA SEMANA DE EXTREMAR PRECAUCIONES PARA NO ANDAR PISANDO ÁNIMOS

NO ES POSIBLE QUE PORQUE EL LUNES EMPEZAMOS A IR A LA ESCUELA ESTEMOS TAN ALICAÍDOS, FELIPE
662

HAY QUE SOBREPONERSE Y COMPRENDER QUE, DESPUES DE TODO, VAMOS POR NUESTRO BIEN ¡SÍ, SEÑOR!

¡SI YA LO SÉ!...¡SI A MÍ LO QUE ME AMARGA NO ES IR DURANTE EL AÑO ENTERO A LA ESCUELA,... NI EL ESTUDIO, NI LA MAESTRA, NI LOS DEBERES, NI NADA DE ESO!

SÍ NO TODOS ESOS MALDITOS DÍAS DE CLASE!

¿Y POR QUÉ JUSTAMENTE YO TENGO QUE IR A LA ESCUELA? ¡SI LO ÚNICO QUE PRETENDO DE LA VIDA ES CASARME Y TENER HIJITOS!
663

SI SOLO ME ENSEÑARAN A LEER Y SACAR CUENTAS,...¡BUENO!.. ES ÚTIL PARA CUANDO VAYA A HACER LAS COMPRAS

PERO ¿Y TODO LO DEMÁS? ¡DÍGANME! ¿DE QUÉ ME SIRVE TODO LO DEMÁS? ¡A VER!

¡ALGUIEN QUE ME EXPLIQUE CÓMO CONGENIAR PRÓCERES CON RAVIOLES!

NO HAY QUE AMARGARSE PORQUE EMPIEZAN LAS CLASES, MANOLITO. ES POR NUESTRO BIEN QUE DEBEMOS ESTUDIAR
¡SERÁ, PERO CUESTA!
664

CUESTA, SÍ; PERO ESO ES LO BUENO: LIBRAR LA BATALLA CONTRA LA IGNORANCIA...¡Y VENCERLA!

BUENO, PERO LA POSICIÓN DE MANOLITO ES BASTANTE PECULIAR EN ESA BATALLA

HAY QUE COMPRENDER QUE EL POBRE LLEVA EL ENEMIGO SOBRE LOS HOMBROS
¡TOC! ¡TOC!

GUARDAPOLVOS Y DELANTALES
BIEN, LLEVO ESTE
¿ESTE?
665

P-PE-PERO....
¿ESTE?

SÍ, MAFALDA, ESE. LEVANTÁNDOLE EL DOBLADILLO Y ACORTÁNDOLE LAS MANGAS TE SERVIRÁ TAMBIÉN PARA EL AÑO QUE VIENE

¡ME NIEGO A QUE ME ANDEN COSIENDO Y DESCOSIENDO EL PORVENIR!

BUEEEENO,.... DOS DÍAS MÁS Y.... ¡A CLASE!

¿QUÉ SENTIRÁ UN PARACAIDISTA DOS METROS ANTES DE LLEGAR AL SUELO CON EL PARACAÍDAS CERRADO?

CUANDO VOS ERAS CHICO, ¿TE ANGUSTIABAS MUCHO PORQUE EMPEZABAN LAS CLASES?
¿CÓMO SE TE OCURRE?
¿ANGUSTIARME YO?

¡JHÁ! ¿YO ANGUSTIARM
COMIENZAN EL LUNES LAS CLASES EN TODO EL PAIS

TIT-BITS

BUENO,...¿POR QUÉ NO VAS A JUGAR UN POCO POR AHÍ?

?

ESCUELA

eme-a: ma
ASÍ; MUUUUY BIEN
m-a

¿ENTIENDES, MIGUELITO?
m-
ma

m-
ma

CAPISCO

VIMOS QUE TE TOCÓ UNA MAESTRA JOVEN, FELIPE. ¿QUÉ TAL ES?
¿MMMMHH?

¡TU MAESTRA! ¿QUÉ TAL ES TU MAESTRA?

¡MMMMMMMHHH!

¡LO QUE NOS FALTABA!.. ¡¡QUE ESTE ESTÚPIDO SE PASE AL SECTOR PATRONAL!!

¡SOS UN PAPANATAS, FELIPE!...¡MIRÁ QUE ENAMORARTE DE TU MAESTRA!....¡ESA ES DE LAS QUE SON LINDAS POR FUERA!

¡PORQUE LA GENTE SE DIVIDE EN LINDOS POR FUERA...

....¡Y LINDOS POR DENTRO!

BUENO,....TAMBIÉN ESTAMOS LOS LINDOS REVERSIBLES

¡JÁH!..¡ASÍ QUE TE HAS ENAMORADO DE TU MAESTRA, ¿EH?¡PUES YO ME RÍO!¿VES?
¡JÁH!¡JÁH!
672

¡SOS UN PAPANATAS Y TE ODIO!

¡MCHUIIIK!

¡ESTÚPIDO!
¡SÑIG!

LOS OTROS DÍAS LEÍ EN EL DIARIO CÓMO FUNCIONA LA CAJA DE CAMBIOS DEL "FORD-LOTUS" Y TAMPOCO ENTENDÍ UN PITO

HOLA, MIGUELITO. VENGO A VER SI NECESITÁS ALGUNA AYUDA CON TUS DEBERES DE PRIMER GRADO
JUSTAMENTE LOS ESTOY HACIENDO PASÁ
673

TENGO QUE COPIAR DOS VECES ESA FRASE DE AHÍ, ¿VES?
mi mamá me ama

¡MIGUELITO!...¡COMO DESPUÉS DE HACER LOS DEBERES DEJES TODO TIRADO POR AHÍ, VAS A VER LA QUE TE ESPERA! ¿EH?

NO ES UNA FRASE MUY COMPROMETIDA CON LA REALIDAD, PERO.....¡EN FIN!....

674
¡MÍA!

¡TUP!

FSSSSSSSSSS

FFSSSSSS
BUENO, PERO... ¡QUÉ HONOR PARA LA PELOTA!

685

¡ESCÚCHENME TODOS! ¡SOY EL FAMOSO TROMPETISTA DE COLOR!

TUUUT-TUEEET-TUUUTÚT
TUET-TUT-TUT-TUTUTÚTUT
TUUT-TÚT-TUT-TUEET-TÚT
TUUUUUUUUUUUUUT
TUTUTÚ-TUET-TUEET-TÚT
TUT-TUT-TUUUT-TUTUTÚT

¡QUÉ MANGA DE RACISTAS!

EMPIEZA EL OTOÑO, MANOLITO, ... TAN POÉTICO.... .... TAN GRIS.....
676

QUINO

....¡TAN PARECIDO A UNA DEVALUACION!...

677

ACABO DE ENCONTRAR ALGO QUE SE TE CAYÓ DE LA CABEZA, MIGUELITO
¿DE LA CABEZA?... ¿QUÉ ES?

ESTO; TENDRÁS QUE CUIDARTE DURANTE EL OTOÑO PARA NO QUEDARTE CALVO

¡JHÁ-JHÁ JHÁ-JHÁ!...

QUINO

678

¡Y AHORA, CON USTEDES, EL FAMOSO TROMPETISTA DE COLOR!.....

TUET-TUT-TUT TÚTÚÚÚÚ-TUT-TUTÚTUT-TUT-TUEET-TUEET-TUT-TUUUTUT TÚUUUUUUT TUT

¡BASTA, CON ESA TROMPETITA!

QUINO

¿EL JAZZ TE ENTRISTECE?

679

¡Y AQUÍ NO HAY ESCALAFÓN QUE VALGA..... TODO EL MUNDO DEBE RESIGNARSE A SER DURANTE TODA LA VIDA, SU PROPIO PEÓN DE LIMPIEZA!
QUINO

680

HOLA, SOY EL FAMOSO TROMPETISTA DE COLOR ¿TE GUSTARÍA ESCUCHAR ALGO? ¿SÍÍÍÍ? ¡MUY BIEN!

TUT-TÚT-TÚT-TÚT-TÚT-TUTÚTU-TUET TÚTUTÚÚÚÚTUT TUT-TUT-TUT-TUTÚ TÚT-TUT

¡CLARO!...¡ES QUE ESTA PLAZA NO TIENE ACÚSTICA!
QUINO

¿ASÍ QUE VOLVERÁN LAS OSCURAS GOLONDRINAS? ¡ESTABA INFORMADO EL BÉCQUER ESE!

681

¡ZÁS!..¡QUIÉN VIENE ALLÍ!..
¿QUIÉN?

¡AH!...

TUT-TUT-TUTUET TUUUUT-TUUUTUT TUET-TUTÚTUT-TUT TUTÚ-TUTUT-TUTUT
¡EL FAMOSO TROMPETISTA DE COLOR!..

Y AHORA ESCUCHARÁN USTEDES AL FAMOSO TROMPETISTA DE COLOR....

¡UF!...
¡AG!..
¡UF!..

¡PUF!.. ...¡UF!.... ...¡PUF!...

BUENAS, MAFALDA
?

....ACABAN USTEDES DE ESCUCHAR, EN VERSIÓN DE LOUIS ARMSTRONG....

BUEN DÍA, NENA. ¿ESTÁ EL JEFE DE LA FAMILIA?
683

EN ESTA FAMILIA NO HAY JEFES; SOMOS UNA COOPERATIVA

¡POM!

ENTONCES.... EN AQUEL CURSO DE VENTAS NO ESTABAN TODAS LAS RESPUESTAS

684
TENGO UNA ADIVINANZA
VEAMOS

"UNA SEÑOR
¡LA LUNA!

¡VOS LA SABÍAS, PERO ELLA NO! ¿NO PODÍAS CALLARTE?

¿PARA QUÉ? TARDE O TEMPRANO, ALGUIEN LE HUBIERA VENIDO CON EL CHISME

MÁS INFORMACIONES, CORRESPONDEN AL EXTERIOR
685

LA UNIÓN SOVIÉTICA RECHAZÓ HOY...
"UNA PROPUESTA DE ESTADOS UNIDOS"

...UNA PROPUESTA DE ESTADOS UNIDOS
¡AHÍ ESTÁ! ¿NO TE DIGO?

LO BUENO QUE TIENE ESTE MUNDO ES QUE ¡ÑIC!, FUNCIONA COMO UN RELOJ

¿SABÉS, MANOLITO? ESTABA PENSANDO...
¿EN QUÉ?
686

EN QUE SI JUNTAMOS TOOOOOODO LO QUE HICISTE EL AÑO PASADO EN LA ESCUELA...

...Y A ESO SUMAMOS...

.... TOOOOOODO LO QUE HAS HECHO EN ESTAS SEMANAS QUE VAN DE CLASES....

...MÁS O MENOS POR ESTOS DÍAS DEBES ESTAR POR CUMPLIR TUS BESTIALIDADES DE PLATA, ¿NO?

¡ESE CASCO LLENO DE AGUJEROS NO SIRVE; DEJA ENTRAR TODAS LAS BALAS!
687

PERO DEJA SALIR TODAS LAS IDEAS

PRIMERO EXPLOTÓ EL CALEFÓN Y VOLÓ LA MITAD DE MI CASA,....
688

...LUEGO REVENTARON LAS CAÑERÍAS Y SE INUNDÓ TODO EL RESTO, MIENTRAS UN CORTOCIRCUITO INCENDIABA LO QUE SOBRESALÍA DEL AGUA,...

...MAS TARDE VINIERON UNOS LADRONES Y NOS ROBARON LO QUE QUEDABA,...

...Y DESPUÉS, AL BORRAR UN POCO SE ME ROMPIÓ LA HOJA DEL DEBER, SEÑORITA

VOS, QUE SIEMPRE ANDÁS DALE QUE DALE CON EL ALMACÉN DE TU PAPÁ, LA PLATA Y LOS NEGOCIOS, ESCUCHÁ ESTO QUE VOY A LEERTE
689

"EL DINERO NO HACE LA FELICIDAD"

SÍ,.... SI ESO YA LO SÉ.....

.... PERO A MÍ LO QUE ME ENTUSIASMA ES LA MAÑA QUE SE DA PARA IMITARLA

690
LECHE

ES EXTRAÑO;.....ASÍ, DE GOLPE, ME HE ACORDADO DE LOS QUE MANEJAN LA POLÍTICA MUNDIAL

"Víctor ve la uva de la viña.
-¿Es buena esa uva, Don Braulio?"
691

"-Sí, Víctor, esa uva es buena.
-¡Don Braulio, vea los barriles de buen vino!"

HABRÍA QUE LEVANTAR UN MONUMENTO A ESTOS SACRIFICADOS AUTORES QUE EN VEZ DE ESCRIBIR COSAS TRASCENDENTES PREFIEREN ENSEÑARNOS A LEER

...Y ESTE HA SIDO EL PANORAMA MUNDIAL
692

¡MAFALDA!... ¿HAS ESTADO SACANDO MIS CREMAS?

LAS DE EMBELLECER, SOLAMENTE

"BIEN, QUERIDOS AMIGUITOS, HOY CONTINUAREMOS HABLANDO SOBRE EL HOMBRE PRIMITIVO: EL HOMBRE PRIMITIVO RENDÍA CULTO AL FUEGO, A LA LLUVIA, AL TRUENO,..."
693

..."EN FIN, DIVINIZABA TODO AQUELLO QUE LE RESULTABA INEXPLICABLE, QUE SU MENTE ERA INCAPAZ DE COMPRENDER,"...

¡ZAS! ¡YA LO VEO A ESTE, DIVINIZANDO TODO LO QUE ENSEÑAN EN LA ESCUELA!

¿LEYERON LOS DIARIOS? ¡UN SATÉLITE RUSO QUE ESTABA EN ÓRBITA DESAPARECIÓ MISTERIOSAMENTE!
¿MISTERIOSAMENTE?
694

SÍ,...LOS SABIOS DICEN QUE ES POCO PROBABLE QUE SE HAYA DESINTEGRADO EN LA ATMÓSFERA Y QUÉ SÉ YO; LA CUESTIÓN ES QUE NADIE SABE DÓNDE ESTÁ!

695
¿A QUÉ PODRÍAMOS JUGAR?

¡YA ESTÁ! ¡JUGUEMOS A CUALQUIER COSA! ¿EÉH? ¡SERÍA BUENO! ¿NO? ¡VAMOS! ¿EÉÉH?

SÍ, BUENO, PERO, ¿A QUÉ?

¡QUÉ SÉ YO! ¿DESDE CUÁNDO LOS ENTUSIASTAS TENEMOS QUE DAR SOLUCIONES?

MAMÁ
696

¿QUÉ?

NADA. SÓLO QUERÍA CERCIORARME DE QUE AÚN HAY UNA **BUENA** PALABRA QUE CONTINÚA EN VIGENCIA

¿QUÉ HARÍAS SI DE PRONTO APARECIERA UN PLATO VOLADOR?
¿EH, SUSANITA?
697

¿QUÉ HARÍAS SI SERES DE OTRO PLANETA BAJARAN E INTENTARAN LLEVARNOS A **SU** MUNDO?

¡NO HARÍA NADA! ¡PORQUE NO CREO QUE **NADIE** VIVA EN OTRO PLANETA, NI QUE **NADIE** BAJE PARA LLEVARNOS A **NINGÚN** MUNDO, NI CREO **NADA** DE ESAS ESTUPIDECES! ¿ENTENDÉS?

NO QUIERO ECHARTE, FELIPE, PERO SON LAS CUATRO Y MEDIA, ¿NO TENDRÍAS QUE IRTE A TU CASA A HACER LOS DEBERES?
HAY TIEMPO
698

SEIS MENOS DIEZ, FELIPE,..... TUS DEBERES
ENSEGUIDA VOY Y LOS HAGO EN DOS PATADAS

¡PERO FELIPE! ¡MIRÁ QUE SON LAS SIETE Y VEINTE
¡NO!... ¿YA?

¡PERO CÓMO!... ¡LAS CUENTAS!... ¡SUJETO Y PREDICADO!... ¡EL MAPA!... ¿Y AHORA CÓMO HAGO?!

ENTERNECE VERLO CON TODA ESA IDIOSINCRACIA NACIONAL

PAPÁ, SI LA CIGÜEÑA TRAE A TODO EL MUNDO DESDE PARÍS, HASTA QUE LLEGAMOS Y NOS ANOTAN AQUÍ SOMOS TODOS FRANCESES, ¿NO?
699

OUÍ

YA ME PARECÍA

NECESITO QUE ME ACONSEJES, MAFALDA
VEAMOS DE QUÉ SE TRATA, SUSANITA
700

DECIME,..... ¿QUÉ PUEDO HACER CON UNA PERSONALIDAD TAN INTERESANTE COMO LA MÍA?

701

NUEVA GESTION PARA LOGRAR EL DESARME
702

NUEVA GESTION PARA LOGRAR EL DESARME

¡ÑOC!

¡DESPUÉS SOY YO LA PESIMISTA!...

HOY NO TENGO GANAS DE IR A TRABAJAR, ASÍ QUE PIENSO QUEDARME EN LA CAMA ¡ESO ES!
703

BUENO, MEJOR ME LEVANTO A PREPARAR EL DESAYUNO, SI NO DESPUÉS ANDÁS A LAS CORRIDAS PARA NO LLEGAR TARDE A LA OFICINA

EL MATRIMONIO ESTÁ LLENO DE PEQUEÑOS SOBREENTENDIDOS

704
¿QUÉ VAS A HACER, MAFALDA?
JUGAR A LA LIBERTAD

¿A LA LIBERTAD? ¿Y CÓMO?
PUES ASÍ....

...CON UNA LAMPARITA QUEMADA EN LA DERECHA...

....Y UN LIBRO DE CUENTOS EN LA IZQUIERDA

¿SE PUEDE SABER QUÉ DIABLOS HACÉS AHÍ?
SOY LA LIBERTAD
705

"¡LA LIBERTAD!..." ¿SABÉS CÓMO VAS A QUEDAR SI TE CAÉS DE AHÍ Y SE TE REVIENTA ESA LAMPARITA?

SÍ,.... COMO LA LIBERTAD

ES UNA PENA QUE LAS TEORÍAS ECONÓMICAS NO INCLUYAN NUNCA EL CÁLCULO DE LO QUE HAY QUE PAGARLE A OTROS ECONOMISTAS QUE VENGAN A EXPLICARNOS TEÓRICAMENTE POR QUÉ NO ECONOMIZAMOS

¿QUIÉN SE SUPONE QUE SOS?

¡LA LIBERTAD, ILUMINANDO AL MUNDO CON SU REFULGENTE LUZ!.....

...DE 15 WATTS

¡BASTA YA CON ESO DE QUE SOS LA LIBERTAD!...¡Y, BAJATE DE AHÍ, QUE PODÉS CAERTE!

ADEMÁS LA LIBERTAD TIENE QUE SER GRANDE; Y VOS SOS CHICA

¿CHICA?

¡FUNCIONAL!

¿Y A ESTA QUÉ LE PASA?

DICE QUE ES LA LIBERTAD ILUMINANDO AL MUNDO

¿ILUMINANDO AL MUNDO? ¡PERO SI ESA LAMPARITA ESTÁ QUEMADA!...

¡CLARO!... ¡LA MALDITA TENSIÓN MUNDIAL!...

?

¿HAN PROBADO UDS. LOS EXCELENTES GARBANZOS PARA EJECUTIVOS QUE VENDE ALMACÉN "DON MANOLO"?

HOY MI MAESTRA VINO CON LA NOTICIA DE QUE COLÓN DESCUBRIÓ AMÉRICA

PERO RESULTA QUE ESO FUÉ EN 1492

¡1492!
¿TE DAS CUENTA?

¡A MI MAESTRA LE FALTA LA AGILIDAD INFORMATIVA DE LA UNITED PRESS!

¡YO NO PRETENDO QUE LA MAESTRA NOS TRAIGA LOS MAS RECIENTES DESCUBRIMIENTOS ESPACIALES, PERO ESO DE QUE VENGA Y DIGA......
711

"CRISTÓBAL COLÓN DESCUBRIÓ AMÉRICA EN MIL CUATROCIENTOS NOVENTA Y DOS"

.... NO ES PRECISAMENTE UN CABLE DE ÚLTIMO MOMENTO! ¿NO?
QUINO

¡YO CREÍ QUE LA ESCUELA ERA OTRA COSA.....Y NO UN LUGAR EN QUE ENSEÑAN VEJECES!
712

¡QUE COLÓN, QUE LOS CONQUISTADORES, QUE LOS INDIOS, QUE TAL BATALLA, QUE TAL OTRA!... ¡TODO DEL TIEMPO DE ÑAUPA!

¡PERO ASÍ ES LA HISTORIA, HOMBRE! ¿CÓMO QUERÉS QUE TE LA ENSEÑEN?

¡PARA ADELANTE!
QUINO

ME MANDA MI MAMÁ A COMPRAR ACEITUNAS. ¿QUÉ TAL ESTÁN, MANOLITO?
¡AAAH!..¡PARA EJECUTIVOS! ¡PROBÁ UNA!

¡PTUAJ!
713

QUINO

LO QUE PASA ES QUE LA GENTE TIENE UNA IMAGEN IDEALIZADA DE LOS EJECUTIVOS

714

BUENAS TARDES, ¿NO DESEAN COMPRAR
¡NO!

¿Y AHORA QUÉ CUERNOS HACE UNO CON ESTA SONRISA?
QUINO

¡IÚÚJHUU!
715

¿QUÉ ES, PAPÁ? ¿QUÉ HAS TRAÍDO?
QUINO

AH,....¿EL MONUMENTO A LA SITUACION INTERNACIONAL?

¡CON RAZÓN LOS CHINOS QUIEREN CAMBIAR EL MUNDO!

CUANDO SEA GRANDE VOY A CASARME CON UN INDUSTRIAL QUE TENGA MUCHOS, PERO MUCHOS MILLONES

PERO LUEGO, EN UN VIAJE POR NEGOCIOS, ÉL SE ESTRELLARÁ CON SU AVIÓN PARTICULAR Y YO QUEDARÉ VIUDA....¡DIOS MÍO!

¡BUÁÁÁÁ!...

¡SÑIF!..

AY-AY-AY,... ¡QUÉ VIDA ESTA!

¡QUÉ MUNDO ESTE!.... NOSOTROS COMEMOS TURRÓN MIENTRAS OTROS NO TIENEN QUÉ LLEVARSE A LA BOCA

¡VOS SIEMPRE IGUAL!

IGUAL NO; ¡AYER ERA MÁS JOVEN!

AQUÍ DICE QUE UN CONFLICTO NUCLEAR PODRÍA PROVOCAR LA MUERTE DE UNOS 700 MILLONES DE PERSONAS

¿700 MILLONES DE PERSONAS TODAS JUNTAS MUERTAS AL MISMO TIEMPO?
ASÍ PARECE

¡QUÉ ASCO! ¡EN SEMEJANTE PROMISCUIDAD, QUIÉN SABE QUÉ GENTUZA LE TOCA A UNO COMO COMPAÑERA DE MASACRE!

ESTA MAÑANA LA MAESTRA CREYÓ QUE ERA YO LA QUE ESTABA CONVERSANDO EN CLASE Y ME RETÓ

LUEGO AL MEDIODÍA LLEGUÉ A CASA Y ¡ZÁS!...¡MI MAMÁ HABÍA HECHO SOPA!

A LA TARDE VINO SUSANITA Y CON EL BRAZO DEL TOCADISCOS ME RAYÓ EL LONG-PLAY DE LOS BEATLES

REALMENTE,....HA SIDO UNO DE ESOS DÍAS EN QUE LO MALO DE UNO SON LOS DEMÁS

TIRAS DE QUINO~EDICIONES DE LA FLOR 

¿QUEDA HECHO EL DEPÓSITO QUE MARCA LA LEY 11.723?

QUEDA

LAS TIRAS QUE COMPONEN ESTE LIBRO SE PUBLICARON EN LOS DIARIOS "EL MUNDO" de Buenos Aires (Q.E.P.D.) - "CORDOBA" de Córdoba - "NOTICIAS" de Tucumán - "EL LITORAL" de Santa Fe - "BP-COLOR" de Montevideo

Y LAS 24 TIRAS FINALES EN EL SEMANARIO "SIETE DÍAS ILUSTRADOS"

Copyright: QUINO
EDITADO POR
EDICIONES DE LA FLOR
ANCHORIS 27 - Bs. As.
República Argentina
IMPRESO EN ARGENTINA
Printed in Argentina

a los chinos, por la tinta.

QUINO

¡QUÉ RARO, MAFALDA! ¿VOS JUGANDO A LA MAMÁ?
BUENO, PUES... SÍ

DE VEZ EN CUANDO CONVIENE SACAR A PASEAR UN POCO EL INSTINTO

BUENO,.... YO NACÍ; Y A LOS CINCO MESES ME SALIÓ EL PRIMER DIENTE

LUEGO, A LOS DOS AÑOS, YA HABLABA BASTANTE BIEN. DESPUÉS FUI AL JARDÍN DE INFANTES....

...AHORA VOY AL PRIMER GRADO DE LA ESCUELA Y, ¡EN FIN!... ESO ES TODO

LO MALO DE SER CHICO ES QUE UNO TERMINA DE CONTAR SU VIDA EN DOS PATADAS

¿NOSOTROS LLEVAMOS UNA VIDA DECENTE, MAMÁ?
¡POR SUPUESTO!

¿Y HACIA DÓNDE LA LLEVAMOS?

¡ESTOY HARTO DE LA ESCUELA! ¿ENTIENDEN?
¡HARTO!

¡ASÍ QUE FINISH!..
¡NO VOY MÁS!

¡Y NO ME VENGAN CON DISCURSITOS, PORQUE NO ME VAN A CONVENCER!

¡HAY QUE VER LA ORATORIA QUE TIENE LA ZAPATILLA DE MI MAMÁ!

¿QUÉ PASA, MIGUELITO? ¿QUÉ HACÉS AHÍ ABAJO?

TENGO MIEDO DEL IMPUESTO A TODO

Selecciones

"LA VIDA COMIENZA A LOS CUARENTA"

¡¿Y ENTONCES PARA QUÉ CUERNOS NOS HACEN VENIR CON TANTA ANTICIPACIÓN?!
QUINO

...¡ENTRA AL ÁREA CON PELOTA DOMINADA! ¡SALE A MARCARLO UN HOMBRE! ¡LO ELUDE! ¡PELIGRO! ¡VA A REMATAR!!!...

A VECES ME PREGUNTO SI ESTOY REALMENTE EN BUENAS MANOS

ESCUCHÁ ESTO, MIGUELITO: "EL METEORÓLOGO MORRIS SUCGER, DE LA UNIVERSIDAD DE CALIFORNIA..."

"...DECLARÓ QUE LA CONTAMINACIÓN INDUSTRIAL DEL AIRE..."

"...PODRÍA EXTERMINAR A LA HUMANIDAD PARA EL AÑO 2064"

ME PREGUNTO QUÉ HARÉ YO, VIEJITO Y SOLO, EN TODO ESTE MUNDO DESPOBLADO

TORNEO de CANASTA

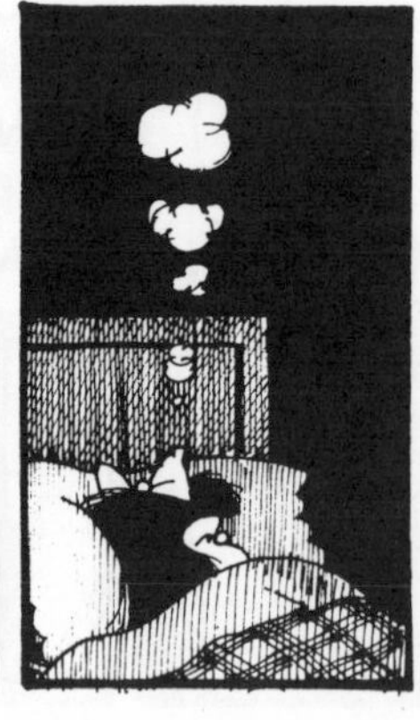

MENOS MAL QUE ME DESPERTÉ

PORQUE SI ALGO ME DA RABIA ES GASTAR EL SUBCONCIENTE EN SOÑAR ESTUPIDECES

SUIIIIIISH

SUIIIIIISH

¡ÑOC!

NO ENTIENDO QUÉ PUEDE HABER FALLADO

?

HOY MÍ MAESTRA NOS ENSEÑÓ QUE DOS MÁS DOS ES CUATRO

LUEGO NOS HIZO PASAR A VARIOS CHICOS AL PIZARRÓN PARA QUE SUMÁRAMOS: "DOS MÁS DOS: CUATRO"

DESPUÉS TOOOOOODOS COPIAMOS EN NUESTROS CUADERNOS: "DOS MÁS DOS: CUATRO"

TE JURO QUE NUNCA ME SENTÍ TAN LEJOS DE VON BRAUN
QUINO

COMO SIEMPRE; APENAS UNO PONE LOS PIES EN LA TIERRA SE ACABA LA DIVERSION
QUINO

MI TÍA CLARITA TIENE UNAS TAZAS CHINAS, PARA TÉ, ¡DIVINAS!

SON DE CUANDO LOS CHINOS HACÍAN COSAS LINDAS, PORQUE ANTES LOS CHINOS NO ERAN MALOS, NO.

PERO PARECE QUE LUEGO, LA VIDA, LAS MALAS COMPAÑÍAS,.... ¡EN FIN!....

YO NO SÉ QUÉ LE PASÓ A ESOS MUCHACHOS
QUINO

¡LES ADVIERTO QUE ESTA VEZ VA EN SERIO!
135

¡NO VOY MÁS A LA ESCUELA!... ¡Y SAN SE ACABÓ!

¡OYE! ¿VES ESTO?

HOY EN DÍA ESTÁN MUY EN BOGA LOS MÉTODOS AUDIOVISUALES

HABÍA UN NO SÉ QUÉ DE ENCÍCLICA PAPAL EN ESA MIRADA

¡FOP!

ES QUE UNO SUBE A ESTE APARATO Y SE ENTUSIASMA

¡VIVA LA PATRIA!!

¡CANEJO!

OLVIDABA EL TOQUE AUTÓCTONO

BUENO, SI VOS DECÍS QUE ES ***ÁRBOL***, Y ***NO HÁRBOL***, LE BORRO LA ***H***
¿TENDRÍAS UNA GOMA?

TOMÁ
GRACIAS

YIP-YIP-YIP-YIP-YIP-YIP...
YIP-YIP-YIP-YIP-YIP-YIP...

TAL VEZ LA MAESTRA TIENE RAZÓN CUANDO ME DICE LO DEL TAMAÑO DE MI LETRA

ADIOS, MIGUELITO ¿ADÓNDE VAS TAN CONTENTO?

¡A JUNTAR TIERRA, PARA LUEGO ECHARLE AGUA Y JUGAR CON BARRO!

A PROPÓSITO, QUISIERA PEDIRLES ALGO
¿QUÉ?

SI DESPUÉS LLEGAMOS A ENCONTRARNOS RECUÉRDENME EN **ESTA**, MI VERSION ORIGINAL

....Y ESTAS HAN SIDO LAS NOTICIAS DE LA ACTUALIDAD MUNDIAL
¡TIC!
777

SI TUVIERAS HÍGADO,....
¡¡QUÉ HEPATITIS,¿EH?

MAMÁ, ¿A LOS CUÁNTOS AÑOS UNA ES VIEJA?
778

DEPENDE,MAFALDA. EN REALIDAD NO ES CUESTIÓN DE AÑOS, SINO DE MANTENER JOVEN EL ESPÍRITU

BUENO, PERO Y EL ESPÍRITU,... ¿A QUÉ EDAD EMPIEZA A NECESITAR MAQUILLAJE?

DECIME, MAFALDA, ¿QUIÉN FUE JUAN DE LOS PALOTES?

NADIE, MANOLITO; DECIR "JUAN DE LOS PALOTES" ES DECIR "UN CUALQUIERA"

¡ZÁS!...¡YA TENGO MAL UNA RESPUESTA EN LA PRUEBA ESCRITA DE HISTORIA!

Siempre se tienen 20 años en un rincón del corazón

¿Y PARA QUÉ DIABLOS QUIERE UNO TODO ESE STOCK AHÍ ACUMULADO?

¿CUÁNTOS PAÍSES HAY EN EL MUNDO, PAPÁ?

NO SÉ MUY BIEN,.. PERO HABRÁ UNOS 150, MÁS O MENOS

¿TANTOS?

ENTONCES EL PORCENTAJE DE PAÍSES QUE SIEMPRE FASTIDIAN ES MÁS BAJO DE LO QUE YO CREÍA

LO IMPORTANTE
ES SER
UNO MISMO

EN VIAJE DE NEGOCIOS PARTE UN IMPORTANTE EJECUTIVO

¡EN FIN!.... ¡QUÉ VIDA ESTA!
ESCUELA

EN LUGAR DE HACER LOS DEBERES ME PASO EL DÍA LEYENDO HISTORIETAS.... ¡ESTO NO PUEDE SER!

¡NO ES POSIBLE QUE NO TENGA VOLUNTAD, NO SEÑOR!

¿QUÉ SOY AL FIN: UN HOMBRE O UN RATÓN?

NORUEGA. NADIE HABLA DE NORUEGA

LA GENTE HABLA DE PAÍSES EN LOS QUE HAY BOMBAS, HUELGAS, ASALTOS, CAÑONAZOS, CRÍMENES, RACISMO, REVOLUCIONES,.....

PERO DE NORUEGA, NÍ A

ESTÁ VISTO QUE LA VIOLENCIA TIENE MÁS RATING QUE EL BACALAO

TOMÁ, MAFALDA, MEDIO TURRÓN PARA MÍ, MEDIO PARA VOS
OH, GRACIAS, SUSANITA

¡CROCK! ¡CROMPF! ¡GULP!
CROC CRUC

¡AAAAH!
CRUP CROK

CRAC CRUCH

¡MALDITA SEA MI BONDAD!

VAS A VER, A QUE ESA SOMBRA ES LA HIJA DEL CACIQUE QUE VA A DESATAR AL MUCHACHO ¿VISTE? ¡ES!

VAS A VER, A QUE AHORA ELLA CORTA LAS SOGAS CON SU PUÑAL ¡AHÍ ESTÁ!

VAS A VER, A QUE ANTES DE HUIR ÉL LA BESA ¡¿NO TE DIJE?!

VAS A VER, A QUE AHORA EL CENTINELA SIOUX SE DESPIERTA Y.....

¡¡VAS A VER!!

¿DESVESTIRME PARA BAÑARME, CON ESTE FRÍO? ¡JHÁ!

¡QUE SE DESVISTA OTRO! ¡YO, JAMÁS!

¡NO PIENSO HELARME DESNUDO EN ESE MALDITO BAÑO!
¿ENTENDIERON BIEN?

ES NOTABLE LO BIEN QUE ENTENDIERON

¿HASTI ASCUCHATI DAS NOTIZIOTA RADIE?
MOPA, ¿KÁ DICHETI?
?

DICHETI KA IN BESTIAPLANÊTE HABI BRONKA
¿PETIÑI BRONKA?

MOPA; GROSATOTA BRONKA

¡POBRIKE BESTIAPLANÊTE!
TÁH, ¡POBRIKE BESTIAPLANÊTE!

...Y ESTE HA SIDO EL PANORAMA MUNDIAL A TRAVÉS DE LAS NOTICIAS

CON TANTOS DISGUSTOS EL POBRE ENFLAQUECE

HOLA, MAFALDA, DECIME UNA COSA

SI UNO HA COMPRADO CARAMELOS ¿NO?

COMO ESTOS, POR EJEMPLO

¿DEBE PAGAR RÉDITOS?

BUENO, EMPEZAMOS, SUSANITA
¡ESPERÁ, MIGUELITO, ESPERÁ!

SEÑOR: DEJO EN TUS MANOS MIS PIEZAS PARA QUE TÚ GANES ESTA PARTIDA
AMÉN

YA OÍSTE, ¿NO? ¡ASÍ QUE NADA DE HEREJÍAS!!

795.

QUIERO FELICITAR A LOS PAÍSES QUE CONDUCEN LA POLÍTICA MUNDIAL

ASÍ QUE ESPERO QUE ALGUNA VEZ HAYA MOTIVOS
QUINO

796.

FRAGIL
FRAGIL

ACABA DE PASAR LA PAZ EN UN CAJONCITO
QUINO

¡UN SAFARI! ¡ESO SÍ QUE ME GUSTARÍA!
797

¡YA ME VEO FRENTE A UNA BESTIA ENFURECIDA! ¿QUÉ HARÍA YO, FELIPE, FRENTE A UNA BESTIA ENFURECIDA?

QUINO

¡QUÉ SÉ YO QUÉ HARÍA!..... LA COBARDÍA TIENE TANTOS MATICES......

759

¡TUCUTÚN-TUCUTÚN!
¡TUCUTÚN-TUCUTÚN!
¡TUCUTÚN!
¡TUCUTÚN!

¡CHUIIIIK!

¡FELIZ DÍA, CHE!
QUINO

¿QUÉ TE OCURRE, MIGUELITO?

PERO, ¿QUÉ ES?
NADA, YA SE ME PASARÁ

BUENO, QUE SIENTO UN POCO DE ANGUSTIA EN ESTA UÑA. ESO ES TODO

QUE ME VENGAN DESPUES CONQUE NO HAY NADA NUEVO BAJO EL SOL
QUINO

BUENO....
¡HA LLEGADO EL INVIERNO!
800

¿HAY QUE TRATARLO DE "USTED"?

Y QUE NUNCA, NUNCA, SEAMOS EL JAMÓN DEL SANDWICH INTERNACIONAL

TENGO UN CUENTO GRACIOSÍSIMO: RESULTA QUE HAY UN TIPO ESCUCHANDO UN DISCO......

¡JÁ-JÁ-JÁ! ¡UN DISCO!...¡ES BUENÍSIMO! ¡JÁ-JÁ
¡NO HE TERMINADO, SUSANITA!!

AH
Y VIENE OTRO Y LE DICE: "¡PERO HOMBRE! ¿CÓMO ESCUCHA ESE DISCO, NO OYE QUE ESTÁ RAYADO?"

ENTONCES EL TIPO CONTESTA: -"¿Y A USTED QUÉ LE IMPORTA,.... ...TED QUÉ LE IMPORTA, ...TED QUÉ LE IMPORTA, ...TED QUÉ LE IMPORTA,"
JI-JI
¡JA-JA!
¡JA JA!

DALE, ¿Y ENTONCES?...

EL MERCADO ESTÁ LLENO DE ASALTANTES QUE COBRAN LO QUE LES DA LA GANA ¡ESO ES LO QUE PASA!

¡JHA! ¿Y LOS QUE EN-GAÑAN EN EL PESO? ¡PORQUE TAMBIÉN ESTÁN LOS QUE ENGAÑAN EN EL PESO!

¡¡CALUMNIAS!!

803

¿ESTARÉ EMPEZANDO A SER MÁS JOVEN QUE MI CUERPO?

ES EXTRAÑO; ME AGACHÉ A RECOGER UN LIBRO Y AL LEVANTARME ME DIO UNA PUNTADA EN LA CINTURA
804

BUENO, ¡Y QUÉ!.. A MI EDAD NO VOY A PENSAR QUE ESTOY VIEJO. DEBO HABER PESCADO UNA CORRIENTE DE AIRE

¡CLARO, ESO FUE! SEGURAMENTE ALGUIEN DEJÓ UNA PUERTA ABIERTA Y SIN DARME CUENTA...

....ENTRARON TREINTA Y SIETE AÑOS

¡GIMNASIA!... ¡ESO ES LO MEJOR PARA NO SENTIRSE UN VEJETE ANQUILOSADO
805

VEAMOS UNAS FLEXIONES

¡CRAC!

¿CRAC?

EN LA VIDA TODO ES CUESTIÓN DE TAMAÑO, MIGUELITO
806

SI FUÉRAMOS HORMIGAS ESTE CHARQUITO SERÍA PARA NOSOTROS COMO EL CANAL DE LA MANCHA

¿DE LA QUÉ?

QUISIERA PEDIRTE CONSEJO, MANOLITO. ANDO CON UN PROBLEMA

¿ALGO GRAVE, SUSANITA?

¿GRAVE? NO, NO, SI EN REALIDAD ES UN PROBLEMA MUY ESTÚPIDO

POR ESO PENSÉ QUE VOS PODÉS ENFOCARLO MEJOR QUE NADIE. RESULTA QUE.....

LA COMPUTADORA ZK-2-09 ACABA DE CONCLUIR LAS CUENTAS
CORRECTO, ENVIALAS POR RAYO LASER A LA ESCUELA

BUENO, AHORA MISMO VOY A HACER LOS DEBERES
¡ESO ES!

SIR WILLIAM SHAKESPEARE OS TIENE LISTA LA COMPOSICIÓN SOBRE LA VACA, SIRE
O.K., RECOMPENSADLO CON ESTOS PENIQUES

¡YA MISMÍSIMO ME LEVANTO Y ME VOY A HACER LOS DEBERES!
¡SÍ SEÑOR!

¡HE PERDIDO 32 HOMBRES Y UNA PIERNA, HERR MARISCAL, PERO LOGRÉ ARREBATAR AL ENEMIGO EL MAPA CON LOS PRINCIPALES RÍOS DE EUROPA!
GRACIAS, SCHULZ, PUEDE IRSE A TOMAR UNA BIECKERT, NO MÁS

¿FUERA QUIÉNES DE DÓNDE?

BIEN: SEGÚN EL SORTEO, YO SERÉ EL ARBITRO; MAFALDA EL ARQUERO DE MIGUELITO; Y MANOLITO EL ARQUERO DE SUSANITA ¡QUE EMPIECE EL PARTIDO!

¡DALE, SUSANITA! ¡JUGÁ TRANQUILA, QUE AQUÍ TENÉS AL MOSHE DAYAN DE LOS GUARDAVALLAS!

¡TUP!

DIOS MÍO,... LO QUE DEBE SER LA POLÍTICA REFLEJADA EN ESTA TETERA

AQUÍ, ESO ES; AHORA MIRÁ QUÉ DIVERTIDO CÓMO SE VE UNO REFLEJADO EN ESTA TETERA, MIGUELITO
901

¡BUUAAA!..

903

SI YO FUERA UN GIGANTE,..... ¡YA SÉ CON QUÉ ME PEGARÍA LOS BOTONES!

¡MOZO, OTRA ENSALADA!
¡TAMBIÉN ENSALADA PARA MÍ
¿UN POCO MÁS DE ENSALADA, QUERIDA?
¡SANTA TERMITA!... ¡QUÉ ENSALADA!
¡BÁRBARA!

¿SEGUÍS SIEMPRE CON LA IDEA DE TENER UNA CADENA DE SUPERMERCADOS CUANDO SEAS GRANDE, MANOLITO?
¡POR SUPUESTO!

¡UNA CADENA DE ENORMES LOCALES CON MUCHO VENTANAL Y MUCHO ALUMINIO Y MUCHO ALFOMBRADO Y MUCHA CATEGORÍA Y MUCHO LUJO!... ¡Y ARRIBA DE TODO, EL CARTELÓN INMENSO!

MANOLO'S

NO HAY CASO, POR MÁS QUE PIENSO, NO LOGRO IMAGINARME A 700 MILLONES DE CHINOS TODOS JUNTOS

VOY A EMPEZAR DE A POCO, A VER, POR EJEMPLO, 4 CHINOS
....
CADA PUNTITO, UN CHINO

¡BIEN! AHORA MÁS CHINOS

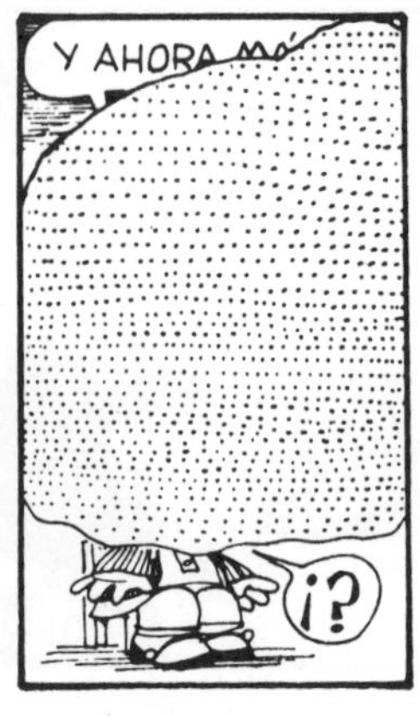
Y AHORA
¡?

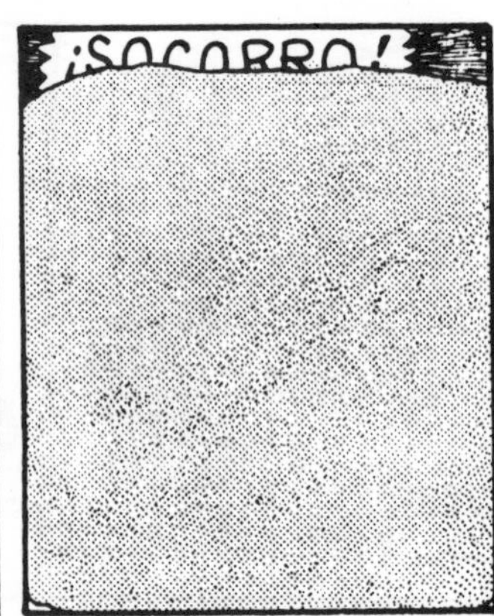
¡SOCORRO!

¡UNA VA A COMPRAR CUALQUIER COSA Y ES UNA BARBARIDAD! ¡NO HAY PLATA QUE ALCANCE!

¡SON UNOS LADRONES! ¡Y LOS DEJAN COBRAR LO QUE LES DA LA GANA!.. ¡ESO ES LO QUE PASA!

¿A QUIÉN LE HABLÁS, MAMÁ? ¿ESTÁS HABLANDO SOLA?

¡ESTOY HABLANDO A LOS COMERCIANTES, A LOS INTERMEDIARIOS, A LAS AUTORIDADES QUE PERMITEN.....

....QUE NOS ROBEN! ¡NO ESTOY HABLANDO SOLA, NO SEÑOR!

¡TE PARECE, MAMÁ, TE PARECE!

¡VIVA LA PATRIA!

¡¡VIVA!!

¡VIVA LA INDEPENDENCIA!!

¡¡VIVA!!

¡VIVA ALMACÉN "DON MANOLO"!

"NO HAGAS A LOS DEMÁS LO QUE NO TE GUSTA QUE TE HAGAN A TÍ"

¡QUÉ LÁSTIMA!

SI ÉL DIJERA QUE ES BUENA....

¡ AQUÍ DIRÍAN QUE ES MALA Y LA PROHIBIRÍAN!

¿POR QUÉ ESE CRETINO DE FIDEL CASTRO NO DICE QUE LA SOPA ES BUENA?

¡YA ME VEO AL FRENTE DE MI CADENA DE SUPERMERCADOS! ¿TE IMAGINÁS, MIGUELITO, CUANDO YO SEA TODO UN EJECUTIVO?

NO

¿QUÉ HACÉS, MAFALDA?

NADA, MAMÁ, ESTOY MIRANDO A LA HUMANIDAD

¿¿A LA HUMANIDAD??

¡TUC!
¡TUC!
¡TUC!
¡TUC!

¡TUC!
¡TUC!

"DRAMÁTICA SITUACION EN MEDIO ORIENTE" - "MÁS VÍCTIMAS EN EL CONGO" - "NUEVO CHOQUE RACIAL EN EE.UU." - "DISTURBIOS EN PEKÍN" - "BOMBARDEOS EN VIET-NAM"...
¡TUC!
¡TUC!

¿TODAVÍA QUERÉS SALIR?
¡TUC!

¡TUC!
¡TUC!
¡TUC!

NO TE AMARGUÉS, BICHO; LA HUMANIDAD TAMBIÉN SE LAS VE EN FIGURILLAS PARA SALIR ADELANTE Y SER LIBRE
¡TUC!
¡TUC!

CLARO, LO QUE LA FRENA NO ES PRECISAMENTE UN VIDRIO
¡TOC!
¡TUC!

HABRÁS OÍDO HABLAR DE LOS "FACTORES DE PODER", SUPONGO

¿VES A ESTE POBRE BICHO TRATANDO DE SALIR Y SER LIBRE? ASÍ SOMOS LOS HUMANOS, SUSANITA
¡TUC!
¡TUC!
¡TUC!

¡TUC!
¡TUC!
¡TUC!

¿Y SI LO MATAMOS? ¿EEEEEH?

QUINO

ASÍ SOMOS LOS HUMANOS, MAFALDA

VOY A TRAER EL BANQUITO, ASÍ LE ABRIMOS LA VENTANA A ESTE POBRE BICHO PARA QUE PUEDA SALIR DE UNA VEZ. NO PUEDO VERLO SUFRIR
NI YO
¡TUC!
¡TUC!
¡TUC!

¡TUC!
¡TUC!
¡TUC!
¡TUC!
¡TUC!

QUINO
OTRO GESTO DE BONDAD SERÍA DARLE UNA ASPIRINA
¡TUC!
¡TUC!

!
A-J

PÉREZ PÉREZ PÉREZ
PÉREZ PÉREZ PÉREZ
PÉREZ PÉREZ PÉREZ
PÉREZ PÉREZ PÉREZ
PÉREZ PÉREZ PÉREZ
PÉREZ PÉREZ PÉREZ
PÉREZ PÉREZ PÉREZ
PÉREZ PÉREZ PÉREZ
PÉREZ PÉREZ PÉREZ

PÉREZ PÉREZ PÉREZ
PÉREZ PÉREZ PÉREZ
PÉREZ PÉREZ PÉREZ
PÉREZ PÉREZ PÉREZ
PÉREZ PÉREZ PÉREZ
PÉREZ PÉREZ PÉREZ
PÉREZ PÉREZ PÉREZ
PÉREZ PÉREZ PÉREZ
PÉREZ PÉREZ PÉREZ

PÉREZ PÉREZ PÉREZ
PÉREZ PÉREZ PÉREZ
PÉREZ PÉREZ PÉREZ
PÉREZ PÉREZ PÉREZ
PÉREZ PÉREZ PÉREZ
¡Y HAY MÁS! ¡DIOS MÍO!...

LOS PÉREZ SON A LA GUÍA TELEFÓNICA LO QUE LOS CHINOS A LA POBLACIÓN MUNDIAL
A-J
QUINO

¡QUÉ BARBARIDAD, DIOS MÍO!...¡QUÉ BARBARIDAD!!

¡AQUÍ DICE QUE LA AMETRALLADORA FUE INVENTADA EN 1861 Y LA MÁQUINA DE ESCRIBIR EN 1868! ¿TE DAS CUENTA?

SE INVENTÓ **CÓMO MATAR RÁPIDO**, ANTES QUE **CÓMO ESCRIBIR RÁPIDO** ¡ES DEPRIMENTE!

DEPRIMENTE
DEPRIMENTE
DEPRIMENTE
DEPRIMENTE

EL POBRE AÚN NO SE ACOSTUMBRA A QUE ESTE MUNDO ES **E**STE **M**UNDO
QUINO

"CONÓCETE A TÍ MISMO"

BUEN CONSEJO

PERO HOY NO TENGO GANAS DE ANDAR HACIENDO TURISMO POR ADENTRO MÍO
QUINO

¿QUÉ TE PARECE ESTA FRASE, FELIPE? "CONÓCETE A TI MISMO"
829

¡ME PARECE EXCELENTE! ¡ES MÁS: DE HOY EN ADELANTE COMENZARÉ A PONERLA EN PRÁCTICA! ¡SÍ SEÑOR!

¡NO VOY A PARAR HASTA LLEGAR A CONOCERME A MÍ MISMO Y SABER CÓMO SOY YO REALMENTE!!

¡DIOS MÍO!...¿Y SI NO ME GUSTO?
QUINO

ESTE LIBRO TRAE UN BUEN CONSEJO, MIGUELITO: "CONÓCETE A TI MISMO"
¿A VER?
830

?

PERO.....¿VIENE SIN NINGÚN ESPEJITO?

YA TE VEO CUANDO SEAS GRANDE, AL FRENTE DE TU CADENA DE SUPERMERCADOS, MANOLITO
¡¡MI FABULOSA CADENA DE SUPERMERCADOS!!
831

TENDRÁS MUCHOS EMPLEADOS
¡¡CIENTOS Y CIENTOS DE EMPLEADOS!!

QUE TRABAJARÁN FELICES PORQUE PAGARÁS BUENOS SUELDOS
¡¡¡PAGARÉ ESTUPENDOS SUELDOS!!!

¡MIRÁ LO QUE ME HACÉS DECIR!!
QUINO

¿POR QUÉ TANTAS MEDICIONES, FELIPE?
PORQUE QUIERO QUE ESTE AVION ME SALGA BIEN
832

YO, LO QUE QUIERO QUE ME SALGA BIEN ES LA VIDA

QUINO

ESTE MAPAMUNDI TIENE MUY LINDOS COLORES
834

HAY PAÍSES ROSADOS, ANARANJADOS, VERDES, AMARILLOS, LILAS,....
PAÍSES TODOS EN TONOS MUY BONITOS

... QUE NADA TIENEN QUE VER CON EL COLOR DE SUS INTENCIONES
QUINO

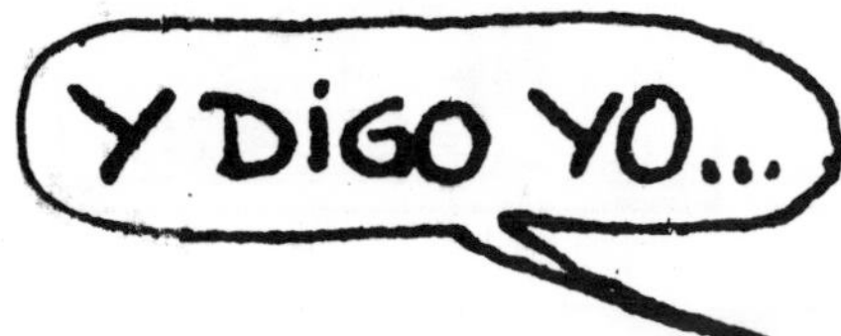
Y DIGO YO...

...YA QUE ES TANTO LÍO CAMBIAR LAS ESTRUCTURAS... ¿NO SE PODRÍA POR LO MENOS DARLES UNA PINTADITA? ¿O NI ESO?

PERO...¡LOS COLORES DE ESTE MAPAMUNDI ESTAN MAL!
¿TE PARECE?
835

¡CLARO, MIRÁ CHINA! ¡CHINA TENDRÍA QUE ESTAR AMARILLA!... ..¡O ROJA!..

¡PERO RESULTA QUE ESTÁ VERDE!

¡POR SUERTE, MIGUELITO! ¡¡POR SUERTE!!
QUINO

¡LO ÚNICO QUE TE PREOCUPA ES EL ALMACÉN DE TU PAPÁ! ¿NO PODRÍAS PENSAR UN POCO EN OTRA COSA?
836

¿CÓMO ES POSIBLE QUE SÓLO TE INTERESEN LOS NEGOCIOS Y LA PLATA?

¿QUÉ SON PARA VOS TODAS LAS OTRAS COSAS LINDAS E IMPORTANTES DE LA VIDA?

¡SUPERFLUOSIDADES!
QUINO

"PLANTEO: SI UN ALBAÑIL LEVANTA 2 MTS. DE PARED EN 1/2 DÍA, ¿CUANTOS MTS. LEVANTARÁ EN 3 DÍAS?"

VEAMOS: 3 DÍAS SON 6 MEDIOS DÍAS, O SEA QUE....
837

6 MEDIOS DÍAS
x 2 METROS
SON 12 METROS
QUINO

Solución: levantará 6 ó 7 metros, porque en este país nadie quiere trabajar.

OJEANDO EL DICCIONARIO UNO APRENDE SIEMPRE COSAS NUEVAS
838

AYER, POR EJEMPLO, ENCONTRÉ QUE "PORTANTILLO" ES EL PASO CORTO Y RÁPIDO DEL BURRO Y OTROS ANIMALES

QUINO

BUENO, ¿QUÉ DIABLOS LES PASA?

QUIERO ACLARARTE ALGO, MAFALDA
839

CUALQUIER PROBLEMA QUE LLEGUES A TENER, VENÍ A PEDIRME CONSEJO, QUE YO, CON MUCHO GUSTO, TRATARÉ DE AYUDARTE

Y NO ME AGRADEZCAS NADA, ¿EH? ¡TE LO RUEGO!

PORQUE ME ENCANTA QUE LA GENTE ME DÉ OPORTUNIDAD DE INMISCUIRME EN SU VIDA
QUINO

TENGO SED ¿HABRÍA UN POCO DE "PEPSI"?
HAY "COCA", MIGUELITO, AHORA TE TRAIGO

NO, DEJÁ; SI NO HAY "PEPSI" NO ME TRAIGAS NADA

¡VAMOS, MIGUELITO!... ¡AL FIN DE CUENTAS SON LO MISMO! ¡TODAVÍA ES MEJOR LA
¡CUESTIÓN DE OPINIONES! ¡LO SIENTO!

¡SLAM!

A ESTA EDAD, Y YA SOMOS UNA GENERACIÓN DIVIDIDA, ¡QUÉ PORVENIR!

¿LES HABLÉ ALGUNA VEZ DE TODOS LOS HIJITOS QUE PIENSO TENER CUANDO SEA UNA SEÑORA?

¡NOS HABLASTE DIEZMIL VECES!!

O SEA QUE YA TENEMOS BIEN MASTICADO EL TEMA COMO PARA UNA MESA REDONDA

ESTA DEBE SER LA ÚNICA HORA DEL DÍA EN QUE UNO COMPRENDE POR QUÉ EL PAÍS NO AVANZA MÁS RÁPIDO

HOLA, MIGUELITO, ¡QUÉ LINDO QUE ESTÁS!

Y, ADEMÁS, TODO BIEN LIMPITO; OLÉ QUÉ LIMPITO ¿SENTÍS?
MMMMHAJHA

HE DECIDIDO SER UN BUEN INTENDENTE DE MI PERSONA

ORTOPEDIA, BUENOS DÍAS

SÍ, TENEMOS DE TODO TIPO, SÍ

¿PARA EL QUÉ?

¡PARA EL ÁNIMO! ¿NO TIENEN MULETAS PARA EL ÁNIMO?
VIET-NAM
PEKIN
CUBA
EXPLOSION
DISTURBIOS EN USA

HOY ME SIENTO INSPIRADO Y OCURRENTE, MAFALDA
¿POR QUÉ, FELIPE?
845
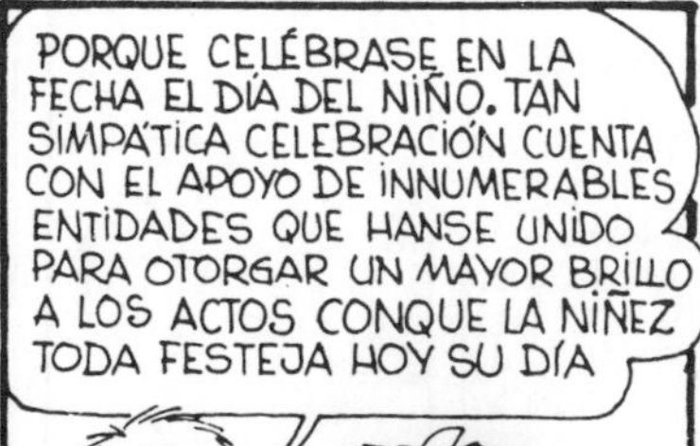
PORQUE CELÉBRASE EN LA FECHA EL DÍA DEL NIÑO. TAN SIMPÁTICA CELEBRACIÓN CUENTA CON EL APOYO DE INNUMERABLES ENTIDADES QUE HANSE UNIDO PARA OTORGAR UN MAYOR BRILLO A LOS ACTOS CONQUE LA NIÑEZ TODA FESTEJA HOY SU DÍA

¡ANDÁ,...."INSPIRADO Y OCURRENTE"!.... TODO ESE PALABRERÍO LO SACASTE DEL DIARIO

¡ESA MALDITA INTUICIÓN FEMENINA PARA DARSE CUENTA DE LAS COSAS!...

ESTA REVISTA DICE QUE: "LA DIFUSIÓN DE LOS AVANCES DE LA TÉCNICA HACE QUE LOS NIÑOS ACTUALES TENGAN UNA MENTALIDAD SUMAMENTE DESARROLLADA"

BUENO, CON ALGUNAS EXCEPCIONES, ¿NO?
846

¿POR EJEMPLO?

GRACH GRACH GRACH

¿CÓMO TE FUE HOY EN LA ESCUELA, MAFALDA?
BIEN
847

APRENDIMOS UN MONTÓN DE COSAS NUEVAS

¿Y A VOS, MAMÁ?..

¿QUÉ TAL TE HA IDO EN ESTE ANTRO DE RUTINA?

CADA DOS POR TRES EL PAPA ADVIERTE QUE HAY PELIGRO DE GUERRA MUNDIAL, PERO NADIE LE LLEVA EL APUNTE. FRANCAMENTE NO ENTIENDO A LA GENTE
848

ES QUE LA GENTE YA ESTÁ ACOSTUMBRADA A VIVIR ENTRE FRASES DEL PAPA, AMENAZAS DE GUERRA Y TODO ESO, MAFALDA. EL HOMBRE ES UN ANIMAL DE COSTUMBRES

¿Y NO SERÁ QUE, DE COSTUMBRE, EL HOMBRE ES UN ANIMAL?

849

A LOS GATOS, UNO NUNCA SABE CÓMO LES VA

¡ALTO AHÍ, SUSANITA!
¡BANG!
¡MUERO! ¡OH!
850

HONDO PESAR CAUSA LA DESAPARICION DE QUIEN, COMO YO, SUPO GRANJEARSE EL CARIÑO Y AFECTO DE CUANTOS ME CONOCIERON

MI FALLECIMIENTO DEJA UN VACÍO DIFÍCIL DE LLENAR EN LOS CÍRCULOS MÁS DIVERSOS, EN LOS QUE PUSE DE MANIFIESTO MI NATURAL NOBLEZA, MI SENSIBILIDAD Y...

QUINO

¿QUÉ PASA? ¿POR QUÉ NO SEGUIMOS JUGANDO A LOS "COW-BOYS"?

¡LO QUE PASA ES QUE SOS UNA AMARGADA! ¿POR QUÉ NO HACÉS COMO YO? ¿TENÉS NECESIDAD DE TOMAR TODO A LA TREMENDA?
851

¿TENÉS QUE ANDAR SIEMPRE HACIÉNDOTE MALASANGRE POR LOS LÍOS QUE HAY EN EL MUNDO?

¿TENÉS QUE PESCARTE UN DOLOR DE CABEZA CADA VEZ QUE SE HABLA DE CHINA Y VIET-NAM Y EL CONGO Y LA BOMBA?

QUINO
¿TENÉS UNA ASPIRINA?

¿TE PARECE QUE EN OTROS MUNDOS HAY SERES INTELIGENTES, MAFALDA?
813

YO CREO QUE ES MUY POSIBLE, MIGUELITO
QUINO

PERO, SEGÚN LOS SABIOS, PARECE QUE ESOS SERES NO PUEDEN HABITAR NINGUNO DE LOS PLANETAS CERCANOS A LA TIERRA
NO, CLARO

SI SON INTELIGENTES, NO

RESULTA QUE LA BESTIA ERA YO Y NO MANOLITO
814

¡YO LA BRUTA! ¿TE DAS CUENTA? ¡NO ÉL, SINO YO!

¡YO, DIOS MÍO, SACARME UN CERO EN LA ESCUELA!
QUINO

QUE DESPUÉS NO ERA LA ESCUELA SINO UN BARCO, PORQUE TAMBIÉN HABÍA MARINEROS EN MI SUEÑO Y.....

855
TRRRRRR

¡BONK! ¡BONK!

¿QUÉ ESTÁN TRATANDO DE HACERLE CONFESAR A ESTA POBRE CALLE?

ES UNA LÁSTIMA QUE VOS VAYAS A LA ESCUELA, MANOLITO. NO DEBERÍAS IR MÁS
¿NOOOO?
856

¿QUÉ DEMONIOS ESTÁS DICIENDO, SUSANITA?¡MANOLITO Y TODOS DEBEMOS INSTRUIRNOS, PORQUE LA CULTURA ES LA BASE DE
¡SÍ, SÍ, YA SÉ!

SERÁ COMO VOS DECÍS, MAFALDA

PERO ES UNA PENA ECHAR SALPICADURAS DE INSTRUCCIÓN A UNA BESTIALIDAD TAN AUTÉNTICAMENTE PURA COMO LA DE ESTE MUCHACHO
QUINO

QUINO

AL FINAL ¿CÓMO ES EL ASUNTO? ¿UNO VA LLEVANDO SU VIDA ADELANTE, O LA VIDA SE LO LLEVA POR DELANTE A UNO?

¿SE LO DIJISTE YA A MAFALDA?
NO

NO SÉ COMO PUEDE CAERLE LA NOTICIA DE QUE VA A TENER UN HERMANITO

¡PERO TONTA, SI VA A CAERLE BIEN!... LO QUE PASA ES QUE VOS ESTÁS UN POCO NERVIOSA. MEJOR DEJAME A MÍ

VAS A VER; AHORA LA LLAMO Y SE LO DIGO, CON SERENIDAD

FAMALDA, ¿PONÉS VEDIR UN MOTENMITO?

AHÍ VIENE, ¿VOS CREÉS QUE ES MOMENTO PARA DARLE LA NOTICIA DE QUE VA A TENER UN HERMANITO?
SÍ. VOS DEJAME A MÍ, QUE TENGO TACTO

¿ME LLAMABAN?
SÍ, MAFALDITA. VENÍ, SENTATE
858

QUINO

BUENO,...¿A QUÉ SE DEBE ESTE CLIMA DE REUNIÓN DE DIRECTORIO?

BIEN, MAFALDA, LO QUE QUERÍAMOS DECIRTE ES QUE....JÉ-JÉ...¡EN FIN!...
¿QUE JÉ-JÉ EN FIN QUÉ?

PUES...... QUE DENTRO DE UNOS MESES VAS A TENER UN HERMANITO

QUINO

BUENO, ¿QUÉ TE PARECE?

¡BONK!

YA QUE AMARNOS LOS UNOS A LOS OTROS NO RESULTA ¿POR QUÉ NO PROBAMOS AMARNOS LOS OTROS A LOS UNOS?

¿UN HER-
MANITO?

PERO,...¿EN SERIO?
¡EN SERIO, SUSA-
NITA!...¡MIS PAPÁS
ME DIJERON QUE DEN-
TRO DE UNOS MESES
VOY A TENER UN
HERMANITO!!

BUENO,..... ME
ALEGRO MUCHÍSIMO,..
¡DE VERAS!....TE
FELICITO, MAFALDA
GRACIAS,
SUSANITA,
GRACIAS

¡NOS HEMOS DEJADO
GANAR COMO UNOS
ESTÚPIDOS!!!

ALLÍ ESTÁ MANOLITO,
¿LE HABRÁN DICHO
YA QUE MAFALDA
VA A TENER UN
HERMANITO?

HOLA, MANOLITO
¿SABÉS LA
GRAN NOTICIA?
ALMACÉN "DON MANO
¡JHA!..
¡PUES CLARO!

ES LA NOTICIA MÁS
LINDA QUE ME HA
LLEGADO JAMÁS
¡ESTOY DE CONTENTO!...
Y MAFALDA
MUCHO MÁS

¿POR QUÉ? ¿QUÉ
PUEDE IMPORTARLE
A ELLA QUE EL ALMACÉN
DE LA OTRA CUADRA
HAYA CERRADO
POR QUIEBRA?

¿POR QUÉ? ¿POR
QUÉ TIENE QUE SER
MAFALDA LA QUE
VA A TENER UN
HERMANITO Y
NO YO?

¡ZÁS!
JUSTAMENTE
AHÍ VIENE

HOLA, SUSANITA,
¿QUÉ TAL?
AQUÍ,...
PENSANDO
UN POCO

LO QUE NO ENTIENDO
ES POR QUÉ A TU HER-
MANITO HAY QUE ESPE-
RARLO MESES, ¿NO
PODRÍA LLEGAR ANTES?

NO, MIGUELITO, PORQUE
PARÍS QUEDA MUUUUUY,
MUUUUUUUY LEJOS Y
LA CIGÜEÑA QUE LO
TRAE TIENE QUE DESCAN-
SAR POR EL CAMINO
Y ESO LA DEMORA

¿Y QUÉ TAL
UN ARREGLITO
CON AIR FRANCE?

MIGUELITO TIENE RAZÓN,
MAMÁ, ¿POR QUÉ MI
HERMANITO TIENE QUE
PERDERSE MESES
VIAJANDO HASTA
AQUÍ EN
CIGÜEÑA?

¡SI UN JET PUEDE
TRAERLO DESDE
PARÍS EN SOLO
14 HORAS!...

¡14 HORAS!
¿TE DAS CUENTA DE
TODO EL TIEMPO
QUE GANARÍA
EL HERMANITO?

MI MAMÁ TIENE RAZÓN,
MIGUELITO, ¿PARA QUÉ
DIABLOS QUIERE GANAR
TIEMPO UN BEBÉ QUE
NO TENDRÁ NADA QUE
HACER EN TODO EL DÍA?

HOLA, MAFALDA, ¿QUÉ HACÉS TAN PENSATIVA?
NADA, MANOLITO; PIENSO QUÉ NOMBRE LLEVARÁ MI FUTURO HERMANITO

UN NOMBRE ES PARA TODA LA VIDA, ASÍ QUE HAY QUE ELEGIR BIEN Y NO PONERLE EL PRIMERO QUE A UNO SE LE OCURRA
NO, CLARO

866

¡MANOLITO!

DECIME, MAFALDA
867

VOS QUE ANDÁS SIEMPRE DESPOTRICANDO CONTRA EL RACISMO Y TODO ESO

¡MIRÁ SI LA CIGÜEÑA TE DEJA COMO HERMANO UN NEGRITO! ¿EHÉ? ¡QUÉ TAL! ¡SERÍA LINDO! ¿NO? ¡MUY DEMOCRÁTICO! ¡JHÁ! ¿POR QUÉ NO UN NEGRITO, EHÉ?

BUENO, ¿QUÉ DIABLOS LE PASA A TU PAPÁ?

QUISIERA UNOS CARAMELOS, MANOLITO, PERO NO TENGO PLATA, ¿PODRÍAS FIÁRMELOS?

HAGAMOS UNA COSA, MIGUELITO: VOS TODOS LOS DÍAS LEÉ EL DIARIO
868

Y EL DÍA QUE VEAS QUE NO ATACARON UNA EMBAJADA EN NINGUNA PARTE VENÍ QUE TE FIARÉ CON MUCHO GUSTO ¿SABÉS?

GRACIAS, MANOLITO, SOS UN AMIGO
QUINO

EL POBRE VIVE MENOS ENTERADO DE LO QUE YO CREÍA

¡OH, MAMÁ! ¡UN PULOVER PARA MÍ? ¿QUÉ ME ESTÁS TEJIENDO, MAMÁ?

NO ES PARA VOS, MAFALDITA, SINO PARA TU FUTURO HERMANITO

AH

869

ES CURIOSO; DE PRONTO SIENTO COMO SI ME HUBIERA ENTRADO UNA BASURITA EN EL ÁNIMO
QUINO

¡QUÉ LÁSTIMA! YO CREÍ QUE TEJÍAS ALGO PARA MÍ..... PERO ES PARA EL HERMANITO
870

PERO MAFALDA, PENSÁ QUE VOS YA TENÉS DE TODO: PULÓVERES, VESTIDOS, MEDIAS, ZAPATOS, ... ¡TODO!

EN CAMBIO TU FUTURO HERMANITO NO TIENE NADA DE ROPA NI DE NADA. ¿ENTENDÉS?
ENTIENDO

QUINO
ES COMO SER LA HERMANA DE UN REFUGIADO

VEO QUE TU MAMÁ ESTÁ TEJIENDO ALGO PARA TU FUTURO HERMANITO
ASÍ ES, SUSANITA

CLARO, AHORA **TODO** LO QUE HAGA TU MAMÁ SERÁ PARA **ÉL**, ¿NO?
SÍ, Y ME PARECE MUY BIEN. NOSOTROS YA TENEMOS DE TODO
EN CAMBIO ÉL NO TIENE NADA

¡IMAGINATE,....SI CUANDO LLEGA VE QUE LOS DEMÁS TIENEN DE TODO Y ÉL NADA, POR SU INGENUA CABECITA PUEDEN PASAR *CIERTAS* IDEAS

Y NO QUEREMOS EXTREMISTAS EN LA FAMILIA

SUS MEJORES MOMENTOS....

ACOMPÁÑELOS CON WHISKY "BLACK-GROG"
¡PSSH!

¡MIRÁ SI CADA VEZ QUE UNO SALE DE LA ESCUELA VA A TOMARSE UN WHISKY!...

¡¡IÚÚJUUUUU!.. YA LLEGUÉ, MAMÁ

¡EPA! ¿QUÉ PASA?
NADA, HIJITA, ESTOY UN POCO DESCOMPUESTA

¡ENTONCES YO HARÉ EL ALMUERZO PARA CUANDO LLEGUE PAPÁ, ¿EHÉ? ¿QUÉ PUEDO HACER DE FÁCIL?

PONÉ LA CACEROLA CON AGUA Y CUANDO HIERVA ECHALE UN SOBRE DE ESOS DE SOPA
¿DE QUÉ?
DE SOPA

PERMISO

A VECES, DE NOCHE EN LA CAMA, ME PONGO A PENSAR,....Y ES CURIOSO......

SIENTO, POR EJEMPLO QUE, COMO TODO EL MUNDO, YO TENGO MIS COSAS BUENAS Y MIS COSAS MALAS

Y QUE NO SOY NI MEJOR NI PEOR QUE LOS DEMÁS, SINO COMO TODOS,...... ASÍ, LISA Y LLANAMENTE COMO EL RESTO DE LA HUMANIDAD

¿NO HAS TENIDO NUNCA ESA **ESPANTOSA** SENSACIÓN?

¿LA CALLE CORRALITOS, POR FAVOR?

POR ESTA, 3 CUADRAS DERECHO HASTA EL MERCADO, DOBLANDO DOS A LA DERECHA CRUZA LA PLAZA Y MEDIA CUADRA MÁS ALLÁ VERÁ UNA CORTADA: ESA ES CORRALITOS
AJHÁ, GRACIAS

¿LA FELICIDAD, POR FAVOR?

ES HORA DE IR A ESCUCHAR EL NOTICIOSO
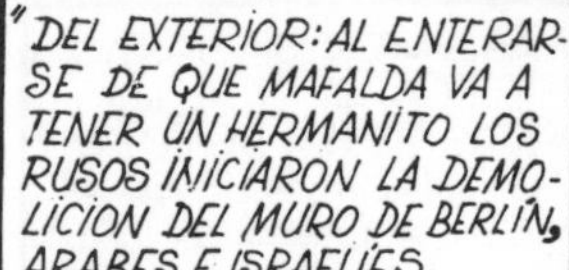
"DEL EXTERIOR: AL ENTERARSE DE QUE MAFALDA VA A TENER UN HERMANITO LOS RUSOS INICIARON LA DEMOLICION DEL MURO DE BERLÍN, ARABES E ISRAELIES......

....LLEGARON A UN ACUERDO, FIDEL CASTRO DECIDIÓ LLAMAR A ELECCIONES Y EE. UU Y VIETNAM DEL NORTE ENTABLAR CONVERSACIONES DE PAZ"

SERÁ MEJOR QUE NO VAYA; SOSPECHO QUE EL NOTICIOSO VA A DESILUSIONARME

¿VISTE? AL FINAL VOS, YO Y PEPITA FUIMOS LAS ÚNICAS QUE HOY SACAMOS 10 EN LA HORA DE DIBUJO
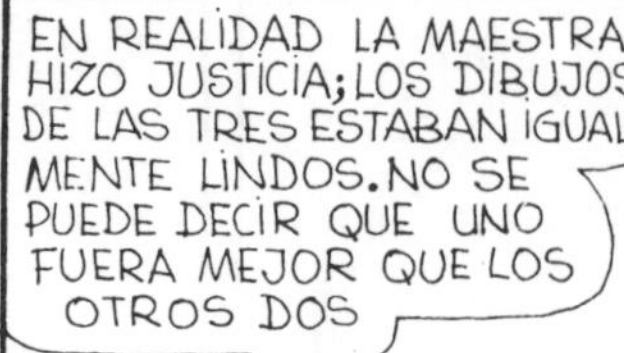
EN REALIDAD LA MAESTRA HIZO JUSTICIA; LOS DIBUJOS DE LAS TRES ESTABAN IGUALMENTE LINDOS. NO SE PUEDE DECIR QUE UNO FUERA MEJOR QUE LOS OTROS DOS

¡MALDITA SEA LA HORA EN QUE ME INCULCARON LA MODESTIA!

¡ESTO SÍ QUE ES EXTRAORDINARIO! ESCUCHEN
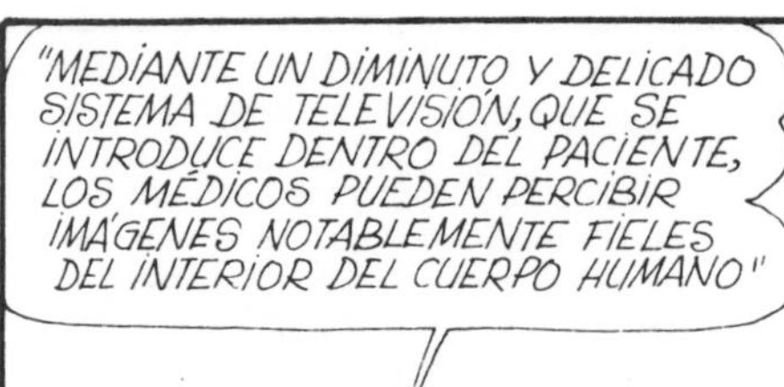
"MEDIANTE UN DIMINUTO Y DELICADO SISTEMA DE TELEVISIÓN, QUE SE INTRODUCE DENTRO DEL PACIENTE, LOS MÉDICOS PUEDEN PERCIBIR IMÁGENES NOTABLEMENTE FIELES DEL INTERIOR DEL CUERPO HUMANO"

¡DIOS MÍO!...¡Y YO SIN UN POQUITO DE MAQUILLAJE POR DENTRO!

A MÍ LOS QUE ME DAN LÁSTIMA SON LOS FABRICANTES DE ARMAMENTOS

NO PUEDEN TOMARSE NI UN POQUITO ASÍ DE DESCANSO, Y PARA COLMO LO QUE TRABAJAN NO LES LUCE

PORQUE TOOOOODO LO QUE ELLOS FABRICAN, LOS EJÉRCITOS LO ROMPEN ENSEGUIDA EN GUERRAS Y LÍOS

¿TE DAS CUENTA EL DRAMA DE LOS POBRES TIPOS?

P
A
Z

¡TUP!

¡QUÉ!.......¿LES HA DADO POR HACERSE LOS SIMBÓLICOS?

841

¿NERVIOSO?

842
Y ESTAS FUERON LAS NOTICIAS DE LA ACTUALIDAD MUNDIAL

HOLA, MAFALDA ¿CÓMO VAN LAS COSAS?

LAS COSAS NO VAN: VIENEN

843

MANOLO'S
SR. DIRECTOR, LA ROCKEFELLER Cº PIDE POR FAVOR UNOS DÍAS MAS PARA REUNIR ESOS MILLONES QUE NOS DEBEN

MANOLO'S
¡NO!

¡NO VEO LA HORA DE QUE LLEGUE MI HERMANITO!..... CON ESTO DE QUE HAY QUE ESPERARLO MESES EL TIEMPO NO PASA NUNCA

TE COMPRENDO, MAFALDA; POR ESO ES QUE SI A MIS PAPÁS Y A MÍ NOS INTERESARA TENER UN BEBÉ EN CASA, LO ENCARGARÍAMOS A OTRO NIVEL

...O SEA AL CONTADO Y NO EN MENSUALIDADES, COMO USTEDES

AYER ESTUVE MALA CON VOS; EN EL FONDO, YO TAMBIÉN QUISIERA TENER UN HERMANITO AUNQUE HAYA QUE ESPERARLO MESES
885

¿QUÉ IMPORTA LA ESPERA DE SU LARGO VUELO EN CIGÜEÑA? UNO NO DEBE PENSAR EN ESO

SINO EN EL DÍA MARAVILLOSO EN QUE, POR FIN, VEA ATERRIZAR AQUÍ LA CIGÜEÑA

¡JHA!...¡MIRÁ SI JUSTO ESE DÍA CIERRAN EL TRÁNSITO AÉREO POR MAL TIEMPO!

¿LOS CAÑONES SON LOS RULEROS DE LA LIBERTAD?

CUATRO DÍAS MÁS Y....¡PRIMAVERA!

¡PRIMAVERA, MIGUELITO! ¡AHORA TENDREMOS CIELO AZUL, Y SOL TIBIO, Y LINDA TEMPERATURA, Y MUCHOS PÁJAROS, Y FLORES Y MARIPOSAS! ¿NO ES MARAVILLOSO?
"MARAVILLOSO" ¡PSÍ!
886

¿TE IMAGINÁS EL IMPUESTAZO QUE NOS VAN A SACUDIR POR TODO ESO?
QUINO

¡PERO MANOLITO!... ¿CÓMO PODÉS ESTAR AHÍ METIDO EN TU ALMACÉN? ¿SABÉS TODA LA PRIMAVERA QUE HAY AQUÍ EN LA CALLE?
887

¿SABÉS LO QUE SON ESTE CIELO CLARO, Y EL SOL, Y LAS FLORES, Y LOS PÁJAROS Y TODO ESO QUE SE SIENTE EN EL AIRE?

¡FRUSLERÍAS!
QUINO

HAY UNA COSA QUE NO ENTIENDO,......

¿POR QUÉ NO NOS PONEMOS DE ACUERDO TODOS LOS HABITANTES DEL PLANETA PARA VIVIR FELICES?

PORQUE SOMOS CUATROMIL MILLONES, MIGUELITO, JAMÁS PODREMOS PONERNOS TODOS DE ACUERDO

888
QUINO

HAY CUATROMIL MILLONES DE COSAS QUE NO ENTIENDO,....

¡TE CONOZCO, MANOLITO! ¡NOS QUERÉS LLEGAR A SER UN EJECUTIVO...
889

...PERO NO PORQUE TE INTERESE SER UN EJECUTIVO, NO...

....SINO PORQUE SOS UN SNOB!

¿UN SQUÉ?
QUINO

890

¡BUEN DÍA, PAPÁ! ¡FELIZ PRIMAVERA!

¡CHUiiiiiK!

QUINO

FARMACIA

BUEN DÍA, SEÑOR, ¿PODRÍA DECIRME SI SALIÓ YA ALGUNA VACUNA CONTRA LA MALASANGRE?

¡CUÁNTAS LAGUNAS LE QUEDAN POR LLENAR A LA CIENCIA, FELIPE, CUÁNTAS LAGUNAS!...

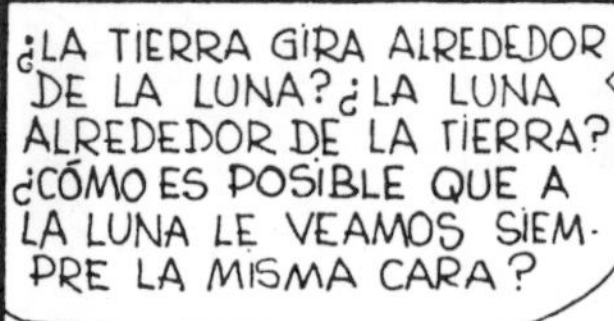
¿LA TIERRA GIRA ALREDEDOR DE LA LUNA? ¿LA LUNA ALREDEDOR DE LA TIERRA? ¿CÓMO ES POSIBLE QUE A LA LUNA LE VEAMOS SIEMPRE LA MISMA CARA?

LA COSA ES ASÍ, MIGUELITO; SUPONÉ QUE NOSOTROS SOMOS LA TIERRA Y MANOLITO LA LUNA

A VER, MANOLITO, GIRÁ ALREDEDOR DE ELLOS MIRÁNDOLOS

ASÍ, MUY BIEN, ¿VES? NOSOTROS GIRAMOS AQUÍ, Y LA LUNA ALREDEDOR NUESTRO

....MOSTRÁNDONOS SIEMPRE LA MISMA CARA DE BESTIA, ¿VES?

¡HOY EN DÍA HAY CARENCIA DE HOMBRES, DON AURELIO, POR ESO ANDAN LAS COSAS COMO ANDAN!

¡UN DESASTRE!

¡AQUELLOS PENSADORES!... ¡AQUELLOS ESTADISTAS DE NUESTRA ÉPOCA!... ¡ERAN OTRA COSA!... PERO HOY, ¿QUÉ PORVENIR LE ESPERA AL MUNDO, EN MANOS DE IMPROVISADOS?
¡ESO! ¿QUÉ PORVENIR?

LO MALO DE LOS VIEJOS ES QUE VIVEN MIRANDO EL FUTURO CON LA NUCA

¿TE SENTÍS MUY CONFLICTUADO?

BUENO, SERÁ MEJOR QUE VAYA A HACER LOS DEBERES

¡BROOM!

¡MALDICIÓN!

856

ME PREGUNTO SI CUANDO LLEGUE TU HERMANITO TAMBIÉN ÉL DEBERÁ PASAR LOS PRIMEROS MESES ACOSTADO
SEGURO

NADIE TIENE TANTO CARÁCTER COMO PARA ACEPTAR EN PIE LA IDEA DE TENER QUE VIVIR EN SEMEJANTE MUNDO

HOLA, PAPÁ ¿TRAJISTE LA PILA NUEVA PARA LA RADIO?
AH, SÍ. TOMÁ
857

¿QUÉ SE HACE CON EL CADÁVER DE LA OTRA?

¡YA ESTÁ! JUGUEMOS A QUE ÉRAMOS DOS COW-BOYS, ¿NO? Y QUE ENTONCES UNOS COMANCHES NOS PERSEGUÍAN A FLECHAZOS, ¿EHÉ?
858

Y QUE ENTONCES NOS METÍAMOS POR UN DESFILADERO SECRETO Y DESDE ALLÍ ARRIBA ¡BANG! ¡BANG! ¡BANG! ¡BANG!... ¡LOS LIQUIDÁBAMOS A TODOS!

¡VAMOS!
¡¡IÚÚÚÚJUUUUU!!

SUS LIBRETOS NO SON MALOS, PERO LES FALTA *MENSAJE*
QUINO

MIRÁ, MIGUELITO
¿QUÉ?

LOS ÁRBOLES YA SE HAN PUESTO VERDES
¿AJHÁ?
QUINO

¿ESO QUIERE DECIR QUE LA NATURALEZA NOS DA PASO PARA CRUZAR ADÓNDE?

¡BUENO!
NO DEJES PARA MAÑANA LO QUE PUEDAS HACER HOY

¡DESDE MAÑANA MISMO EMPIEZ

BAR
NO FUNCIONA

PARECE QUE HOY ES UNO DE ESOS DÍAS EN QUE UNO ENTRA A LA VIDA POR LA PUERTA DE ATRÁS

!

¡VENGAN A VER!. ¡MANOLITO ESTÁ DE NOVIO!

¡DE NOVIO!.... ¡BÁH, BÁH, BÁH!

HOLA, MAFALDA ¿VAMOS A JUGAR UN RATO A LA PLAZA?

?

? ¿

A VECES LAS MADRES TIENEN RAZÓN CON ESTO DE LAS OREJAS

¡OH, MAFALDA, QUÉ AMIGUITA TAN SIMPÁTICA TENÉS! DECIME, NENA ¿A QUIÉN QUERÉS MÁS: A TU MAMÁ O A TU PAPÁ?

Y,...A LOS DOS LO MISMO
¡QUÉ TESORO!

CHICLI CHICLI CHICLI

¡BLUP!

CHICLI CHICLI CHICLI

¡BLUP!

ESTE CHICLE RESULTA DE LO MÁS DIVERTIDO, SIEMPRE QUE UNO NO SE PONGA A COMPARARLO CON LAS ILUSIONES DE NADIE

CON ESTO DE QUE JAMES BOND ES EL AGENTE SECRETO CERO CERO SIETE....

....Y DE QUE LOS DEMAS AGENTES SECRETOS SON TODOS CERO CERO QUÉ SÉ YO Y CERO CERO NO SÉ CUANTO.....

.....CADA VEZ QUE MIRO MI BOLETÍN DE CALIFICACIONES ME SIENTO UN POCO AGENTE SECRETO
QUINO

MIRÁ, FELIPE; AQUÍ, EN ESTA SIMPLE HOJA DE DIARIO, ESTÁN IMPRESAS LAS DOS CARAS OPUESTAS DE LA VIDA
907

DE UN LADO, ESTE MÉDICO QUE TRABAJA EN BIEN DE LA HUMANIDAD,....

..DEL OTRO, ESTE DELINCUENTE, ¡QUÉ TE PARECE!...

QUE LA VIDA DEBIERA VENIR IMPRESA DE UN SOLO LADO
QUINO

ESTE FUE NUESTRO TELE NOTICIOSO, CON LAS IMÁGENES DE TODO CUANTO ACONTECE EN EL MUNDO
908

¡EL MUNDO!

SI QUISIÉRAMOS PONERLO EN VENTA, NOS VERÍAMOS EN FIGURILLAS PARA HACERLE UNA PUBLICIDAD CONVINCENTE
QUINO

¡AHÍ ESTÁ!..PODRÍA EMPEZAR MI COMPOSICIÓN SOBRE EL DESCUBRIMIENTO DE AMÉRICA DICIENDO: "COLÓN ERA UN MARINO MUY VALIENTE..."

¡PIRATAS A ESTRIBOR, SR. ALMIRANTE!
¡FANTÁSTICO! ¡PREPARAOS A ENTRAR EN COMBATE!

¡NO, NO; DEBO PENSAR EN SERIO!.. ...A VER,........ "CUANDO EL GRAN NAVEGANTE GENOVÉS LLEGÓ A AMÉRICA....."

¡OEA! ¡OEA!
¡MÁH!... ¿CHÍ TI CAPISCE? ¡PARLA IN CRISTIANO, PORCA MISERIA!

¡QUÉ BARBARIDAD!... SERÁ MEJOR QUE ESCRIBA MÁS O MENOS LO QUE DICE EL LIBRO

NO ESTÁ MAL, FELIPE, PERO DEBES PONER MÁS IMAGINACIÓN AL PENSAR TUS COMPOSICIONES

PERO,...¿CUÁNDO, MAMÁ? ¿CUÁNDO LLEGA EL DICHOSO HERMANITO?
QUINO

"POR DESENCANTO
VENDO FANATISMO
POLÍTICO POPULAR
TENDENCIA..-
OFERTAS A 729-6..."

DECIME, MAFALDA, ¿ANTES DE NACER NOSOTROS EXISTÍA REALMENTE EL MUNDO?

¡MIRÁ QUE SOS TONTO, MIGUELITO! ¡CLARO QUE EXISTÍA!

¿Y PARA QUÉ?

DECIME, FELIPE; LOS CARAMELOS, LOS DIBUJOS ANIMADOS, EL PAN CON MANTECA, LOS JUGUETES,....

...LAS REVISTAS DE HISTORIETAS, EL CIRCO, LAS MASITAS, EL TOBOGÁN, LOS LÁPICES DE COLORES, EL CHICLE Y TODAS ESAS COSAS......

¿EXISTÍAN ANTES DE NACER NOSOTROS?
¡PUES CLARO!

¡QUÉ DESPERDICIO!

¿QUÉ LE REGALASTE HOY A TU MAMÁ EN SU DÍA, MAFALDA?
UN LIBRO

¡ANDA!....
EN SERIO, ¿QUÉ LE REGALASTE?
PERO, ¡EN SERIO QUE UN LIBRO!

¡UN LIBRO, SÍ!...¡AHORA RESULTA QUE YO SOY TONTO!

¿TE CREES QUE NO SÉ QUE TU MAMÁ YA TENÍA?

HOLA A TODOS
QUERÍA CONTARLES; ¿A QUE NO SABEN QUÉ SOÑÉ ANOCHE?

¡QUE ALMACÉN "DON MANOLO" VENDE BARATÍSIMO!

LO QUE PASA ES QUE SOMOS POCOS Y NOS CONOCEMOS MUCHO

¡BANG! ¡BANG!

¡BANG! ¡BANG! ¡BANG! ¡BANG!

¡BANG! ¡BANG!

¡BANG! ¡BANG! ¡BANG!

¿GUSTO A QUÉ?
¡A PÓLVORA!

876

¿POR QUÉ USA ANTEOJOS TU MAMÁ?
PORQUE SE LOS RECETÓ EL OCULISTA
¿PARA QUÉ?

PARA QUE VEA BIEN
¿PARA QUE VEA BIEN QUÉ?

¿CÓMO "QUÉ"? ¡TODO!

AH, ¿TAN PESIMISTA ERA TU MAMÁ?

....Y AHORA NUESTRO PROGRAMA EDUCATIVO: "LA VIDA EN LA JUNGLA"

¡CLIT!

¡NO HACE DOS MINUTOS YA NOS ENCHUFARON EL NOTICIOSO!

919

MATA A SU AMIGO PARA ROBARLE!!

¡HAY QUE VER TODO LO QUE CABE DENTRO DE UNA MISMA PRIMAVERA!

920

MÑSDÍA, PAPÁ
MÑSDIA

MÑSDÍA, MAMÁ
MÑSDÍA

A ESTA HORA SOPLA SIEMPRE UN CIERTO AIRE DE FAMILIA

NOS ESTAMOS LIQUIDANDO TODAS LAS GALLETITAS, FELIPE, ¿OTRA?
¡Y BUENO, TOTAL!.....

921

?

¿Y EL COLESTEROL?

HOLA, MAFALDA, ¿SABÉS DE QUÉ QUERÍA HABLARTE?
¡LO SOSPECHO!

¿QUÉ SIGNIFICA ESE "LO SOSPECHO" CON ESA CARA, EHÉ? ¿A VER, DOÑA SABIA!... ¿DE QUÉ QUERÍA HABLARTE? ¿A VER? ¡DALE! ¿DE QUÉ?
881

¡DE TOOOOODOS LOS HIJITOS QUE VAS A TENER CUANDO SEAS GRANDE!
¡JHA! ¡NO ERA DE ESO! ¡AHÍ TENÉS!.. ¡NO ERA DE ESO!

QUINO

INDIA

REARME MUNDIAL

¡ES UNA BARBARIDAD! ¡HAY HAMBRE EN EL MUNDO Y SE GASTAN FORTUNAS EN FABRICAR ARMAMENTOS! ¡YO NO ENTIENDO!
882

ES QUE NO ES UNA BARBARIDAD, FELIPE; SON DOS BARBARIDADES MEZCLADAS
QUINO

924

¡TOC! ¡TOC!

¡TOC! ¡TOC!

....TODA, TODA LA NOCHE SOÑANDO CON MANOLITO
QUINO

PAPÁ ¿VOS CUÁNTOS AÑOS TENÉS?
37, ¿POR QUÉ?
925

NO. POR SABER NO MÁS

?

¡LA FLAUTA!

926

¿QUÉ PILA DE AÑOS DECÍS QUE TIENE?
QUINO.

BUENAS, MANOLITO. ME MANDA MI MAMÁ A VER SI EL WHISKY QUE VENDEN UDS. ES MUY CARO
NO; NO ES MUY CARO

¿ES IMPORTADO?
NO; NO ES IMPORTADO

AJHÁ ¿Y ES BUENO?
Y.... NNNO; NO ES MUY BUENO

PERO DECIME, **¿ES WHISKY?**
NO, EN REALIDAD TAMPOCO ES WHISKY

EL NEGOCIO ES EL NEGOCIO, PERO LOS AMIGOS SON LOS AMIGOS

MI MAMÁ ESTÁ TEJIENDO ESTO PARA MI FUTURO HERMANITO

¡MI QUERIDO HERMANITO!

¡MI ADORADO HERM.....

?

ME PREOCUPAN LOS EXÁMENES FINALES
¡VAMOS MANOLITO! VAS A VER QUE TODO SALE BIEN

...Y QUE LOS EXÁMENES NO SON TAN TERRIBLES...

....Y QUE AL FINAL RESULTAN MÁS FÁCILES DE LO QUE VOS CREÍAS

HOLA, ¿DE QUÉ HABLAN?

¡¡DE LA QUE NOS ESPERA!!

¡OH-OH! ¡UNA ABEJITA!
¿LA MATAMOS?

¡PERO NOOO!... ¡A LAS ABEJITAS NO SE LAS MATA!
¿AH, NO?

NO, LAS ABEJITAS SON BUENAS, LABORIOSAS Y FABRICAN LA MIEL, QUE ES TAN RICA Y TAN SANA

ENTIENDO: NO HAY QUE MATARLAS PORQUE TRABAJAN PARA NOSOTROS ¿NO ES ASÍ?

¿SABEN? ESTUVE PENSANDO MUCHO EN EL FUTURO HERMANITO
¿AJHÁ?

Y LLEGUÉ A LA CONCLUSIÓN DE QUE MEJOR NO LO TENGAMOS NADA

¿QUÉ SUSTO, EH?

TINTA

VOS QUE TENÉS TOCADISCOS, ¿ME DEJARÍAS USARLO UN SEGUNDO PARA SACARME DE ENCIMA UNA CURIOSIDAD?

ANOCHE POR T.V. HABLÓ UN SOCIÓLOGO, Y DIJO QUE LA HUMANIDAD VIVE LLENA DE DUDAS SOBRE SU FUTURO

¡CUÁNTA RAZÓN TIENE ESE HOMBRE!

YO, POR EJEMPLO, VIVO DUDANDO SI CUANDO ME CASE DEBO SALUDAR A LAS AMISTADES EN EL ATRIO, O INVITARLAS LUEGO A LA FIESTA EN MI CASA

¿NO DIJO NADA SOBRE ESO?
NO, EL MUY TORPE NO TOCÓ EL TEMA

SE HACEN LLAVES

BUEN DÍA, SEÑOR; VENGO A QUE ME HAGA LA LLAVE DE LA FELICIDAD

CON MUCHO GUSTO, NENITA, ¿A VER EL MODELO?

¡ASTUTO VIEJITO!

¿TIENEN ACEITE SUELTO?
POR SUPUESTO

¿ES BUENO?

¡¿SERÁ POSIBLE QUE TODOS SALGAN CON ESA MALDITA PREGUNTA?!

NO ES QUE QUIERA ECHARTE, MIGUELITO, PERO ESTOY HACIENDO LOS DEBERES
BUENO, YO ME QUEDO AQUÍ SENTADITO SIN MOLESTAR

AYER OÍ POR RADIO NO SÉ QUÉ DE BANCOS DE SANGRE, ¿SABÍAS QUE HAY BANCOS DE SANGRE?
¡SÍ, SABÍA, SÍ!

ME PREGUNTO CÓMO SERÁN LOS CHEQUES DE LOS BANCOS ESOS

¡MORCILLAS, MIGUELITO!... ¡ESOS SON LOS CHEQUES DE LOS BANCOS DE SANGRE!

LOS QUE TENEMOS TACTO NOS DAMOS CUENTA CUÁNDO MOLESTAMOS

SI CERRÁIS LA PUERTA A TODOS LOS ERRORES, TAMBIÉN QUEDARÁ FUERA LA VERDAD.

Tagore

AH, ENTONCES PARA NOSOTROS LA VERDAD VIENE A SER COMO DE LA FAMILIA, DIGAMOS

El verdadero fin de la política es hacer cómoda la existencia y felices a los pueblos.

Rousseau

EL HOMBRE SINCERO TIENE DERECHO AL ERROR

Martí

"La libertad existe tan solo en la tierra de los sueños"

Schiller

¡Y DESPUÉS SOY YO LA PESIMISTA!

ANOCHE SOÑÉ QUE MI MAMÁ ME MANDABA A VISITAR A MI ABUELITA ENFERMA, QUE VIVÍA EN CHINA COMUNISTA

"LLEVALE ESTA CANASTA A ABUELITA, PERO ¡CUIDADO!, NO VAYAS A ENCONTRARTE CON UN GUARDIA ROJO", ME PREVINO MI MAMÁ. Y YO SALÍ CON MI CANASTITA HACIA CHINA

UNA VEZ ALLÍ, IBA SALTANDO ALEGREMENTE POR UNA CALLE CUANDO DE PRONTO ¡ZÁS! UN GUARDIA ROJO QUE ME PREGUNTA: "¿ADONDE VAS, CAMARADA?"

-VOY A VISITAR A MI ABUELITA ENFERMA
-"¿AH, SÍ? ¿Y DÓNDE VIVE TU ABUELITA, SIMPÁTICA BURGUESITA?"

¡ANDÁ!....
¡ESO ES CAPERUCITA ROJA!... ¡Y ES MENTIRA QUE LO SOÑASTE!

CLARO QUE SÍ, PERO QUE VERSION INTERESANTE, ¿EHÉ?

LO SIENTO, PERO MAFALDA TIENE QUE HACER SUS DEBERES Y NO PUEDE IR A JUGAR CON USTEDES

¡UN RATITO, SEÑORA! ¿EHÉ?
NO, NO. YA LES DIJE QUE NO

¡PERO SI LA MATAMOS ENSEGUIDA!... ¿EHÉ?

INMORTALIDAD
OTRA VEZ ESA PALABRA

¿QUÉ QUIERE DECIR INMORTALIDAD?
INMORTALIDAD ES NO MORIRSE NUNCA
¡CLARO!

AAH

¿Y DÓNDE HAY QUE IR A PEDIR LOS FORMULARIOS PARA ESO?

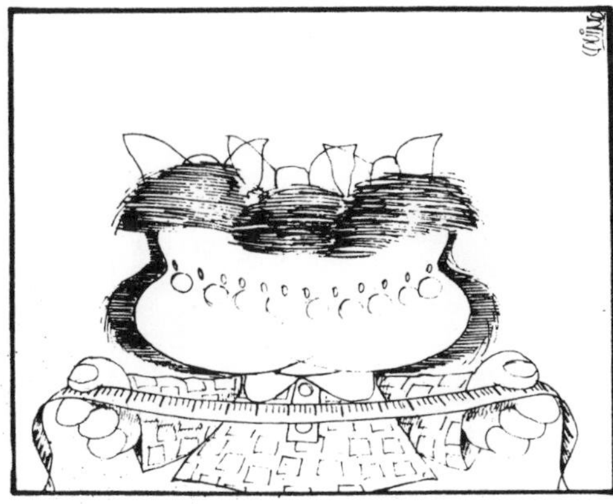

NINGÚN RÉGIMEN TE RESULTA, ¿NO?

¿QUÉ ES LA FILOSOFÍA, PAPÁ?

AYER LE PEDÍ A MI PAPÁ QUE ME EXPLICARA QUÉ ES LA FILOSOFÍA

¿Y?

¿EHÉÉ?

AH

"ELIMINA MOSCAS, MOSQUITOS, JEJENES, ARAÑAS, AVISPAS, CUCARACHAS Y OTROS INSECTOS CASEROS"

"MODO DE USO: DIRIGIR EL ORIFICIO DE LA VÁLVULA HACIA EL INSECTO A ELIMINAR, ROCIÁNDOLO DESDE UNA DISTANCIA DE 30 CMS."

FFFFFFT!

Y CONSTE QUE A LA GENTE SE LA MATA SIN TANTA LITERATURA

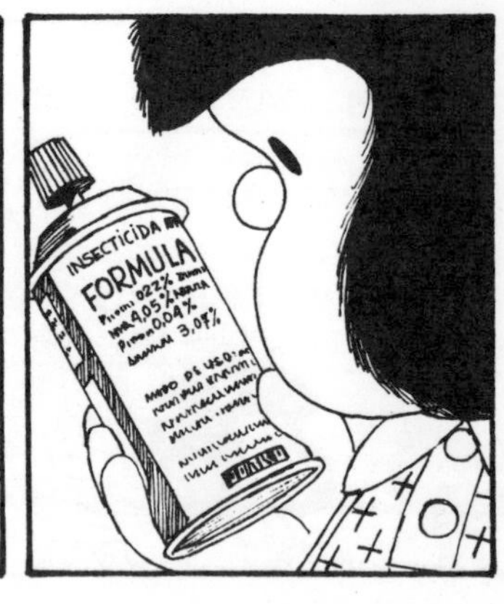
INSECTICIDA
FORMULA

NO ME GUARDES RENCOR A MÍ, SINO AL PIPERONILO BUTÓXIDO

¡SEÑORA, COMPRE UN "WASHEX", EL NUEVO LAVARROPAS AUTOMÁTICO!...

¡TAN SENCILLO, QUE HASTA UN NIÑO PUEDE MANEJARLO!"

¿Y PARA INSINUAR QUE HASTA LAS SEÑORAS TORPES PUEDEN MANEJARLO TIENEN QUE USARNOS A NOSOTROS?

DECIME, CUANDO LLEGUE TU FUTURO HERMANITO, ¿A MÍ YA NO ME VAS A QUERER MÁS?

¡PERO MIGUELITO!... ¿CÓMO SE TE OCURRE? TE VOY A SEGUIR QUERIENDO COMO SIEMPRE

¡AAH!

¡POC!

MIGUELITO TIENE MIEDO DE QUE YO LO QUIERA MENOS CUANDO LLEGUE MI HERMANITO
¿AHA?

EN REALIDAD YO TAMBIÉN TENGO MIEDO DE QUE VOS ME QUIERAS MENOS CUANDO ÉL LLEGUE

¡PERO TONTITA!.. A VOS NUNCA VOY A DEJAR DE QUERERTE NI UN POQUITO

SÍ, YA SÉ, PERO ES COMO SI TU CARIÑO ABRIERA UNA SUCURSAL

PERO DON MANOLO,... ¡EL PRECIO DE ESTOS GARBANZOS EN LATA ES UN ASALTO!

TENEMOS DE ESTA OTRA MARCA, MÁS BARATOS, SEÑORA

¡PSÉ!; ¡VAYA A SABER POR QUÉ SON MÁS BARATOS!.. ¡HAY QUE TENER UN OJO!.. ASÍ QUE NO, MIRE....

...MEJOR DÉME LOS MÁS CAROS; ES UN ROBO, PERO ¡TOTAL! YA ESTAMOS ACOSTUMBRADOS ¿NO? ¡JÉ-JÉ!.. ¡AY, DIOS!..

¿DE DONDE VENÍS, MAFALDA?
DE LA COMEDIA NACIONAL

.....O MEJOR PELIRROJO, ASÍ MIS PRIMAS SE MUEREN DE ENVIDIA AL VERME CON UN MARIDO TAN POCO COMÚN

ES INÚTIL; NADIE PARECE ADVERTIR ESPONTÁNEAMENTE QUE YO SOY UN BUEN TIPO

¿A VOS QUÉ TE PARECE QUE HAY QUE HACER PARA QUE LOS DEMÁS SE DEN CUENTA DE QUE UNO ES UN BUEN TIPO?

MIRÁ, MIGUELITO: LO QUE DEBES HACER ES QUE LOS DEMÁS SOLAMENTE CREAN QUE SOS UN BUEN TIPO

...PORQUE SI LLEGAN A DARSE CUENTA ESTÁS FRITO

BUEN DÍA, ¿TIENE ALGUNA REVISTA CON FIGURITAS DE ANIMALES?
¿FIGURITAS DE ANIMALES? NNNO,....NO

EL CRIMEN DEL SERENO!
ESCANDALO EN LA CANCHA
ROUND
DISTURBIOS RA

¡MENTIROSO!

DENTRO DE UN MES ES NAVIDAD
¡QUÉ LINDO!

¡YA CASI PODEMOS IR PREPARANDO EL PESEBRE CON LOS REYES MAGOS Y PAPÁ NOEL LLEVANDO REGALOS!

¡PERO CÓMO!...¡PAPÁ NOEL NO LLEVÓ REGALOS AL PESEBRE!
¡NO ME DIGAS!

¡ASÍ QUE EL GORDO RESULTÓ UN AMARRETE! ¡MIRÁ VOS!.....

¡OKEY!

¡CAMÓN!

¡SHÁRÁP!

¡GUASHANGÜÉAR!

¡QUÉ CRISIS DE GABINETE!

"NO ES NECESARIO UN ANALISIS MUY PROFUNDO PARA VER QUE DESDE EL ARCO Y LA FLECHA....

...HASTA LOS COHETES TELEDIRIGIDOS, ES SORPRENDENTE LO MUCHO QUE HA EVOLUCIONADO LA TÉCNICA"

Y DEPRIMENTE LO POCO QUE HAN CAMBIADO LAS INTENCIONES

PARA UD., SRA. SUSANITA
¡OH!

¡MI PRIMER HIJITO! ¡QUÉ EMOCION!

BUEN DÍA, SRA, VENÍA A JUGAR CON SUSANITA
LO SIENTO, SE DESPERTÓ DESCOMPUESTA Y NO HA PODIDO LEVANTARSE

¡¡POR FIN!!.....¡POR FIN SE TERMINARON LAS CLASES!

¡POR FIN SE ACABARON LAS ANGUSTIAS DE ESTUDIAR LECCIONES Y HACER DEBERES!

¡DIOS MÍO! ¿Y AHORA QUÉ HAREMOS CON TODA ESTA LIBERTAD POR DELANTE?

¿ADÓNDE VAMOS A IR DE VACACIONES ÉSTE VERANO, MAMITA?

A NINGÚN LADO, MAFALDA; TENEMOS QUE QUEDARNOS A ESPERAR LA LLEGADA DE TU FUTURO HERMANITO

¿Y NO PODRÍA HABER ELEGIDO OTRA EPOCA, EL SABOTEADOR ESE?

¿QUÉ LE OCURRE?
¡SÑIF!...

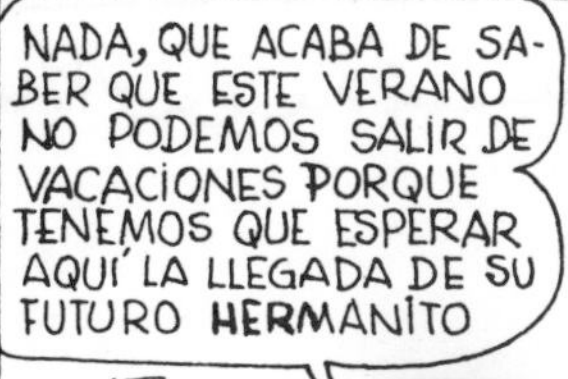
NADA, QUE ACABA DE SABER QUE ESTE VERANO NO PODEMOS SALIR DE VACACIONES PORQUE TENEMOS QUE ESPERAR AQUÍ LA LLEGADA DE SU FUTURO HERMANITO

TENÉS QUE COMPRENDER, MAFALDA; NO ES POSIBLE QUE CUANDO ÉL LLEGUE NOSOTROS NO ESTEMOS
¿POR QUÉ NO?

¡PODEMOS DEJARLE LA HELADERA ATIBORRADA DE MAMADERAS!

¿QUÉ TE PASA, MAFALDA?
QUE ESTE VERANO NO PODRÉ SALIR DE VACACIONES CON MIS PAPÁS, PORQUE TENEMOS QUE ESPERAR LA LLEGADA DE MI FUTURO HERMANITO

PERDONAME, FUÉ UN LAPSUS FACIAL

PROHIBIDO PISAR EL CÉSPED
¿Y LA DIGNIDAD NO?

"FANATISMO COMPRO"
CUALQUIER TENDENCIA
dirigirse a: EXALTADO
Casilla Correo 7537

"Los Niños son Locos Bajitos"
Miguel Gila

ME DA LÁSTIMA DE MAFALDA; AYER ME CONTÓ QUE ESTE VERANO **NO** PODRÁ IR DE VACACIONES CON SUS PAPÁS
¿POR QUÉ?
962

PORQUE TIENEN QUE QUEDARSE A ESPERAR LA LLEGADA DE SU FUTURO HERMANITO
AAH, CLARO

NO TE IMAGINÁS LA PENA QUE ME DIO VERLA TAN TRISTE POR ESE ASUNTO. MIRALA, ¡POBRE!, ALLÁ VIENE

HOLA, MAFALDITA
HOLA, ¿CÓMO LES VA?

Y,....FANTÁSTICAMENTE BIEN, PORQUE YA VIENE LA ÉPOCA EN QUE UNO EMPIEZA A PENSAR EN SU VERANEO!
QUINO

¡HOLA!
HOLA
963

¿SABEN LO RICOS QUE SON LOS TURRONES, EL PAN DULCE Y LAS PELADILLAS QUE RECIBIÓ EL ALMACÉN DE MANOLITO? ¡BÁRBAROS!
¿CUÁNDO PROBASTE TODO ESO, MIGUELITO?

NUNCA, PERO **ME PAGA** CON CARAMELOS
QUINO

964

DIRECCION GENERAL IMPOSITIVA

QUINO

Y LO PEOR DE TODO ES ESA SENSACIÓN DE TENER JUGO DE LIMÓN EN LAS VENAS

EN UNA REVISTA VÍ UNA FOTO DE LA TIERRA TOMADA DESDE UN SATÉLITE
965

SE VERÍA UNA MANCHA NEGRA, PORQUE ESOS SATÉLITES PASAN SIEMPRE DE NOCHE, ¿NO?

NO, LO QUE OCURRE ES QUE DE NOCHE LOS VEMOS Y DE DÍA NO. PERO PASAN A CUALQUIER HORA

¿TENDRÍAS UN PEINE AHÍ PARA PRESTARME?
QUINO

AYER LEÍ ALGO QUE SI TODOS LO PUSIÉRAMOS EN PRÁCTICA EL MUNDO ANDARÍA MUCHO MEJOR:

"HAZ BIEN SIN MIRAR A QUIÉN"

QUINO

Sidra y Pan dulce de
Almacen "Don Manolo"
PrueBelos y VERÁ!

!

MEDICO
1197
Sidra y Pan dulce de
Almacen "Don Manolo"
PrueBelos y VERÁ!
¡QUÉ DESGRACIA PSICOLÓGICA!

¡MMMMMHHH!
968

.....PARA MÍ, LO BUENO DE QUE ESTÉ POR EMPEZAR UN NUEVO AÑO ES QUE CADA VEZ NOS FALTA MENOS PARA LLEGAR AL FUTURO

HOLA, SOY NUEVO EN EL BARRIO
969

Y LO PRIMERO QUE ME HA LLAMADO LA ATENCIÓN AQUÍ ES ESE ALMACÉN "DON MANOLO". ¡QUÉ PRECIOS TAN BAJOS!... ¡Y ADEMÁS...

...TODO LO QUE VENDEN ES BUENÍSIM...

¡MENOS EL MALDITO FIJADOR!

"EL PRESENTE CUADRO COMPARATIVO DA UNA IDEA DEL PODERÍO BÉLICO RUSO-CHINO NORTEAMERICANO"
970

Sin Juez

971

FELIPE, ¿PODRÍAS IR A COMPRAR LA LECHE?

LO SIENTO, MAMÁ, NO TENGO TIEMPO

SIN EMBARGO A LA GENTE GRANDE ESA MENTIRA SE LA RESPETAN

972
¿MBSSÑSSBÑS ÑSSSTRBLSS? ¿EEHEE?

¡MMMH!...¡MÑSBLTS BSSLZZMBSSÑS!

¿Y?

973

15
BRIIP

¡ESTE NO HACE MÁS QUE COMER TIEMPO Y CADA DÍA ESTÁ MÁS FLACO!

REVISTAS

¡PST! ¿QUIÉN SE PARECE A ESTA?

PERIQUITA

¿¿¿¿MI ABUELITA????

FALTA MENOS DE UN MES PARA QUE LLEGUEN LOS REYES MAGOS, ¿NO, MAMÁ?
ASÍ ES

Y DECIME, ELLOS VIENEN DE MEDIO ORIENTE ¿NO?
ESTEE... SÍ, CLARO

¡ZAS! ¿Y QUÉ SERÁN? ¿ÁRABES O ISRAELÍES?
ELLOS SIEMPRE SE MANTUVIERON POR ENCIMA DE ESA CUESTIÓN, HIJITA

¡QUÉ BIEN TE VIENE QUE SEAN MAGOS PARA NO TENER QUE EXPLICARME CÓMO LO LOGRARON!, ¿EHÉ?

GEORGIA-(AFP)-POR UN ESQUELETO HALLADO EN ESTA, INVESTIGADORES RUSOS HAN COMPROBADO QUE LOS AVESTRUCES DE HACE CINCO MILLONES DE AÑOS ERAN DOS VECES MÁS GRANDES QUE LOS DE AHORA
¡AAAH!...
976

¡AHÍ ESTÁ EL ASUNTO! YO SIEMPRE PENSÉ CÓMO SE LAS ARREGLARÍAN CON LA LIMPIEZA DE SUS CAVERNAS LAS SEÑORAS DE LA PREHISTORIA

¡PERO CLARO, RESULTA QUE LOS PLUMEROS ERAN MUCHO MÁS GRANDES QUE LOS DE AHORA, QUÉ EMBROMAR!

977

¿Lentejas "IN"? Almacén Don Manolo
BONK!

VOY HASTA LA TINTORERÍA, MAFALDA. VIGILÁ UN MINUTO A TU HERMANITO, QUE YO VUELVO ENSEGUIDA ¿EH?
BUENO

BLUP!
937

¡UUÁÁÁ!...
¡EEEH, BUENO! ¡TOMALO!

¡SI LOS PUEBLOS SUPIERAN USAR LOS PULMONES COMO VOS, LOS DICTADORES SE LAS VERÍAN REALMENTE EN FIGURILLAS!

CLARO, A LOS DOS MESES Y DESDE UNA CUNITA, NO PODÉS TENER LA MENOR IDEA DE TODO LO QUE OCURRE EN ESTE MUNDO

938
¿NO?
CRUCH CRUCH

EVIDENTEMENTE, NO

¿Y?...¿QUÉ TAL SE HA PORTADO TU HERMANITO?
BIEN

SÓLO QUE SE ME OCURRIÓ SACARLE EL CHUPETE Y HAY QUE VER CÓMO SE PUSO
¡AH, QUÉ BONITO!

¡DEBERÍA DARTE VERGÜENZA! ¡UNA GRANDOTA HACIENDO SUFRIR A UN CHIQUITO INDEFENSO! ¿DÓNDE SE HA VISTO?

¿EN LA UN?

MI MAMÁ ACABA DE RETARME PORQUE LE SAQUÉ EL CHUPETE A MI HERMANITO Y LO HICE LLORAR

¡AL FIN DE CUENTAS NO SÉ POR QUÉ LO ENTUSIASMA TANTO EL CHUPETE!

¡SE PASA EL DÍA ENTERO CHUPÁNDOLO, ¿PARA SACAR QUÉ? ¡NADA! ¡Y SIN EMBARGO SIGUE DALE QUE DALE!

ME PARECE MUY BIEN; TAMBIÉN YO A SU EDAD ESPERABA TODAVÍA ALGO DE ESTA VIDA

QUEREMOS MUCHO A LA GENTE, POR ESO NOS CAE MUY MAL...

.....QUE LA PERFOREN A TIROS O ACHICHARREN CON NAPALM

NO SABEMOS BIEN QUIÉN TIENE LA CULPA DE ESTO, NI NADA, PERO YA TANTA VIOLENCIA SE ESTÁ PONIENDO PESADA

SE ACABA DE IRRADIAR LA CANCIÓN DE PROTESTA TITULADA: "LOS BUENOS EMPEZAMOS A CANSARNOS"

DECIME, MANOLITO, ¿VOS CREÉS QUE LAS CANCIONES DE PROTESTA PODRÁN LOGRAR ALGÚN CAMBIO EN EL MUNDO?

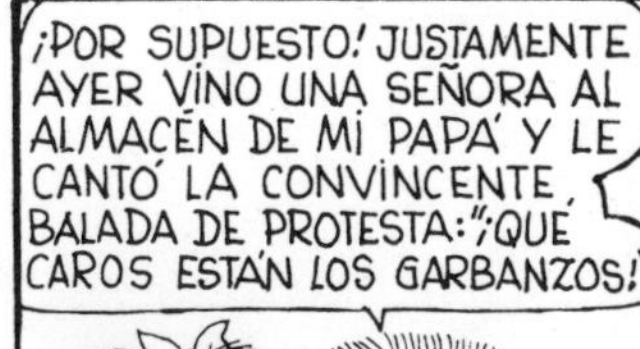
¡POR SUPUESTO! JUSTAMENTE AYER VINO UNA SEÑORA AL ALMACÉN DE MI PAPÁ Y LE CANTÓ LA CONVINCENTE BALADA DE PROTESTA: "¡QUÉ CAROS ESTÁN LOS GARBANZOS!"

ENTONCES MI PAPÁ, MUY CONMOVIDO, REBAJÓ EL PRECIO NO SÓLO DE LOS GARBANZOS, SINO DE TODOS LOS ARTÍCULOS

ES NOTABLE LO BIEN QUE CAPTA ESTA CHICA LAS SUTILEZAS

EN UNA DE ESAS, LAS CANCIONES DE PROTESTA SON UNA INUTILIDAD

MANOLITO PIENSA QUE NADIE LOGRA NADA PONIÉNDOSE A GRITAR CON UNA GUITARRA, Y CREO QUE TIENE RAZÓN

¡BUAÁÁÁ! ¡UUAÁÁ!

¡ÑUUAÁÁ!

AL MENOS PARECERÍA QUE LA GUITARRA NO ES IMPRESCINDIBLE

SGLUB SGLUB

SGLUB SGLUB SGLUB

SGLUB SGLUB SGLUB SGLUB

¿CREERÁ QUE VOS SOS VENEZUELA Y ÉL LA QUÉSÉYO OIL COMPANY?
SGLUB SGLUB

¡MAMÁ, VOY CON LOS CHICOS HASTA LA PLAZA A JUGAR A LOS COW-BOYS!
BUENO, PERO CUIDATE, ¿EH?

¡ESTA MAFALDA!.. TAN PRONTO LE DA POR LA BONDAD, EL PACIFISMO Y QUÉ SÉ YO,....
COLABORE CON ALPAP EN SU HUMANITARIA LABOR
ASOCIACIÓN LUCHA PRO AMOR AL PRÓJIMO

...COMO POR JUGAR A LA VIOLENCIA, LOS TIROS Y DEMÁS
CONTINUAMOS AHORA OFRECIENDO "COMMANDO 217"
COMMANDO 217

REALMENTE, LOS CHICOS DE HOY SON DIFÍCILES DE ENTENDER
RATAT-TATATATAT-TATAT

ERRARE POLÍTICUM EST

BIEN, JUGUEMOS A QUE HABÍA DOS BANDOS: UNO BUENO Y OTRO MALO, ¿EH?

¡YO SOY DEL BANDO BUENO!

¡AH, NO!...¡SER TODOS BUENOS NO, PORQUE ASÍ NO LLEGAMOS A NADA!

¡BANG! ¡SONASTE, MIGUELITO!
¡NO, NO! ¡BANG!

LO SIENTO, PERO YO TIRÉ PRIMERO, ¿POR QUÉ JUGÁS A ESTO, SI CUANDO TE MATAN NO QUERÉS MORIRTE?

PORQUE YO LEÍ QUE LOS CHICOS NECESITAMOS JUGAR QUE MATAMOS A LOS DEMÁS PARA DESCARGAR LA AGRESIÓN QUE LLEVAMOS ADENTRO Y QUÉ SÉ YO

¡PERO SI DE ENTRADA NOMÁS ME ARRUINAN LA TERAPIA, ME VOY Y LISTO!

¡OKEY! ¡AQUÍ ACABAN TUS IDEAS SOBRE LA POBREZA, EL RACISMO Y LA GUERRA!

¡PERO NO, SUSANITA!..¡ES A LOS COW-BOYS DE ANTES, QUE ESTAMOS JUGANDO! ¡A LOS DE ANTES!...

¡PTÚG!

¡BLUP!

PARECE QUE ESTA GENERACIÓN VIENE BIEN ASPECTADA

"TRAS DISCUTIR MATA A SU CUÑADO"

"UNA MADRE ENVENENÓ A SUS DOS HIJITOS"

"EL ASESINO DE LA ANCIANA CONFIESA SU CRIMEN"

¡SI VIERAS!.... ESTUVE LEYENDO LO BUENA QUE SOY

CUANDO LEO EN LAS NOTICIAS POLICIALES LA DE BARBARIDADES QUE HACEN OTROS,...¡HAY QUE VER LO BUENA QUE ME SIENTO YO!

MUY MAL, SUSANITA. NUNCA HAY QUE COMPARARSE CON LOS QUE SON PEOR QUE UNO, SINO CON LOS QUE SON MEJOR

¡VAMOS!...¿QUIÉN ES CAPAZ DE HACERLE SEMEJANTE PORQUERÍA A SU PROPIA PERSONALIDAD?

¡A VECES SUSANITA SE VIENE CON CADA COSAS!
¿POR QUÉ? ¿QUÉ TE DIJO?

QUE CUANDO LEE EN LAS NOTICIAS POLICIALES LAS BARBARIDADES QUE HACEN OTROS, HAY QUE VER LO BUENA QUE SE SIENTE ELLA

¡SÓLO A UN ZANAHORIA PUEDE OCURRÍRSELE PENSAR ESA ESTUPID......

¿QUÉ QUIERE DECIR ASPECTADO, MAFALDA? ¿DE DÓNDE SALIÓ ESA PALABRA?

¿ASPECTADO? DE ASPECTO, MANOLITO. SEGÚN UNA COSA SE PRESENTE BUENA O MALA, SE DICE QUE VIENE BIEN O MAL ASPECTADA ¿ESTÁ CLARO?

ALMACEN
DON MANOLO

CLARÍSIMO

¡HAY QUE VER LO QUE SON LAS SEÑORAS CUANDO VIENEN A QUEJARSE DE ALGO QUE UNO LES VENDIÓ!
BUENO, PERO NUNCA HAY QUE ESCONDERSE ANTE NADA

¡SÍ, SÍ! ¡ESCONDETE, MANOLITO!...¡ESCONDETE!
¿POR QUÉ? ¿QUÉ OCURRE?

¡QUE ACABO DE OÍR POR RADIO QUE HAY LIBERTAD DE CULTOS!...¡LIBERTAD DE CULTOS EN TODO EL PAÍS!

¡Y VOS QUE NO LO SOS!...
¡DIOS MÍO, QUIÉN SABE QUÉ PUEDE PASARTE?!

¡FUERA!
FSSSHH

¡EEEHH, CHEEE!...¡PODRÍAS SER UN POCO MÁS SUAVE! ¿TAN MALAS SON LAS MOSCAS DESPUÉS DE TODO?
ELLAS NO

¡PERO EN CADA VUELO NO HACEN MÁS QUE TRAER Y LLEVAR MICROBIOS POR TODOS LADOS!
¡NO DIGAS!

¿ASÍ QUE LAS MOSCAS VIENEN A SER LA PAN-AMERICAN DE LOS GÉRMENES?! ¡MIRÁ VOS!

DIBUJÉ UN CHISTE BUENÍSIMO QUE SE ME OCURRIÓ HOY, MIRÁ

EN CASO DE GUERRA ROMPA EL VIDRIO

NO ENTIENDO... ¿QUÉ TIENE QUE VER LA CUCHARITA?
¡ES PARA RECOGER LO QUE QUEDE DEL MUNDO Y LA HUMANIDAD! ¿NO ES GRACIOSÍSIMO?

YO NO SÉ QUÉ HA HECHO LA GENTE CON SU SENTIDO DEL HUMOR

ME HE DADO CUENTA QUE SOY FINA, AGRADABLE Y SIMPÁTICA

Y NO LO DIGO POR FALSA MODESTIA, NO

FUE GRACIAS A MI HUMILDE HONESTIDAD QUE LLEGUÉ A DESCUBRIR CÓMO SOY REALMENTE

NADIE ES BUEN SHERLOCK HOLMES DE SÍ MISMO

¡JÍG-JÍG-JÍG!

¡JÍG-JÍG-JÍG!
?

¿QUÉ LE PASA A GUILLE, PAPÁ? ¿DE QUÉ SE RÍE ASÍ?
¡JÍG-JÍG!

¡NO SÉ, PARECE QUE DE MÍ!

¡JÍG-JÍG!

CUANDO YO EMPECÉ A HACERLO FUI UN POCO MÁS DISCRETA ¿NO?

"¡Y VENÍAN LOS ESPACIANOS EN SU PLATO VOLADOR!.."

"¡Y YA ESTABAN POR LLEGAR AL PLANETA QUE TANTO QUERÍAN CONOCER!..."

¡CRASH!

"¡Y TUVIERON LA SUERTE DE AHORRARSE LA DESILUSIÓN!"

MAFALDA 5

QUINO * EDICIONES DE LA FLOR

· a mis 2 hermanos 2
· a mi tío Joaquín

QUINO

DECIME, LA "GENERACIÓN QUEMADA" DE LA QUE SE HABLA TANTO......

...NO TIENE NADA QUE VER CON LA NUESTRA, ¿NO?

NO, NOSOTROS VINIMOS DESPUÉS

AH, ¿Y ENTONCES, CUÁNTO SE SUPONE QUE NOS FALTA PARA EMPEZAR A CHAMUSCARNOS?

LO LINDO DE UN AÑO NUEVO ES QUE VIENE TODO LLENO DE DÍAS SIN ESTRENAR

ES COMO EMPEZAR A ESCRIBIR EN UN BLOCK CON TODAS SUS HOJAS LISITAS Y EN BLANCO, ¿NO?

SÍ, LA ÚNICA PENA ES QUE HAYA TANTOS CODOS ROZANDO EL TINTERO

ANOCHE LE PEDÍ A MI PAPÁ QUE ME EXPLICARA UNAS DIVISIONES
AH, LAS QUE NOS DIO AYER LA MAESTRA, ¿NO?

MAL HECHO, MAFALDA; DEBISTE PEDIRME A MÍ QUE TE LAS EXPLICARA

NO. LAS QUE HAY ENTRE RUSOS Y CHINOS, Y ÁRABES E ISRAELÍES, Y NEGROS Y BLANCOS, Y.....

CIGAR'S
RUBIOS TIPO AMERICANO

¿SERÁN IDEAS MÍAS, O REALMENTE SE ESTÁ PONIENDO PESADA ESTA MANÍA DE EXTRANJERIZAR PALABRAS?

Don Manolo, el almacén de categoría, no tiene lentejas

sino Lenteja's

TIK!

FUME "MONSTER'S 81"...
¡Y DALE!

...KING-SIZE NA-CIO-NAL, ÚNICO...
¿CON HUMO EN CASTELLANO?

. CON COMPLET-FILTER
AH...

Milis Phorris
20 FILTER TIP
CIGARETTES

¿CÓMO PUEDE UN PAÍS LLEGAR A PERDER ASÍ SU SOBERANÍA PULMONAR?
QUINO

HOLA, GUILLE, ¿CÓMO TE VA?

¡ÍTI, ÍTI! ¡BRRZS-DÁ-DÁ-AJGÓ!

¡GÜÍG-APBÚÚÚ BADABADZZS ÑUiiiGJJH!

BAPU...
MÑÑ...

¡POBRECITO,... QUÉ MAL MANEJA TODAVÍA SUS RELACIONES PÚBLICAS!

¡DLONG!

TOMÁ, PERO NADA DE VOLVER A TIRARLO

¡DLONG!

NO EMPECÉS DESDE YA A DESPILFARRAR REBELDÍA, ¿EH?,... MIRÁ QUE LUEGO TE VA A HACER FALTA PARA CAUSAS MENOS PAVOTAS

¡BOOM!
¡BANG!
¡RATAT-TAT-TAT-TAT-TAT!

¡BAM!
¡BUM!

¡BOUNG!
RATATATATA
VIET-NAM
¡BANG!

¡¡¿QUIEREN ACABAR YA ESTE JALEO Y DEJAR DORMIR EN PAZ A LA HUMANIDAD?!!

¡NOS TIENEN HARTOS A TODOS CON TANTO VIETNAM!.. ¡HARTOS!
V.C.

¡ASÍ QUE VAYAN A DECIRLE A SUS PRESIDENTES QUE POR QUÉ NO SE DEJAN DE FASTIDIAR Y FIRMAN LA PAZ DE UNA VEZ!
V.C.

¡QUE SI ES POR FALTA DE LAPICERA, LES PRESTO LA MÍA!

PERDÓN, SR. ¿USTED ES NORTEAMERICANO?
NO, YO NO TENGO NACIONALIDAD

ENTONCES,... ¿ESA LIBERTAD?
LA VENDO, HIJITA, LA VENDO

CLARO QUE NO ES LA LEGÍTIMA; SI NO NO SERÍA NEGOCIO

PERO, ESTA LIBERTAD QUE USTED VENDE, ¿POR QUÉ NO TIENE LLAMA?

PORQUE SE LE ENCIENDE AL OPRIMIRLA; ASÍ, ¿TE DAS CUENTA?
CLIK

SÍ, ME DOY CUENTA
QUINO

PAPÁ, ¿QUÉ ES ESO DEL DERECHO DE AUTODETERMINACIÓN DE LOS PUEBLOS?

ES EL DERECHO QUE TIENE CADA PAÍS DE GOBERNARSE A SÍ MISMO COMO MEJOR LE PAREZCA

¡QUÉ TIEMPOS AQUÉLLOS!

¿TE ACORDÁS, CUANDO LOS CUENTOS ME LOS CONTABAS ANTES DE DORMIRME?

MI PAPÁ DICE QUE CADA PAÍS TIENE EL DERECHO DE GOBERNARSE A SÍ MISMO COMO MEJOR LE PAREZCA

EL PAPÁ DE MAFALDA DICE QUE CADA PAÍS TIENE DERECHO DE GOBERNARSE A SÍ MISMO COMO MEJOR LE PAREZCA

¿ESO DICE?
DON MANOLO
ESO DICE

PAPÁ, ¿ES VERDAD QUE......

TU PAPÁ TIENE RAZÓN, MAFALDA; NUESTROS PAPÁS TAMBIÉN DICEN QUE CADA PAÍS TIENE DERECHO A GOBERNARSE COMO MEJOR LE PAREZCA, ASÍ QUE.... ¡ES VERDAD!

¡MIREN CÓMO VENIMOS A DESCUBRIR QUE LAS AGENCIAS NOTICIOSAS SE MANEJAN CON LOS LIBRETOS DE UN SÁDICO EMBUSTERO!

...Y ESTAS FUERON LAS NOTICIAS INTERNACIONALES

¡TODAS MENTIRAS! ¡NI TAL NACIÓN TIENE SOMETIDA A TAL OTRA, NI TAL PAÍS TRATA DE IMPONER NADA POR LA FUERZA A TAL OTRO!¡CUENTEROS!
TIK

¡PORQUE MI PAPÁ ME DIJO QUE CADA PAÍS TIENE EL DERECHO DE GOBERNARSE COMO LE PAREZCA! ¡Y LA MAESTRA ME ENSEÑÓ QUE LOS DERECHOS HAY QUE RESPETARLOS!

¡Y NI MI PAPÁ NI LA MAESTRA DORMIRÍAN TRANQUILOS SABIENDO QUE INCULCAN COSAS QUE NO FUNCIONAN!

¿QUÉ PASA? ¿QUÉ TOMÁS?
¿EHÉ? ¡AH!... NNNADA, AGUA NOMÁS
NERVOCALM

¡QUÉ ELEGANTE, MANOLITO! ¿ADÓNDE VAS?

A PEDIRLE UN PRÉSTAMO A UN SEÑOR PARA EL ALMACÉN DE MI PAPÁ
¿Y CREÉS QUE TE LO DARÁ?

¡POR SUP...

Regresó a EE. UU. el presidente del Bank of America

¿NO PODRÍA DARSE UNA VUELTITA MAÑANA?

AH, MAFALDA, ESAS REVISTAS QUE PROMETÍ DEVOLVERTE HOY,......
MAÑANA, ¿EH?

¡PERO VIEJO! ¿POR QUÉ NO VAS AL DENTISTA?
JUSTAMENTE PIENSO IR MAÑANA, MIRÁ

SI NO FUERA POR EL *MAÑANA*, ESTE SERÍA EL PAÍS DEL MAÑANA

¡JHA! ¿TE IMAGINÁS TODO LO QUE VAMOS A VER DE AQUÍ A DOSCIENTOS AÑOS?

DE AQUÍ A DOSCIENTOS AÑOS DUDO QUE ESTEMOS VIVOS, MIGUELITO

¡ANDÁ!...¿PENSÁS HACERLE LA RABONA AL FUTURO JUSTO CUANDO SE PONE INTERESANTE?

¡PAZ!

¡ALEGÓRICA, LA SEÑORA!

A VECES NO ES LINDO SER CHICO, CLARO, PERO LO BUENO ES TENER TODA LA VIDA POR DELANTE, ¿TE DAS CUENTA?... ¡A UNO LE ESPERA **TODO**!

ESTUDIAR, RECIBIRSE, TRABAJAR, CASARSE, TENER HIJOS, PROGRESAR....

LLEGAR A SER UN SEÑOR MADURO, LUEGO TENER NIETOS.... Y EN FIN, TODO LO DEMÁS!

¡NO!... ¡AL ASILO NO!

MIRÁ, MAFALDA, ¿NO TE RESULTA MARAVILLOSO ESTAR **AQUÍ** EN WALL-STREET Y VER PASAR POTENTADOS TAN FINOS Y ELEGANTES?

¡ÑIJ-ÑIJ!

LOS CHEQUES DE **TUS** BURLAS NO TIENEN FONDOS EN EL BANCO DE MI ÁNIMO

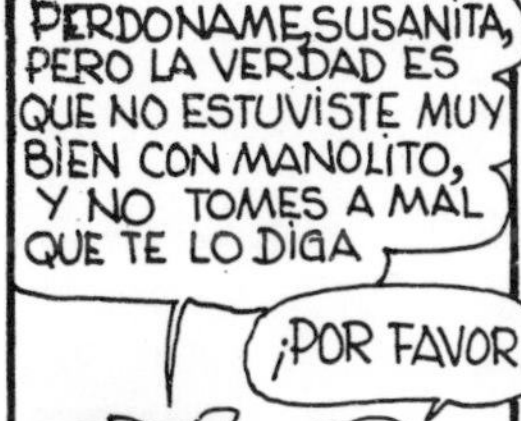
PERDONAME SUSANITA, PERO LA VERDAD ES QUE NO ESTUVISTE MUY BIEN CON MANOLITO, Y NO TOMES A MAL QUE TE LO DIGA
¡POR FAVOR!..

¿CÓMO VOY A TOMARLO A MAL? LA VERDAD HAY QUE SABER ACEPTARLA CUANDO VIENE EN BOCA DE UNA AMIGA COMO VOS

NUNCA LO **HABÍA** NOTADO.... ¡TENÉS UNA BOCA HORRIBLE, POBRE MAFALDA!

SUISSHH

SUISSHH

SUISSHH...

SUISSSH

ES QUE NO **QUEREMOS** EMPEZAR LA **PRIMAVERA** AMARGANDO**NOS**

¡QUÉ LINDA ES LA PRIMAVERA! LOS ARBOLES YA TIENEN SUS PRIMERAS HOJAS

LA PLAZA ESTÁ LLENA DE FLORES Y MARIPOSAS

LOS PAJAROS PÍAN ALEGREMENTE EN SU NIDO, EL AIRE ES MÁS TEMPLADO, LOS DÍAS COMIENZAN A SER MÁS LARGOS,

LAS NOCHES MÁS CORTAS Y LA GENTE CAMBIA SUS ROPAS INVERNALES POR OTRAS MÁS LIVIANAS Y COLORIDAS Y...

...QUIÉN CUERNOS LE QUITA A UNO ESTA ALIENACIÓN ESCOLAR?!

...SÍ ASÍ NO LO HICIÉREIS, QUE DIOS NOS LIBRE DE LA QUE SE VA A ARMAR!

EN UN BANCO POR ALLÍ HABÍA UNA SEÑORITA SENTADA

Y CADA SEÑOR QUE PASABA LA MIRAAAAABA...
ASÍ LA MIRABA

Y COMO YO NO ENTENDÍA PORQUÉ, ME SENTÉ EN FRENTE Y ESTUVE COMO MEDIA HORA MIRÁNDOLA A VER SI ME ENTERABA QUÉ DIABLOS TENÍA
¿Y?

Y, TENDRÍA ALGO EN LO QUE DEBO SER ANALFABETO, PORQUE ME ABURRÍ UNA BARBARIDAD

¿NO SE NOS ESTÁ ABURGUESANDO DEMASIADO?

JUGUEMOS A QUE ERAMOS DOS SEÑORAS COMO MI MAMÁ Y TU MAMÁ, ¿EH?
¡ESO!... Y...

...QUE NOS REUNÍAMOS A TOMAR TÉ Y CHARLAR COMO CHARLAN LAS SEÑORAS

BUENO....
VEAMOS...

¿QUIÉN DICE LA PRIMERA ESTUPIDEZ?

¡AY, AY, AY! ¡CÓMO HEMOS CHARLADO! ¡Y QUÉ RICO ES SU TÉ, SEÑORA MAFALDA!
GRACIAS, SEÑORA SUSANITA

Y DÍGAME, ¿TIENE ALGÚN CHIMENTITO SOBRE QUÉ NOS TRAE LA MODA PARA ESTA TEMPORADA?
BUENO, SEGÚN HE LEÍDO....

....PARECE QUE SE SIGUE LLEVANDO MUCHO LA INJUSTICIA, CLARO QUE CON UNAS BESTIALIDADES AL BIES MUY MONAS, ESO SÍ

¡NO SÉ PARA QUÉ ALGUNAS SE METEN A JUGAR A LAS SEÑORAS SI LUEGO NO SABEN MANTENER LA IDIOSINCRASIA!

¡SORPRENDENTE! ¡MI DEDO ES MÁS GRANDE QUE LA TORRE DE AQUELLA CASA!

¿SABÉS POR QUÉ LO VES MÁS GRANDE, MIGUELITO?
¡CLARO!

PORQUE EL DEDO ES MÍO Y ME IMPORTA MUCHÍSIMO MÁS QUE LA TORRE

¡SLURB!
¡SGLÚG!
¡SLURB!

¿TERMINASTE TODA LA SOPA,MAFALDA?
¡PUÁÁGH! ¡SÍ!

¡AH, LA QUE HABÍA EN EL PLATO SÍ, PERO LA QUE TE QUEDÓ EN LA CARA NO! ¡LIMPIATE!
NO TE PREOCUPES

PEOR VA A SER CUANDO UN PSICOANALISTA TENGA QUE LIMPIARME LA QUE ME ESTARÁ QUEDANDO EN EL SUBCONSCIENTE

¡MIRÁ GUILLE, UN NENE COMO VOS!

DE TU MISMA GENERACIÓN, ¿VES?

¡GAPU!

RIP
RIP
RIP
CHIRP
RIP
RIP
RIP

SERÁ MEJOR NO SACAR CONCLUSIONES

¡MIRÁ QUE LO PIENSO, CHÉ, Y NO HAY CASO! ¿CÓMO CUERNOS HACE EL TIEMPO PARA DOBLAR LAS ESQUINAS EN LOS RELOJES CUADRADOS?

MAMÁ, ¿VOS CREÉS QUE CHINA COMUNIST
¡LO QUE CREO ES QUE DEBERÍAS OCUPARTE DE COSAS DE TU EDAD! ¡¡ESO CREO!!

¡QUÉ LINDO! ¡QUE LINDO!

YA ESTÁ
¿VOS CREÉS QUE CHINA COMUNISTA

TU MAMÁ TIENE RAZÓN; DEBERÍAS DEDICARTE UN POCO MÁS A COSAS DE TU EDAD. ¿VAMOS A JUGAR AL BOWLING, ¿EH? ¿O AL "METEGOL"!
NO, DEJÁ, A ESOS JUEGOS NO...

PROC!

¡CLÁNG!
¡CLÁNG!
¡CLÁNG!

ESTOS SON MÁS PAVOTES, PERO TIENEN LA SIMPLICIDAD DE LOS CLÁSICOS

QUIERO MOSTRARTE LA ESPADA QUE ME HICE

MIRÁ QUÉ LIN.....

CLARO, ES QUE ESTE CLAVO NO SIRVE

TENDRÍA QUE HABERLE PUESTO UNO DE ESOS QUE TIENEN VUELTITAS Y PEINADO CON RAYA AL MEDIO, ¿LOS CONOCÉS?

HOLA, FELIPE ¿QUÉ TE OCURRE?
NADA, QUE EN VEZ DE HACER LOS DEBERES ME PASÉ EL TIEMPO LEYENDO HISTORIETAS

Y LO PEOR ES QUE NO DISFRUTÉ LAS HISTORIETAS SABIENDO QUE **TENGO** QUE HACER LOS DEBERES

Y RESULTA QUE AHORA ME ENTRA LA ANGUSTIA PORQUE TODAVÍA NO LOS HICE
¿Y POR QUÉ NO VAS Y LOS HACÉS DE UNA VEZ?

ENSEGUIDA, ENSEGUIDA; YA QUE NO DISFRUTÉ LAS HISTORIETAS DEJAME AL MENOS DISFRUTAR MI ANGUSTIA

CUANDO NO SON LOS DEBERES ES OTRA COSA, LA CUESTION ES QUE FELIPE SIEMPRE BUSCA MOTIVOS PARA ANGUSTIARSE

BUENO, YO DIGO ESO DE FELIPE, PERO ME PARECE QUE QUIEN MÁS QUIEN MENOS TODOS SOMOS UN POCO COMO ÉL

PORQUE FRANCAMENTE, SI PARA SABER MANEJARSE A UNO MISMO HUBIERA QUE RENDIR EXAMEN....

¿QUIEN ES EL MACHITO QUE TENDRÍA EL CARNET?

¿QUÉ HACÉS AHÍ CON ESA CARA? VENÍ, VAMOS A CHARLAR UN RATO

ANOCHE MI MAMÁ SE PUSO A HABLAR DE LO QUE HABÍA GASTADO EN EL MERCADO

ENTONCES MI PAPÁ DIJO "¡QUÉ BARBARIDAD!" Y QUE ÉL HABÍA TENIDO UN DÍA MUY MALO Y LE DOLÍA LA CABEZA

CLARO, DIJO MI MAMÁ, A VOS SIEMPRE TE DUELE LA CABEZA CUAND
TE HABLO DE

SALUD, PAR DE ORIGINALES
QUINO

PARECE QUE LE FUERON MAL LAS COSAS...

...Y NO TIENE DÓNDE CAERSE MUERTO

ESTARÁ POCO INFORMADO; HOY EL MUNDO OFRECE TODA UNA GAMA DE LUGARES PARA ESO

¡AH, NO! ¡A MÍ EN TU PESIMISMO NO ME ENGANCHÁS!

¡YO SOY UN CONVENCIDO DE QUE EL MUNDO SE ARREGLARÁ!
¿CUÁNDO?

¡EL DÍA QUE DESAPAREZCAN LOS QUE LO MANEJAN MAL!

¡PERDÉ CUIDADO, FELIPE! ¡ESE MISMO DÍA YA APARECERÁ ALGUIEN DISPUESTO A RECOGER LA ANTORCHA DE LA BESTIALIDAD!

JÁ-JÁ JÁ-JÁ

¿QUÉ ES ESO, MANOLITO?
NADA, QUE HOY EN LA CLASE DE GEOMETRÍA SAQUÉ UN DOS

Y SI UNO NO TOMA LOS CONTRATIEMPOS CON UN POCO DE HUMOR ESTÁ REALMENTE FRITO

JÁ-JÁ-JÁ JÁ-JÁ

POCA FE PARA SALIR DE LA SARTÉN

¡YO SE LO PREGUNTO! ¡YO VOY, SE LO PREGUNTO Y QUE SEA LO QUE DIOS QUIERA!

DÍGAME, AGENTE, ¿ES CIERTO LO QUE DICE MI MAMÁ, QUE SI YO.... SI YO NO... ¡BUÉH!... LO DE LAS MANOS SUCIAS, LA COMIDA Y TODO ESO..... USTED A UNO SE LO LLEVA...... ...Y LO METE..... ¡EN FIN!
¿EHÉ?

¡ANDÁ Y DECILE A TU MAMÁ QUE LA POLICÍA ESTÁ PARA COSAS ALGO MÁS IMPORTANTES QUE ESAS!

EMPIEZO A ENTENDER ESO DEL RESPETO A LAS INSTITUCIONES
?
QUINO

ME PREGUNTO POR QUÉ UNA MUJER NO PUEDE LLEGAR A PRESIDENTE DE LA NACIÓN, POR EJEMPLO

SECRETO DE ESTADO

SECRETO DE ESTADO

AH

¿TE IMAGINÁS A UNA MUJER PRESIDENTE DE LA NACIÓN, FELIPE?
¡DIOS NOS LIBRE!

¡MIRÁ, PARA QUE SEPAS, LAS MUJERES SOMOS MÁS INTELIGENTES QUE LOS HOMBRES!
¿OÍS?

¡Y MÁS BUENAS Y NOBLES! ¿SABÉS?

¡Y MÁS DULCES Y TIERNAS! ¿ENTENDÉS?

¡DESPUÉS DICEN QUE LAS MUJERES SON DIFÍCILES DE ENTENDER!

ME REVIENTAN LOS TIPOS QUE PIENSAN QUE LA MUJER ES *INFERIOR*
SERA QUE, MÁS QUE NADA, LA VEN EN TAREAS DOMÉSTICAS

¡Y BUENO, ES QUE PARA ESO ESTAMOS LAS MUJERES! ¡AL FIN DE CUENTAS UNA MUJER QUE NO COCINA, QUE NO PLANCHA, QUE NO LAVA, NI LIMPIA, NI NADA DE ESO, ES **MENOS** MUJER, QUÉ DIABLOS!

AH, SEGÚN VOS, UNA MUJER QUE TENGA COCINERA, LAVANDERA, MUCAMA Y DEMÁS, ¿ES POCO MUJER?

¡MOMENTITO!... UNA COSA ES LA *MUJEREZ* Y OTRA EL STATUS

CLARO.....LO MALO ES QUE LA MUJER EN VEZ DE JUGAR UN PAPEL, HA JUGADO UN **TRAPO** EN LA HISTORIA DE LA HUMANIDAD

TOMÁ, PENSABA QUEDARME CON EL VUELTO DE LA PANADERÍA PARA COMPRARME CARAMELOS, PERO NO PUDE

¡Y TODO POR EL MALDITO INQUILINO QUE EMPEZÓ CONQUE *ESO ESTÁ MUY MAL*, Y QUE *NO SE HACE*, Y QUÉ SÉ YO!

¿INQUILINO? ¿QUÉ INQUILINO?

ESE QUE UNO TIENE ADENTRO

¿VOS NO SENTÍS A VECES COMO SI ADENTRO TUYO TUVIERAS UN INQUILINO QUE TE DICE COSAS?
CLARO

PERO NO ES NINGÚN INQUILINO, SINO LA VOZ DE LA CONCIENCIA LA QUE A TODOS NOS DICE COSAS, COMO A VOS

COMO A MÍ, ¡SÍ!... ¡MIRÁ SI A UN GENERAL SU CONCIENCIA VA ATREVERSE A TUTEARLO!

ALMACEN "DON MANOLO"
DECIME, MANOLITO, ¿A VOS TU CONCIENCIA TE HABLA MUY A MENUDO?

EH....SSÍ.....LOS OTROS DÍAS ME SALIÓ CONQUE LA SALUD ESTO, QUE LA SALUD AQUELLO....

¡PERO MENOS MAL QUE NO LE HICE CASO, PORQUE AL FIN LA GENTE COMPRÓ IGUAL TODAS ESAS BENDITAS LATAS DE CONSERVA!

ESTÁ BIEN QUE NOS HAYAS HECHO DE BARRO, PERO ¿POR QUÉ NO NOS SACAS UN POQUITO DEL PANTANO?

¿OÍSTE HABLAR DE LA VOZ DE LA CONCIENCIA, MIGUELITO?
SÍ

¿Y LA TUYA CÓMO
¡AFÓNICA!

BUENO, DESPUÉS DE TODO, EL RANKING DE LOS FRACASADOS NUNCA EMPIEZA CON GENTE ASÍ

BUENO, ¿Y CÓMO HACE UNO PARA PEGARSE ESTO EN EL ALMA?

A MÍ TAMBIÉN ME LASTIMA EL ALMA VER GENTE POBRE, ¡CREEME!

POR ESO CUANDO SEAMOS SEÑORAS NOS ASOCIAREMOS A UNA FUNDACIÓN DE AYUDA AL DESVALIDO

¡Y ORGANIZAREMOS BANQUETES EN LOS QUE HABRÁ POLLO Y PAVO Y LECHÓN Y TODO ESO!... ASÍ RECAUDAREMOS FONDOS

...PARA PODER COMPRAR A LOS POBRES HARINA Y SÉMOLA Y FIDEOS Y ESAS PORQUERÍAS QUE COMEN ELLOS

MI ABUELITO SE PASA EL DÍA REPITIENDO QUE EN SUS TIEMPOS SE VIVÍA MEJOR QUE AHORA

Y QUE LA GENTE ERA MÁS BUENA Y MÁS FELIZ
LO MEJOR ES NO HACERLE CASO, MIGUELITO

¡SI YA LO SÉ!... LO REPITE TANTAS VECES QUE ¿QUIÉN VA A HACERLE CASO, NO?
¡CLARO!

MI ABUELITO SE PASA EL DÍA REPITIENDO QUE EN SUS TIEMPOS SE VIVÍA MEJOR QUE AHORA. Y QUE LA GENTE ERA MÁS BUEN

DECIME, PAPÁ, ¿EN TUS TIEMPOS SE VIVÍA MEJOR QUE AHORA?

BUENO..... NO HABÍA TANTAS ARMAS NUCLEARES, NI TANTA SUBVERSIÓN, NI TANTOS LÍOS RACIALES..... ¿QUÉ QUERÉS QUE TE DIGA?

QUERÍA QUE ME DIJERAS QUE ESTOS TODAVÍA SON TUS TIEMPOS, PERO VEO QUE YA ESTÁS MEDIO ¡ÑAC!

?

¿TE COMENTÉ QUE MI HERMANITO YA GATEA, FELIPE?

¡LE DIJE A MAMÁ QUE ES UNA BARBARIDAD QUE TE HAYA ENCERRADO ASÍ!

¡Y LE HABLÉ DE ATROPELLO A LA LIBERTAD INDIVIDUAL Y DE LA DECLARACIÓN DE LOS DERECHOS HUMANOS! ¡SÍ SEÑOR!

PERO PARECE QUE NADA DE ESO TIENE ALGO QUE VER CON COMERSE LA TIERRA DE LAS MACETAS, GUILLE

¡NO HAY CASO! ¡POR MÁS QUE LA MAESTRA LO EXPLIQUE YO NO ENTIENDO LO DEL SUJETO Y EL PREDICADO!

ES FÁCIL, MIGUELITO; SI YO DIGO, POR EJEMPLO, "ESA BASURA AFEA LA CALLE", ¿CUÁL ES EL SUJETO?

¿EL INTENDENTE?

MIGUELITO TIENE DIFICULTADES CON EL SUJETO Y PREDICADO
¡ES QUE EN LA ESCUELA SE VIENEN CON CADA COSAS!

AYER A LA MAESTRA SE LE OCURRIÓ HACERNOS UNA PRUEBA ORAL DE VELOCIDAD MENTAL

- "¿QUÉ ES TAL COSA?"
- "¡ZUUUUUUUUUM!"
- "¿QUÉ ES TAL OTRA?"
- "¡ZUUUUUUUUUUM!"
¿Y VOS CÓMO RESPONDISTE?

COMO UN PEATÓN DEL RAZONAMIENTO

¿Y?

¡BUENO, LISTO!

AH, HOY EL DENTÍFRICO SE DESPERTÓ ALGO TEMPERAMENTAL, ASÍ QUE SI ENTRAN AL BAÑO, OJO CON LAS PATINADAS

YO CONFÍO
TÚ CONFÍAS
ÉL CONFÍA

NOSOTROS CONFÍAMOS
VOSOTROS CONFIÁIS
ELLOS CONFÍAN

¡QUÉ MANGA DE INGENUOS!¿NO?

CUANDO SEA GRANDE VOY A SER ESTRELLA DE CINE Y TV ¿TE IMAGINÁS? ¡SALDRÉ EN LAS REVISTAS Y TODO!

CLARO QUE ESO DE ANDAR CASANDOME Y DIVORCIANDOME Y VUELTA A CASARME Y LUEGO A DIVORCIARME, NO ME GUSTA NADA....¡NO!

¡MEJOR SERÁ TENER UN MARIDO FIJO, Y MUCHOS HIJITOS, Y SER UNA BUENA AMA DE CASA Y CHAU!

REPUESTA DE SU DESENGAÑO POR EL AUMENTO DEL TOMATE, SUSANITA ENCARA CON VALENTÍA EL PORVENIR

ESO SÍ.....¡JAMÁS SALDRÉ EN LAS REVISTAS!

ME PREGUNTO SI CUANDO MI MAMÁ ERA CHICA QUERRÍA SER LO QUE ES AHORA

¡MAMÁ!....

¡QUÉ QUERÉS!

NADA, IBA A COMENTARTE DE UN CHICO AL QUE CASI LE PASA NO SÉ QUÉ CON EL DEDO Y UN VENTILADOR, PERO NO IMPORTA

BUENO, Y AL FINAL, ¿QUÉ DEBERES HAY QUE HACER PARA MAÑANA?
ESPERÁ, A VER...

UNA COMPOSICIÓN SOBRE "EL MUNDO DEL PORVENIR"
Y TRAER UNAS ORACIONES CON EL FUTURO DEL VERBO VIVIR

¿UNAS ORACIONES O UNAS PLEGARIAS?

CADA DOS POR TRES MI MAESTRA NOS HABLA DE CUÁNTO LE DEBEMOS A LOS ÁRBOLES

SOMBRA EN VERANO, LEÑA EN INVIERNO, MADERA PARA CONSTRUIR CASAS, BARCOS, MUEBLES Y UN MONTÓN DE COSAS MÁS

POR ESO NOS DICE SIEMPRE QUE TODO EL MUNDO DEBE CUIDAR Y RESPETAR A LOS ÁRBOLES

¿Y QUE NUNCA FALTA UN REVISIONISTA, NO SE LOS DIJO?

¡BUUUAÁ!

¡BUAÁÁ!

¡BU...

¡GAPU!
¡JIÑI!
¡JINI!
¡PLAF!
¡PLAF!
¡PLAF!

ASÍ QUE EN LA LÍNEA DEL DISCONFORMISMO CONFORMISTA, ¿NO? ¡MUY SIMPÁTICO!

BIEN, HOY VAMOS A ESTUDIAR EL PENTÁGONO

¿Y MAÑANA EL KREMLIM?
¡TRAC!

DIGO.....PARA EQUILIBRAR

¡IIJÚÚÚJHUUU!
LLEGÓ PAPÁ, GUILLE

¡GÚPI!

¡!?

PARECERÍA QUE LA JEFATURA DE ESTA FAMILIA LA EJERCE UN EMOTIVO

COTILLON JUGUETES

COTILLON JUGUETES

¡USTEDES TIENEN ALGUNA BUENA NOTICIA Y NO NOS LA QUIEREN DECIR!

¡ES DE NO CREER! ¡LA MUY DESFACHATADA SE CASA VESTIDA DE BLANCO! ¿DÓNDE SE HA VISTO?

¿CÓMO DÓNDE? ¿NO ES LO NORMAL EN TODOS LADOS?

¡¿O ESTAREMOS ANTE EL BOOM DE LA DESFACHATEZ?!

MAMÁ, ¿POR QUÉ HABIENDO TANTOS COLORES, TODAS LAS NOVIAS SE CASAN DE BLANCO?

BUENO, PORQUE EL BLANCO ES LO LIMPIO Y LO PURO. UNA NOVIA QUE NO VISTA DE BLANCO ES..... QUÉ SÉ YO.....

¿UNA ESPECIE DE NOVIA CON BASURITA?

¿VISTE EN TV ESE AVISO DE UN NUEVO JUEGO PARA ARMAR?
¿CUAL?

ESE QUE DICE...
¡CHICOS!...¡YA ESTÁ AQUÍ LA FELICIDAD PARA TODOS!

¡AH, SÍ!

BUENO, MIRÁ LA FELICIDAD QUE LE VENDEN A UNO POR TELEVISIÓN

¡QUIÉN IBA A PENSAR QUE ESTE JUEGO PARA ARMAR ERA UNA IDIOTEZ?¡EN EL AVISO POR TV PARECÍA TAN LINDO!...
YA LO DICE EL REFRÁN, FELIPE

"NO ES ORO TODO LO QUE RELUCE"

¡LO ÚNICO QUE NOS FALTA AHORA ES QUE EL SOL SEA UNA BARATIJA!

¿NO TE PARECE QUE MUCHA GENTE COMPRA PORQUERÍAS NADA MÁS QUE PORQUE SE LAS "VENDEN" POR TELEVISIÓN?

Y....SÍ, A VECES LOS AVISOS DE LA TV "VENDEN" COMO BUENAS, COSAS QUE..... ¡EN FIN!

¡ESO NO LO PUEDO VER!...¡QUE ENGAÑEN A LA GENTE SÍ QUE NO LO PUEDO VER!

HOLA, MANOLITO; DAME ½ KILO DE OREJONES, PERO QUE SEAN BUENOS, ¿EH?
¡CLARO!

?
TENDRÁS QUE TAPARTE LOS OJOS, MAFALDA

¡DÁ-BDÁ! ¡ABBBHBÚUU! ¡DAB!

¡TAN CHIQUITO, Y FRENTE AL TELEVISOR YA RAZONA LO MISMO QUE LA GENTE GRANDE!

NO ES QUE NO HAYA BONDAD, LO QUE PASA ES QUE ESTÁ DE INCÓGNITO

HOGARLUX
TODO PARA EL HOGAR
LIBRERIA
TV Noticias del MUNDO

?
EN VENTA
-OCUPADO-
5 CONTINENTES,
2 POLOS Y DEPCIAS.
-IRRESPONSABLES ABSTENERSE-

¡JAMÁS LO PENSÉ!... ¡¡JAMÁS!!

¡JAMÁS PENSÉ QUE YO FUERA CAPAZ DE HACERLE A ALGUIEN UNA PORQUERÍA COMO ESTA, FELIPE! ¡TE LO JURO!

¡YA NO SE PUEDE NI CONFIAR EN UNO MISMO! ¡QUÉ ÉPOCA, DIOS MÍO! ¡¡QUÉ ÉPOCA!!

¡SALUTE!

ESCUCHÁ LO QUE DICE ESTA REVISTA, MANOLITO: "SEGÚN EL FÍSICO PAKISTANO Abdus Salam, DE AQUÍ A VEINTE AÑOS...

....EL MUNDO SUBDESARROLLADO SEGUIRÁ TAN POBRE Y TAN HAMBRIENTO COMO HOY"

¡ESTE MANOLITO ES PARA MATARLO!
¡AAAAAH!.... ¿VISTE LO BESTIA QUE ES?¡YO SIEMPRE DIGO QUE ES UN BESTIA!

¡LE LEO QUE SEGÚN UN FÍSICO, DENTRO DE VEINTE AÑOS HABRÁ TANTA GENTE POBRE COMO AHORA,...

...Y ÉL SE ALEGRA DE QUE LAS COSAS SIGAN ASÍ SIN PROGRESOS SOCIALES NI NADA!...¡MIRÁ QUE SE NECESITA SER BESTIA EN SERIO PARA PENSAR COMO ÉL!

¡A MÍ NO ME INSULTA NI VOS NI NADIE!

BATALLA EN TORNO A DA NA

YA VAN A MEJORAR LAS COSAS, PAPÁ, NO TE HAGAS MALA CEJA

HAY COSAS EN LAS QUE EL POBRE AÚN NO APRENDE A MANEJARSE SOLO

PROHIBIDO GIRAR A LA IZQUIERDA

PROHIBIDO FIJAR CARTELES

PROHIBIDO ESTACIONAR

RECONFORTA VER CÓMO POCO A POCO EL HOMBRE HA IDO LOGRANDO DAR RIENDA SUELTA A SU LIBERTAD DE LIMITARSE

¡QUÉ MANÍA! ¡LO ÚNICO QUE SABEN HACER ES PROHIBIR!

DECIME, MIGUELITO, ¿A VOS NO TE INDIGNA ESTE CARTEL?

PROHIBIDO PISAR EL CESPED

NO, ¿QUÉ ME IMPORTA? YO TENGO MI PROPIO PASTITO INTERIOR

MAFALDA, LAVATE LAS MANOS Y VENÍ A COMER

¿TE LAS LAVASTE YA?

¡PERO SÍ! ¡TODOS LOS DÍAS LA MISMA HISTORIA!

"LAVATE LAS MANOS PARA TOMAR LA LECHE"

"LAVATE LAS MANOS, QUE YA ESTÁ LA CENA"

¡QUÉ FIJACIÓN CON PILATOS! ¿EH?

BUENAS, SIMPÁTICA ¿ESTÁ TU PAPÁ?
DEPENDE, ¿PARA QUÉ?

PARA OFRECERLE EL EXTRAORDINARIO TÓNICO "NOCALVEX", ÚNICO QUE COMBATE, EVITA Y SUPRIME LA CALVICIE

¿LA CALVICIE DE PELO, O LA CALVICIE DE IDEAS?

¿QUIÉN ERA?
UN INTRASCENDENTE

¿CONVIDARTE? ¡JHÁ!
¡ESTÁ BIEN!...

¡YA VA A VENIR EL DIABLO A CASTIGARTE POR MALA Y EGOÍSTA! ¡VAS A VER!
¡SLURB! ¡SLURP!

¡CROP! ¡CRUNCH!

SE VE QUE NO CONSIGUE TAXI

...¡TE JURO QUE VER AQUELLO ES ALGO QUE A CUALQUIERA LE ENCOGE EL CORAZÓN!

LO DUDO; HOY CASI TODO EL MUNDO LO TIENE SANFORIZADO

ENTRAMOS A UNA JUGUETERÍA Y...¿QUÉ VEMOS?...¡JUGUETES BÉLICOS!...¡CANTIDADES DE JUGUETES BÉLICOS!

Y ESTO NO ES NUEVO, NO. ¡GENERACIONES Y GENERACIONES SE HAN FORMADO BAJO LA INFLUENCIA DE ESTOS NEFASTOS JUGUETES...

...QUE INCITAN A LA VIOLENCIA, A LA AGRESIÓN, A LA GUERRA!...¡HE AHÍ POR QUÉ EL MUNDO ANDA COMO ANDA!

¡YA DECÍA YO QUE LA CULPA NO LA TIENE NI EL PETRÓLEO, NI LOS INTERESES INTERNACIONALES, NI NINGUNA DE ESAS PAVADAS!

¡POM! ¡POM!
¡CRAK!
¡CLARK!

¿QUÉ HACÉS, MIGUELITO?
¿NO OÍSTE LO QUE DIJERON POR TV DE LOS JUGUETES BÉLICOS?

SÍ
BUENO, YO NO QUIERO JUGUETES QUE ME ENSEÑEN A MATAR
¡POM!
¡CRAK!
¡POM!

¡YO QUIERO SER AUTODIDACTA!

?
¿SNIF? ¿SNIF?

?

¿SABÉS QUE GUILLE YA SE PARA SOLITO?
¿SÍ?

¿SIN AGARRARSE DE NADA?

¡BONK!

¡BUÁÁ!
¿QUERÉS CALLARTE?
¡CALLATE TE DIGO!

¡UUUUY!¡MIRÁ, LA NENA ES COMO VOS Y NO LLORA! ¡QUÉ VERGÜENZA, CÓMO TE MIRA LA NENA! ¡VA A PENSAR QUE SOS UN LLORÓN! ¿NO ES CIERTO, NENA?

¡NO!

POR SUERTE LA NENA TIENE CONCIENCIA GREMIAL

"NO HAY MAL QUE DURE CIEN AÑOS"

CIEN AÑOS NO SÉ, PERO HAY MALES QUE HACE RATO PEINAN CANAS

"BIEN, AMIGUITOS, EMPECEMOS ESTE CUENTO Y DEJEMOS VOLAR NUESTRA IMAGINACIÓN"

LOS QUE TENGAMOS PLAFOND, CLARO

MAMÁ,¿QUÉ TE GUSTARÍA SER SI VIVIERAS?

¿A VOS TE PARECE QUE FREGAR TODO EL DÍA EN LA CASA ES VIVIR,SUSANITA?

¿POR QUÉ NO? MI BISABUELA NO HIZO NUNCA OTRA COSA Y TIENE OCHENTA Y TRES AÑOS, ¿QUÉ ME DECÍS?

QUE SI VIVIR ES DURAR, PREFIERO UNA CANCIÓN DE "LOS BEATLES" A UN LONG PLAY DE "LOS BOSTON POPS"

1173

¿VIERON CÓMO SIN MI NO SON NADIE?

CUANDO EL HOMBRE HAYA CONSTRUIDO ALLÁ MUCHAS CIUDADES LLENAS DE AVENIDAS, RASCACIELOS Y LETREROS TODOS ILUMINADOS, ¿CÓMO SE VERÁ LA LUNA?

SOSPECHO QUE DAMNIFICADA

EL GOBIERNO NO DESOYE LAS RAZONES DE QUIENES CUESTIONAN LA CITADA LEY...

PERO ADVIERTE QUE LOS INTERESES DE NINGÚN SECTOR PODRÁN IMPEDIR QUE SE LA APLIQUE CON TODO RIGOR

¡LO QUE ES TENER EL CHUPETÍN POR EL PALITO! ¿EH?

AHORA QUE HAY UNA LUZ DE ESPERANZA NO SEA COSA QUE A ALGÚN CRETINO LE DÉ POR AFANARNOS LOS TAPONES

VOY A VER TU PORVENIR, FELIPE. SACÁ UNA CARTA

AHORA DATE VUELTA Y FROTALA EN TU NARIZ DICIENDO "CONJURO, CONJURO, TE TRASPLANTO MI FUTURO"

"CONJURO, CONJURO, TE TRASPLANTO MI FUTURO"

AHORA DAMELA REPITIENDO "UKA - UKA"
"UKA-UKA"

BIEN, VEO QUE TU PORVENIR ES EL DE UN ESTÚPIDO DISPUESTO A HACER CUALQUIER IDIOTEZ QUE LE PIDAN

CONJURO, CONJURO

¡PST! MAFALDA, SACÁ TU CARTA Y CONOCERÁS EL FUTURO

TONTERÍAS, SUSANITA; HACE RATO QUE LA UN SACÓ LA SUYA Y MIRÁ LO DESPISTADA QUE ANDA

DICE MI MAMÁ QUE NO TRAIGAS EL PEDIDO, MANOLITO, PORQUE LA SEMANA QUE VIENE NOS VAMOS DE VERANEO
ENTIENDO

¡JHA'!

¡SI HACE UNOS AÑOS YO VEÍA EN LA PLAYA A ALGUIEN CON ESTO, HUBIERA PENSADO: ESE TIPO ES LOCO!
¡ANDÁ, EXAGERADO!

¿TANTA PUNTERÍA TENÍAS PARA ACERTAR DIAGNÓSTICOS?

¡AAAAH! ¡POR FIN ESTAMOS AQUÍ!

¡OTRO!...

ES CURIOSO; CUANDO UNO VE A LA GENTE DE VACACIONES...

........PARECE QUE NADIE TUVIERA LA CULPA DE NADA

...Y EN TERCER LUGAR HICISTE MAL AL DEJAR QUE.....

...Y EN DÉCIMOSEGUNDO LUGAR....

¡HOLA! ¿CÓMO TE LLAMÁS?

MARÍA ALEJANDRA DEL PILAR UGARTE LACLÓS

¡POBRE! ¿TE IMAGINÁS EL TIEMPO QUE TENDRÍAS EN TU VIDA PARA DECIR COSAS SI TE LLAMARAS MÁS CORTO?

!

¡DIOS MÍO, QUÉ PARECIDO A UN CABLE URGENTE DE ÚLTIMO MOMENTO!

?

¡EH! ¿QUÉ HACÉS?

NADA, ES QUE TE HABÍA ENTRADO UNA BIKINI EN EL OJO

CUANDO UNO PIENSA QUE COMPARADA CON EL UNIVERSO LA TIERRA ES TAN CHICA COMO ESTE GRANITO DE ARENA

..SE DA CUENTA QUE LOS SERES HUMANOS SON APENAS MICROBIOS DIMINUTOS, ¿NO?

¡NO!
BRONCEX

ESCUCHÁ, GUILLE
¿QUÉ OÍS?

TUT- TUT-TUT-TUT-TUT-TUT......

¡PÁH!....
¡UNO VUELVE DEL VERANEO SINTIÉNDOSE OTRO!

¡MIRÁ VOS, Y ESTOS INGENUOS HAN ESTADO MANDANDO CUENTAS A NOMBRE DEL QUE ERAS ANTES!

¡CONTAME DE LA PLAYA, MAFALDA! ¿TU MAMÁ SE ENAMORÓ DEL BAÑERO?
¿DEL BAÑERO?

¡ESTÚPIDA!
¡CON LO HERMOSOS QUE SON LOS BAÑEROS!....¡Y VOS NI LO VISTE!

SÍ, LO VÍ, PERO NO SE ME OCURRIÓ FIJARME SI ERA HERMOSO. LO QUE SÍ PENSÉ ES QUE MIENTRAS ÉL CUIDABA UNAS POCAS VIDAS SE ESTABAN FABRICANDO MILES DE BOMBAS QUE...

¿SUSANITA?

PUES SÍ, MI PAPÁ PIENSA QUE NO HAY MEJORES VACACIONES QUE EL TRABAJO

¡CLARO! VERANEANDO GASTARÍA, EN CAMBIO TRABAJANDO GANA DINERO

¡DINERO! ¿Y LA SALUD?....¡PORQUE UNA COSA ES EL DINERO Y OTRA LA SALUD!

¡¿¿CÓMO??!

DURANTE MIS VACACIONES NO LEÍ CASI NINGUNA REVISTA DE ACTUALIDAD, ASÍ QUE ME ESTOY PONIENDO UN POCO AL DÍA

Y ENCONTRÉ AQUÍ UNA FRASE, FELIPE,.... ¡QUÉ FRASE!
¿QUÉ FRASE?

"ES MÁS DIGNO MORIR DE PIE QUE VIVIR DE RODILLAS"

Y DIGO YO..... ¿SERÁ MUY DESHONROSO SUBSISTIR SENTADOS?

SI NO TENÉS OTROS PLANES VAMOS A LA PLAZA A JUGAR A LOS BALAZOS ¿EH?

PENSABA QUEDARME VIENDO *"EL MARAVILLOSO MUNDO QUE NOS RODEA"*
EL MARAVILLOSO MUNDO QUE NOS RODEA

PERO ¡SEA!, VAMOS A ENFRASCARNOS CON LA REALIDAD

¡YA ESTÁ! ¡YO ERA UNA BELLA Y TERRIBLE GANSTERESA! ¡Y CAPITANEABA UNA FEROZ BANDA!
¿GANSTEQUÉ?

AUNQUE EN EL FONDO NO ERA MALA, NO. ERA SÓLO..... UN PRODUCTO SOCIAL, ¡ESO!

¡UNA POBRE VÍCTIMA MÁS DE ESTA SOCIEDAD CRUEL, MALVADA, ANÓNIMA, COMERCIAL, INDUSTRIAL, FINANCIERA!...

¡YO HACER DE POLICÍA SÍ, PERO DE BANDIDO NO! ¡ESO SÍ QUE NO!

DEJÉMOSLO SER POLICÍA, POBRE MIGUELITO, ¡SI ES UN TIERNO!... ¿CÓMO VA A HACER DE DELINCUENTE?

¡ADEMÁS QUE TRAJE UN ALFILER PARA LAS TORTURAS Y TODO!

¡ESTO ES UN ROBO!

¡PUES SI NO LE GUSTAN LOS PRECIOS VAYA A OTRO ALMACÉN, SEÑORA!!

ES LA COSTUMBRE, PERDÓN

¡CUANDO VÍ QUE ESTABA TODA CORTADA ME DIÓ UNA INDIGNACIÓN!
¡ES UNA BARBARIDAD!

¡QUÉ EPOCA TRISTE, DIOS MÍO! ¡UNO YA NO SABE SI LA GENTE HABLA DE LECHE O DE CINE!

QUESO
PARA
EJECUTIVOS

SNIF
SNIF

ALMACEN "DON MANOLO"

farmacia

¿ÉTE?
PLANTA

¿ÉTE?

SILLA

¿ÉTE?

ÉTE

¿Y PARA QUÉ CUERNOS QUIERO SER GRANDE CUANDO SEA GRANDE? ¡YO QUIERO SER GRANDE AHORA!

Historia Nacional

BIEN, MIS QUERIDAS; YA EN AÑOS ANTERIORES UDS. HAN IDO APRENDIENDO CÓMO FUE FORJÁNDOSE LO QUE HOY CONSTITUYE LA ESENCIA MISMA DE NUESTRA NACIONALIDAD ¿VERDAD?

¡YEAH!

¿QUÉ TAL TU MAESTRA EN ESTA PRIMERA SEMANA DE CLASES, MANOLITO?

NO PARECE MALA; NOS HABLÓ MUCHO SOBRE LO QUE ES LA INSTRUCCIÓN

Y NOS DIJO QUE LA ESCUELA ES UN TEMPLO DEL SABER

ASÍ QUE VEREMOS SI ESTE AÑO LE PESCO LA VUELTA A LA LITURGIA

¿Y SI AGARRAMOS Y DAMOS EL MEJORAZO?

...ASÍ LE CONTÓ A MI MAMÁ LA GORDITA DE LA PANADERÍA QUE ANDA CON EL HIJO DE LA SEÑORA DEL TERCERO B, ESE QUE ESTUDIA DE NOCHE PORQUE DE DÍA TRABAJA PARA...

...AYUDAR EN LA CASA, ¡POBRE!, QUE SI AL PADRE NO LE GUSTARA TANTO EL HIPÓDROMO NO TENDRÍA NECESIDAD NI LE DEBERÍAN TODO LO QUE LE DEBEN AL CARNICERO, QUE ACABA DE......

...COMPRARSE UN TAXI, EL CARNICERO, MIRÁ VOS; SE LO MANEJA EL CUÑADO CASADO CON LA MODISTA QUE ANTES NOVIEABA CON EL PELIRROJO AQUÉL QUE TUVO UN BUEN LÍO CON..

JAQUE MATE, SUSANITA

¿POR QUÉ ESTA MALA PATA? ¿POR QUÉ?

¡MI PAPÁ TODOS LOS DÍAS LO MISMO!...

"BUEN DÍA-HASTA LUEGO"
"HOLA, ¡PUF, QUÉ CANSANCIO! ¿ESTÁ LA CENA? ¡AAAH!...¡POR FIN LA CAMA! ¡BUEH!... HASTA MAÑANA"

Y MI MAMÁ: "¡NO RAYES EL PARQUET! ¿OTRA VEZ CON LOS ZAPATOS SOBRE EL SILLÓN? ¡NO DESTROCES LA ROPA! ¡A VER ESAS OREJAS!"

FRANCAMENTE NO SÉ QUÉ HARÍA YO SIN MÍ

¡MAMÁ, MAFALDA SE QUEDA A TOMAR LA LECHE!
BUENO

ESO SÍ, A MI MAMÁ NO LE GUSTA QUE UNO DEJE ENFRIAR LA LECHE

ASÍ QUE CUANDO NOS LLAME NO LA HAGAMOS ESPERAR MÁS DE DOS O TRES MUERTOS

ANOCHE VÍ POR TV UNA PELÍCULA SENSACIONAL; ERA EN LA GUERRA Y RESULTA QUE EL MUCHACHO LUCHAB
¿EN QUÉ GUERRA?

EN LA ÚLTIMA; Y RESULTA QUE EL MUCHACHO LUCHAB
¿EN LA ÚLTIMA CON QUIÉNES?

CON LOS JAPONESES; Y RESULTA QUE EL MUCHACHO LUCHAB
¡ANDÁ! ¡ESA NO ES LA ÚLTIMA!

¿ENTONCES PARA QUÉ CUERNOS LUCHABA EL MUCHACHO?

FELIPE, ¿VISTE ANOCHE POR TV LA PELÍCULA DE GUERRA CON LOS CHINOS?

NO ERAN CHINOS, ERAN JAPONESES

¿NO LEÉS LOS DIARIOS? MIRÁ QUE LOS QUE YO DIGO ERAN MALOS Y LOS MALOS SON LOS CHINOS, ¿EH?
¡ESTOS ERAN JAPONESES!

PERO MIRÁ QUE LOS QUE YO DIGO AL PRIMERO QUE VEÍAN LE ENCAJABAN UN BALAZO Y NO UN GRABADOR. ¿EEHÉ?

VAS A VER QUÉ LINDO AFICHE ME CONSIGUIÓ MI PAPÁ PARA MI PIEZA, MANOLITO

GRECIA

GRECIA

¿NUNCA TE CONTÉ DE MI TÍO EL QUE ESTORNUDÓ EN UN BAZAR?

GRECIA
LINDO, ¿EH?
SÍ, ME LO TRAJO MI PAPÁ, Y ME DIJO....

GRECIA ANTIGUA, MAFALDA. LA CUNA DE NUESTRA CIVILIZACIÓN

PARECE QUE LUEGO CAYÓ EN MANOS DE UNOS BESTIAS PARA EL ARRORRÓ

¡AH, EL PARTENÓN! LEÍ POR AHÍ POR QUÉ ESTÁ TAN ROTO
¿POR QUÉ?

PORQUE NO SÉ EN QUÉ SIGLO LOS TURCOS LO UTILIZARON COMO POLVORÍN DURANTE UNA GUERRA

HASTA QUE UN CAÑONAZO ENEMIGO....
¡BOOM!

¡MODERNOS, LOS ANTIGUOS! ¿EH?

GRECIA
COMO PASADO ESTÁS MUY BIEN, PERO SOS TODO RUINAS

EN CAMBIO EL FUTURO ESTÁ TODAVÍA SIN CONSTRUIR; POR ESO LE TENEMOS FE

PORQUE UNO LO MIRA Y NO VE RUINAS

QUINO

NOTICIAS MUNDIALES

¡CLIC!
CANAL

SI VIERAS LO QUE OCURRE EN EL CANAL DE AL LADO SE TE MARCHITA EL VIOLÍN

1. En la composición del suelo entran di. elementos: arena, arcilla, sustancias calcáreas y mus. 2. El humus o tierra negra se ha formado con restos de animales o plantas acumulados dur muchísimos años. 3. Los suelos arenosos dejan p el agua con facilidad; son permeables. 4. Los su arcillosos no dejan pasar el agua: son impermeab 5. Los suelos humíferos absorben el agua. Est

2. El tallo, por lo general, sigue a la raíz, transp la savia y sostiene las ramas, hojas, flores y fr 3. Las hojas son los pulmones de la planta, pues ellas respira. 4. La flor, cuando es completa, tiene parte de pétalos, blancos o coloreados (la corol un conjunto de hojitas verdes (el cáliz). 5. Las f se transforman en frutos, y en éstos están conter las semillas que, sembradas nuevamente, dar gen a plantas iguales

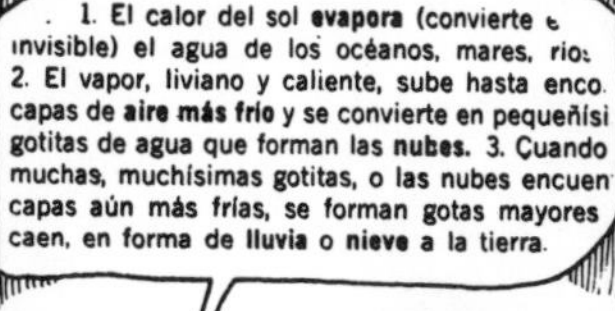
1. El calor del sol evapora (convierte e invisible) el agua de los océanos, mares, ríos 2. El vapor, liviano y caliente, sube hasta enco capas de aire más frío y se convierte en pequeñísi gotitas de agua que forman las nubes. 3. Cuando muchas, muchísimas gotitas, o las nubes encuen capas aún más frías, se forman gotas mayores caen, en forma de lluvia o nieve a la tierra.

¡NO, GUILLE, NO!

ESO NO SE TOCA, PORQUE SOS MUY CHIQUITO Y PODÉS ROMPERLO Y ES DE CRISTAL MUY CARO Y.....

....

¡DIOS MÍO, QUÉ MANERA DE DECIR ADULTECES!

YEAH
YEAH
YEAH

YEAH
YEAH
YEAH

YE....
¡BONK!

QUÉ, ¿NUNCA OÍSTE TERMINAR UNA CANCIÓN?

¡GANÉ! ¡GANÉ AL TA-TÉ-TI!!

¡¡GANÉ AL TA-TÉ-TI!! ¡GANÉ!

¡GANÉ AL TA-TÉ-TI! ¡JAH!... ¡¡GANÉ!!

LA VIDA ES LINDA, LO MALO
ES QUE MUCHOS CONFUNDEN
LINDO CON FÁCIL

SÑIF.

¿QUÉ HACÉS CON ESO AQUÍ?

PENSÉ QUE TE INTERESARÍA LLORAR POR ALGO MÁS ALTRUISTA QUE UNA CEBOLLA

ESCUCHE, AGENTE; UD. CUIDE TODO EL BARRIO, PERO MI CASA NO, ¿SABE?

¿POR QUÉ TU CASA NO?
PORQUE LA VIDA TIENE MUCHAS VUELTAS

SUPONGA QUE EL DÍA DE MAÑANA YO ESTUDIE EN LA UNIVERSIDAD; SUPONGA QUE SE ARMA ALGÚN LÍO Y USTED Y YO NOS ENCONTRAMOS,

¿CON QUÉ CARA LE ENCAJO ADOQUINAZOS A QUIEN CUIDÓ MI CASA?

¡HIJITOS!... ¡ESO ES LO ÚNICO QUE YO LE PIDO A LA VIDA!

PORQUE EL DEPARTAMENTO, EL AUTO, LA HELADERA, EL LAVARROPAS, EL TELEVISOR Y TODO ESO PIENSO PEDÍRSELO A MI MARIDO, NO CREAS QUE SOY ESTÚPIDA
QUINO

¿SABÉS QUE EN LA OTRA CUADRA PONEN UNA JUGUETERÍA?

¿SABÉS QUE EN LA OTRA CUADRA PONEN UNA JUGUETERÍA?

¿SABÉS QUE EN LA OTRA CUADRA, AL LADO DEL SASTRE QUE LE HIZO EL TRAJE DE CASAMIENTO AL HIJO DE LA MANICURA Y LA NOCHE DE LA BODA QUERÍA COBRARSELO EN LA IGLESIA PORQUE EL OTRO SE HABÍA HECHO EL BURRO Y SE ARMÓ UNA BATAHOLA EN LA QUE SE METIÓ HASTA LA MADRINA QUE DICEN QUE LES HIZO UN REGALITO DE MORONDANGA Y ESO QUE COBRA LA PENSIÓN DEL MARIDO MÁS LO QUE SACARÁ DEL ALQUILER DE LA PIECITA DE LA TERRAZA AL RENGUITO QUE ARREGLA RADIOS, PONEN UNA JUGUETERÍA?

¡MÚF!.. ¡MALDITO TRABAJO! ¡VOY A DESCANSAR UN POCO AQUÍ!

VENÍA VER FELIPE, ¡POBRES HORMIGAS!... SE DESLOMAN DALE QUE DALE TRABAJANDO TODA SU VIDA, ¿Y TOTAL PARA QUÉ? PARA TENER HIJOS-HORMIGAS QUE A SU VEZ SE DESLOMARÁN DALE QUE DALE TRABAJANDO..

TODA SU VI....
¡SFÑIG!

¡MIRÁ QUE HAY GENTE RARA! ¿EH?

¿VOS CREÉS QUE LAS HORMIGAS SE SIENTEN LIBRES?
¡MMH!...VIÉNDOLAS MARCHAR A TODAS ASÍ EN FILA Y SIN CHISTAR SE DIRÍA QUE NO TIENEN MUCHA LIBERTAD

SIN EMBARGO NO PARECEN MUY DESCONFORMES
NO, ES CIERTO

SE VE QUE TIENEN CEREBRO DE HORMIGA, NOMÁS

HOLA, ¿DE DÓNDE VENÍS?
DE LA PLAZA

¿ESTUVISTE MIRANDO LA ESTATUA DEL SEÑOR BARBUDO QUE ESTÁ ASÍ?

NO, ESTUVE MIRANDO UNAS HORMIGUITAS

APOSTARÍA A QUE ESTA CHICA JAMÁS SERÁ DIRECTORA DE ESCUELA

ANOCHE SOÑÉ QUE YO ESTABA EN LA UN, O ALGO ASÍ
¿CÓMO "ALGO ASÍ"?

ALGO ASÍ COMO LA UN
¿PERO ERA O NO ERA LA UN?

Y, ERA UN GRAN RECINTO LLENO DE DELEGADOS DE MUCHOS PAÍSES; ¡ESO ERA LA UN!

¿POR QUÉ ERA?
¿SE FUNDIÓ LA UN?

¡PERO NO, MIGUELITO!
¡AH!

CREÍ QUE NOS HABÍAMOS QUEDADO SIN LOS SIMPÁTICOS INOPERANTES

¡ESTO NO ES PARA VOS, GUILLE! ¡SE ACABÓ!

¡POBRE GUILLE, EN LO MEJOR DE UNA SERIE MI MAMÁ LE DESENCHUFÓ EL TELEVISOR! ¿Y A QUE NO SABÉS QUÉ HIZO ÉL?
¿QUÉ?

SE PUSO A MIRAR POR LOS AGUJERITOS DEL TOMACORRIENTE CREYENDO QUE POR AHÍ PODÍA VER IGUAL

¡POBRE!

¡COMO SI AL TAMAÑO EN QUE VIENEN LAS FIGURAS POR EL CABLE, ALGUIEN PUDIERA VER ALGO!

¡MIRE SI UNO VA A QUEMARSE POR UNOS PESOS ROÑOSOS!

NO QUIERO IMAGINAR LA HOGUERA SI LOS BILLETES FUERAN APROBADOS POR SALUD PÚBLICA

¡MIRÁ QUÉ FOTO DE LA LUNA VOY A PONER EN MI PIEZA!
¡QUÉ FANTÁSTICA!

¡MIRÁ QUÉ FOTO DE LA LUNA VOY A PONER EN MI PIEZA!
¡QUÉ BÁRBARA!

¡MIRÁ QUÉ FOTO DE LA LUNA VOY A PONER EN MI PIEZA!

¡QUÉ ASCO DE CUTIS, LA LUNA!

¡FLOP!
¡FLOP!

¿QUÉ PASA, FELIPE? A ESE PASO VAS A LLEGAR TARDE A CLASE

PASA QUE NO TODOS VAMOS A LA ESCUELA POR LA VEREDA DE LA VOCACIÓN
¡FLOP!
¡FLOP!

DECIME PAPÁ, ¿CUANDO VOS ERAS CHICO NUNCA TE PUDRISTE DE LA ESCUELA?
¿CÓMO SE TE OCURRE!? ¿DE LA ESCUELA?!

¡SÍ, DE LA ESCUELA Y LA MAESTRA Y LAS CUENTAS!...
¡LAS CUENTAS!

Y LAS ORACIONES, SÍ, Y LOS MAPAS Y LA GEOMETRÍA Y LOS DICTADOS Y...

ELLA EMPEZÓ

TODOS CREEMOS EN EL PAÍS, LO QUE NO SE SABE ES SÍ A ESTA ALTURA EL PAÍS CREE EN NOSOTROS

BUENO, ¿Y POR QUÉ EN ESTE AÑO QUE VIENE NO INICIAMOS DE UNA BUENA VEZ LA TAN POSTERGADA CONSTRUCCIÓN DE UN MUNDO MEJOR? ¿EH?

¿O ALGÚN ZANAHORIA NOS PERDIÓ LOS PLANOS?

QUINO

MAFALDA 6

EDICIONES DE LA FLOR

a Tito F.

QUINO

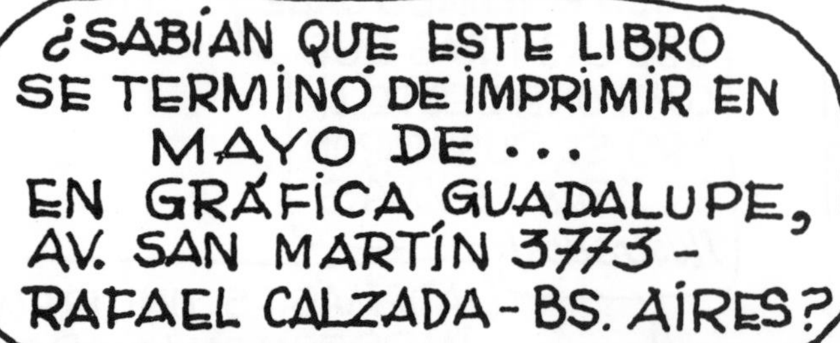

¡MALDITO COLECTIVO! ¡NO LLEGABA NUNCA!

¡ES QUE VOS DEBERÍAS TENER UN AUTO, PAPÁ! ¿POR QUÉ NO T...
¡CLAAARO!..
¡TOTAL!... ¡LOS REGALAN, LOS AUTOS!

¡ANDÁ, ILUSA! ¡AYUDÁ A TU MADRE A TRAER LA COMIDA! ¡UN AUTO! ¡COMO PARA IMAGINAR FANTASÍAS ESTOY YO! ¡ANDÁ!
¡BUENO, CHÉ! ¡YO QUÉ SABÍA!

¡ÑÑÑÑÑÑÑÑÑÑÑÑÑÑÑ! ¡BRRRRRRRRBBBBBB!
?

PENSÁNDOLO BIEN, COMPRAR UN AUTO... ¿EH? ¡CON LAS FINANCIACIONES QUE HAY AHORA!.. ¡MÁH! ¡YO ME EMBARCO Y LISTO!

AL FIN DE CUENTAS, TODO ES CUESTIÓN DE AHORRAR, ¡ESO ES!, Y DE SABER MEDIRSE

Y DE NO GASTAR A LA MACANA
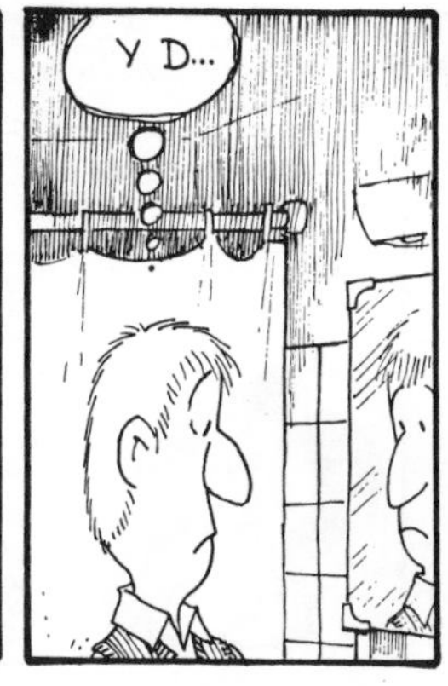
Y D...

TENEMOS ENTONCES QUE LA SUPERFICIE TOTAL DE LA TIERRA ES DE:
510 millones. 101.000 Km²

CON UN PORCENTAJE DE AGUA DE:
71,3%

SE CALCULA QUE LA POBLACIÓN MUNDIAL ES DE:
3.000 millones, 700.000 personas

¿CON QUÉ PORCENTAJE DE SERES HUMANOS DE VERDAD?

HOY LA MAESTRA ME FELICITÓ POR LO BIEN QUE ANDO EN ARITMÉTICA

ME DIJO QUE SORPRENDE MI RAPIDEZ PARA SACAR CUENTAS

¡QUÉ BIEN, MANOLITO! ¿Y QUÉ TAL VAS EN TODAS LAS DEMÁS MATERIAS?

HOY LA MAESTRA ME FELICITÓ POR LO BIEN QUE ANDO EN ARITMÉTICA; ME DIJO QUE SORPRENDE MI RAPIDE
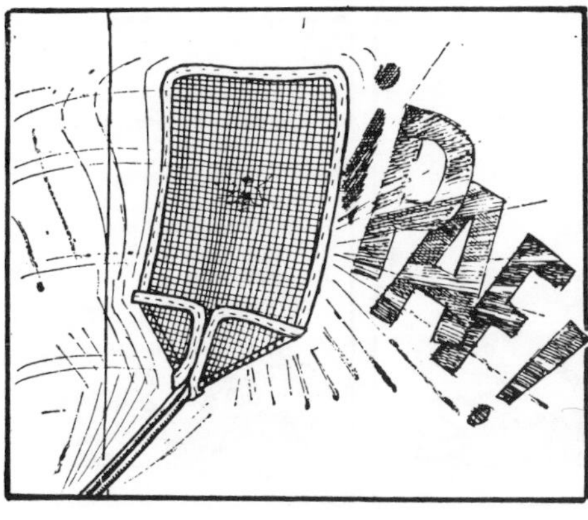
¡PAF!

¿O TENÍAS GRANDES PROYECTOS?

¡SALÍ, TOM y JERRY SON MUCHO MEJOR!
¡ESPEREN! ¿¡Y AQUELLA TAN GRACIOSA, QUE NO RECUERDO DE QUIEN ERA?
¡ESAS DOS ARDILLITAS QUE SIEMPRE ALMACENAN NUECES SON BUENÍSIMAS!
¡LAS DE PLUTO, ESAS SÍ QUE SON GENIALES!

¿PODRÍAN CALLARSE TODOS UN MINUTO, POR FAVOR?

?

GRACIAS. SENTÍA NOSTALGIAS DE ESTAR UN POQUITO CONMIGO

"NERVO-CALM" GOTAS
¿"NERVO CALM"? ¡NO SERÁ PARA VOS, ¿NO?

¿PARA MÍ? ¡NOOO!
¡AH!

ES PARA MI PAPÁ, QUE AL FINAL NO ME CONTESTÓ QUÉ DIABLOS ES EL EROTISMO, ¿UD. PODRÍA EXP

FALTAN VEINTE GOTAS QUE TOMÓ EL FARMACÉUTICO

LOVE NOT WAR
PEACE!

¡AAAAAH!......¡POR SUERTE EL MUNDO QUEDA TAN, TAN LEJOS!.....

¡RIIIIIIIIIIIIIIIIIIIIIIIIIINNNNG!...
¡RECREO!!...
¡PLINK!

ES NOTABLE CÓMO LOS DECORADORES DEL MINISTERIO DE EDUCACIÓN HAN LOGRADO DARLE EL MISMO ESTILO A TODA LA ESCUELA

EL PEDIDO (¡PUF!)
ESTABA LAVANDO, PASÁ

VOY A BUSCAR LA PLATA, ESPERÁ
¿Y MAFALDA?

AHÍ TAMBIÉN, POBRE; TRABAJANDO CON LOS DEBERES PARA MAÑANA
AH, CLARO

¡LARGÁ, VOS!... ¡IMPRODUCTIVO!

¡SALÍ, TOM y JERRY SON MUCHO MEJOR!
¡ESPEREN! ¡Y AQUELLA TAN GRACIOSA, QUE NO RECUERDO DE QUIEN ERA?
¡LAS DE PLUTO, ESAS SÍ QUE SON GENIALES!
¡ESAS DOS ARDILLITAS QUE SIEMPRE ALMACENAN NUECES SON BUENÍSIMAS!

¿PODRÍAN CALLARSE TODOS UN MINUTO, POR FAVOR?

?

GRACIAS. SENTÍA NOSTALGIAS DE ESTAR UN POQUITO CONMIGO

"NERVO-CALM" GOTAS
¿"NERVO CALM"? ¡NO SERÁ PARA VOS, ¿NO?

¿PARA MÍ? ¡NOOO!
¡AH!

ES PARA MI PAPÁ, QUE AL FINAL NO ME CONTESTÓ QUÉ DIABLOS ES EL EROTISMO, ¿UD. PODRÍA EXP

FALTAN VEINTE GOTAS QUE TOMÓ EL FARMACÉUTICO

LOVE NOT WAR
PEACE!

¡AAAAAH!.......¡POR SUERTE EL MUNDO QUEDA TAN, TAN LEJOS!.....

¡RIIIIIIIIIIIIIIIIIIIIIIINNNNG!...
¡RECREO!!...
¡PLINK!

ES NOTABLE CÓMO LOS DECORADORES DEL MINISTERIO DE EDUCACIÓN HAN LOGRADO DARLE EL MISMO ESTILO A TODA LA ESCUELA

EL PEDIDO (¡PUF!)
ESTABA LAVANDO, PASÁ

VOY A BUSCAR LA PLATA, ESPERÁ
¿Y MAFALDA?

AHÍ TAMBIÉN, POBRE; TRABAJANDO CON LOS DEBERES PARA MAÑANA
AH, CLARO

¡LARGÁ, VOS!...
¡IMPRODUCTIVO!

¡MALDITO COLECTIVO!¡NO LLEGABA NUNCA!

¡ES QUE VOS DEBERÍAS TENER UN AUTO, PAPÁ! ¿POR QUÉ NO T
¡CLAAARO!..
¡TOTAL!.. ¡LOS REGALAN, LOS AUTOS!

¡ANDÁ, ILUSA! ¡AYUDÁ A TU MADRE A TRAER LA COMIDA! ¡UN AUTO! ¡COMO PARA IMAGINAR FANTASÍAS ESTOY YO! ¡ANDÁ!
¡BUENO, CHÉ! ¡YO QUÉ SABÍA!

¡ÑÑÑÑÑÑÑÑÑÑÑÑÑÑ! ¡BRRRRRRRRBBBBBB!
?

PENSÁNDOLO BIEN, COMPRAR UN AUTO...¿EH? ¡CON LAS FINANCIACIONES QUE HAY AHORA!.. ¡MÁH! ¡YO ME EMBARCO Y LISTO!

AL FIN DE CUENTAS, TODO ES CUESTIÓN DE AHORRAR, ¡ESO ES!, Y DE SABER MEDIRSE

Y DE NO GASTAR A LA MACANA

Y D...

TENEMOS ENTONCES QUE LA SUPERFICIE TOTAL DE LA TIERRA ES DE:
510 millones. 101.000 Km²

CON UN PORCENTAJE DE AGUA DE:
71,3%

SE CALCULA QUE LA POBLACIÓN MUNDIAL ES DE:
3.000 millones, 700.000 personas

¿CON QUÉ PORCENTAJE DE SERES HUMANOS DE VERDAD?

HOY LA MAESTRA ME FELICITÓ POR LO BIEN QUE ANDO EN ARITMÉTICA

ME DIJO QUE SORPRENDE MI RAPIDEZ PARA SACAR CUENTAS

¡QUÉ BIEN, MANOLITO! ¿Y QUÉ TAL VAS EN TODAS LAS DEMÁS MATERIAS?

HOY LA MAESTRA ME FELICITÓ POR LO BIEN QUE ANDO EN ARITMÉTICA; ME DIJO QUE SORPRENDE MI RAPIDE
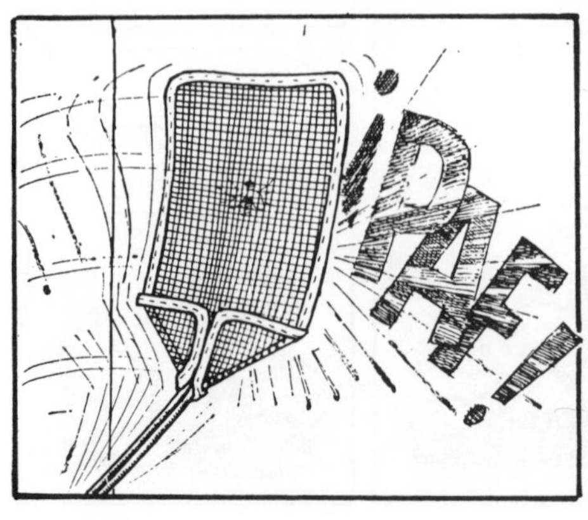
¡PAF!

¿O TENÍAS GRANDES PROYECTOS?

¡MIRÁ SI JUSTO A MÍ, ESPOSA COMPRENSIVA, BUENA Y TOLERANTE ME TOCA UN DESASTRE DE MARIDO!

¡DECIME! ¿TENÉS IDEA DE CON QUIÉN VAS A CASARTE?
NO
¡BUENO, ENTONCES NO JOROBES!

¡ME MUERO POR CONOCER A ESE MISERABLE!

TIC-TIC-TIC-TIC-TIC-TIC-TIC-TIC-TIC-

HOLA, ¿NOTAN ALGO?

SÍ, QUE NO ES AUTOMÁTICO, SUMERGIBLE, LUMINOSO NI CON CALENDARIO COMO EL DE MI PAPÁ

¡IIIIIÚÚÚJUH, MAMÁ! ¡UIÍÍJUUUUJÚ!

¡YÚÚPIIIIH!! ¡YUÍÍÍJIIIIII!

¿QUÉ DIABLOS HACÉS, MIGUELITO? ¡NO ENTIENDO!
VOS, PORQUE TENÉS UN HERMANITO, Y ENTRE DOS....¡CLARO!

PERO AQUÍ TENGO QUE APECHUGAR YO SOLITO CON ESO DE SER LA ALEGRÍA DEL HOGAR

MAMÁ, ¿TU PRIMER NOVIO FUE ESTE, O QUIÉN?

¡NO ES HORA DE VENIR CON PREGUNTAS, SINO DE DORMIR! ¡ANDÁ A LA CAMA!

PERO....YO SÓLO QUERÍA SABER SI VOS FUISTE EL PRIMER NOVIO DE MAMÁ
¡BUENO, BASTA! ¿ME OÍS? ¡BASTA!

¡¡¿EN QUIÉN ESTAS PENSANDO, VOS?!!

¡QUÉ DÍA, HOY! ¡CAMAÑO CON GRIPE! ¡BENDATI TAMPOCO FUÉ PORQUE ANDA EN UN LÍO!... PARECE QUE....

... SE SEPARA DE LA MUJ...

...SICA ¡ESO! TOCABA MÚSICA EN UN CONJUNTO Y AHORA DEJA
¡CLARO!

MORALEJA: NUNCA TE CASES DE OÍDO

...NFORMA QUE ANTE LOS ACONTECIMIENTOS QUE SON DEL DOMINIO PÚBLICO...

¡EH, NO!
¡CLACK!

BUENO...
CLACK!

...SI VOS CREÉS QUE ES EL PÚBLICO EL QUE DOMINA LOS ACONTECIMIENTOS....

MAMÁ, ¿PUEDO IR A LA PLAZA?
NO, ESTOY MÁS TRANQUILA VIÉNDOTE ACÁ

¿QUÉ TENÍAS, MAMÁ?
UNA CANA

¡CÓMO! ¿YA? ¿YA EMPIEZAN A SALIRTE? ¿YA COMIENZ

¿Y MAFA
¡EN LA PLAZA!

¡HAY QUE DARLE TIEMPO AL PAÍS! EN ALGUNAS COSAS, POCO A POCO, SE NOTA UN DESARROLLO

Y EN OTRAS, DE GOLPE Y PORRAZO, UN CRECIMIENTO

CHUIP CHUIP

CHUIP CHUIP

CHUIP CHUIP

CHUIP CHUIP

¡AH! ¡¿APARECIÓ?!
PSÉ

EN MI GRADO HAY UN CHICO QUE LE TIENE UN MIEDO A LA OSCURIDAD!...
LE HABRÁ PASADO ALGO A OSCURAS, POBRE

¡QUÉ "POBRE", SI NUNCA LE PASÓ NADA! PERO EL PIENSA QUE EN LA OSCURIDAD PUEDE HABER... NO SÉ... "COSAS"
¿"COSAS"?

SÍ, COSAS HORRIBLES, DICE, ¡QUÉ SÉ YO!
¡UUH! ¡BUEH!..

ES UN ZANAHORIA DE ESOS QUE CREEN EN ESTUPIDECES
¡NI MÁS NI MENOS!

¡ESTA DOBLE VIDA ME TIENE LOS NERVIOS A LA MISERIA!

¿POR QUÉ NO CACAREAMOS? ¡ACABAMOS DE PONER EL HUEVO DE UN PULÓVER!

HOLA, NENITA, VENGO A COBRAR UNA FACTURA

¿QUIÉN ES, MAFALDA?

UN BUENOIDE MATERIALISTA

NUEVA YORK: EXHORTACIÓN DEL SECRETARIO GENERAL DE LA UN PARA QUE SE LOGRE EL DESARME.
¿EXHORTACIÓN? ¿Y ESO QUÉ QUERRÁ DECIR?

SUPONGO QUE "PÉRDIDA DE TIEMPO", O ALGO ASÍ
DICCIONARIO

"EXHORTAR: ALENTAR CON PALABRAS"

¿NO TE DIJE?
DICCIONARIO

EL SOL DE LA PAAAATRIA BRILLÓ CON FULGOOOOOOR LLENANDO LAS AAAALMAS DE PRÍSTINO AMOOOOOOR

BIEN, NIÑAS, Y AHORA
SEÑORITA
¿SÍÍÍÍ? DÍ, QUERIDA

¿POR QUÉ NO CANTAMO

MAMÁ, TE CONSEGUÍ AUDIENCIA MAÑANA A LAS 8 SIN FALTA PARA QUE HABLES DE LOS BEATLES CON LA MAESTRA DE CANTO

SI PIENSAN QUE ESTOY PENSANDO LO QUE PIENSAN QUE ESTOY PENSANDO, ESTÁN MUY EQUIVOCADOS

CERA
PARA PISOS

¡BONK!

CERA

BUENAS, MANOLITO, ¿TENÉS DULCE DE MEMBRILLO?
POR SUPUESTO

¿DESEA EL COMÚN, O EL PSICODÉLICO?
300$
305$

¡PST, GUILLE!
¡TURULÍTI! ¡Y
Y ¡TURULÍTI!

¡GRUNCHI-GRUNCHI!
¡PANCHOTA PANCHOOOTA!

¡cuíííc!
¡cuíííc!
¡cuíííc!

¡cuíííc!
¡cuíííc!
¡cuíííc!

¡cuíííc!
¡cuíííc!
¡cuíííc!
¡cuíííc!

¡LÁSTIMA; UN PAÍS CASI NUEVO, Y YA CRUJE!

PAPÁ, DE ALGÚN AVISO DE ESTOS QUE SALEN ACÁ... ¿ME RECORTÁS EL AUTO QUE PENSÁS COMPRARTE?

¡ÉTE MAMÁ!
¡MAMÁ!
¡TÍ!
¡ÉTE!

¡PERO NO, GUILLE! ¡ESA NO ES MAMÁ! ¡ES BRIGITTE BARDOT!

¡BUÁÁÁ!..

SOCIALES:
•GUARDA CAMA LA SRA. VICTORIA ELENA PICHLELIT DE MONGORRY CORNA.
AGITACION SOCIAL EN LATINO AMERICA

¡POBRE!...

¡NECESITAR UN COLCHÓN Y CUATRO PATAS PARA SER NOTICIA!

ESE GATO PASA SIEMPRE POR AQUÍ, ¿VISTE?

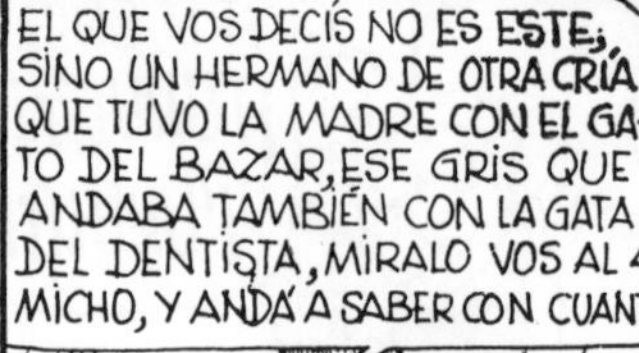
EL QUE VOS DECÍS NO ES ESTE, SINO UN HERMANO DE OTRA CRÍA QUE TUVO LA MADRE CON EL GATO DEL BAZAR, ESE GRIS QUE ANDABA TAMBIÉN CON LA GATA DEL DENTISTA, MIRALO VOS AL MICHO, Y ANDÁ A SABER CON CUANT

¡TACK!

¡TACK!

¡TRACK!

NO TE PREOCUPES, FELIPE; YO TE ROMPÍ EL ARCO PERO VOY A COMPRARTE OTRO IGUAL

NO, MANOLITO, NUNCA PODRÍAS COMPRARME OTRO IGUAL
¡TE DIGO QUE IGUAL! ¿TAN CARO ES, ACASO?

NO, NO ES CARO, PERO ESTE ME LO COMPRÓ MI PAPÁ Y SI VOS VAS Y ME COMPRÁS OTRO.... NO SÉ, YA NO SERÍA LO MISMO, ¿ENTENDÉS?

NI JOTA ¿ES QUE A ÉL LE HACEN UN DESCUENTO O ALGO ASÍ?

"Prueba escrita" ~HISTORIA NACIONAL~ Responde las siguientes preguntas:

(¡PÍST!)

Ayudáme en la de ¿quién ocupó por primera vez el sillón presidencial en nuestro país?

(¡PÍST!)

¿los anteriores gobernaron de pie?

¿VES? ¡ESO SÍ QUE ME GUSTARÍA: SER PRESIDENTE DE LA REPÚBLICA! ¿A VOS NO?

MMMH...NNNO; ESO ES ALGO MUY COMPLICADO, MIGUELITO

BUENO, YO NO DIGO SER PRESIDENTE-PRESIDENTE, ¡QUÉ SÉ YO!...UNA COSA PARECIDA, ¿EH?

¡MENOS! ¡ESO ES ALGO MUY TRILLADO, MIGUELITO!

AL DR. JUAN PUFI EN MÉRITO A SU OBRA

A FELIPE EN MÉRITO A SU OBRA

¿A QUÉ OBRA?

¡Y LOS QUE QUIERAN LLAMARME CUANDO YO SEA UN SEÑOR MUY OCUPADO SIN TIEMPO PARA ATENDERLOS, JORÓBENSE!!

Maestra

Deber
"Las Invasiones Inglesas"
Maruja

Deber
"Las Invasiones Inglesas"
Beatriz

Deber
"Las Invasiones Inglesas"
¡VIVAN LOS Beatles
Y LOS Rolling Stones
Yeah!
Mafalda

¿SÑIF?
¡ZAS!

¿ESTÁS HACIENDO SOPA, MAMÁ?
SÍÍÍ

Y SE SUPONE QUE QUERRÁS OBLIGARME A TOMARLA, ¿NO?
EXACTO

¡PUES TENDREMOS UNA ESCENA, PORQUE ÚLTIMAMENTE LE ESTOY PERDIENDO RESPETO A LA PREPOTENCIA!

LA VERDAD, LOS PADRES TIENEN SUS BEMOLES
¡EH, PSÉ!

MI MAMÁ DICE QUE NO QUIERE TENER DOLORES DE CABEZA CONMIGO

PERO LO MALO NO ES ESO

...SINO QUE PARECE QUE MI COLA LE SIRVE DE ASPIRINA

VAMOS A VER, MIGUELITO, ¿8×9?

LOS QUE CONOCEMOS NUESTRAS PROPIAS LIMITACIONES SABEMOS 8×5

¿PAPÁ?
PAPÁ ESTÁ TRABAJANDO, GUILLE

¿PO QUÉ?
PORQUE CUANDO UNO ES GRANDE TIENE QUE TRABAJAR

¿PO QUÉ?
PORQUE SI NO, NO PUEDE COMPRARSE COMIDA, NI ROPA, NI NADA

¿PO QUÉ?
¡PORQUE ASÍ ESTÁ ORGANIZADO ESTE MUNDO, GUILLE!

¿PO QUÉ?

UN AÑO Y MEDIO Y YA CANDIDATO A LOS GASES LACRIMÓGENOS

RAQUEL
y
Alberto

RAQUEL
y
Alberto

Susanita y
ya veremos
quién

QUÉ, ¿TU HERMANITO SE COME LA TIERRA DE LAS MACETAS COMO TODOS LOS CHIQUITOS?
NO

ÉL ES UN GOURMET
KETCHUP
SAL

¡RRIIIIIIIIIING!

LO QUE AUN NO LOGRO SABER ES SI ESTO LO HAGO DE AUTÉNTICO TRAVIESO O DE ESTÚPIDO COSTUMBRISTA

AQUÍ VA EL COMANDANTE NEIL ARMSTRONG VIAJANDO POR EL ESPACIO

LA NASA LO HA ENVIADO EN MISIÓN ESPECIAL A BUSCAR MUESTRAS DEL SUELO LUNAR

BUENAS, ME MANDA MI MAMÁ A BUSCAR UN PAQUETE DE MANTECA

AQUÍ VUELVE EL COMANDANTE NEIL ARMSTRONG PLANEANDO NO DARLE EL VUELTO A LA NASA, QUE YA LO TIENE HARTO CON ESTAS MISIONES ESPECIALES

¡DIOS MIO! ¿Y SI ME SALE UN HIJO ASTRONAUTA?

¡SERÍA HORRIBLE! ¡MI HIJO DANDO VUELTAS ALLÁ ARRIBA!

¡Y YO, AQUÍ! ¡ABAJO!

¡CON EL CORAZÓN ESTRUJADO DE TORTICOLIS!

¿A UDS. NUNCA LES PASA, SENTIRSE MEDIO INDEFINIDOS?

¡MAH, QUÉ LOS NORTEAMERICANOS! ¡LOS NORTEAMERICANOS NO HUBIERAN LLEGADO NI A LA ESQUINA SI NO ES POR VON BRAUN!

¡Y VON BRAUN NO SERÍA NADA SIN LA AYUDA QUE LE DIO EL HITLER ÉSE!

¡Y EL HITLER ÉSE TAMPOCO HUBIERA SIDO NADA SIN LAS IDEAS QUE COPIÓ DE ¿QUIÉN?

¡DE MUSSOLINI! ¡QUE SI NO ES POR EL DUCE, MINGA DE CONQUISTAR LA LUNA!

¡SUERTE QUE UNO TIENE UN ABUELITO QUE LE ABRE LOS OJOS, QUE SI NO!....

¡LA VERDAD, HABER PISADO LA LUNA ES UNA HAZAÑA REALMENTE EXTRAORDINARIA!

¡PERO, DIOS MÍO, CUÁNTO MATERIAL DE PISOTEO QUEDA TODAVÍA!

¿SAPISTI KA UÑI BESTIAPLANÊTE ARTEFAKTE POSAVI IN LUNETA SUPRAFIZIE?

¡¿IN LUNETA SUPRAFIZIE?!
TA'H, EP OTRE BESTIAPLANÊTE ARTEFAKTE, ¡CLÍK, CLÍK, CLÍK!, MARTEPLANÊTE PHOTOGRAFINKA

¡HABI COMINCHATIE BESTIAKONTAMINAZION UNIVERSÁTI!

ANOCHE TUVE UN SUEÑO DE LO MÁS RARO
EN VEZ YO, ¡QUÉ SUEÑO SENSACIONAL!!

¿POR QUÉ, FELIPE? ¿QUÉ SOÑASTE?
¡AH!, ¡ALGO MARAVILLOSO!

¿POR QUÉ NO LO SOÑARÉ TODAS LAS NOCHES? ¡TE JURO QUE ME DEJÓ COMO NUEVO!
PERO, ¿CÓMO ERA, QUÉ HACÍAS?!

¡PISABA EL CÉSPED! ¡ME ASOMABA Y SACABA LOS BRAZOS POR LA VENTANILLA! ¡FIJABA CARTELES! ¡GIRABA A LA IZQUIERDA! ¡ESCUPÍA EN EL SUELO!.......

¡UPA!
¡DEJATE DE UPA Y SALÍ, QUE ESTOY OCUPADA!

ATÁ, UPA

Chicle

ES PARA MASTICARLO, PERO NO HAY QUE TRAGÁRSELO

¿EL DISCURSO DE QUIÉN?

ANOCHE VA MI MAMÁ, ENCIENDE EL TELEVISOR Y ¡ZÁS!¡NO ANDA!

ASÍ QUE TOOODA LA CENA Y TOOODO EL TIEMPO DESPUÉS DE LA CENA HASTA IRNOS A LA CAMA, ¡SIN TV!

ANOCHE ME DÍ CUENTA LO ABURRIDOS QUE SON MIS PADRES

AQUÍ ESTÁ, ¿VES?¡UN AUTO COMO ESTE PIENSA COMPRARSE MI PAPÁ!

¿PARA JACTARSE DE QUÉ?

PERO....¿A VOS TE ALEGRA EN SERIO QUE TU PAPÁ VAYA A COMPRARSE UN AUTO ASÍ?

POR SUPUESTO, MIGUELITO

ES UNO DE LOS POCOS AUTOS EN LOS QUE LO IMPORTANTE SIGUE SIENDO LA PERSONA

¡MAMÁ!¿VOS PUSISTE A GUILLE EN PENITENCIA POR ESCRIBIR EN LA PARED?

¡SÍ!¿POR QUÉ?

¡PORQUE EN ESTA CASA QUEREMOS LIBERTAD DE PRENSA, Y NO LIBERTAD PRENSADA, ¿ME OÍS?

LAS MONOCOTILE-DÓNEAS TIENEN HOJAS NO PECIO-LADAS, Y SUS PÉ-TALOS Y ESTAMBRES ESTÁN DISPUESTOS EN GRUPOS DE TRES

LAS MONOCOTILE-DÓNEAS TIENEN HOJAS NO PECIO-LADAS, Y SUS PÉ-TALOS Y ESTAMBRES ESTÁN DISPUESTOS EN GRUPOS DE TRES

LAS MONOCOTILEDONI......

¡GOOOOOL!

LAS MOCOPECIOLÓNEAS... ¡UY, NO!... LAS MONOTI-COLADAS... ¡NO, NO! ¡A VER!... LAS MOTIDÓ... ¡PUCHA! ¿CÓMO ERA?.. LAS MO

¡DEBO ESTAR CRECIENDO; TENGO LA CABEZA CADA VEZ MÁS LEJOS DEL OMBLIGO!

¿A VOS QUÉ TE PARECE, MANOLITO; UNO CRECE MÁS DEL OMBLIGO PARA ARRIBA, O DEL OMBLIGO PARA ABAJO?

¡NO TENGO TIEMPO DE CONTESTAR A SEMEJANTES ESTUPIDECES!

¡ADEMÁS, DEL OMBLIGO PARA ABAJO UNO CRECE MENOS, BESTIA! ¿NO VES QUE ESTÁ EL SUELO?

¡SSSLURB! ¡SSSLURB!

¡HÚLP!

¡A...AY, D...D... DIOS MÍO!

¿MÁS SOPA, GUILLE?
¡TÍ, MÁH! ¡TOPITA! ¡MÁH!

¡GHÚLP!

HOY MI MAMÁ ME MANDÓ AL MERCA-DO Y ESCUCHÉ A DOS SEÑORAS HABLANDO...

USTED DÍGAME, ¿QUÉ HACE AHORA ESA POBRE CHICA? ¡SOLTERA Y CON UN HIJO!
¡QUÉ COSA!

¡MIRÁ, VOS! ¡YO QUE CREÍA QUE SÓLO CASÁNDOSE PODÍAN TENERSE HIJITOS!... ¡Y AHORA RESULTA QUE LOS PODÉS TE-NER CASADA, SOLTERA, VIUDA, DIVORCIADA......

...¡Y ANDÁ A SABER QUÉ OTRA PILA DE POSIBILIDADES HABRÁ QUE UNA NO CONOCE!

DECIME, MAMÁ; SI UNA NO SE CASA, ¿PUEDE TENER HIJITOS?
¿EH?... ¡AH!... Y... MSSSÍ, COMO PODER, PUEDE, CLARO

PERO LOS HIJITOS DEBEN VIVIR CON SU MAMÁ Y SU PAPÁ, ¡ASÍ DEBE SER! Y PARA ESO HAY QUE CASARSE, FORMAR UN HOGA
¡BUENO, BUENO! ¡ESE ES OTRO PROBLEMA!

LA CUESTIÓN ES QUE CASADA O SOLTERA, LA GENTE PUEDE TENER HIJITOS O NO, SEGÚN LE DÉ LA GANA

TRISTE DESCUBRIMIENTO, MUCHACHOS: ¡SOMOS OPTATIVOS!

MÁS QUE PERSONAS, SOMOS UNA DECISIÓN DE NUESTROS PADRES, MANOLITO. ¿TE DAS CUENTA? ¡SI ELLOS NO HUBIERAN QUERIDO TENER HIJOS, NOSOTROS ¡CHAU! NO NACÍAMOS NUNCA!

¡¿CÓMO NUNCA?! ¡¿CÓMO NUNCA?! ¡A MÍ, CUANDO SE ME PONE UNA IDEA NO HAY QUIÉN ME LA SAQUE!
¿ME OÍS?

¡Y SI MIS PADRES NO HUBIERAN QUERIDO TENER HIJOS!... ¡PEOR PARA ELLOS!

¡PORQUE HOY YO TENDRÍA OTROS PADRES, OTRO NOMBRE Y OTRA CARA! ¡PERO, QUE NACÍA, NACÍA!!

BANG

¡PUCHA QUÉ PROBLEMA! PONIENDOME ASÍ, LOS BANG DE MI REVÓLVER SUENAN MÁS GRAVES, ¡PERO ME SIENTO INCOMODÍSIMO!

CLARO QUE SI ME PONGO ASÍ, NATURAL...

¡BANG!

¿A QUIÉN PUEDO MATAR CON UN REVÓLVER CALIBRE SOPRANO?
QUINO

UNA AFEITADA PERFECTA..

UNA CAMISA IMPECABLE....

UN CAFÉ DELICIOSO...

UN RUBIO EXCELENTE..

....Y AQUÍ ES DONDE LA COSA DEJA DE SER COMO EN LOS AVISOS

MAMÁ
¿QUÉ?

¿DIOS ESTÁ VERDADERAMENTE EN TODAS PARTES?

SÍ, CLARO

¡POBRE!

¿POR QUÉ NO EMPEZÁS A IR PERDIENDO ASÍ VAMOS GANANDO TIEMPO, MANOLITO?

MIRÁ LO QUE ME PUSO LA MAESTRA EN EL CUADERNO

Felipe: alumnos aplicados como tú tienen por delante toda una vida de contracción al deber y al estudio. ¡¡Adelante!!

¡ES LA PEOR ALEGRÍA QUE ME HAN DADO JAMÁS!

A VER, MIGUELITO, ¿QUIÉNES SON NUESTROS ANTÍPODAS?

¡LOS JAPONÉSIDOS!

¡CERO, ESTÚPIDO!

¡¡ANTIPÁTIDA!!

¡GRACIAS A DIOS, LLEGÓ LA PRIMAVERA!

GRACIAS A DIOS, LLEGUÉ A LA PRIMAVERA

¡Y YO DICIENDO TRIVIALIDADES!

LO SÉ, SÍ

SÉ QUE MIS DERECHOS TERMINAN DONDE EMPIEZAN LOS DE LOS DEMÁS

PERO...¿ES CULPA MÍA QUE LOS DERECHOS DE LOS DEMÁS EMPIECEN TAN LEJOS?

EN TODAS PARTES DEL MUNDO HA FUNCIONADO SIEMPRE MUY BIEN LA LEY DE LAS COMPENSACIONES; AL QUE SUBE LA VOZ LE BAJAN LA CAÑA

LLEVO TAMBIÉN UNA MORCILLA DE ESAS, MANOLITO, YA QUE VOS DECÍS QUE SON FRESCAS....
¡FRESQUÍSIMAS!

¡Riiiip!

¡TOC!

BEH.....¡RESULTO UNA SUSCEPTIBLE!

DICE PAPÁ QUE NO; QUE OTRA VEZ ESE GUISO NO; QUE PREFIERE FIDEOS

DICE MAMÁ QUE ENTONCES ME DES PARA COMPRAR LOS FIDEOS

DICE PAPÁ QUE QUÉ DIABLOS HICISTE CON LA PLATA QUE TE DEJÓ ESTA MAÑANA

DICE SUSANITA SI NO TENEMOS UN GRABADOR PARA PRESTARLE

¿Y ÉSTA? ¿QUIÉN ES?

¡¿CÓMO ESTA?!¡ÉSTE ES UN BEATLE! ¿NO VES QUE ES HOMBRE?

TENÉS RAZÓN, PIBE

....Y ADEMÁS, ESO DE QUE UN TIPO SE DEJE EL PELO LARGO NO ES DE HOMBRE, ¡QUÉ EMBROMAR!

ME CONVENCISTE, MANOLITO, REALMENTE, ¡HAY QUE VER QUÉ MASCULINO ES PRE-OCUPARSE POR EL LARGO DEL PELO AJENO!

¿VES?¡ESO NECESITA ESTE PAÍS!¡VARONES QUE SE OCUPEN DE TEMAS TRASCENDENTALES COMO ÉSE!....

....Y NO ZANAHORIAS QUE LE DEN IMPORTANCIA A LO IMPORTANTE

¡DIOS MIO, QUÉ CUADRO!

¡COMO SIGA ESTA MEZCOLANZA VAMOS A LLEGAR A QUE LAS MUJERES PIENSEN COMO HOMBRES Y LOS HOMBRES COMO MUJERES!

¡MUY BIEN DICHO, MANOLITO!¡ME ALEGRA QUE PENSÉS LO MISMO QUE YO!

MANOLITO...¡HEY!¿MANOLITO? ¡MANOLITO!...¡MANOLI

PERO.....¿QUÉ HACÉS ASÍ, VOS? ¡TE VAS A RESFRIAR!

¿DEFÍA? ¿ACHÍÍÍS?
RESFRIAR ATCHÍÍS, ¡SÍ SEÑOR!

¿Y ESO?

NADA; EL GUILLE EN VERSIÓN COMPLETA HUYENDO DE LA CENSURA

LUEGO DE PENSARLO MUCHO LLEGUÉ A LA CONCLUSIÓN DE QUE CUANDO SEA GRANDE VOY A SER ESPECIALISTA
¿ESPECIALISTA EN QUÉ, MIGUELITO?

NO LO TOMES A MAL, MAMITA, PERO ES LA PRIMERA VEZ QUE VEO SALIR AGUDEZAS DE TU BOCA

¡QUÉ AMOROSO! TOMÁ, NENE, UNA GALLETITA

¿QUÉ SE LE DICE A LA SEÑORA, GUILLE?

¡AMADETA!

¡ENTRÁ, VAMOS! ¡HACERME PASAR SEMEJANTE PAPELÓN!
?

¡MIRÁ QUE DECIRLE AMARRETA A LA SEÑORA QUE TE DIO UNA GALLETITA! ¿QUÉ QUERÍAS? ¿COMERLE EL PAQUETE ENTERO?
¡TÍ!

¡TAMBIÉN, ÉSTE POBRECITO VE QUE LA SEÑORA ÉSA, TENIENDO **TODO** UN PAQUETE, LE DA SOLO **UNA** GALLETITA! ¿QUÉ QUERÉS?

¡ES COMO SI DRÁCULA, MIRANDO A UN GORDO, TUVIERA QUE CONFORMARSE CHUPANDO UN MOSQUITO!

¿VES? ÉSTE ES EL
AH

¿¿¿EL PALITO DE ABOLLAR IDEOLOGÍAS???

¡ESTÁS EQUIVOCADO, FELIPE; NO SOY NINGUNA PESIMISTA DETRACTORA DE LA HUMANIDAD!

¡Y ENTIENDO MUY BIEN ESO QUE VOS DECÍS: QUE CADA CUAL, POR POCO QUE HAGA, PONE SU GRANITO DE ARENA!

LO QUE NO ENTIENDO ES ESA MANÍA DE IR A PONERLO JUSTO DENTRO DEL OJO DEL PRÓJIMO

VEREMOS QUÉ OPINA GUILLE DEL TOBOGÁN
VEREMOS

¿ÉTE TOBOÁM? ¿ETE? ¿TÍ? ¡ÍIINDO!

¡DESPACIO, GUILLE!
¡GUTA A NENE! ¡TÍ! ¡INDO ÉTE TOBOÁM!

PAPÁ
¿MMH?

POR LO QUE DICE EL DIARIO YA VEO QUE ES ALGO ASÍ COMO UN LOCO, PERO DECIME.....

...¿QUÉ COSAS HACE EXACTAMENTE UN "MANÍACO SEXUAL"?

¡AQUÍ VIENE FELIPUS, EL SUPERHIPNOTIZADOR!

¡HELADOS DÍAS, MIGUELITO! HACE 20 GRADOS BAJO CERO.... SENTÍS MUCHO FRÍO... MUCHO FRÍO... EMPEZÁS A TIRITAR... A TIRITAR....

...A TIRIT
¡SALUD!

¡AATCHIÍSS!

¡GRACIAS!

?

RECORTÉ ESTA NOTICIA PARA VOS, MANOLITO: "KENT FROSS, MILLONARIO AUSTRALIANO, SUFRIÓ UN COLAPSO CARDÍACO PRODUCIDO, SEGÚN LOS MÉDICOS, POR EXCESO DE TRABAJO."

¿QUÉ ME CONTÁS? ¡MILLONARIO, Y MATARSE TRABAJANDO!
¡Y!...¡HAY BESTIAS ASÍ; UNA VEZ QUE LE TOMAN EL GUSTO A LOS MILLONES NO PUEDEN PARAR!

¡QUIEREN TENER CADA VEZ MÁS! ¡MÁS!

¡Y MÁS Y MÁS! ¡CADA VEZ MÁS MILLONES! ¡MÁS!

¡MÁS! ¡MÁS! ¡MÁS!

¡MÁS ¡MÁS

LOS PRECIOS DEL MERCADO INTERNACIONAL Y LAS TRABAS ADUANERAS IMPUESTAS POR OTRAS NACIONES......

....AHOGAN NUESTRAS EXPORTACIONES Y DETERIORAN NUESTRA ECONOMÍA

TAMBIÉN....¡QUÉ MALA PATA! ¡JUSTO A NOSOTROS VIENE A TOCARNOS UN MUNDO LLENO DE PAÍSES EXTRANJEROS!

¡NO HAY CASO! ¡LA ESCUELA ME ESPANTA, ME DEPRIME, ME DESCOMPONE Y ME ENFERMA!

¡LÓGICO FELIPE! ¡A NADIE LE GUSTA!

¡ES HORRIBLE TENER QUE PASARSE HORAS ENCERRADO EN UN EDIFICIO, ESTUDIANDO, LEYENDO Y ESCRIBIENDO, PARA LUEGO LLEGAR A LA CASA Y VUELTA A ESTUDIAR, LEER Y ESCRIBIR LIADO CON LOS DEBERES!

¡DIOS MÍO! ¡TODO ESO NO LO HABÍA PENSADO!

1215

¿MAQUILLANDO LOS "YA" PARA QUE PAREZCAN "TODAVÍAS"?

ESTA MAÑANA DISCUTÍ CON MI MAMÁ Y ESCAPÉ POR UN PELO A SUS PALMADAS YA SABÉS DÓNDE
1216

PERO COMO LUEGO LA VÍ CON LAS MANOS OCUPADAS FUÍ Y ¡FFFZZZUIÍÍÍSHH! ¡LE PASÉ POR AL LADO!

¿Y ELLA QUÉ HIZO?

¡EN FÚTBOL LO LLAMAN "TENER VISIÓN DE GOL"!

¡HOLA, FELIPE!

¡EH, CHE! ¿NO SALUDÁS? ¿QUÉ DIABLOS TE PASA?

UN PAQUETE DE ARROZ, 1/4 KILO DE QUESO DE RALLAR Y DOS SACHETS DE LAVANDINA... UN PAQUETE DE ARROZ, 1/4 KILO DE QUESO DE RALLAR Y DOS SACHETS DE LAVANDINA

PROFESIÓN: HIJO

¿PERO POR QUÉ, PAPÁ? ¿POR QUÉ NO ME LO EXPLICÁS?
¡PORQUE NO!

¡PORQUE SOS CHICA Y UDS. LOS CHICOS NO ENTIENDEN LAS COSAS DE NOSOTROS LOS GRANDES!

¡ESTÁ BIEN, PERO PROMETEME UNA COSA!
¿QUÉ COSA?

QUE CUANDO YO SEA GRANDE NO ME VAS A SALIR CON QUE NOSOTROS LOS GRANDES NO ENTENDEMOS LAS COSAS DE UDS. LOS ANCIANOS, ¿EH?

"DEL POLVO VENIMOS...

...Y AL POLVO VOLVEMOS"

¡¡MECACHO CON LA COSMÉTICA!!

Debo ser más prolijo en mis deberes... Debo ser más polijro en

¿"POLIJRO"?

YIP-YIP-YIP-YIP-YIP-YIP-YIP

prolijo en mis deberes... Debo ser más

¿Y CREAR EL MINISTERIO DE ADÓNDE VAMOS A PARAR?

HOLA, MANOLITO, RESULTA QUE EMPEZAMOS A HABLAR DE VOS Y TUS FUTUROS SUPERMERCADOS... ¡Y VENIMOS A ADMIRARTE!
¿A MÍ? ¿POR QUÉ?

PORQUE DE TODOS NOSOTROS SOS EL ÚNICO QUE SABE POSITIVAMENTE LO QUE QUIERE ¡Y NOS PARECÉS FRANCAMENTE ADMIRABLE!

¡QUE ME EMOCIONAN, ESTÚPIDOS!

¡ESTAS MASILLAS PARA MODELAR SON DE LINDAS!...

UN HOMBRECITO

NO SÉ POR QUÉ LO HICE, PERO OJALÁ QUE DIOS ESTÉ DURMIENDO

TE NOTO TRISTE, MAFALDA
ES QUE HICE UN HOMBRECITO CON MASILLA Y LUEGO LO APLASTÉ TODO, SIN SABER POR QUÉ

NI JOTA
¿DIJO ALGO?

¡FAP!

¡POR CONFORMISTA!

HOLA
HOLA

¡ÉTA É MI MUJED!

NO DEBE PREOCUPARTE QUE TU PAPÁ NO HAYA COBRADO TODAVÍA; ES NORMAL QUE LAS EMPRESAS SE ATRASEN UN POCO CON LOS SUELDOS
NORMAL, SÍ. ¡ESO ES LO MALO!

¡TAMBIÉN ES NORMAL EL LÍO DE MEDIO-ORIENTE, Y EL DE VIETNAM, Y EL MURO DE BERLÍN, Y LA MARIHUANA! ¿Y? ¿QUÉ HACEMOS CON LO NORMAL?

¡UH, BUENO, CHÉ!... ¡YO HABLABA DE NORMALIDADES MENOS TRÁGICAS!

¿POR EJEMPLO QUÉ? ¿QUE ALGÚN CLIENTE DE TU ALMACÉN NO TE PAGUE UN SALAMÍN? ¿EHÉ?

¡GOLPES BAJOS, NO, ¿ÉH? ¡MENOS TRÁGICAS, DIJE!

ESTOY ENTERADA, MAFALDA
¡QUÉ RARO!
¿DE QUÉ, SUSANITA?

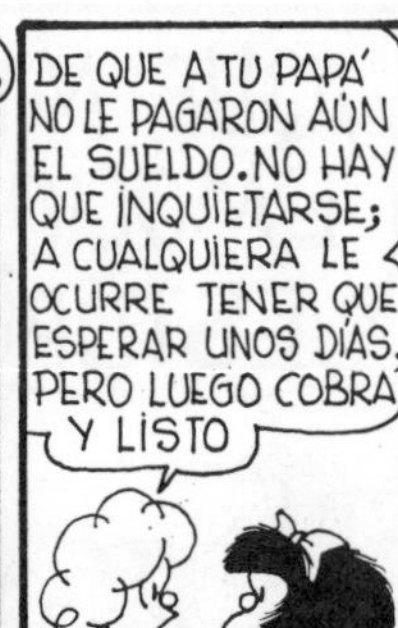
DE QUE A TU PAPÁ NO LE PAGARON AÚN EL SUELDO. NO HAY QUE INQUIETARSE; A CUALQUIERA LE OCURRE TENER QUE ESPERAR UNOS DÍAS, PERO LUEGO COBRA Y LISTO

ADEMÁS TU PAPÁ ESTÁ PAGANDO EL AUTO. ¡QUÉ TE PARECE!... ¡TAMPOCO HAY QUE DRAMATIZAR IMAGINANDO QUE SE LES VIENE LA MISERIA ENCIMA!
NO, SI YA SÉ QUE NO; PERO DA UN POCO DE RABIA

Y BUENO; EL ASUNTO ES NO TOMAR LAS COSAS A LA TREMENDA
¡CLARO!

¡AH, MIRÁ VOS! TE TRAÍA ESTO Y YA ME OLVIDABA DE DEJÁRTELO
¿AJHÁ? ¿QUÉ ES?

EL TELÉFONO DE EMAÚS, POR LAS DUDAS

CUANDO YO SEA GRANDE Y TRABAJE, SI LLEGA FIN DE MES Y NO ME PAGAN SABÉS LO QUE HAGO, ¿NO?
NO

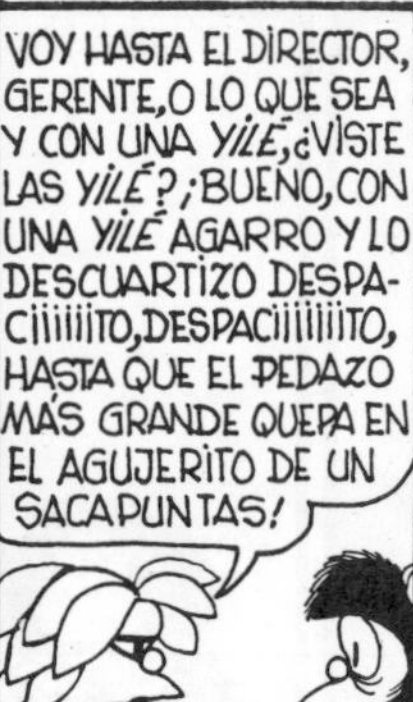
VOY HASTA EL DIRECTOR, GERENTE, O LO QUE SEA Y CON UNA YILÉ, ¿VISTE LAS YILÉ? ¡BUENO, CON UNA YILÉ AGARRO Y LO DESCUARTIZO DESPACIIIIIITO, DESPACIIIIIITO, HASTA QUE EL PEDAZO MÁS GRANDE QUEPA EN EL AGUJERITO DE UN SACAPUNTAS!

TE CREO, MIGUELITO

¡CROK!

¡PERO GUILLE!... ¡MIRÁ CÓMO ESTÁS PONIENDO EL PISO DE MIGUITAS!

¿NO ME VAZ A QUEDED MAZ?
SI ENSUCIÁS ASÍ, NO

¡TU CADIÑO EZ MUY DE MODONDANGA, ENTONCHE! ¡GUADÁTELO!

¿TE CONTÉ QUE MI PROBLEMA DE INCOMUNICACIÓN ES NO PODER INCOMUNICARME?

CADA CUAL TIENE SUS PROBLEMAS; HOY A MANOLITO LA MAESTRA LE TOMÓ LA LECCIÓN Y LE PUSO UN CERO

¿TANTO LE PUSO? ¡ESA MAESTRA ESTÁ LOCA!

¡MIRÁ QUE PONERTE UN CERO!... ¡TU MAESTRA ESTÁ LOCA!

AMIGOS ASÍ LO RECONCILIAN A UNO CON LA VIDA

¡FFFUH!

¡BUUÁÁÁ!

PERO... ¿POR QUÉ TENGO QUE HACERLO?

¡¡PORQUE TE LO ORDENO YO, QUE SOY TU MADRE!!

¡¡SI ES CUESTIÓN DE TÍTULOS, YO SOY TU HIJA!

¡Y NOS GRADUAMOS EL MISMO DÍA! ¿O NO?

MULTIPLICANDO 2x3, OBTENEMOS IGUAL RESULTADO QUE MULTIPLICANDO 3x2 ¿POR QUÉ?
2x3=6
3x2=6

PORQUE EL ORDEN DE LOS FACTORES NO ALTERA EL PRODUCTO

¡BRAVO! ¿VEN? ¡MANOLITO LO SABE PORQUE LO HA ESTUDIADO!

¡NO, NO!... ¡LO SÉ PORQUE ES *VOX PÓPULI*!

HOY, ¡NADA DE LEER EL DIARIO NI DE ESCUCHAR NOTICIOSOS PARA AMARGARSE POR LA SITUACIÓN MUNDIAL!

¡A JUGAR SE HA DICHO!

¡EN QUÉ ANDARÁS, VOS!

¡TENGO UN CHISTE SENSACIONAL!
¡CONTALO!
¡DALE!

"LOS HACENDADOS..... ¿HACEN DADOS?"

SEIS AÑOS..... ¡Y YA SOY UN AUTOR FRACASADO!

ESTE OTRO FLAQUITO LE ECHÓ LA SAL...

ÉSTE EL ACEITE....

¡Y ESTE GORDO PÍCARO SE LO COMIÓ!

¿PESCAS EL FONDO SOCIAL DEL ASUNTO?

PIBE, ¿ME TENDRÍAS UN MOMENTO EL HELADO MIENTRAS ME ATO EL ZAPATO?
¡CÓMO NO!

YA ESTÁ, ¡GRACIAS!
¿EH? ¡AH! DE NADA

¡¿AHORA SALÍS, COBARDE?!

¡TE DIJE QUE NO, GUILLE, Y SE ACABÓ!!
¡BUUÁÁÁÁ!
¿Y ESO?

¡BUUAÁÁÁÁÁÁÁÁ!
¡YA ESTÁ! ¡YA LO HICISTE LLORAR! ¡SI LE HABLÁS ASÍ, CLARO! ¡AHÍ LO TENÉS!
¡DALE, ECHAME LA CULPA A MÍ, AHORA! ¡DALE!
¡AH!

CIERTO QUE LA FAMILIA ES LA BASE DE LA SOCIEDAD; NO ME ACORDABA

¡BUÁÁÁ!..
¡HACÉ CALLAR A ESE CHICO DE UNA VEZ! ¿QUERÉS?

¡BUÁÁÁ!

¡HACELO CALLAR VOS, Y NO ME GRITES!
¡OH, PARDÓN! ¡OLVIDÉ QUE TE CRIASTE EN "QUÉIMBRICH", VOS!

¡¡ACÁBENLA DE UNA VEZ, QUE "FAMILIA" ES AMOR!! ¡AMOR! ¡ZOPENCOS!!

¿QUÉ PASA?
¡QUE TU HERMANO ES UN CAPRICHOSO!
¡ESO PASA!
¡SNIF!

¡PERO GUILLE, TENÉS QUE SER COMPRENSIVO, CARAMBA!

PENSÁ QUE ESTA BUENA GENTE ANTES DE EDUCARNOS A NOSOTROS NO EDUCÓ NUNCA A NADIE

VENIMOS A SER SUS HIJITOS DE INDIAS, ¡¿QUÉ VAMOS A HACERLE?!

A QUE AL GORDO AQUÉL QUE VA ALLÁ LO PASO ANTES QUE LLEGUE A LA ESQUINA

¡JHA!
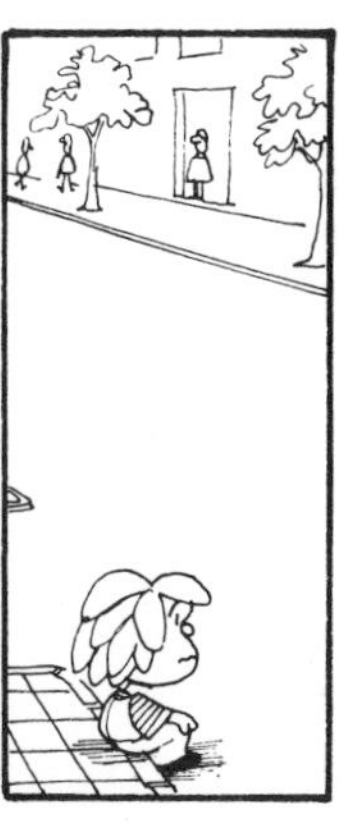

¿JHA' QUÉ?

¡TIMBRE! ¡Y CON LO ATRASADA QUE ESTOY!
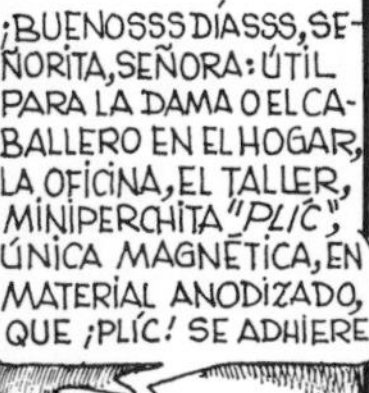
¡BUENOSSS DÍASSS, SEÑORITA, SEÑORA: ÚTIL PARA LA DAMA O EL CABALLERO EN EL HOGAR, LA OFICINA, EL TALLER, MINIPERCHITA "PLÍC", ÚNICA MAGNÉTICA, EN MATERIAL ANODIZADO, QUE ¡PLÍC! SE ADHIERE..

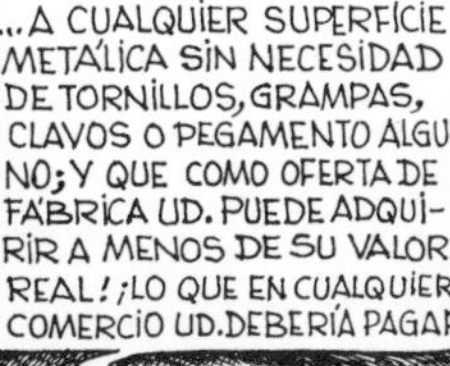
...A CUALQUIER SUPERFICIE METÁLICA SIN NECESIDAD DE TORNILLOS, GRAMPAS, CLAVOS O PEGAMENTO ALGUNO; Y QUE COMO OFERTA DE FÁBRICA UD. PUEDE ADQUIRIR A MENOS DE SU VALOR REAL! ¡LO QUE EN CUALQUIER COMERCIO UD. DEBERÍA PAGAR

¡¡QUÉ BIEN HABLÁS, PAPÁ!! ¡¡Y VOLVISTE!! ¡¡Y ESTA VEZ SÍ VAS A CASARTE CON MAMÁ PARA NO ABANDONARNOS MÁS!! ¿VERDAD, PAPITO?

DE NADA, MADRE

HARAKIRI PARA UNO, ¿NO?

OYÉNDOLOS JUGAR ME SIENTO COMO SI FUERA EL PIBE DE AYER

¡IIÚÚÚJUUUH!... ¡SANDOKÁN AL ABORDAJE!

¿SAN QUIÉN?
¿¿¿ABORTAJE, DIJO???

SOY EL PIBE.... DE AYER

¡EH, VENGAN A VER!.. ¡A MI PAPÁ YA LE ENTREGARON EL AUTO!

¡MANGA DE RENEGADOS HIJOS DE PEATONES! ¡MATERIALISTAS!

¡POR FIN TODO
ANDA AL DERECHO!

¡EEEÉH, QUÉ FLAMANTE, EL AUTO!

¡ES MUY LINDO, LO FELICITO!

GRACIAS, MIGUELITO, GRACIAS

¿Y AHORA QUE TENEMOS EL AUTO ADÓNDE VAMOS A IR DE VERANEO, PAPÁ?

¡A LA MONTAÑA! ¡BRRRÑÑÑEEEÉÉNN! ¡AH, LOCO! ¡POR EL BORDE DEL PRECIPICIO, NOMÁS ¡ÑÑÑÑÑÑRRRRÑÑÑÑÑÑ...

!
¡BONK!
¡PLONK!

UNA LONA PARA TAPARLO; ESO HAY QUE COMPRAR, PORQUE EL AIRE SALADO OXIDA LOS CROMADOS. ¿CABRÁ LA SOMBRILLA EN EL BAÚL? ASÍ NO HAY QUE ALQUILAR CARPA. ¿Y DE MALLAS CÓMO ESTAMOS?
YO TEN
EL SHO
Y EL BE

MENOS MAL QUE JUSTO AQUÍ A LA VUELTA HAY UN GARAJE DONDE GUARDAR EL AUTO DE NOCHE

¡Y SIMPÁTICO, EL TIPO!... LE PREGUNTÉ: -"QUEDA SEGURO, AQUÍ, ¿NO?" -"VAYA TRANQUILO, JEFE", ME DIJO

¡BUÉH!... ¡A DORMIR TODO EL MUNDO!

GARAJE
ESTACIONAMIENTO
CUIDADO CON LOS VEHÍCULOS
ENTRE Y SAL
DESPACIO

¡EEEEEH!... ¡EL MUJERCITA, SECANDO PLATOS!

¡¡ME DIJE DIEZMIL VECES QUE AYUDAR A MI MAMÁ NO ES SER MUJERCITA!! ¡ES SER BUENO! ¿ENTENDÍ?

¡ES DE HOMBRES BUENOS AYUDAR A LA MADRE! ¡ASÍ QUE NO CONFUNDIR: UNA COSA ES SER MUJERCITA Y OTRA MUY DIFERENTE SER BUENO!

¡EEEEEH!... ¡LA BUENITA, SECANDO PLATOS!

SABÉS QUE HOY PASÓ TU PAPÁ CON EL COCHE FRENTE A LA PANADERÍA Y UNA SEÑORA VA Y DICE...

¡PSSHÉ!... ¡ASÍ QUE AHORA EL PELAGATOS ÉSE TIENE AUTO!
PERO... ¿OÍSTE BIEN, VOS?

NO, YO NO ESTABA; ME CONTÓ MI MAMÁ. ELLA SÍ OYÓ
¿Y HABRÁ SIDO POR MI PAPÁ QUE LO DIJO LA SEÑORA ESA? A LO MEJOR PASABAN OTROS TIPOS EN AUTO, ¿EH?

CLARO, PODRÍA SER...

¡NO, BUENO, PERO MI MAMÁ A TU PAPÁ LO CONOCE ¿NO?

¿POR QUÉ SIEMPRE SOPA, MAMÁ? ¿POR QUÉ?

¡SI NOS QUEREMOS! ¡SI VOS SENTÍS AMOR POR MÍ!....

...¡Y YO SIENTO AMOR POR VOS!

¿POR QUÉ ARRIESGARTE A QUE NAUFRAGUE NUESTRO ROMANCE?

¡LA NATURALEZA NOS HIZO COMO LA MISMA MONA! ¿A VOS NO TE PARECE QUE TENDRÍAMOS QUE PODER VOLAR, COMO LOS PÁJAROS?

PODEMOS: HAY BOEINGS Y CARAVELLES Y AVROS Y COMETS Y TODO ESO

¡PURA ORTOPEDIA!
QUINO

¡PST! PAPÁ
¿MMMH...?

ESO DE QUE LOS PADRES VELAN SIEMPRE POR SUS HIJOS....
SÍ, ¿QUÉ PASA?

QUE ESTÁS DESTRUYENDO EL MITO A RONQUIDOS

VOS ME DAS MEDIO TURRÓN Y YO TE DOY MEDIA MANZANA, ¿EH?

NO ME INTERESA TU MANZANA; PODÉS COMÉRTELA TODA
¡ESTÁ BIEN!

REQUIEM PARA UN GUSANITO

QUEDATE AQUÍ UN MOMENTO, QUE QUIERO VER UNA COSA

REALMENTE, COLÓN FUÉ UN CAPO

¡ELVIRA ME CONTÓ TODO LO DE MECHA CON EL MARIDO, Y TE JURO QUE MAL MIRADO EL ASUNTO ES APASIONANTE!

MAFALDA, ¿PODÉS FIJARTE SI UNA SECCIÓN DEL DIARIO QUE HAY POR AHÍ ES LA DE DEPORTES?

YA A ESTA ALTURA CREO QUE SÍ, QUE ES
NUEVOS CHOQUES ENTRE ARABES E ISRAELIES

MI MAMÁ ME EXPLICÓ LO DE TENER CHICOS; RESULTA QUE LOS PAPÁS PONEN UNA SEMILLITA EN LAS MAMÁS, ¿SABÍAS?
SABÍA, SÍ

¡UNA SEMILLITA, MIRÁ VOS! ESO ME ACLARÓ TODAS LAS DUDAS QUE YO TENÍA SOBRE EL ASUNTO

¡AHORA LO QUE TENGO ES UN MERENGUE CON LA BOTÁNICA!...

AH, ¿TE LO EXPLICÓ TU MAMÁ?
SÍ
¿QUÉ LE EXPLICÓ?
LO DE LA SEMILLITA QUE PONEN LOS PAPÁS EN LAS MAMÁS

¡UUH!..¡PERO ESO ES TAN SABIDO, QUE YA NO LE INTERESA A NAD....

?

BUÉH....AHORA VIENE LA 15 vertical, QUE TIENE...UNDOS TRESCUATROCINCOSEISIETOCHO...OCHO LETRAS
¡MMH!

15 vertical: mártir

héroe con mala pata

¿Y POR QUÉ UNA VERDAD NO PUEDE TENER LAS LETRAS QUE LE DÉ LA GANA?

¡JHA!

¡¡ESTO ES EL ACABÓSE!!

NO EXAGERE; SÓLO ES EL CONTINUÓSE DEL EMPEZÓSE DE USTEDES

PAPÁ, ¿EN TU ÉPOCA DE MUCHACHO LOS VIEJOS SE ESCANDALIZABAN DE UDS.?
¡PÚF!.. ¡DECÍAN DE TODO!

"¡QUÉ BARBARIDAD, VESTIRSE ASÍ!; ¡YO NO SÉ ADÓNDE VAMOS A PARAR! ¡EN MIS TIEMPOS NO SE VEÍAN ESTAS COSAS!"

¡ES INCREÍBLE! ¡IGUALES A LOS VIEJOS DE AHORA!
¿VISTE?

¡Y ESO QUE EN MIS TIEMPOS NO NOS VESTÍAMOS COMO PAYASOS AFEMINADOS, NI SE VEÍAN LAS COSAS QUE SE VEN HOY
NI ÉRAMOS VAGOS, N

PARA TU INTELIGENCIA, MANOLITO; ¡QUEDA TAN TRISTE UNA TUMBA SIN FLORES!

?

SEGURO QUE EL POBRE GUILLE ESTUVO MIRANDO ESO Y SE LLEVÓ UN BUEN SUSTO

¡PTUAJ!

MI MAMÁ TUVO QUE COMPRARME DELANTALES NUEVOS PARA LA ESCUELA; TODOS LOS DEL AÑO PASADO ME QUEDAN CHICOS

...Y YO ESTABA MUY TRISTE PORQUE CREÍ QUE HABÍA QUE TIRARLOS

...PERO MI MAMÁ ME DIJO QUE NO; QUE SIEMPRE HAY ALGUNA NENITA POBRE A QUIEN DÁRSELOS

¡AH, BUENO, MENOS MAL! ¡MIRÁ VOS QUÉ SUERTE!

¡¡LA NEGATIVA DE SIEMPRE!!

NO; FELIPE NO QUIERE SALIR A JUGAR NI VER A NADIE. DICE QUE ESTÁ ANGUSTIADO PORQUE LE COMIENZAN LAS CLASES

¿LE COMIENZAN? ¡DÍGALE AL ANGUSTIADO ESE QUE LAS CLASES NO LE COMIENZAN A ÉL SOLO SINO A TODOS! ¡QUE PIENSE TAMBIÉN EN LOS DEMÁS!

DICE QUE PENSAR EN LOS DEMÁS NO; QUE SU ANGUSTIA NO ES UN CONVENTILLO

¡APURÁ, FELIPE, QUE MI PAPÁ NOS LLEVA EN AUTO A LA ESCUELA!

¡YA V...¿EN AUTO?
¡SÍ, VAMOS!

?

LO SIENTO, SR.; HUBO UN ASALTO FRENTE AL COLEGIO. LA ZONA ESTÁ RODEADA Y CERRADOS TODOS LOS ACCESOS

¡DALE, CHÉ! ¿QUÉ HACÉS? ¡MIRÁ QUE LLEGAMOS TARDE!

¡BONK!

¿Y? ¿CÓMO TE FUE HOY?
BIEN, AUNQUE A LA MAESTRA DE ESTE AÑO...¡QUÉ SÉ YO!..¡NO LA ENTIENDO!

SI NOS PORTAMOS BIEN ESTÁ CONTENTA Y PARECE UNA TIPA COHERENTE

PERO SI NOS PORTAMOS MAL NOS DESORIENTA

PORQUE PUEDE MIRARNOS CON OJOS FURIOSOS Y HACERNOS MORIR DE MIEDO....

...O PONERNOS SU CARA DE POCO SUELDO Y HACERNOS LLORAR DE LÁSTIMA

PERO....¿QUÉ HACÉS AQUÍ CON EL TELEVISOR DESENCHUFADO?

¡PENSAR! ALGUNA VEZ QUERÍA DARME EL GUSTO DE PODER PENSAR MIENTRAS ESTOY SENTADA MIRÁNDOLO

¡QUÉ EMOCIÓN! ¡HA LLEGADO EL DÍA DE MI BODA!

¡YA VOY CAMINO AL ALTAR DONDE ESPERA EL ELEGIDO DE MI CORAZÓN!

?

29
CUOTAS AUTO

¡HOLA! ¿CÓMO ANDÁS?
AQUÍ, CON UN AGUJERO EN EL ZAPATO HASTA QUE MI PAPÁ COBRE LA SEMANA QUE VIENE EN LA OFICINA

¿SE LE ATRASAN MUCHO A TU PAPÁ CON EL SUELDO?
Y, HAY MESES QUE TARDAN UN POCO EN PAGARLE

¿Y AHORA NO TIENE NADA DE PLATA, TU PAPÁ?
APENAS LO JUSTO PARA LA CUOTA DEL AUTO, ASÍ QUE MIS ZAPATOS TENDRÁN QUE ESPERAR

¿Y VOS NO TENÉS OTRO PAR DE ZAPATOS?
TENGO, PERO SON LOS DE SALIR Y NO QUIERO ARRUINARLOS

Y DECIME, ¿PUEDO AYUDARTE DE ALGUNA MANERA?
SÍ

YÉNDOTE AL CUERNO CON TU REPORTAJE A LA CLASE MEDIA

...AQUÍ, EN CASA, LA COSA NO VA MUY BIEN PORQUE MI PAPÁ NO COBRÓ TODAVÍA. YA SÉ QUE NO DEBO PEDIR NADA MATERIAL...

...PERO TE RUEGO MEJORES EL ESTADO EN QUE ESTÁ LA SITUACIÓN

¿O LA SITUACIÓN EN QUE ESTÁ EL ESTADO?

HE NOTADO ALGO CURIOSO EN MI PAPÁ

DE NOCHE CUANDO SE ACUESTA APAGA LA LUZ, ¿NO?, Y DESDE MI CAMA LO OIGO SUSPIRAR MUY PREOCUPADO: "¡AY, DIOS!"..... LUEGO DE UN RATITO, OTRA VEZ: "¡AY, DIOS!"...

Y MÁS SE ACERCA FIN DE MES, MÁS MÍSTICO SE PONE, ¿NO?

DECIME, MAFALDA; CUANDO TU PAPÁ SE ACUESTA, DE NOCHE, ¿NUNCA LO OÍSTE SUSPIRAR "¡AY, DIOS!"?
SÍ, ¿POR?

PORQUE SEGÚN MANOLITO, CUANTO MÁS SUSPIRA "¡AY, DIOS!" UN PADRE, MÁS LÍOS ECONÓMICOS TIENE

¡MÁH, SALÍ!.... ¡ESO ES UN MACANAZO DE MANOLITO!

TEOLOGÍA DEL ENDEUDADO, LO LLAMA ÉL

¡OÍME, PEDAZO DE BESTIA HEREJE! ¿QUÉ ES ESO QUE LE DIJISTE A MIGUELITO?
¿YO? ¿QUÉ LE DIJE?

QUE CUANDO ALGUIEN SUSPIRA "¡AY, DIOS!" ES PORQUE TIENE LÍOS ECONÓMICOS! ¿VOS CREÉS QUE TODO EL MUNDO TIENE ESA IDEA DE DIOS?

NO, POR SUPUESTO

ESTÁN LOS QUE LO MOLESTAN POR TONTERÍAS

¡APAGÁ ESA LUZ, MAFALDA! ¿EH? ¡DORMITE DE UNA VEZ!
"¡TA' BIEN!"

¡Y MAÑANA TENGO UN VENCIMIENTO! ¡MALDITA LA HORA EN QUE ME METÍ CON LA FINANCIACIÓN PARA COMPRAR EL AUTO!

¡AY, DIOS!

"SECCIÓN AUTOMOTORES TERCERA NUBE A LA DERECHA, HIJO MÍO"

QUINO

MAFALDA 7

EDICIONES DE LA FLOR

¡MÁS SERIEDAD, MANGA DE CURSIS, QUE ESTE ES UN LIBRO DE EDICIONES DE LA FLOR S.R.L. Anchoris 27 BUENOS AIRES! ¡ADEMÁS EL COPYRIGHT ES DE QUINO!

SÍ, Y QUEDA HECHO EL DEPÓSITO QUE MARCA LA LEY 11.723 ~ ¡OH!

Y LAZ TIDAZ QUE COMPONEN EZTE LIBRO FUEDON PUBLICADAZ POD EL SEMANADIO "SIETE DÍAZ Ilustrádoz" ¡AH!

IMPRESO EN LA ARGENTINA PRINTED IN ARGENTINA ¡OUH, YÉS!

a la realidad

QUINO

¡VAMOS A JUGAR COMO YO DIGO! ¿SÍ O SÍ?
¡NO!

¡MIREN QUE AGARRO Y ME VOY! ¿EH?
¡AGARRÁ Y ANDATE!

DIGAN LA VERDAD, ¿NO SERÁ ESE MAGNETISMO MÍO TAN ESPECIAL LO QUE LES MOLESTA DE MÍ?

¡BUÁÁÁ!

¿QUÉ PASA, MAMÁ? ¿POR QUÉ LLORÁS?
¡PORQUE DEL VERANO PASADO A ÉSTE ENGORDÉ Y LA BIKINI ME QUEDA HORRENDA!
SÑOG!

YO TE DIRÍA QUE MÁS DE MEDIA HUMANIDAD NO PUDO ENGORDAR NI UN GRAMO PORQUE NO TUVO QUÉ COMER

...PERO VOS NECESITÁS CONSUELO, NO QUEDAR COMO UNA ESTÚPIDA, ¿VERDAD?

ES QUE SON LOS ÚLTIMOS PREPARATIVOS DE LAS VACACIONES QUE NOS TOMAMOS PARA DESCANSAR DE LOS ÚLTIMOS PREPARATIVOS DE LAS VACACIONES QUE NOS TOMAMOS

AYER LE DIJE A MI PAPÁ QUE PODRÍAMOS CERRAR UNOS DÍAS EL ALMACÉN E IRNOS DE VACACIONES
¿Y?

¿VACACIONES?
...PREGUNTÓ ÉL

¡CLARO! ¡UN POCO DE AIRE Y SOL ES MUY BUENO PARA LA SALUD!
...DIJE YO

¿Y LA CLIENTELA?
...PREGUNTÓ ÉL

LA CLIENTELA COMPRARÁ EN OTROS ALMACENES
...DIJE YO

¿ALGUIEN DIÓ UN DISGUSTO A ESTE HOMBRE?
...PREGUNTÓ EL MÉDICO

?

MUCHO GUSTO; ACABO DE LLEGAR CON MI FAMILIA, BUSCANDO LA PAZ DE ESTAS PLAYAS

MAFALDA...
¿MMH?

¿ME ALCANZARÍAS LAS CADERAS Y EL ENCENDEDOR, QUE ESTÁN AHÍ EN MI CAMISA?

¿TIGÜEÑA NENITO? ¿TÍ?

HOTEL Gaviota
¿YA TAN COLORADITOS? MUCHO SOL, ¿VERDAD?
Y...MASSSSOMENO

DISCULPE, SR., PERO ME PARECE QUE YO A UD. LO CONOZCO... PERO... ¿DE DÓNDE?

BUENO...NNNOSSSÉ... YO TRABAJO EN LAS OFICINAS DE UNA COMPAÑÍA DE SEGUROS
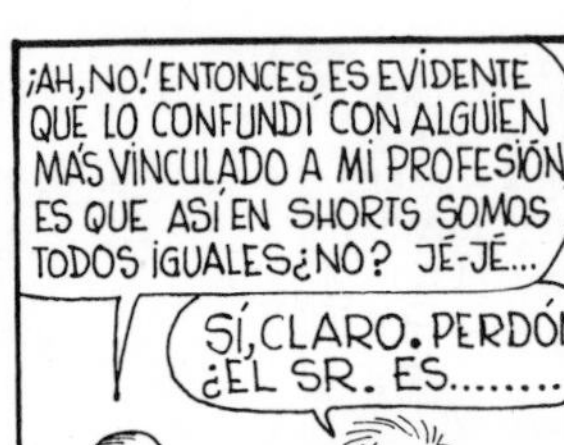
¡AH, NO! ENTONCES ES EVIDENTE QUE LO CONFUNDÍ CON ALGUIEN MÁS VINCULADO A MI PROFESIÓN; ES QUE ASÍ EN SHORTS SOMOS TODOS IGUALES ¿NO? JÉ-JÉ...

SÍ, CLARO. PERDÓN, ¿EL SR. ES.......

MÉDICO

¡AH, QUÉ BIEN!

¡RICARDITO, NO TE MOJES LOS PIES, HIJITO, QUE PUEDE HACERTE MAL!

¡RICARDITO, TIRÁ ESE CARACOL QUE QUIÉN SABE QUÉ PORQUERÍAS TENDRÁ, QUERIDITO!

¡RICARDITO, PONETE EL GORRITO, TESORO, QUE EL SOL ESTÁ MUY FUERTE!

SIEMPRE SE DIJO QUE UNA MADRE ES TODO; LO QUE NO SE DIJO ES TODO LO TODO QUE PUEDE LLEGAR A SER UNA MADRE

¡HOLA! ¡QUÉ CHIQUITITA SOS! ¿CÓMO TE LLAMÁS?

LIBERTAD

¿SACASTE YA TU CONCLUSIÓN ESTÚPIDA? TODO EL MUNDO SACA SU CONCLUSIÓN ESTÚPIDA CUANDO ME CONOCE

TRAJE UNA AMIGUITA. SE LLAMA LIBERTAD

¿LIBERTAD? ¡QUÉ CHIQUITITA!
¡Y QUÉ QUEMADA ESTÁ!

CLARO, SE VE QUE HACE BASTANTE QUE ESTÁ DE VACACIONES

¡TRAJE UNA AMIGUITA, NO UN PANFLETO!
?
¿

¿ETA NENA?
ESTA NENA ES LIBERTAD, GUILLE

¡Y TENGO BASTANTES MÁS AÑOS QUE VOS! ¿ALGUNA OBJECIÓN A MI TAMAÑO?

¡MEJOR ASÍ! ¡LOS BAJITOS NO TENEMOS POR QUÉ ANDAR AGUANTÁNDOLE A LOS DEMÁS SU COMPLEJO DE ALTURA!

SE ME OCURRE QUE LA GENTE GRANDE NO TE CAE MUY SIMPÁTICA, LIBERTAD
SE TE OCURRE BIEN; POR LO GENERAL SON TODOS UNOS PAPAFRITAS
1295

¿TUS PAPÁS TAMBIÉN SON PAPAFRITAS?
Y, TIENEN SUS DÍAS, SÍ

EN REALIDAD NO **SON**, SINO QUE **SE PONEN** MUY PAPAFRITAS ALGUNAS VECES

ELLOS, CLARO, NO SE DAN CUENTA Y...

1296

YO NO ENTIENDO A ESTOS QUE NO SABEN ABURRIRSE SIN MOLESTAR A LOS PECES

¿Y QUIÉN TE DIJO QUE ME ABURRO?

YO A LOS QUE NO ENTIENDO ES A ESTOS QUE NO SABEN ENTRETENERSE SIN MOLESTAR A LOS PECES

¡PIÍÍÍP!
¡PIÍÍÍP!

¡PIÍÍP!
¡PIÍÍP!

PIPÍ

¡PIÍÍP!
¡PIÍÍP!

¡EH, VOLVISTE! ¿QUÉ TAL TU VERANEO?
EL MÍO MUY LINDO, ¿Y EL TUYO?

¡PST!

EL MÍO MUY LINDO, ¿Y EL TUYO?

¿QUÉ PASA?
ME DA MIEDO ENCENDER LA RADIO

SERÍA MUY TRISTE ESCUCHAR UN NOTICIOSO Y VER QUE DURANTE TODOS LOS DÍAS QUE ESTUVIMOS DE VERANEO EL MUNDO NO MEJORÓ NADA

PARA QUE MEJORARA, LOS QUE TENDRÍAN QUE HABERSE IDO DE VERANEO SON LOS QUE LO MANEJAN ASÍ

¿ME FIRMARÍAS UN AUTÓGRAFO?

¡MIRÁ; SÍ ES POR LO QUE ME DEBE, QUE SE LO GUARDE! ¡CUANDO SE LA PRESTÉ YA SABÍA QUE ERA PLATA PERDIDA!

¡DE TODO HAY EN ESTE SUPERMERCADO DE DIOS!

¡LA MANTECA QUE ME VENDISTE ESTA MAÑANA: RANCIA!
¡FAP!

¿RANCIA?
¡NOOOO!...
ÑIF-ÑIF

ES ALCURNIA, QUE LE DICEN

¡¡JÚÚÚJHUUU!
¡PAGARON EN LA OFICINA!

¡¡ÚÚÚJHUUU¡PAGARON EN LA OFICINA

¡MÁZ ZOPITA, MAMÁ!
¡MÁZ!

¡ZÓ-ZÓ-PÍTA!.. ¡ZÓ-ZÓ-PÍTA!.. ¡ZÓ-ZÓ-PÍTA!..

¡ZÓ- ZÓ- PÍTA....
ZÓ.....Z..Ó....P...Í...T....

¡¡ÑÑÑÑÑ!!!

¡¡Ñ......
!

¡¡ZÓ-ZÓ-PÍTA!! ¡ZÓ-ZÓ-PÍTA!...

TOC-TOC
GOLPEAN ¿NO FUNCIONARÁ EL TIMBRE?

?

¡HOLA!,¿SE ACUERDA DE MÍ? SOY LIBERTAD. NOS CONOCIMOS EN LA PLAYA Y VIVO A DOS CUADRAS DE AQUÍ -"¿A DOS CUADRAS DE AQUÍ?¡QUÉ CASUALIDAD!" DIRÁ UD. -"¿VIÓ?" DIRÉ YO

PERO NO VINE PARA HABLAR BOBADAS, SINO A VISITAR A MAFALDA, SI ES QUE ESTÁ.
PERMISO

¡AH, OTRA COSA! ¡LO MÍO ES SOLTURA, NO DESFACHATEZ!

PERMISO, SEÑORITA, ¿PUEDO IR AL BAÑO?

¿ES URGENTE?
¡URGENTÍSIMO!
ESTÁ BIEN

¡¡LA @*#%@ AL TONELERO QUE PASÓ LOS 218 litros DE UNA BARRICA DE VINO A NO ME SALE CUÁNTAS BOTELLAS DE 75 centilitros c/u!!

GRACIAS

¡QUIEN PUDIERA SER COMO ESA NIÑITA Y VIVIR DESPREOCUPADO Y LLENO DE OPTIMISMO!

¡TORTAS!
¡PELEA! ¡PELEA!
¡PIÑAS!
¡ROSCA!

¿QUÉ ES ESO? ¿QUÉ ES ESO?

¡AHORA LLORAN, CLARO! ¡AHORA LES DA POR LLORAR! ¿NO?

LÓGICO, ¡SI LO ÚNICO QUE PUEDEN HINCHARTE SIN QUE TE DUELA ES EL BOLSILLO

HOLA, SUSANITA, TE PRESENTO A LIBERTAD
¡HOLA, LIBERTAD! ESPERO QUE SEAMOS BUENAS AMIGAS

A MÍ ME GUSTA LA GENTE SIMPLE
¿DE VERAS? ¡ME PARECE FANTÁSTICO!

SÉ SIMPLE, ¿A VER? ¡DALE!

¡SONAMOS!

¡PST, PAPÁ! ES LA HORA EN QUE MAMÁ PREGUNTA SIEMPRE QUÉ QUEREMOS CENAR
¿Y?

Y, QUE VAMOS A ARMAR LA HISTORIA DE TODOS LOS DÍAS: ~"NO SÉ, HACÉ CUALQUIER COSA"~ "QUÉ SÉ YO, ME DA LO MISMO"~"Y, LO QUE SEA MENOS TRABAJO" ~"YA TE DIJE QUE NO SÉ, ALGO SENCILLO-SENCILLO, QUÉ SÉ YO..."

TENÉS RAZÓN

¿QUÉ QUIEREN CEN......

¡COBARDES!

¡GUILLE! ¿VOS ME SACASTE EL MARCADOR NEGRO?

¿QUÉ MADCADOD?

¡SOS UN CARADURA! ¿DÓNDE LO TENÉS?

EN MI DEPACHO

¡LINDA IDEA, DIBUJAR EN EL PISO CON ESA PORQUERÍA DE MARCADOR!... ¡TOTAL!.. ¡ESTÁ MAMÁ QUE LIMPIA! ¿NO?

NO, MAMÁ EZ BUENA. CUANDO VOZ TE ENOJÁZ NO EZTÁ MAMÁ, EZTÁ UNA SEÑODA ENOJADA

¡ENOJADA O NO, YO SOY SIEMPRE TU MADRE! ¿ENTENDÉS?
¡NO! ¡ZOY HUEDFANITO!
¡SÑIG!

¡¡BASTA DE TELETEATRO, QUE NO ME DEJAN HACER LOS DEBERES!!

¡MORIRÁS!

COMO EL ABUELO DEL PELADO DEL KIOSCO, ¿SUPISTE? ¡POBRE! CLARO QUE YA TENÍA 93 CUMPLIDOS Y NO LE HACÍA CASO AL MÉDICO. PARECE QUE SE BAJABA SUS BUENOS TINTOS. ADEMÁS EN AGOSTO DEL AÑO PAS

BUENAS, ¿TU PAPÁ?
¿DE PARTE?

DEL BOLETÍN "LA VOZ DEL BARRIO"; APELAMOS A LA BUENA VOLUNTAD DE TODOS
¿Y MI PAPÁ QUÉ PUEDE HACER?

SUSCRIBIRSE; SÓLO SE TRATA DE UN PEQUEÑO DESEMBOLSO ECONÓMICO

Y....¿ASÍ, SIN ANESTESIA NI NADA?

¿PRESENTE INDICATIVO DE TEMER?

YO TEMO

¿PRETÉRITO IMPERFECTO DE PARTIR?

YO PARTÍA

¿FUTURO PERFECTO DE AMAR?

¡HIJITOS!

¿QUÉ ME TRAÉIS? ¡PARDIEZ! ¡LLEVÁOS DE AQUÍ VUESTRO VIL BREBAJE!

¡COMO OS PLAZCA, VIVE DIOS; QUE NO SERÉ YO QUIEN QUEDE ENCLENQUE!

¿SE ESTARÁ PSICOANALIZANDO DE INCÓGNITO?

¿TE GUSTAN LAS PLANTAS, LIBERTAD?

EN MACETA, NO; LAS PLANTAS ME GUSTAN EN LA TIERRA-TIERRA

SÍ, CLARO, PERO ESO ES IMPOSIBLE; YO VIVO EN UN DEPARTAMENTO

UD. ME PREGUNTÓ SI ME GUSTAN LAS PLANTAS, NO SI ME GUSTA SU VIDA

PLANTEO: SÍ UN POCERO CAVA UN POZ...
TRÍÍÍÍÍÍÍÍNG......
TRÍÍÍÍÍÍNG.......

¡MAMÁ, SON LOS DEL RATING! ¿QUÉ PROGRAMA ESTÁS VIENDO EN TV?

VERÁ, SEÑORITA, ES UNO EN EL QUE LA CHICA, Y NO ES QUE YO SEA CHAPADA A LA ANTIGUA, HACE MAL EN ENGAÑAR AL NOVIO, UN MUCHACHO TAN SERIO, ABOGADO, FÍJESE, CON EL OTRO ÉSE DEL TALLER, PARECE MENTIRA, UNA CHICA DE TAN BUENA FAMILIA, ¿QUÉ PUEDE DARLE UN OBRERO? PORQUE SERÁ BUEN MOZO PERO ES UN OBRERO. Y NO ES QUE YO TENGA NADA CONTRA LOS OBRER

¿VIERON QUE UN DÍA UNO SE LEVANTA CONTENTO, OTRO TRISTE, OTRO TRANQUILO, OTRO ENTUSIASTA Y QUÉ SÉ YO DE CUANTAS MANERAS MÁS?
SÍ

BUENO; YO HOY ME LEVANTÉ PEDANTE.
ME DA MUCHA RABIA PERO NO PUEDO EVITARLO, ¡ME SIENTO PEDANTE!

¡Y BUENO, MIGUELITO, HASTA QUE SE TE PASE TE AGUANTAREMOS PEDANTE! ¿PARA QUÉ SOMOS TUS AMIGOS, SI NO?

PARA CODEARSE CONMIGO, ¿O CREEN QUE NO ME DÍ CUENTA?

ESTOY ABURRIDA, ¿VAMOS A JUGAR A LO DE MIGUELITO?
VAMOS, PERO.... ¡NO SÉ!

HACE UN RATO LO VÍ Y ME DIJO QUE HOY SE LEVANTÓ PEDANTE; QUE LE DABA MUCHA RABIA SENTIRSE PEDANTE PERO QUE NO PODÍA EVITARLO

EN UNA DE ESAS SE LE PASÓ, QUIÉN TE DICE...

HOLA, MIGUELITO. ¿CÓMO ESTÁS?
CONVENCIDO DE QUE SI YO NO LLEGO A NACER.... ¡QUÉ GOLPE PARA LA HUMANIDAD! ¿EHÉ?

¡BUROCRACIA!

SU LECHUGUITA

VAS A VER QUÉ REGALO NOS TRAJO MI PAPÁ AL GUILLE Y A MÍ, SUSANITA

¡AH, QUÉ MARAVILLA!
TOCALA, NO HACE NADA

¿TOCARLA?
¡PERO SÍ, DALE, NO TENGAS MIEDO!
¿MIEDO YO?

HOLA, ME DIJO SUSANITA QUE TENÉS UNA TORTUGA Y VENGO A CONOCERLA, ¿QUÉ NOMBRE LE PUSISTE?
BUROCRACIA

¿BUROCRACIA?¡PERO CHÉ, MIRÁ QUE PONERLE BUROCRACIA! ¿POR QUÉ BUROCRACIA? ¿EHÉ? ¿POR QUÉ?

BUENO, ¿Y?
Y, YA ESTÁ ENCERRADA; TAL VEZ SI HUBIERAS VENIDO ANTES....

¡CÓMO! ¿Y HOY YA NO? ¡ES UNA BARBARIDAD, YO VINE ESPECIALMENTE!
LO SIENTO, TENDRÁ QUE SER MAÑANA. HOY YA ES IMPOSIBLE

¿Y MAÑANA DENTRO DE QUÉ HORARIO, MÁS O MENOS?
Y, MUY BIEN NO SABRÍA INFORMARTE
AJHÁ....¡BUEH!.. VOLVERÉ MAÑANA

Y AL FINAL NO ME ENTERÉ POR QUÉ LE PUSO ESE NOMBRE

PUCHA...

APENAS UNO SE DESCUIDA SE LE VA AL DEMONIO ESA POESÍA QUE SOLO LOS NIÑOS TENEMOS

¡BANG!

¡QUÉ SABIA ES LA NATURALEZA! SI ESE PAJARITO CAÍA MUERTO YO NO PEGABA UN OJO EN TRES MESES

¿Y EL OMBLIBITO?
NO TIENE OMBLIGO, GUILLE, PORQUE NACIÓ DE UN HUEVITO

¿Y ENTONCHE LAZ ALITAZ?
TAMPOCO TIENE ALITAS
¡CÓMO!....¿NO EZ QUE NACIÓ DE UN HUEVITO?

SÍ, BUENO, PERO NO TODO LO QUE NACE DE UN HUEVITO TIENE ALAS. DE UN HUEVO PUEDEN SALIR PECES Ó ARAÑAS Ó SERPIENTES Ó PÁJAROS U HORMIGAS Ó RANAS Ó QUÉ SÉ YO CUANTAS COSAS MÁS

¡DEZODGANIZADOZ, LOZ HUEVITOZ!

¿VOS CREÉS QUE EXISTEN LOS FANTASMAS?
¿LOS FANTASMAS? NO, NO CREO

¿Y EL FANTASMA DE LA INFLACIÓN? YO OÍ A UN SEÑOR HABLAR DEL FANTASMA DE LA INFLACIÓN

¡AH, BUENO, PERO ESE NO ES UN "FANTASMA-FANTASMA"!
¿AH, NO?

NO, ES SOLO EL PELIGRO DE QUE AUMENTE EL COSTO DE LA VIDA

¡AAAAH!

DECIME, ¿TU AMIGO FELIPE ES UNO CON EL PELO TODO ASÍ COMO HOJAS DE LECHUGA?
NO, ESE ES MIGUELITO

AH, YO CREÍA QUE FELIPE ERA EL DEL PELO COMO LECHUGA Y LOS DIENTES ASÍ
SÍ, EL DE LOS DIENTES ASÍ **ES** FELIPE

¡Y BUENO, ESE DIGO YO; UNO QUE TIENE ALMACÉN!
¡PERO NO!

¡PERO!..¡MIRÁ QUÉ JUSTO: AQUÉL QUE VIENE ALLÁ ES FELIPE!

HOLA, NO SÉ SI VOY A ANDAR BIEN CON VOS, FELIPE; A MÍ ME GUSTA LA GENTE SIMPLE

¿MAFADDA?
MAFALDA EN LA ESCUELA, GUILLE, ESTUDIANDO MUUUCHO, MUUUUCHO..

¿PAPÁ?
PAPÁ EN LA OFICINA, TRABAJANDO MUUUCHO, MUUUUUCHO..

¿NOZOTROZ PIOLAZ?

¿ENTONCES, SEÑORA, NADA MÁS?
NADA MÁS, MANOLITO

PERO DEJÁ, SI YO PUEDO....
FALTARÍA MÁS, UNA CLIENTA COMO UD... ¿Y SU ESPOSO? BIEN, ¿NO? HACE TIEMPO QUE NO LO VEO

¡YO TAMPOCO! ¡SE SUPONE QUE BIEN, SÍ!

¡CON *FRIALDAD EMPRESARIA*! ¿CUÁNDO CUERNOS VOY A APRENDER QUE A LOS CLIENTES HAY QUE TRATARLOS CON *FRIALDAD EMPRESARIA*?

¡YA QUE ACEPTAMOS UNA REALIDAD HAGÁMOSLO CON ELEGANCIA!
¡¡AY, DIOS!! ¡¡AY, DIOS!!

¿QUÉ REALIDAD ES LA QUE ACEPTAMOS, SUSANITA?
LA DE VER TODAS LAS PELÍCULAS CORTADAS
¿Y DÓNDE ESTARÍA LA ELEGANCIA?

EN QUE PARA CORTARLAS LA COMISIÓN DE CENSURA TRAJERA A PIERRE CARDIN

¡OTRO CON QUEJIDOS TEOLÓGICOS!

TENGO UNA IDEA DIVERTIDÍSIMA: JUGUEMOS A QUE VOS SOS YO Y YO SOY VOS, ¿EH?
DALE, EMPEZÁ

¿ESCUCHASTE EL NOTICIOSO?; LÍOS EN TODOS LADOS! ¡YA ME TIENEN PODRIDA LOS CHINOS, LOS ÁRABES, LOS RUSOS, LOS NORTEAMERICANOS, LOS ISRAELÍES, LOS VIETNAMITAS! ¡QUÉ DESASTRE!

¡JHÍ-JHÍ JHÍ-JHÍ!
¡JHA-JHA JHA!

¡MIRÁ VOS, Y YO AQUÍ RIÉNDOME COMO UN TONTO Y TODAVÍA NO HICE LOS DEBERES!..¡Y LA HORA QUE ES!... ¡Y YA ME DA LA ANGUSTIA!...¿Y AHORA CÓMO HAGO?

¡ESO, DIOS MÍO! ¿CÓMO HAGO AHORA?

¡SLAM!

NO NOS CONOCEMOS DE ALGÚN LADO, SEÑORA?
MADÁM, NENA, MADÁM

¡¡MAMÁ, VINO MAFALDA A JUGAR CONMIGO!!
PARIS

BUEEEEEEENOooooo

¿TAN GRANDE ES ESTE DEPARTAMENTO, LIBERTAD?

NO, PERO NOS HABLAMOS SIEMPRE ASÍ, PARA QUE PAREZCA

¡TACATÍC!-¡TÍC!-¡TITÍKTIK!
¡TÍKITAT-TAK-TÍK-TÍK-TAKÍT!
¿QUÉ ESCRIBE A MÁQUINA TU MAMÁ?

TRADUCCIONES PARA LIBROS, PORQUE LO QUE GANA MI PAPÁ ES PARA PAGAR EL DEPARTAMENTO

MI MAMÁ SABE FRANCÉS. LOS FRANCESES ESCRIBEN LOS LIBROS EN FRANCÉS, ELLA LOS COPIA COMO HABLAMOS NOSOTROS Y CON LO QUE COBRA COMPRA FIDEOS Y ESAS COSAS

HAY UN TIPO.....ESPERÁ, ¿CÓMO SE LLAMA?..... YANPOL....YANPOL BELMON... ¡NO!.... YANPOL...¿SASTRE, SE LLAMA?
¡AH! ¿SARTRE?

¡ESE! EL ÚLTIMO POLLO QUE COMIMOS LO ESCRIBIÓ ÉL

¿ASÍ QUE LA MADRE DE LIBERTAD ES TRADUCTORA?
SÍ, SE RECIBIÓ HACE POCO

¡CÓMO HACE POCO! ¿NO SE RECIBIÓ ANTES DE CASARSE?
NO

CUANDO SE CASÓ TODAVÍA ESTUDIABA, Y EL PAPÁ DE LIBERTAD TAMBIÉN

¡AH, CÓMO! ¿LOS DOS ERAN ESTUDIANTES?
¡Y.... SÍ!
¡NO DIGAS!

¿TAN SOLTEROS SE CASARON? ¡MIRÁ VOS!

CONOCÍ EL DEPARTAMENTO DE LIBERTAD ¡ES DE CHIQUITO!
¿AJHÁ?

Y TAMBIÉN CONOCÍ A LA MADRE; TRABAJA, LA MADRE
¿AJHÁ?

SÍ, ES TRADUCTORA DE FRANCÉS
¿AJHÁ?

PORQUE, CLARO, CUANDO SE CASÓ NO ABANDONÓ LOS ESTUDIOS COMO HACEN MUCHAS

SE VE QUE TUVO MÁS VOLUNTAD QUE AJHÁ'SES

¡ÁNIMO, MAMÁ, QUE EL DÍA QUE LA TIERRA SEA DEL QUE LA TRABAJA SERÁS DUEÑA DE UNA POLVAREDA QUE NO TE CUENTO!

SI TE ENAMORASTE DE TU MUJER POR SU SENTIDO DEL HUMOR... ¡QUÉ CHASCO! ¿EH?

¡LA DE GENTE QUE HABRÁ HACIENDO COSAS IMPORTANTES MIENTRAS YO ESTOY AQUÍ TIRADO!

¿NO ME DA VERGÜENZA?

¡AH, CÓMO! ¿NO ME DA?

NUNCA TERMINA UNO DE CONOCERSE

RESULTA QUE AYER LE PREGUNTÉ A MI MAMÁ:

¿VOS CREÉS QUE EL MUNDO SE VA A ARREGLAR, MAMÁ?
¡SIN DUDA!

ENTONCES TE PROPONGO UNA COSA: HASTA QUE EL MUNDO NO SE ARREGLE VOS NO HAGAS SOPA, ¿EHÉ?

¿Y QUÉ PASÓ?

¡¡PASÓ QUE A LA NOCHE TUVE QUE COMERME TODA SU FE CON FIDEOS!!

MAÑANA TENEMOS GEOMETRÍA, ¡MECACHO!

BUEN DÍA, MANOLITO, ¿TIENES CALDO EN POLIEDROS?
EN ESO QUE UD. DICE NO, SEÑORITA, TENGO EN CUBITOS

¿Y QUÉ ES UN CUBITO? ¡BURRO, LOS CUBOS SON POLIEDROS RE-GU-LA-RES!

¡Y ESTO ES UN CILINDRO RECTO! ¿ME OYES?
¡NO, NO, SON ARVEJAS!

¡BONK!

MAÑANA TENEMOS GEOMETRÍA, ¡ME CACHO!

?

¿QUÉ MIDÁZ? ¿NUNCA VIZTE A UN INTELEDTUAL?

¿ALGUNA VEZ SE PREGUNTARON UDS, QUERIDOS AMIGUITOS, "QUÉ ES LA VIDA"?

PUES BIEN, PEQUEÑOS MÍOS: LA VIDA ES COMO UN RÍO

SÍ, LA MACANA ES QUE TODOS CREEN SABER HIDRÁULICA, ¿NO?

¡¡PERO TAMBIÉN CUANDO YO QUISE CRUZAR!!

POR FAVOR, ¿PUEDEN ALCANZARME LAS PANTUFLAS?

POR FAVOR, MAFALDA, ¿PODÉS ALCANZARLE LAS PANTUFLAS A TU PADRE?

POR FAVOR, GUILLE, ¿PODÉS ALCANZARLE LAS PANTUFLAS A PAPÁ?

POD FAV.....

¡PAF!

¡SE ME OCURRIÓ EL TRUCO PERFECTO PARA LIBRARSE DE LA SOPA!
¡NOOOO! ¿CÓMO ES?

CAZÁS UNA MOSCA, LA METÉS EN UN FRASQUITO, AGITÁS EL FRASQUITO PARA ATONTARLA BIEN.....

...Y LUEGO, CUANDO TE TRAEN LA SOPA....CLARO, EL ESPECTÁCULO NO SERÁ MUY...¡BUÉH!..AL PRIMER DESCUIDO ECHÁS LA MOSCA...QUE QUEDE...AHÍ.... NA.... ¡GULP!..NADAN...DO..Y..

OCUPADO

¿VOS OÍSTE HABLAR DE LA REVOLUCIÓN SOCIAL? MI PAPÁ A VECES HABLA DE LA REVOLUCIÓN SOCIAL
¿AJHÁ? ¿Y QUÉ DICE?

DICE QUE "LA MASA TRABAJADORA ESTÁ EN MARCHA Y QUE EL PROLETARIADO HARÁ LA REVOLUCIÓN SOCIAL"
AH, Y ¿CUÁNDO?

¿CUÁNDO?

Y, A VECES, CUANDO ESTÁ SENTADO EN EL LIVING, LO DICE

¡HOLA! ¿SABÉS QUE ESTE BIMESTRE SAQUÉ MEJORES NOTAS QUE LAS QUE YO ESPERABA EN LA LIBRETA DE CALIFI

¡¡SSSHH!!...
?

¡¡NO NOMBRES VIETNAM DELANTE DE NIXON!!

VIMOS EN TV UN PROGRAMA SOBRE LOS ESTRAGOS DE LA DROGA, PAPÁ, ¿VOS PROBASTE ALGUNA VEZ?

¡PERO DECIME! ¿TENGO CARA DE VICIOSO? ¿EEH?

¡POD FAVOD!

NO LE HAGÁS CASO, PAPÁ; ES UN EXAGERADO

1347

ENV. 1957

¿Tomates con CURRÍCULUM? ALMACÉN "Don Manolo"

¿VAMOZ A JUGAD?
1348

NO PUEDO, GUILLE, TENGO QUE HACER LOS DEBERES

¡MAMÁ, MAFADDA QUIEDE MÁ'Z A ZUZ DEBEDEZ QUE A MÍ!

¡NO, GUILLE, NO ENTENDÉS! ¡A VOS TE QUIERO MÁS, PERO SI NO HAGO LOS DEBERES, MAÑANA SE ME ARMA UN LÍO ESPANTOSO! ¿COMPRENDÉS?
¡AAH!..

¡MAMÁ, MAFADDA ZE QUIEDE MÁ'Z A ELLA QUE A MÍ!

HOLA, FELIPE, ¿HICISTE YA LA COMPOSICIÓN SOBRE LA INDEPENDENCIA NACIONAL?
TODAVÍA NO

Y SALÍ A DAR UNA VUELTA, PARA INSPIRARME

boutique Petty
GRILL
TRATTORIA "IL BUON PRANZO"
SHOPPING CENTER
SWEATERS
JUMPERS
WASH CLEAN
Whisky
SCOTCH BLENDED
Beautiful "Velvet-Skin"
NIGHT-CREAM
KANT FILTER
Speedmaster
PERO NO SE ME OCURRE NADA

SALUDOS AL CAMBIO DE ESTRUCTURAS

¡POR FIN SE DURMIÓ!
¡APROVECHEN AHORA!
¡ANGELITO! ¡ME DA NO SÉ QUÉ!

¿Y SI SE DESPIERTA Y TE PREGUNTA?
¡QUÉ BERRINCHE, POBRE!
¡PERO, NO! ESPEREMOS QUE NO

¡AH! TE RECORTÉ EL TELÉFONO DEL CINE, CUALQUIER COSA LLAMANOS
¡BUENO, CHAU, CHAU! QUE LES GUSTE LA PELÍCULA!

¡AH, CÓMO! ¿NO TE IBAZ CON LOZ VIEJOZ, VOZ?

SI EL DÍA DE MAÑANA YO LLEGO A SER FAMOSO A VOS TE PONDRÁN UNA PLACA QUE DIGA: "BAJO ESTE ÁRBOL ESTUVO MIGUELITO"

¡A VOS TAMBIÉN NO, CHE!...¡O TE CREÉS QUE EL BRONCE LO REGALAN!

...MPRE INFRAROX, CALIDAD EN CALEFACCI
LR2

¡PÚF! ¡PUBLICIDAD!

...GISTRO IMPRESO POR LOS BOHEMIOS VIENESE
LRA

¡PÚF! ¡MÚSICA PARA VIEJOS!

...FLICTO ÁRABE ISRAELÍ...
LS5

¡PÚF! ¡TOM y JERRY!

HOY LLEGÓ CARTA DE MI HERMANO, ¿TE ACORDÁS DE MI HERMANO?
¡AH, SÍ! UNO GRANDOTE ¿DÓNDE ESTÁ?

EN ESTADOS UNIDOS, SE FUÉ A TRABAJAR ALLÁ HACE CUATRO MESES Y YA TIENE AUTO, ¡QUÉ PAÍS FABULOSO!

¡Y ADEMÁS AHORRA DÓLARES Y TODO! ¿Y QUIÉN ERA AQUÍ, MI HERMANO ¡NADIE!
¿Y ALLÍ EN QUÉ TRABAJA?

ES PEÓN EN UN SUPERMERCADO, ¡MIRÁ VOS! ¡DECIME CUÁNDO EN ESTE PAÍS UN PEÓN VA A TENER AUTO! ¿EHEÉ?

Y, CUANDO CAMBIEN LAS COSAS COMO PARA QUE PUEDA TENERLO

¡ESTOY HABLANDO DE LAS VENTAJAS DE ALLÁ, NO DE LA SUBVERSIÓN AQUÍ!

¿EL ZOL?
HOY ESTÁ NUBLADO, GUILLE; NO HAY SOL

¡ANDÁ TAELO, PAPÁ! ¿ZÍ?

¡PERO HIJITO, ESO ES IMPOSIBLE! ¿CÓMO VOY A TRAERTE EL SOL?

AH, ¿NO PODÉZ?
Y, NO

¿ME DEJA NEL PIZO, SEÑOD, POD FAVOD?

EN TODAS PARTES SE CUECEN HABAS, PERO... NADIE SE ANIMA A ESTRANGULAR AL "MAITRE"

¿QUIÉNES DIRÁN QUÉ COSAS DE QUIÉNES SIN QUE UNA PUEDA ENTE-RARSE, MALDITO SEA?

¡PRRR-PRRR! ¡PEDRRITO! ¡PRRR! ¡LA PAPA! ¡PRRRR!

¡ESTA ES UNA DE LAS FACETAS MÁS DEPLORABLES DE MÍ PERSONALIDAD!

¡CHAU, MAMÁ! ¡ME VOY A JUGAR A LO DE FELIPE!
BUENO, CHAU

¿Y EL "NO VOLVÁS TARDE", PEDAZO DE NEGLIGENTE?

¡¡AAAAAH!!.. ¡¡GUTEN MORGEN, FELIPEN!! ¡¡KUARENTA UND CINKO MINUTEN TARRRDE!! ¿HEIN?
MEIN KAMPF

¡IÁ, SEÑORITEN, PERO ICH TRAIGO DER JUSTIFIKATIVEN VON MEINE MAMÁ

LA VACA
BIEN, VE A SENTARTE, QUERIDO

?

¿VOS SABÍAS QUE MI MAMÁ ES TRADUCTORA DE FRANCÉS, MANOLITO? YO TAMBIÉN SÉ FRANCÉS; SÉ DECIR "PAPÁ" EN FRANCÉS
¿SÍÍ? ¿CÓMO SE DICE, A VER?

PAPÁ
¡AH, ES FÁCIL! ¡SE DICE IGUAL!

¿FÁCIL? ¿IGUAL? ¡NADA DE ESO, EL ASUNTO ES PENSAR EN FRANCÉS! ¡TRATÁ DE DECIR "PAPÁ" PENSÁNDOLO EN FRANCÉS! ¡DALE! ¿A VER? ¡DALE!

¡ES INÚTIL! ¡JAMÁS PODRÉ HABLAR ESE MALDITO IDIOMA!

CHÉ, MAMÁ, ¿USTEDES CUÁNTO HACE QUE SE CASARON?
NUEVE AÑOS

¿O SEA QUE YO NO NACÍ ENSEGUIDA?
NO, CLARO

¿Y DE DÓNDE CUERNOS SACARON QUE YO PODÍA ESPERAR?

1214

¡AÚ! ¡AÚ! ¡UAÚ!

¿QUIÉN PUEDE ANDAR DISFRAZADO CUANDO SU VALENTÍA ESTÁ DE LUTO?

¡NO CORRÁS CON LOS ZAPATOS NUEVOS QUE LOS DESHACÉS! ¡NO SALTÉS SOBRE EL SOFÁ QUE LO DESTROZÁS! ¡NO TE ARRASTRÉS POR EL PISO QUE DESPEDAZÁS LA ROPA!

¡¡DECIME DE QUÉ TE SIRVE SER NIÑO, SI NO TE DEJAN EJERCER!!

¡LA PUCHA!

¡TÚCK!

¡BUAAA!

¡TE DIJE MIL VECES QUE DE LOS MALOS SE ENCARGA EL MUCHACHO, PAZGUATO ALTRUISTA!

¡ORQUESTAS! ¡SI EN LUGAR DE TROPAS EL MUNDO ESTUVIERA LLENO DE ORQUESTAS SERÍA UNA MARAVILLA!

YA VEO A LOS SORDOS DANDO GOLPES DE ESTADO EN DEFENSA DE LA LIBERTAD, LA PAZ LA JUSTICIA, LA....

¡QUITÁSELA, MANOLITO!

¿A UNA MADRE?
¡BONK!

¡¡MEJOR; MÁS VALE ABURRIRSE SOLA QUE ALTERNAR CON ANTIMAMISTAS!!

USTEDES DOS....¿TIENEN NUESTRA EDUCACIÓN PLANIFICADA, O LA VAN IMPROVISANDO, NOMÁS?

NO, PLANIFICADA
IMPROVISANDO NO

¿QUÉ DIJISTE?

ESTOY EMPEZANDO A SOSPECHAR QUE CUANDO LA MAESTRA PREGUNTA ALGO NO ES PORQUE ELLA NO LO SEPA

DECIME, PAPAFRITA, ¿RECIÉN TE DAS CUENTA DE ÉSO, O ME ESTÁS TOMANDO EL PELO?

TE ESTOY TOMANDO EL PELO
¡ANDATE AL CUERNO, ENTONCES!

¡¡Y YO CONTESTÁNDOLE TODO A ESA SIMULADORA CON MI ESTÚPIDO TONITO PATERNAL!!

HOLA, ¿MAMÁ? ME QUEDO A TOMAR LA LECHE EN LO DE MAFALDA

¿SI ME INVITARON? NO, PERO NO CREO QUE POR UN CAFÉ CON LECH...¿CÓMO? PERO ESCUCH....¡NO!.. PERO ESCU.. NO, PER... ¡BUEH, ESTA BIEN, YA VOY!

HOLA, ¿SEÑORA? NO SEA ASÍ, DEJE QUE LIBERTAD SE QUEDE A TOMAR L... ¿EH? ¿CON MI MAMÁ? BIEN, UN MOMENTITO

¡PERO NO, SEÑORA, NINGUNA MOLESTIA, POR FAVOR!...¡PERO SÍ, CON TODO GUSTO, IMAGÍNESE!..

LÁSTIMA TANTO TRÁMITE; ¡MI HAMBRE ES TAN PURA Y SIMPLE!....

¿A TU PAPÁ? ¡NO ME DIGAS! ¿Y CÓMO LE CHOCARON EL AUTO?

Y, MI PAPÁ IBA POR UNA AVENIDA, Y AL LLEGAR A UNA ESQUINA APARECIÓ DE PRONTO OTRO QUE ¡ZÁS!.......

...LE ABOLLÓ TODO EL PRESUPUESTO DEL MES, LOS NERVIOS, LA ALEGRÍA DE TENER AUTO, EL CARÁCTER, LA CONFIANZA EN LOS DEMÁS Y UN GUARDABARRO

¡HOLA! ¿ASÍ QUE TU PAPÁ SUFRIÓ UNA COLISIÓN?

SÍ, RESULTA QUE ÉL IBA PO
AH, ¿EN CIRCUNSTANCIAS EN QUE TRANSITABA, FUÉ LA COSA?

...POR UNA AVENIDA, Y EN UNA ESQUIN
¡AH! ¿LLEGÓ A LA INTERSECCIÓN Y TODO? ¡MIRÁ VOS!

PERO, ¿POR QUÉ TE PEGÓ?
POR CUESTIONES DEL MOMENTO

BUENO, COMÉ, ¡YA LO CONTASTE TANTAS VECES!...
¡ES QUE NO ENTIENDO CÓMO ME CHOCÓ ESE BESTIA! YO VENÍA POR AQUÍ, ÉSTA ES LA AVENIDA...

...CUANDO AL LLEGAR A LA BOCACALLE VEO APARECER DE PRONTO AL ANIMAL ESE QUE VENÍA COMO UN LOCO

..PORQUE SÓLO A UN LOCO SE LE OCURRE CRUZAR ASÍ UNA AVENIDA. DECÍ QUE LO VÍ A TIEMPO...

Y QUE TENGO REFLEJOS RÁPIDOS, ASÍ QUE CLAVÉ LOS FRENOS, PERO EL MUY DEGENERADO, EN LUGAR DE..

...REFLEJOS RÁPIDOS, ASÍ QUE CLAVÉ LOS FRENOS, PERO EL MUY DEGENERADO...

¿Y DIOS HABRÁ PATENTADO ESTA IDEA DEL MANICOMIO REDONDO?

¡MAMÁ, HOY NO TENGO GANAS DE IR A LA ESCUELA!

ME PARECE MUY BIEN, FELIPE; YO TAMBIÉN FUÍ CHICA

...Y ME ENCANTABA QUE ALGUIEN FALTARA PARA IR Y SENTARME EN SU BANCO

¡JAMÁS LE DARÉ ESA OPORTUNIDAD AL CRETINO DEL GORDITO BARTOLUCCI!!

BIEN, ¿ENTONCES NUESTRO PAÍS LIMITA CON...?

Y, HACIA ADENTRO, CON NOSOTROS, ¿NUNCA LE NOTÓ UN AIRE COMO DE CLAUSTROFOBIA?

CINCO, CUATRO, TRES DOS, UNO...

¡CERO!

TIRANDO LA LIBRETA NO SOLUCIONÁS NADA, MANOLITO
¡ES QUE SIEMPRE ESAS NOTAS! ¡CINCO, CUATRO, TRES, DOS, UN

HOLA, MIGUELITO, ¿QUÉ COMÉS?
POCHOCLO
¡CROC! ¡CRAC!

¡CRUCH! ¡CROCK! ¡CRUCH! ¡CHUMP! ¡CRICH! ¡CRIK! ¡GULP!

¡CROCK! ¡CRUCHK! ¡CROCK! ¡CRACK!

¿NO SABÉS QUE EL QUE COME Y NO CONVIDA TIENE UN SAPO EN LA BARRIGA?

A DECIR VERDAD, LOS EGOÍSTAS NUNCA DIMOS MUCHO CRÉDITO A ESA LEYENDA REPUGNANTE
¡CROCK! ¡CRACK!

BUEN DÍA, DON BASILIO, ¿TIENE LISTOS MIS ZAPATOS?
¿SUS ZAPATOS? ¡¡MIRE TODO EL TRABAJO ATRASADO QUE TENGO!!

PERO...¡USTED ME LOS PROMETIÓ PARA LA SEMANA PASADA; LE DIJE QUE LOS NECESITABA URGENTE!

¡URGENTE, SÍ!...¿ACASO VINO A BUSCARLOS LA SEMANA PASADA? ¡NO! ¿Y ENTONCES?

¿Y ESTABAN LISTOS? ¡NO! ¡ADEMÁS NO PUDE! ¿O UD. CREE QUE LO ÚNICO QUE TENGO EN LA CABEZA ES VENIR A BUSCAR ZAPATOS?

¡EH, MAFALDA! ¿QUÉ HACÉS?
AQUÍ ANDO, MAMANDO EL ESTILO NACIONAL

MI MAMÁ NO QUIERE QUE YO SEA TRADUCTORA DE FRANCÉS COMO ELLA
¿POR QUÉ?

PORQUE DICE QUE ES MORIRSE DE HAMBRE

PERO A MÍ ESO NO ME ASUSTA; LO IMPORTANTE ES HACER LO QUE A UNO LE GUSTA

ME PARECE MUY BIEN, LIBERTAD. ¿Y YA APRENDISTE A DECIR MUCHAS COSAS?

PATEFUÁ

¡BURBUJÍSIMA!
¡BALACERA, CHICO!
¿PROBÓ TWIKY?
¡BANG-BANG!
VAMOS A LA CAMA
¡PRUEBE COCKY!

LO MALO DE LOS MEDIOS MASIVOS DE COMUNICACIÓN ES QUE NO NOS DEJAN TIEMPO PARA COMUNICARNOS CON NOSOTROS

¡JULITO, NO TOQUES!

¡DALE, LLORÁ, AHORA! ¿QUÉ VA A PENSAR MANOLITO?

NO TENGO CAMBIO, MANOLITO, ¿TENÉS VUELTO?
CREO QUE SÍ

UNO... DOS...

¡CLIK!

¿EZTÁZ ENOJADO?

NUESTRO SUELO ES UNO DE LOS PRINCIPALES PRODUCTORES...¿DE?...

PESIMISTAS

¡¡CERO EN SINCERIDAD!!

¿LO BITLE?
¡AJHÁ!

ZZZZ

¿PARA ESTO UNA TRAE UN HERMANO AL MUNDO?

¿TU PAPÁ QUÉ HACE, LIBERTAD?
NO SABE

¡¿CÓMO NO SABE?!
Y, NO; "YO NO SÉ QUÉ HAGO AHÍ", DICE SIEMPRE

"¡AHÍ!", ¿DÓNDE ES "AHÍ"?
"AHÍ EN ESE PUESTUCHO", DICE

PERO... ¿DE QUÉ DIABLOS ES ESE PUESTUCHO?
"DE MORONDANGA", DICE

¡SI PRETENDÉS TOMARME POR IDIOTA TE VAS AL CUERNO! ¿ME OÍS? ¡¡AL CUERNO!!

¿HABRÁ COMO UN RACISMO CONTRA LOS HIJOS DE PADRES CON PUESTUCHO?

Composicion
Tema: La Primavera
La primavera agarra y empieza el 21 de setienbre y se termina cuando todos empiezan con las compras de Navidad y año nuevo. Las plantas les salen las hojas y muchas flores y la gente ya pide más

cocacola y Rebsi etc. y de las otras bebidas y cerveza y jamón tanbién. Los negosios cierran más tarde porque ya no es tan oscuro ton temprano como en el Invierno que a las siete y media ya no se vende nada Y en canbio

la Primavera es mejor estasion así que todos andamos muchos más contentos con la Primavera con la llegada de ella.

LE PARECERÁ TRISTE, RAQUEL, PERO EN MOMENTOS COMO ESTE, "MAMÁ" ES TAN SOLO SU SEUDÓNIMO

¿SABÍAS QUE LAS TORTUGAS TIENEN SANGRE FRÍA?

CON RAZÓN ESA CALMA PARA ASESINAR LA VELOCIDAD

¡GUILLE!

¿PODÉS EXPLICARME DE DONDE SALIÓ ESTA MANCHA?

¡AH, CÓMO! ¿NO ZABÉZ? LAZ MANCHAZ LAZ TAEN LOZ GIGANTEZ; ¡EN ZEDIO! ¡VINO UN GIGANTE MUY, MUY GAAAANDE, TODO MUGUIENTO Y LA DEJÓ AHÍ!
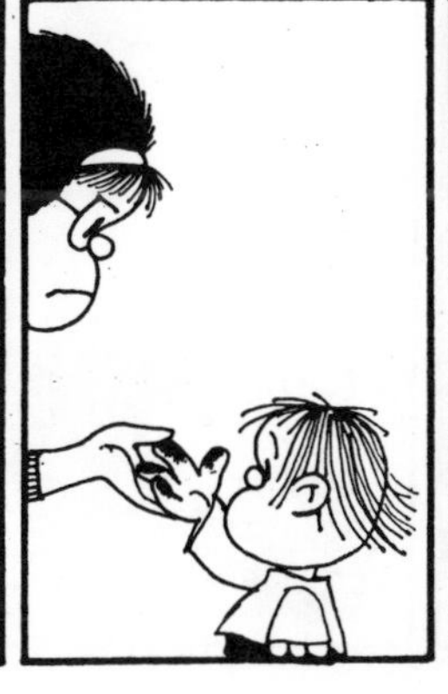

¿QUÉ PAZA? EZTO EZ DE CUANDO LE DÍ LA POPINA

LA FRASE DE HOY
Dijo Jean Leclichy: "CUAL MADRE QUE AMAMANTA A SU NIÑO...

...EL HOMBRE CREA ARTE PARA ALIMENTAR SU ESPÍRITU."

¡¡Y QUE SU MENTE SE LAS ARREGLE CON ESTE CHUPETE!!

TODOS UDS. CONOCEN, QUERIDOS AMIGUITOS, A QUÉ NIVELES HA LLEGADO LA HUMANIDAD GRACIAS A LA TÉCNICA...

Y A QUÉ NIVELES GRACIAS A LA POLÍTICA

¡PARA QUE SEPÁS, LA LECHE TAMPOCO HACE LA FELICIDAD!

¡YIIIIIIIIIP!

¡YA MISMO ME ESTÁS DANDO ESE CARAMELO! ¡VAMOS, LARGÁ!

¡¡SI ESTE FUERA DE CARNE Y HUESO YA VERÍAS!!

¡¡ZÁS, EL DEBER DE BOTÁNICA!! ¡DEJÉ EL DEBER DE BOTÁNICA SOBRE LA MESA DEL COMEDOR!!

¡AH, NO!.... ¡LO TRAJE, QUÉ SUSTO!

¡UYDIÓ, EL COMPÁS!! ¡HOY TENEMOS GEOMETRÍA Y NO TRAJE EL COMPÁS!

¿JUSTO A MÍ TENÍA QUE TOCARME SER COMO YO?

¿TE GUSTAN LOS GATOS? A MÍ ME GUSTAN LOS GATOS
SÍ, A MÍ TAMBIÉN

CLARO QUE ME GUSTAN MÁS LOS PERROS

ESTAMOS HABLANDO DE GATOS, NO DE PERROS; ¿QUÉ TIENEN QUE VER LOS PERROS? ¡CUANDO SE HABLA DE GATOS SE HABLA DE GATOS!

¡EL DÍA QUE HABLEMOS DE PERROS YO NO TENGO INCONVENIENTE EN HABLAR DE PERROS TODO LO QUE QUERÁS, PERO AHORA ESTAMOS HABLANDO DE GATOS! ¿POR QUÉ CAMBIAR DE TEMA? ¿POR QUÉ TODO EL MUNDO LA MISMA MANÍA?

¿POR QUÉ USTEDES LOS DEMÁS NO SON SIMPLES?

¿MANDAMOS TODOS LOS DÍAS UN PADRE PARA QUE ESA MALDITA OFICINA NOS DEVUELVA ESTO?

MAÑANA, DE NUEVO A LA ESCUELA

Y LA MAESTRA DEBE ESTAR PENSANDO LO MISMO, CLARO

¿Y EL PRESIDENTE? ¡OTRA QUE A LA ESCUELA! ¡¡A GOBERNAR TIENE QUE IR!!

LA PEGASTE, VOS; VENIR A PARAR A UNA CAMA DONDE TE SUSPIRAN POCO

ALMACEN
"Don Manolo"

DESPENSA
CARMONA

HAY QUE RECONOCER QUE PARA PONER PRECIOS ESTE DEGENERADO TIENE EL CORAZÓN UNOS PESOS MÁS BLANDO QUE NOSOTROS

¿CÓMO ANDA TU TORTUGA? CUANDO YO ERA CHICA ME LLEVARON AL ZOOLÓGICO Y HABÍA TORTUGAS

¿CUANDO ERAS CHICA?
¡JAH!... ¡CUANDO ERA CHICA, DICE!
¿Y AHORA CÓMO SOS?

NO, NO, ¡SÉ CÓMO TERMINAN ESTAS COSAS!

DEL ASUNTO DEL TAMAÑO PASAMOS AL DE LA EDAD, Y AHÍ YO YA EMPIEZO A TENER TEMA PARA DEPRIMIRLO, ASÍ QUE MEJOR..... TRANQUILITOS, ¿EH?

HOLA, SUSANITA, ¿QUÉ LEÉS?
FOTONOVELAS

¡PERO SUSANITA; NO PODÉS LLENARTE LA CABEZA CON ESAS ESTUPIDECES!

¡EN EL MUNDO ESTÁN PASANDO COSAS IMPORTANTES; COSAS QUE DE PRONTO CAMBIAN EL DESTINO DE LA HUMANIDAD!

¡NO ME LO RECORDÉS, TARADA! ¿O POR QUÉ CREÉS QUE LEO FOTONOVELAS?

¿NOV SHMOZ KA POP?

GUAU GUOS DÍAS
?

¡¡APROVECHO EL DÍA DE LA MADRE PARA SALUDAR A TODAS LAS MAMÁS!!

...Y PARA RECORDARLE A ALGUNAS SACRIFICADAS QUE FREGAR, PLANCHAR, COCINAR Y TODO ESO.....

..NO QUIERE DECIR FREGARSE LA VIDA, PLANCHARSE LAS INQUIETUDES, FREÍRSE LA PERSONALIDAD Y TODO ESO, ¿SABEN?

¡NECESITO MI LÁPIZ, GUILLE, NO SEAS ASÍ! ¡MIRÁ QUE TE LO QUITO! ¿EH?
¡Y VOZ MIDÁ QUE TE LO DOMPO! ¿EH? ¡MIDÁ QUE LO VOY A DOMPED!

¡AH! ¿QUERÉS SER MALO?
¡ZÍ!

¡PERO TONTO, SI YA NO DEBEN QUEDAR VACANTES!...

¡Y A TODOS NOS ESPERA LO MISMO!... ¡¡¡MECACHO QUE ES INSALUBRE LA VIDA!!!

...ICIO SUCESORIO, Y LA NUERA SALIÓ CON LO DE LA HIPOTECA, PERO EL CUÑADO DE TOTA DIJO QUE ÉL NO FIRMA UN PITO; Y...

..QUE DE DÓNDE SACÓ PANCHITO QUE LOS MUEBLES SON PARA LALA! ¡ESTA LALA ES UNA, TAMBIÉN, MIRÁ, QUE DIOS QUIERA QUE SE

¡AL POBRE DIOS LO MEZCLAN EN CADA ESTOFADO!..

¿Y ESTARÁ MIGUELITO? VIVE EN EL 2º PISO, ¿NO?
SÍ

...¡¡Y UN DÍA DE ESTOS NO ME LIMPIO LOS PIES ANTES DE ENTRAR, NI GUARDO MIS JUGUETES, NI TENGO CUIDADO CON LA ALFOMBRA, NI CON...

...LAS CORTINAS, NI ME LAVO LAS MANOS, NI LAS OREJAS NI NADA!!

¡¡UN DÍA DE ESTOS DOY EL MIGUELAZO!!

¡TUP!

¡!
¿T...TAN MA..MAL ANDARÁN LAS COSAS?

¡TUP!

37428
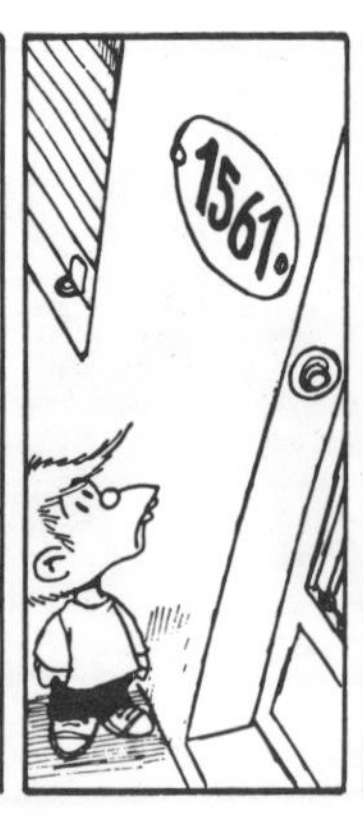
1561

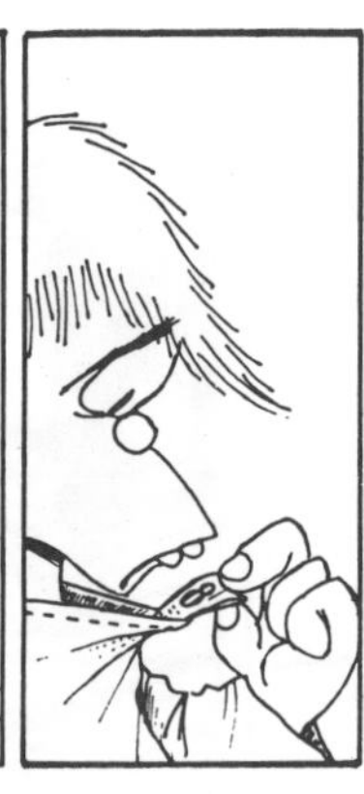

¡SOCORRO!

¿VEMOS UN POCO DE TV?
¡NO, GRACIAS! ¡YO QUIERO SER UNA PERSONA, NO UN NÚMERO MÁS EN LAS ESTADÍSTICAS!

¿EN QUÉ ESTADÍSTICAS?
¡EN LAS ESTADÍSTICAS!.. ¡NI BIEN ENCENDÉS EL TELEVISOR, ¡ZÁS!, ENTRÁS EN LAS ESTADÍSTICAS, MEZCLADO CON TODOS LOS QUE ESTÁN VIENDO TV!

¿Y QUÉ?, AHORA TAMBIÉN ESTÁS EN LAS ESTADÍSTICAS, MEZCLADO CON TODOS LOS QUE NO ESTÁN VIENDO TV, ¿NO?

¡VAMOS, MIGUELITO, MIRÁ, ESTÁ EL PÁJARO LOCO, ¿NO TE GUSTA EL PÁJARO LOCO?
SÍF

MI ESPOSO SERÁ ALTO, MOROCHO Y CON OJOS VERDES

Y NUNCA NADA SE INTERPONDRÁ ENTRE NOSOTROS NI EMPAÑARÁ NUESTRA DICHA

MI ESPOSO SERÁ ALTO, MOROCHO Y SIN MADRE
Y NUNCA NADA SE INTERPONDRÁ ENTRE NOSOTROS NI EMPAÑ

DIGO YO....¿NO HABRÁ ALGUNA POSIBILIDAD DE QUE EL GOBIERNO SIGA COMO ESTÁ, TODO TODO IGUAL...

...PERO QUE LE AGARRE COMO UN SOCIALISMO CON LAS FÁBRICAS DE CARAMELOS Y EMPIECE META EXPROPIAR Y REPARTIR CARAMELOS GRATIS?

¿QUÉ PAZA?¿NUNCA OÍZTE HABLAD DE LA ZOCIEDÁ DE CONZUMO, VOZ?

¿QUÉ PAZA?¿NUNCA OÍZTE HABLAD DEL DOLOD DE PANCITA, VOZ?

¡ÑIC!

¡ÑIC!

¡MMH!

¡¡OTRA QUE LA CENSURA!!..

¿ESCUCHASTE ESOS TANGOS QUE SON EL DRAMA DE UN POBRE TIPO QUE NO PUEDE OLVIDAR EL PASADO Y VUELVE A CAER EN LAS GARRAS DE SU ANTIGUO VICIO Y QUÉ SÉ YO?

SÍ, CLARO, ¿POR QUÉ?

CHUÍÍÍPI
CHUÍÍÍP
CHUÍÍP
SCHUÍP
CHUÍÍÍP
CHUÍÍPI
CHUÍÍÍÍP
CHUÍÍÍSP
CHUÍÍPI
CHUÍÍÍP

¿NO COMÉS MÁS?¡ES UNA PENA TENER QUE TIRAR ESO!
¡UH, SÍ; PERO COMÍ POR UN AÑO ENTERO!

PAPÁ, ESTABA PENSANDO; CUANDO TERMINÉS DE PAGAR LAS CUOTAS DEL AUTO, ¿ME PODRÁS COMPRA
¿LAS CUOTAS?

¿CUANDO TERMINE DE PAG...? ¿COMPRAR?

QUÉ SERÉ YO CUANDO SEA GRANDE, NO SÉ

LO QUE SÍ SÉ ES QUE NO SERÉ UNO MÁS DEL MONTÓN. ¡ESO SÉ!

¡OTRO MÁS QUE ENGROSA EL MONTÓN DE LOS QUE NO QUIEREN SER UNO MÁS DEL MONTÓN!

¿ÑÍF?
¿SÑÍF?
¡PUJ!

¿SNÍF? ¿SNÍF?

¡ZÁS!¡POR AQUÍ HAY ALGO QUE VAMOS A TENER QUE PONERLO COMO OFERTA DE LA SEMANA!

¡CRACK!

¡BICHITOS!

¡CRACK!

¿NUECES CON VIDA INTERIOR? ¡¡¡ALMACÉN "DON MANOLO"!!!

¡VOS ESTÁS LOCA, MAFALDA! ¿YO ESTUDIAR UNA CARRERA?

¿YO SER INGENIERA, O ARQUITECTA, O ABOGADA, O MÉDICA? ¿YO? ¡JHA!

¡YO VOY A SER AMA DE CASA Y VOY A APECHUGAR CON LAS TAREAS DOMÉSTICAS! ¡VOY A SER MUJER!

¡Y NO UNA DE ESAS AFEMINADAS QUE TRABAJAN EN COSAS DE HOMBRES!

¿TENÉS SODA O ALGO ASÍ PARA TOMAR, FELIPE?
FIJATE EN LA HELADERA

¡ÁUGH!

¿QUÉ PASA?
¡AHÍ ADENTRO HAY UN... UN... CADÁVER DE POLLO!!

¿CÓMO UN CADÁVER DE POLLO? ¡UN POLLO, PAPAFRITA! ¿CÓMO UN CADÁVER DE POLLO?
¡ES QUE ESTÁ MUERTO! ¡Y SI ESTÁ MUERTO... ¿QUÉ ES? ¿EEH?

¡PERO HIJITO, LA PATA, QUE TANTO TE GUSTA
¡NO, NO, VERDURA! ¡QUIERO VERDURA!

CONCENTRARSE...

...Y NO SENTIR

CONCENTRARSE...

...Y NO S...SÑIF, SÑIF...

¡¡NO ME SALE, EL YOGA!!

¿EL ARMATOSTE ESTE ESTARÁ BIEN SUJETO AL MUNDO?

¡TERMINÉ EL REPARTO DE TODOS LOS PEDIDOS, PAPÁ!
¿YA?

¡SÍ QUE ME SALISTE BUENO, CONDENADO! ¡VEN UN POCO CON TU PADRE!

¡SMUÓK!

¡ANDA, SABANDIJA, VE A JUGAR POR AHÍ, QUE TE LO HAS GANADO!
¡TÚP!

¡MANOLITO!...¿QUÉ TE PASÓ?
NADA; UN ROUND DE CARIÑO CON MI PAPÁ

...Y CINTA DE ENCAJE MARCANDO EL TALLE ALTO. GRACIAS, ALEXANDRA. VEMOS AHORA DESFILAR A MONIQUE, MUY A LA MODA, LUCIENDO UNA...

1429
¿METRALLETA?

...FALDA EN MUSELINA BLANCA CON DETALL
ENTONCES NO TAN A LA MODA

TOTAL GUILLE YA ES GRANDECITO Y NO HABRÁ PROBLEMA EN PONERLO CON MAFALDA
1430

Y VOS DECÍS TRAER AQUÍ SU CAMITA, ¿NO?
CLARO

¡¡LOZ VIEJOZ QUIEDEN QUE VOZ ZEAZ MI ZEÑODA!!

LA FAMILIA ES LA BASE DE LA SOCIEDAD

¿LA FAMILIA DE QUIÉN? ¡¡¡LA MÍA NO TIENE LA CULPA DE NADA!!!

MI PIEZA YA NO ES MÁS MI PIEZA; MIS PAPÁS ME ENCAJARON LA CAMA DEL GUILLE....¡ME AGARRÉ UN BERRINCHE!
¿Y EL GUILLE QUÉ DIJO?

ARMÓ UNA PATALETA PORQUE QUERÍA SEGUIR DURMIENDO EN LA PIEZA DE ELLOS

PERO ELLOS...¡NADA, HICIERON LO QUE QUISIERON, NOMÁS!

¡Y TODO PORQUE LOS HIJOS NACEMOS CUANDO LOS PADRES YA COPARON EL PODER EN EL HOGAR!

¡OY-OY-OY! ¡QUIÉN ESTÁ ALLÍ!

-"HOLA, SIEMPRE TE VEO PASAR POR AQUÍ, ¿CÓMO TE LLAMÁS?"
-"YO FELIPE, ¿Y VOS?"

¡NI MÚ, LA MUY COBARDE!

MI PAPÁ ME TRAJO "EL REINO DE MUFALÍN" ¿LO LEISTE?
NO

HACE MUCHOS AÑOS, EN UN LEJANO PAÍS, GOBERNABA UN REY MUY BONDADOSO......

¡AH, SÍ! LOS MALOS ERAN LOS QUE LO RODEABAN ¡CONOZCO ESE CUENTO!

¿Y ESTO?

¡¿QUIÉN ME SACÓ EL PORTAFOLIOS?!

¡AH, VOS, CLARO! ¡TRAÉ PARA ACÁ!

¡ESPEDÁ QU
¡ESPERÁ UN PEPINO! ¡Y AGRADECÉ QUE SE ME HACE TARDE!

¿CONVIDARTE? ¡NO!
¡ESTÁ BIEN!

¡IGUAL YO ESA PORQUERÍA NO LA PROBARÍA JAMÁS! ¿ME OÍS? ¡JAMÁS!

¡SCHUÍIP!

UN DÍA ESTE DEDO VA A DARME UN DISGUSTO CON SU FALTA DE CARÁCTER

¿PIBES? Y, NO... ¡IMAGINATE, POR AHORA VIVIMOS EN UN DEPARTAMENTITO DE UN SOLO AMBIENTE

FLORES PLÁSTICAS GRAN SURTIDO

ME PREGUNTO SI LA VIDA MODERNA NO ESTARÁ TENIENDO MÁS DE MODERNA QUE DE VIDA

¿YO TENER HIJITOS PARA CONTRIBUIR CON LA HUMANIDAD?

¿YO TENER HIJITOS PARA PERPETUAR LA ESPECIE? ¿QUÉ ME IMPORTA A MÍ LA ESPECIE?

¡YO QUIERO SER MADRE, NO UNA FÁBRICA DE REPUESTOS!

¿HABRÁ ALGO BUENO EN ALGÚN CANAL?
¡CLIK!

¡CLAK!
¡CLAK!
¡CLAK!
¡CLAK!

¡NADA!... ¡EN TODOS HAY TELEVISIÓN!

¡PLINK!

¡¡AQUÍ ESTÁ!!
¡AH, GACIAZ!

¡¡CHUPETE ON THE ROCKS!! ¡LAS COSAS QUE HAY QUE AGUANTARLE!

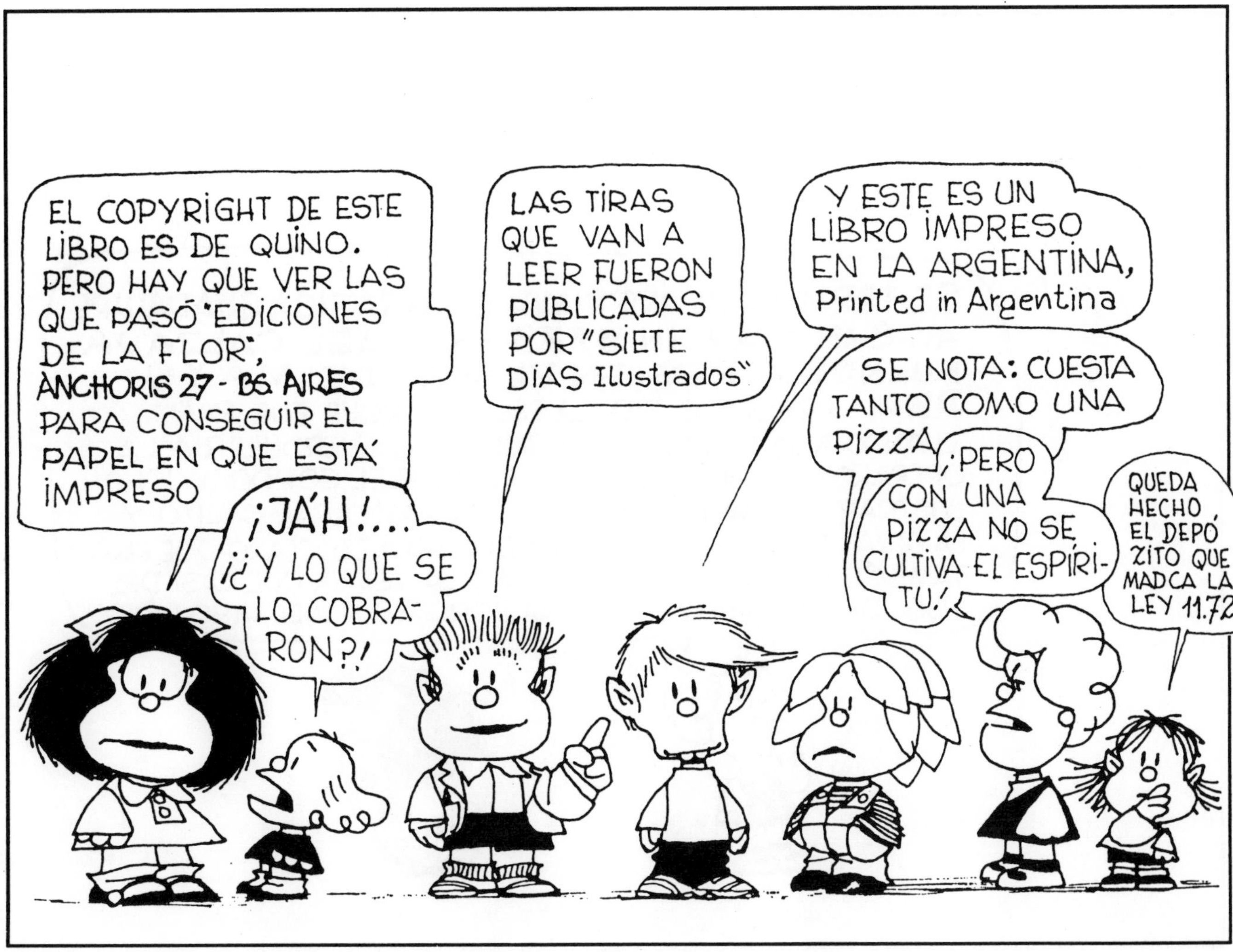

EL COPYRIGHT DE ESTE LIBRO ES DE QUINO. PERO HAY QUE VER LAS QUE PASÓ "EDICIONES DE LA FLOR", ANCHORIS 27 - BS. AIRES PARA CONSEGUIR EL PAPEL EN QUE ESTÁ IMPRESO

¡JÁH!... ¡¿Y LO QUE SE LO COBRARON?!

LAS TIRAS QUE VAN A LEER FUERON PUBLICADAS POR "SIETE DÍAS Ilustrados"

Y ESTE ES UN LIBRO IMPRESO EN LA ARGENTINA, Printed in Argentina

SE NOTA: CUESTA TANTO COMO UNA PIZZA

¡PERO CON UNA PIZZA NO SE CULTIVA EL ESPÍRITU!

QUEDA HECHO EL DEPÓZITO QUE MADCA LA LEY 11.723

al Monito.

QUINO

¡HOLA! ¿SABEN QUE EMPEZÓ EL AÑO NUEVO?

¡CLARO, PAPAFRITA! ¡¿CÓMO NO LO VAMOS A SABER?!

¡LA NOTICIA HA CORRIDO COMO REGUERO DE PÓLVORA!

¡EH, GUILLE; TOMÁ UN POCO DE SANDWICH!

AH, NO; EL MORTADELA JAMÁS

EL HOGAR

ARTICULOS PARA EL HOGAR

NO PARECE MUY MAL MARIDO, ¿A CUÁNTO SE LO DEJARON?

¿ADÓNDE VAS A IR DE VERANEO ESTE AÑO, LIBERTAD?
¿NUNCA TE HABLÉ DE LA CASA DE MI ABUELA EN EL CAMPO?

UNA VEZ ME LLEVARON; HAY UNA VACA EN UN CORRAL Y UN CABALLO Y GALLINAS Y PATOS Y CONEJITOS....

...Y MUCHOS ÁRBOLES QUE SE LLENAN DE CANTOS DE PÁJAROS AL CAER LA TARDE. ¿NUNCA TE HABÍA CONTADO NADA DE ESO?
NO

BUENO, ¡PUES PARECE QUE OTRA VEZ VAMOS A IR A ABURRIRNOS A ESE MALDITO LUGAR!

SE EQUIVOCÓ LA CIGÜEÑA,
SE EQUIVOCAAABA
SE EQUIVOCAAABA

¡DEBO LLEGAR AL RANCHO DE MULLIGAN ANTES DE QUE ESOS FORAJIDOS LLEVEN A CABO SU PLAN!

¡OH-OH, QUIÉN SE A¡GLUP!CERCA!

¡LLEBO DEGAR AL MULLI DE RANCHIGAN ANQUES DE TE SOSE FORALLIVOS JEBEN A PLABO SU CAN!

¡BEGO MULLAR RALANCHO GUE LLUMIQAN DANFEDTISOS

¡TODO AUMENTA! ¡SI LAS COSAS SIGUEN ASÍ, ¿ME QUIERE DECIR CÓMO VAMOS A VIVIR?

¡Y BUÉH!... SERÁ CUESTIÓN DE IR TIRANDO

¡¿A QUIÉNES?! ¡SI ESTÁN TODOS MÁS AGARRADOS!...

¡VOY A HACER GIMNASIA, YA VAS A VER!
¡Y RÉGIMEN! ¡TAMBIÉN VOY A HACER RÉGIMEN!

¿QUE NO? ¡JHA!... ¡NO ME CONOCÉS! ¡PERO DE AHORA EN ADELANTE VAS A SABER QUIÉN SOY YO!

UNO RUBIO, GORDITO...

¡HOLA! ¿QUÉ LEÉS?
UNA NOTA SOBRE EL EXCESO DE POBLACIÓN MUNDIAL

¿TRAE ALGUNA LISTA DE NOMBRES?

¿LISTA DE NOMBRES? ¡NO! ¿QUÉ LISTA DE NOMBRES?
¡AH!

MEJOR ASÍ; SI ESTOY DE MÁS EN ESTE MUNDO PREFIERO SOBRAR DE INCÓGNITO

¡PUEBLOS DEL MUNDO!

¿PODEMOS PERMANECER CRUZADOS DE ESTÓMAGOS MIENTRAS MEDIA HUMANIDAD PADECE APETITO?

¿Y A USTEDES QUÉ LES PASA QUE MIRAN CON ESAS CARAS DE CURSIS?

PARTIÓ HACIA LA URSS. UNA DELEGACIÓN DE EE.UU.

¿CÓMO PUEDEN IR A VISITAR A ESOS RUSOS QUE SON TODOS UNOS COMUNISTAS?

¡VAMOS, VAMOS!... QUE SI PARA VOS FUERA NEGOCIO, YA TE VEO ABRIENDO UNA SUCURSAL DEL ALMACÉN DE TU PAPÁ EN MOSCÚ

¿EN MOSCÚ? ¿YO? ¡MIRÁ, NO TE APLASTO LA NARIZ PORQUE SOS MUJER!

¿SAPEVICH KHE ALMACENSKY MANOLOV VENDE BARATIUSHKA?

SOY TODA OÍDOS, PAPITO; ¿PODRÍAS EXPLICARME POR QUÉ EN VEZ DE CAMBIAR ESTRUCTURAS A TODOS LES DA POR REMENDAR ARMAZONES?

¡EL GRANDULÓN, PATEANDO LATITAS!

¡CLANK!

¡QUÉ DESASTRE! ¡HASTA MIS DEBILIDADES SON MÁS FUERTES QUE YO!

¿YO PREJUICIOS?

¡¡INVENTOS TUYOS!!

¿CUÁNDO DIJE YO ALGO CONTRA ESOS COCHINOS NEGROS, EHÉ? ¿CUÁNDO? ¡A VER, DECÍ! ¿CUÁNDO, EHÉE?

?
almacén Don Manolo almacén Don Manolo almacén Don Manolo almacén Don Manolo almacén Don Manolo

VIEJA, ¿PODÉZ VENID?

¿¡CÓMO VIEJA!? ¡LINDO MODO DE LLAMAR A MAMÁ!

¿Y QUIÉN LLAMA A MAMÁ? ¡TE HACÉZ LA JOVEN, AHODA?

¿QUÉ TIENE QUE HACER UNA TORTUGA PARA VIVIR? ¡SER TORTUGA!

¿QUÉ TIENE QUE HACER UN GATO PARA VIVIR? ¡SER GATO!

¿QUÉ TIENE QUE HACER UN OSO PARA VIVIR? ¡SER OSO!

¿QUÉ TIENE QUE HACER UN TIPO PARA VIVIR? ¡SER ALBAÑIL, ABOGADO, TORNERO, OFICINISTA O QUÉ SÉ YO!

¿POR QUÉ TENÍA QUE TOCARNOS A LOS HUMANOS EL ESTÚPIDO PAPEL DE SER ANIMALES SUPERIORES?

¡SGLUB!

¡¡PTUAÁJ!!

¡SGLUB!

¡FUAAJJ!

¡SGLUB!
¡PÚJJ!... ¡LA TERMINÉ!

¡CÓMO TE ESTOY MALCRIANDO, MADRE! ¡¡¡CÓMO TE ESTOY MALCRIANDO!!!

¡HOLA, VENGO A JUGAR! ¿PUEDO QUEDARME A JUGAR?
POR SUPUESTO; ADELANTE

¡TENGO UNAS GANAS DE JUGAR! ¿A QUÉ PODEMOS JUGAR, EHÉ? ¡DALE! ¿A QUÉ SE TE OCURRE?
¡YA SÉ!

¡A LOS DESTRABALENGUAS!... DECÍ "EN TRES PLATOS DE TRIGO COMEN TRES TIGRES TRIGO" ¿A VER?

LOS TIGRES NO SON VEGETARIANOS. YO VENÍA A DIVERTIRME, NO A QUE ME TOMÉS POR IGNORANTE

¿SABÉS? ANDO PREOCUPADO, SUSANITA

RESULTA QUE
¡AH, NO, MIGUELITO!

YO SOY AMIGA TUYA, NO DE TUS PREOCUPACIONES

YO NO SIENTO CARIÑO POR TUS PROBLEMAS SINO POR VOS, ¡TODO MI CARIÑO POR VOS!
¡OH, GRACIAS, SUSANITA!

¿GRACIAS?

¿QUÉ HACÉS AHÍ SENTADO ESPERANDO, GUILLE? TODAVÍA FALTA UNA SEMANA PARA QUE SALGAMOS DE VERANEO

¿UNA ZEMANA CUÁNTOZ DÍAZ ZON? ¿AZÍ?

NO, ASÍ

¿ME TRAEDÍAZ UN ALMOHADONZITO, POD FAVOD?

¡MAFALDA, APAGÁ ESA LUZ Y DORMÍ DE UNA VEZ, QUE SON LAS DOCE Y PICO!

'TÁ BIEN
¡CLIK!

¡HORAS EXTRAS!... ¡ADEMÁS DE SER LA MADRE DE UNA TODO EL DÍA, ENCIMA HACE HORAS EXTRAS!

...Y NOS COMPLICARÍA EL VERANEO. ¡AH! YA TE DIJE QUÉ HAY QUE DARLE DE COMER, ¿NO?... ESPERO QUE LA CUIDES BIEN
QUEDATE TRANQUILA

PARECE QUE A LOS CHICOS LES INTERESA

¿Y SI A CADA UNO?...

¡¡Y SI A CADA UNO NADA!! PODRÍA SOLVENTAR EL GASTO DE LECHUGA Y ENCIMA HACER NEGOCIO, PERO PROMETÍ CUIDARLA, NO ALQUILARLA POR DÍA, ¡PUCHA DIGO!

FUIIIM

¡¡DALE NOMÁS!! ¡¡DALE QUE VAS A SALIR EN LOS DIARIOS!!

¿POD QUÉ? ¿QUE ALGUIEN PAZE A UNOZ PELAGATOZ EZ NOTIZIA?

SLUP SLUP SLUP

SLUP SLUP SLUP SLUP
SLUP SLUP SLUP

?
SLUP SLUP SLUP
SLUP SLP SLUP SLUP
SLUP SLIP SLUB

ESTO YA SE ESTÁ PONIENDO UN TANTO PROMISCUO

¡NUNCA SEAN COMO DENTRO DE UNOS AÑOS!
¡¡NUNCA!!

PAPÁ, DEL OTRO LADO DEL MAR ESTÁ ÁFRICA, ¿NO?
SÍ

O SE ACOSTARON TODAS TEMPRANO, O LAS JIRAFAS NO TIENEN EL CUELLO TAN ALTO COMO YO CREÍA

¡GUILLE, VENÍ!

¡¡VAMOS A CONSTRUIR UN CASTILLO!! ¿EH? ¡¡UN CASTILLO EN EL QUE VIVÍA UN REY!! ¡DALE, TRAEME TU BALDE CON LA PALITA!

NO PUEDO TAÉDTELOZ PADA EZTUPIDECEZ; EZTOY HACIENDO DEPADTAMENTOZ

MAMÁ, ¿ESTA PLAYA TAMBIÉN ES NUESTRA PATRIA?
¡Y MUY NUESTRA PATRIA! ¿POR QUÉ?

PORQUE PARECE QUE ALGUNOS CREEN QUE **LO ÚNICO** QUE HAY QUE MANTENER LIMPIO DE LA PATRIA ES EL PASADO HISTÓRICO Y ESAS COSAS

ES CURIOSO CÓMO POR MÁS QUE UNO TRATA DE RETENERLO, EL PUÑADO DE ARENA SE LE ESCAPA DE LA MANO

¡NO HAY CASO; SE VA, SE VA!

¡NADA! ¡APENAS UNOS MÍSEROS GRANITOS!

¡BASTA CON ESA MALDITA ALEGORÍA DEL SUELDO!!

¡ME ALEGRA VERTE DE VUELTA, YO PENSABA QUE TU VERANEO SERÍA ALGO MÁS LARGO!
NOSOTROS TAMBIÉN, PERO NO NOS ALCANZÓ LA PLATA PARA MÁS

¡EL DINERO!
¡SIEMPRE EL COCHINO DINERO!

¿¡A QUE MIENTRAS LO TUVIERON PARA PASARLA BIEN NO SE TE OCURRIÓ CUESTIONARLE LA HIGIENE!?
¡¡DESAGRADECIDA!!

¿QUÉ TAL ESAS VACACIONES EN LA CASA DE CAMPO DE TU ABUELITA, LIBERTAD?

CONOCÍ A DON BASILIO, QUE ORDEÑA LA VACA POR LAS MAÑANAS

TODAS LAS MAÑANAS, CON LLUVIA O SOL, VA DON BASILIO CON SU BANQUITO, SE SIENTA JUNTO A LA VACA Y
CHÍÍÍÍÍÍF CHÍÍÍÍÍÍF
CHÍÍÍÍÍÍF CHÍÍÍÍÍÍF
LA ORDEÑA

BUENO, PERO APARTE DE DON BASILIO Y LA VACA, ¿A VOS CÓMO TE FUÉ?

¿A MÍ? NO SÉ; TODAVÍA NO SÉ SI EL DESCUBRIR QUE HAY DESTINOS CHIÍÍÍÍF CHIÍÍÍÍF COMO EL DE DON BASILIO FUE HERMOSO O TERRIBLE

¡TODO CADA VEZ MÁS CARO! ¿SE PUEDE VIVIR ASÍ?

¡YA UN SUELDO NO ALCANZA NI PARA COMIDA!; ¡DESPUÉS QUIEREN QUE NO HAYA ASALTOS!, ¿PUEDE UN OBRERO ALIMENTAR A SUS HIJOS CON LO QUE GANA?

¡ASÍ ES COMO EMPIEZAN LAS HUELGAS; DESPUÉS LES AUMENTAN UNA MISERIA Y DICEN QUE LOS COSTOS DE PRODUCCIÓN, QUE ESTO Y AQUELLO!; Y ENTONCES TODO VUELVE A SUBIR Y

¿HABRÍA UN POCO MÁS DEL GUISO SOCIOLÓGICO ESE, POR FAVOR?

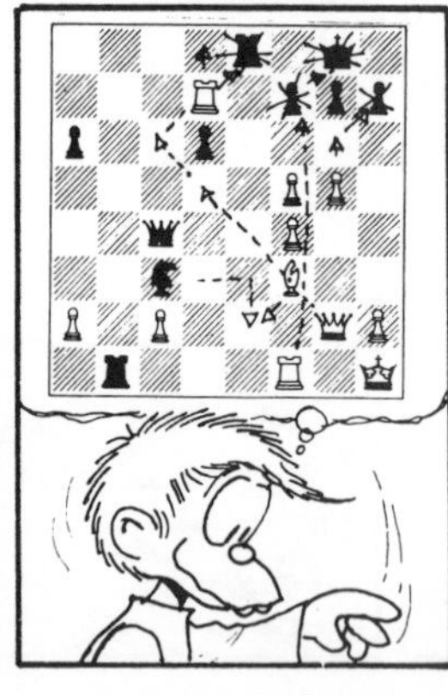

¿CÓMO ERA TODO?

BANCO UNIDO
DEL SUR

¡SEXY, EL FURGONCITO!

BUENAZ TADEZ ¿QUÉ DEZEA?
VENTEX

BUENAS TARDES, QUISIERA HABLAR CON UNA PERSONA MAYOR
ENZEGUIDA
VENTEX

BUENAZ TADEZ ¿QUÉ DEZEA?
VENTEX

AHÍ BUZCA UN TIPO, CHÉ

BUENAS TARDES, NENA, ¿ESTÁ TU MAMÁ?
DEPENDE
¿CUÁL DE ELLAS?

¿CÓMO **CUÁL**? PERO...¿CUÁNTAS MAMÁS TENÉS?
¡UF!..

UNA A LA QUE ADORO CON TODA EL ALMA...OTRA QUE ME PERSIGUE CON SU SOPA... OTRA QUE ME PROTEGE... OTRA QUE ME PEGA CADA GRITO...... OTRA QUE ES FELIZ EN SU HOGAR... OTRA QUE VIVE ESCLAVA DE LA CASA... OTRA QUE...
VENTEX

¿QUIÉN ERA, MAFALDA?
¡BÉH!..

UN VENDEDOR AL QUE LE VENDIERON ESO DE QUE MADRE HAY UNA SOLA

SOCIALES

ES COMO EN LAS SERIES DE TV

EL QUE UN DÍA HACE DE VIAJERO OTRO DÍA HACE DE ENFERMO O DE PADRINO DE BODA.... ¡PERO TRABAJAN SIEMPRE LOS MISMOS!

¿ALGUIEN DE USTEDES SE LLAMA MIGUELITO?

ESTOS BICHOS DEBEN USAR UNOS NOMBRES ESPANTOSOS

¡ZI MAFADDA VA A LA EZCUELA, YO TAMBIÉN QUIEDO ID!

MÁS ADELANTE, GUILLE; TODAVÍA NO PODÉS

¡QUIEDO ID Y VOY A ID!
¿POD QUÉ NO PUEDO?

PORQUE SOS MUY CHIQUITO TODAVÍA, NO TE DEJARÍAN ENTRAR

¿MUY CHIQUITO?

¡DEZDE QUE NACÍ EZTOY META Y META VIVID! ¿QUÉ PRETENDEN EZOZ?

¡CADA VEZ QUE EMPIEZAN LAS CLASES ME AGARRA ESTA MISMA COSA AQUÍ!

¿Y SI FUERA A UN PSICOANALISTA?

¿PODRÍA UN PSICOANALISTA SACARME LA ANGUSTIA DE VOLVER AL COLEGIO?

¿CONSEGUIRÍA UN PSICOANALISTA QUE YO, FELIPE, FUERA A LA ESCUELA CONTENTO Y FELIZ?

¿LOGRARÍA UN PSICOANALISTA TRANSFORMARME EN UN SER TAN REPUGNANTE?

¡CHUÍK!
?

¿Y ESE BESITO?
ES PORQUE.... ¡POBRE PAPÁ!

EMPIEZAN LAS CLASES Y...¿PENSASTE QUE TENDRÁS QUE COMPRARME LÁPICES, LIBROS, CUADERNOS Y TODO UN MONTÓN DE COSAS MÁS?

CLARO, TONTITA, PERO ANDÁ Y NO TE PREOCUPÉS POR ESO

¡CHUÍK!

VEAMOS, LIBERTAD; ¿ESTE ES UN TRIÁNGULO... ....CÓMO ?...

¡COMO DIOS MANDA!

NO, FIJATE MEJOR; SI ESTE LADO, Y ESTE LADO, Y ESTE LADO MIDEN LO MISMO, ¿ES UN TRIÁNGULO......?

¡ABURRIDÍSIMO!

¡¡PERO NO!! "UN TRIÁNGULO CUYOS LADOS SON TODOS IGUALES" ¿ES...........?

¡AH!... ¡SOCIALISTA!

UN ZAPATO VIEJO, ¿POR QUÉ SE VERÁN SIEMPRE ZAPATOS Y NO CAMISAS, O CORBATAS, O SOMBREROS VIEJOS TIRADOS ASÍ?

¡QUÉ SÉ YO! SERÁ PORQUE LOS ZAPATOS ANDAN POR EL SUELO; ES LÓGICO QUE TERMINEN EN EL SUELO

BUENO, LA MORAL TAMBIÉN, Y YO NO VEO NINGUNA

ESTÁ BIEN, ME DOY POR VENCIDA, ¿DE QUÉ SEXO SOS?

PAPÁ, EL MUNDO.....
O SEA, LA TIERRA....

...¿DE QUÉ SEXO ES?

¿CÓMO DE QUÉ SEX...?
¡¡PERO MAFALDA!! ¿¡CÓMO VA A TENER SEXO EL MUNDO?!

¿TODAS TENÍA QUE LIGARLAS, EL POBRE?
¿TODAS?

¡MENTIRA!

MAMÁ, ¿YO A VOS HASTA QUÉ EDAD TENGO QUE OBEDECERTE?

HASTA QUE TENGAS EL CRITERIO, LA RESPONSABILIDAD Y LA MADUREZ SUFICIENTES COMO PARA SABER DESENVOLVERTE SOLA EN LA VIDA

¡LA PUCHA!..¿Y DUELE MUCHO, TODO ESO?

¿TE CONTÉ QUE MI ESPOSO SERÁ EJECUTIVO DE UNA IMPORTANTE EMPRESA?
SÍ, SUSANITA, ME CONTASTE

¿Y QUE VIVIREMOS FELICES EN UN HERMOSO CHALECITO...

...DE LAS AFUERAS, SÍ; ¡TAMBIÉN ME LO CONTASTE YA VARIAS VECES!

¡NO ME DIGÁS QUE SABÉS LO DE LAS TIERNAS MIRADAS QUE EMPEZARÉ A NOTAR ME ECHA MI CUÑADO, PORQUE POR PUDOR NO SE LO CONTÉ NUNCA A NADIE!

¡PZT, MAFADDA! ¿DODMÍZ?
MMNO, GUILLE ¿QUÉ QUERÉS?

DECÍDTE QUE....QUE VOZ... QUE VOZ TE VAZ A LA EZCUELA TODAZ LAZ MAÑANAZ....
SÍ, ¿Y?

Y, NADA, QUE....¿QUÉ CUEDNOZ HAGO CON EL AGUJEDITO QUE ZIENTO ADENTRO MÍO CUANDO NO EZTÁZ? ¡ZANAHODIA!..

¡¡BUÁÁÁ!!....
¡SNIF!
¡UUAÁÁAA!..
¡ÑIF!

HOLA, SOY EL EMBLEMA DE UN NUEVO PARTIDO POLÍTICO DENOMINADO *VAMOS HACIA ALLÁ*

DEBO ATENDER, SIN PERDER DETALLE, LO QUE ESTÁ EXPLICANDO LA MAESTRA

...Y PONER TODOS MIS SENTIDOS EN NO DISTRAERME

...Y CONCENTRAR TODA MI ATENCIÓN EN ESTAR ATENTO

...Y....
¿ENTENDIERON, NIÑOS?

SÍ, SEÑORITA

MAMÁ
¿SÍ?

A TODO AQUÉL QUE DELIBERADAMENTE *SE REBELARE* Y *NO TOMARE, COMIERE, TRAGARE, ENGULLIERE*, Y/O *SORBIERE* ESTA PORQUERÍA, ¿VOS *LE PEGARES*?

¡TOMP!

¿QUÉ PASA? ¿¡QUIÉN CERRO CON LLAVE!?

¿SON LOCOS? ¿QUÉ ES ESTO DE ENCERRARSE ASÍ?

ÉTICA; PERO PASÁ, IGUAL YA TERMINÁBAMOS DE HABLAR DE LOS PADRES

AUXILIO

OTRO QUE CREYÓ QUE LO ÚNICO QUE HAY POR DELANTE ES EL PORVENIR

ANOTEN, DEBER PARA MAÑANA, COMPOSICIÓN; TEMA: *LA VACA*
¿OTRA VEZ?

¿HAY DERECHO? ¡UN AÑO Y OTRO AÑO Y OTRO AÑO DÉLE Y DÉLE ESCRIBIR SOBRE *LA VACA*! ¿NO HAY OTRO TEMA, DIGO YO? ¡*LA VACA*! ¡SIEMPRE *LA VACA*!

"*LA VACA NOS DA LA LECHE*"

¿Y LA DE TINTA QUE NOS CHUPA?

POD FAVOD, ¿LE DAZ CUEDDÁ A MI ÓDNIBUZ, MANODITO?

CRÍÍÍÍC – CRÍÍÍÍC CRÍÍÍÍC – CRÍÍÍC CRÍÍÍÍC – CRÍÍÍÍC CRÍÍÍÍC-CRÍÍÍÍC
¡CRACK!

¡OOOY!... ¡EL TROMPITO, GUILLE!... ¡MIRÁ EL TROMPITO!

SI TU HERMANO NO APRENDE A VALORAR LAS PEQUEÑAS GANANCIAS DE LAS GRANDES PÉRDIDAS, VA A SUFRIR MUCHO EN ESTE MUNDO, ¿EH?

LA DONNA É MÓBILEEEEE TARAIRA AL VENTOOOO

LARÍ-LA CHENTOOO E DI PENSIER'

PARÍ-PA MÓVILEEE QUAL PIUMA AL VENTOO TARÍ D'ACHENTOOO LA-RÍ PENSIEEER'

TARÍÍÍÍÍÍ-TARÍÍÍÍÍÍ E DI PENSIER' TARÍÍÍÍ-TARÍÍÍÍÍ E DI PENSIER'

"DEBES PENSAR EN LOS DEMÁS ANTES QUE EN TÍ MISMO"

PENSAR ANTES, SÍ PERO SI NO TE ACLARAN CUÁNTO TIEMPO ¿UNA CÓMO SABE?

¿DEBO PENSAR MEDIA HORA EN LOS DEMÁS Y LUEGO UNA SEMANA EN MÍ MISMA?

¿CINCO MINUTOS EN LOS DEMÁS Y LUEGO SEIS MESES EN MÍ MISMA?

¿UN SEGUNDO EN LOS DEMÁS Y LUEGO VEINTE AÑOS EN MÍ MIS

¿CÓMO TE FUE HOY EN CLASE, MANOLITO?
BIEN; CREO QUE BIEN
1499

A PROPÓSITO: AMÉRICA SE ESCRIBE SIN H, ¿NO?
¡LA PREGUNTA!. ¡CLARO!

AH, ENTONCES ESTÁ BIEN

América
Manuel Goreiro

¿SABÍAS QUE MI PAPÁ ES SOCIALISTA? ¡MIRÁ QUÉ CASUALIDAD SI TU PAPÁ FUERA DEL MISMO PARTIDO!
1500

PAPÁ, ACÁ LIBERTAD QUIERE SABER DE QUÉ PARTIDO POLÍTICO SOS VOS

¿YO?... ¿YO PARTIDO POLÍTICO? ¡JÁH!

Y, CLARO; ESE ES MUCHO MÁS CONOCIDO QUE EL DE MI PAPÁ

1501

OTRA CON SOPOFOBIA, ¿VISTE?

1502

DIGO YO, SI UNA SE CASÓ Y RESULTA QUE LUEGO APARECE OTRO TIPO QUE LE GUSTA MÁS, ¿QUÉ DEBE HACER? ¿CAMBIARLO POR SU MARIDO O QUÉ?

¡¡QUÉ SÉ YO, SUSANITA!!

¡AL FIN DE CUENTAS ESTAMOS EN UNA SOCIEDAD DE CONSUMO, QUÉ DIABLOS!

DEMOCRACIA (del griego, *demos*, pueblo, y *kratos*, autoridad) Gobierno en que el pueblo ejerce la soberanía
1503
DICCIONARIO

¡SALUD! ¡AQUÍ LLEGA *EL NUEVO MIGUELITO*!
1504

¡YA ESTABA CANSADO DE SER COMO ERA, ASÍ QUE DECIDÍ DARME UN GOLPE DE ESTADO Y DERROCAR A MI EX-PERSONALIDAD!

¿ESO SIGNIFICA QUE AHORA DEBEREMOS AGUANTARTE **QUÉ** COSAS?

VENGO A COMUNICARTE QUE SOY *EL NUEVO MIGUELITO*, SUSANITA

¿EL NUEVO MIGUELITO? ¿Y QUÉ TENÉS DE NUEVO?
ESO: QUE SOY *EL NUEVO MIGUELITO*
1505

VOS PERDONÁ, PERO YO TE VEO IGUAL QUE SIEMPRE

¡BUENO, CHE, AL FIN DE CUENTAS RECIÉN EMPIEZO A PONERME EL HOMBRO!...

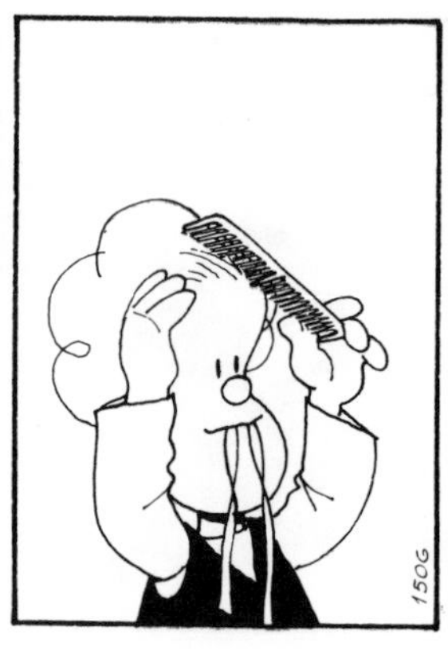
1506

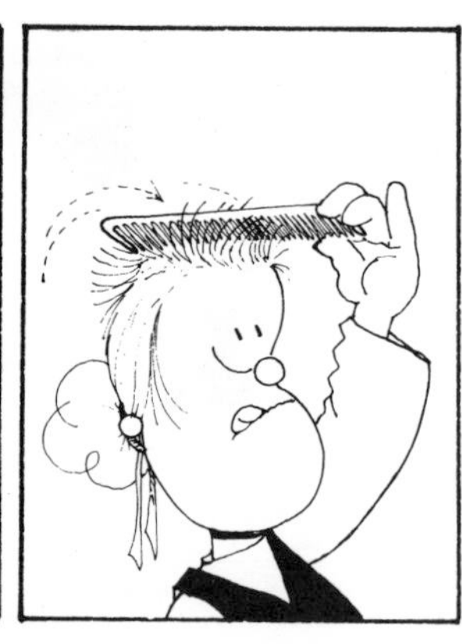

SÉ FRANCA, ¿VERDAD QUE NO ME SIENTA MUCHO EL BESTIA-LOOK?

1507

SUSANA CLOTILDE CHIRUSI, ¿ACEPTA POR ESPOSO A...

¿A?...

HOLA, MIGUELITO, ¿CÓMO MARCHA TU TRANSFORMACIÓN EN *EL NUEVO MIGUELITO*?
1508

¡CUESTA! ¡HAY SECTORES QUE INTENTAN MANTENER LAS VIEJAS ESTRUCTURAS!

UNO DE ELLOS OPINA QUE O VOY A COMPRAR EL PAN COMO SIEMPRE O NO VEO MÁS TV, ¿NO ME ACOMPAÑÁS A LA PANADERÍA?

RESULTA QUE A MIGUELITO SE LE METIÓ EN LA CABEZA QUE ÉL ES *EL NUEVO MIGUELITO*, ¿QUÉ ME CONTÁS?
1509

¡ME PARECE MUY BIEN!; ¡VIVIMOS UNA ERA DE CAMBIO CONSTANTE! ¿CÓMO SERÍA EL MUNDO DE HOY SIN CAMBIOS?

¡¡VOS, AQUÍ TE TRAIGO LOS TOMATES QUE ME VENDISTE ESTA MAÑANA!!

DÉJEMELOS Y TOME ESTOS; RECIÉN RECIBIDOS

¡GENIAL, SERÍA!
¡¡PUCHA DIGO!!

¿QUÉ MAL HAN HECHO LAS GALLINAS? ¡NINGUNO!!!
1510

¿DE QUÉ SON CULPABLES LAS GALLINAS? ¡DE NADA!

¡¡TUS MANOS, MADRE, ESTÁN TINTAS EN CALDO DE INOCENTES!!!

NO SOY YO LA PESIMISTA, FELIPE, ES LA GENTE; LO ÚNICO QUE OÍS POR AHÍ ES QUE LAS INSTITUCIONES ESTÁN EN CRISIS, LA ECONOMÍA EN CRISIS, LA JUVENTUD EN CRISIS.....
1511

LA MORAL EN CRISIS, EL MUNDO EN CRISIS, LA IGLESIA EN CRISIS, LOS VALORES EN CRISIS, LA VIVIENDA EN CRISIS, EL FÚTBOL EN CRISIS, EL CINE EN CRISIS, LA....

...TELEVISIÓN EN CRISIS, LA POLÍTICA EN CRISI LA EDUCACIÓN EN CRIS

FUÉ EXPULSADO DE BULGARIA UN PERIODISTA INGLÉS
¡¡PAÁAF!!
1512

DISOLVIÓ LA POLICÍA UNA MANIFESTACIÓN ESTUDIANTIL EN ROMA
¡¡MAS-CAL-ZONI!!
MAS-CAL-ZONI!!

RECHAZÓ RUSIA UNA PROPUESTA DE ESTADOS UNIDOS
¡¡NIEET-NIEEET-NIEEET!!

¡GRRSH!

¿QUÉ PASA, ESTÁ PROHIBIDO BAILAR NOTICIOSOS, ACASO?

¡CHST! ¡BONYÚR, MADMUASÉLL!
1513

¿VISTE? ¡ME COSTÓ, PERO APRENDÍ A SALUDAR EN FRANCÉS!
FELICITACIONES, LIBERTAD

¡ES QUE A MÍ, MÁS ME CUESTA UNA COSA, MÁS ME EMPERRO EN APRENDERLA BIEN!

¡BONYÚR, MADMUASÉLL!

¡¡MAFADDiiiiiTA!!
¡UFA, GUILLE, TODOS LOS DÍAS LO MISMO! ¡TRAÉ!

BSSBEN CHILE ... MSBSCLARÓ
MOSHE DAYAMSSBS... BSSMS
BSNUNCIÓ EL SUBSECRETARIMBS...
MMSSALTO A UN BANCO ENBSBS...
BSS BSTESTAN LOS JUBILADSSBS...
SMBSSUN FILM DE PASSOLINSBS...
BSSBSECHA DE SORGO HÍBRBSBS...
MBSSRROTÓ POR 2 A 1 A SPORTSBSSM...
1514

¿NO?
NO

¡ZE PUEDE VIVID!

¡ADEMÁS YA TE DIJE: EL DIARIO TAMPOCO DIRÁ NADA EL DÍA QUE AUMENTE EL PRECIO DE LOS CHUPETES!

JÁUREGUI
1515

¡PRESENTE!

LICASTRO

¡PRESENTE!

NARDONE

¡PRESENTE!

PITTI

CLAP CLAP CLAP CLAP CLAP

SIEMPRE ES TARDE CUANDO LA DICHA ES MALA

CHUIIIP
CHUIIIP
CHUIIIP
CHUIIIP
1516

CHUIIIP
CHUIIIP
CHUIIIP

¡CLADO!... ZEGUDO QUE EZE CHUPA IMPODTADOZ
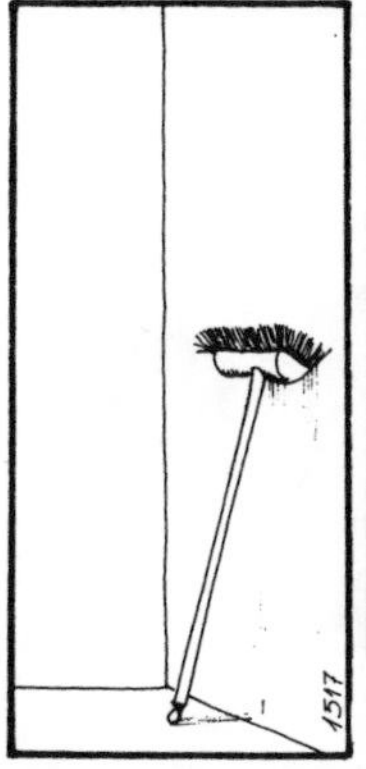
1517

¡¡BUENAS TARDES, SOY SUSANITA!!

¡NO!

¡CONOZCÁMOSNOS Y PÁFATE!!

¡MENOS!

VOS QUE SABÉS TANTAS COSAS, ¿CÓMO CUERNOS SE HARÁ PARA IRRUMPIR EN LA VIDA DE UN HOMBRE?

MAMÁ, ¿VOS, CUANDO ERAS CHICA TENÍAS AMIGOS COMO YO TENGO A FELIPE, SUSANITA, MANOLITO, MIGUELITO, Y LIBERTAD?
SÍ, CLARO
1518

¿Y QUÉ PASÓ? ¿TE PELEASTE, QUE NO LOS VES NUNCA?

NO, PASÓ QUE LUEGO LA VIDA NOS FUÉ LLEVANDO A CADA UNO POR SU LADO
AAH

¿Y QUIÉN SE CREE LA VIDA QUE ES PARA HACERLE ESAS PORQUERÍAS A LA GENTE?

¿CUÁL ES EL PICO MÁS ALTO DE AMÉRICA?
UNO; SALIÓ EN UNA REVISTA, CON FOTOS Y TODO
1519

SÍ, BUENO, PERO ¿CÓMO SE LLAMA?
AH, NO ME ACUERDO, PERO NO IMPORTA

¿CÓMO NO IMPORTA?
Y, NO; TENGO LA REVISTA EN CASA ¡¡LA TRAIGO MAÑANA Y LA VEMOS JUNTAS!! ¿SÍ?

¡NO, LO QUE TRAES MAÑANA ES LA LECCIÓN BIEN ESTUDIADA! ¡A TU ASIENTO!

USTED DEBE SER UNA MUJER MUY SOLA, SEÑORITA, ¡MUY SOLA!

SI LA MAESTRA NO SE ENOJARA, YO ESCRIBIRÍA UNA COMPOSICIÓN SÓLO CON PREGUNTAS
1520

¿NOSOTROS AMAMOS A NUESTRO PAÍS PORQUE NACIMOS AQUÍ?

¿LOS TURCOS AMAN A TURQUÍA PORQUE NACIERON EN TURQUÍA?

¿LOS SUECOS AMAN A SUECIA PORQUE NACIERON EN SUECIA?

¿LOS JAVANESES AMAN A JAVA PORQUE NACIERON EN JAVA?

"PATRIOTISMO Y COMODIDAD", LA TITULARÍA

¡EPA! ¿QUÉ PASA, MANOLITO?
QUE HOY CAYÓ AL ALMACÉN UN INSPECTOR DE RÉDITOS
¿Y?
1521

¡Y HUBO QUE MOSTRARLE TODO! ¡LOS CUADERNOS DE CAJA, LAS BOLETAS, LOS RECIBOS, LAS FACTURAS!...
¡TODO!

¡¡HASTA LA LIBRETA DE CHEQUES PIDIÓ VER EL MUY PORNOGRÁFICO!!

¡MAFADDA, HAY QUE GUADDAD LA TODTUGA Y NO EZTÁ POD NINGÚN LADO!
1522

¿BUSCASTE AQUÍ EN NUESTRA PIEZA?
¡ZÍ!
¿EN EL LIVING-COMEDOR?
¡ZÍ!

¿EN EL BAÑO?
¡ZÍ!
¿EN LA COCINA?
¡ZÍ!

¿EN LA SECCIÓN USADOS?
¡AH, AHÍ NO!

PEDMiiiiizo...

CHUÍÍÍÍP
CHUÍÍÍÍP
CHUÍÍÍÍP
CHUÍÍÍP
CHUÍÍP
1523

CHUÍÍÍÍP
CHUÍÍÍP CHU
UÍÍÍP CHUÍ

CHUÍÍÍP
CHUÍÍP
BRIGITTE BARDOT

CHUÍÍÍÍP
CHUÍÍÍÍP
CHUÍÍÍP
CHUÍÍP

¡CUIDADO QUE EL MALDITO DE FELIPE TE LA QUIT... ¡PERO! ¡SOS PAPAFRITA, MIGUELITO!!
1524

¡BIEN MAFALD... ¡¡NOO, POR AHÍ NO, POR EL CLARO, TARADA, POR EL CL... ¡PÚÚÚH! ¡¡TE LO DIJE, IDIOTA!!

¿Y AHORA QUÉ HACEN, PASPADOS? ¡PAREN A ESE BESTIA DE MANOLITO, MELONES!! ¡¡PÁRENLO!!

¡GOOOOOL!

BUENO, ¿QUÉ LES PASA? UN GOL SON COSAS DEL FÚTBOL, ¿NO? ¿O ES QUE AHORA DEPORTES NO SON DEPORTES?

1525

A MÍ, EL TIEMPO VIENE Y ME HACE ESE CHISTE.... ¡¡SABÉS LA QUE LE DOY!! ¿NO?

PORTERIA
TOC TOC
1526

¿QUÉ DICE, M'HIJITA?
BUENAS TARDES, DON SOSA; DICE MI MAMÁ QUE QUÉ PASA QUE SE CORTÓ EL AGUA

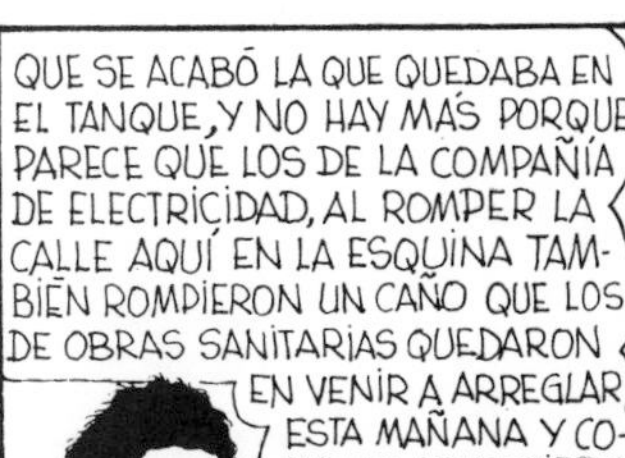
QUE SE ACABÓ LA QUE QUEDABA EN EL TANQUE, Y NO HAY MÁS PORQUE PARECE QUE LOS DE LA COMPAÑÍA DE ELECTRICIDAD, AL ROMPER LA CALLE AQUÍ EN LA ESQUINA TAMBIÉN ROMPIERON UN CAÑO QUE LOS DE OBRAS SANITARIAS QUEDARON

EN VENIR A ARREGLAR ESTA MAÑANA Y COMO NO APARECIERON QUISE RECLAMAR, PERO EL TELÉFONO NO FUN

¿Y? ¿QUÉ DIJO?

ESTEEE.....BUENO, TRAZÓ UNA COLORIDA SEMBLANZA DE PINTORESCO TONO LOCALISTA...

1527

¡TLÍNG!

¡TLÍNG!

HICIERON USO DE LA PALABRA LOS SEÑORES
1528

¡¿NO TE DIGO?! ¿SERÁ POSIBLE QUE SIGAMOS EN ESTE PAÍS CON LAS MISMAS MOMIAS RECALENTADAS DE SIEMPRE?!

ASUMIÓ DICHO CARGO EL SEÑOR..

¡¿Y A ESE QUIÉN LO CONOCE?! ¿HASTA CUÁNDO VAMOS A SEGUIR EN ESTE PAÍS ENSAYANDO SIEMPRE CON IMPROVIS

1529

BUENAS TARDES, ¿TU MAMÁ?

NO ES SÓLO MÍA; LA TENEMOS EN CONDOMINIO CON ESTE IRRESPONSABLE

¡LOS NORTEAMERICANOS NO TENÍAN DERECHO A HACERNOS UNA COSA ASÍ!
¿ASÍ CÓMO, SUSANITA?
1530

COMO ESA, DE ANDAR AMIGÁNDOSE CON LOS CHINOS, ¿NO ERA QUE HABÍA QUE CUIDARSE MUCHO DE LOS CHINOS?

¿NO ERA QUE EL PELIGRO AMARILLO ESTO, Y EL PELIGRO AMARILLO LO OTRO?

¿QUIÉNES SON LOS NORTEAMERICANOS PARA VENIR AHORA A ECHARNOS NUESTRO MIEDO A PERDER?

MI PAPÁ DICE QUE HOY LOS HOMBRES SON ASÍ: TODOS IGUALES, PERO LOS DE ABAJO AGUANTANDO A LOS DE ARRIBA
1533

CLARO QUE DICE QUE EL MUNDO CAMBIARÁ Y LOS HOMBRES SERÁN ASÍ: TODOS IGUALES SIN NADIE ENCIMA

BUENO, PERO PARA EL LUDO ES UNA PANTERA, MI PAPÁ

LA MEJOR MANERA DE VIVIR ES DARLE IMPORTANCIA A TODO LO QUE UNO HAGA
1534

Y ENCARAR CADA TAREA, GRANDE O CHICA, DISPUESTO A GANAR UNA BATALLA MÁS

¿MI MAMÁ ME MANDA A COMPRAR EL PAN? ¡PUES VOY COMO SI TRAER ESE PAN FUERA EL ÉXITO MÁS GRANDE QUE HE DE LOGRAR EN MI VIDA!

¡MECACHO, ME OLVIDÉ LA PLATA EN CASA!

¡DIOS MÍO, QUÉ CUADRO!
SCHUÍPITI
SCHUÍPITI
SCHUÍPITI
SCHUÍPITI
SCHUÍPITI
1531

¡DALE NOMÁS!... ¡PARECE QUE VAS A USAR CHUPETE HASTA EL ÚLTIMO DÍA DE TU VIDA! ¿EHÉ?

¿POD QUÉ? ¿DEZPUÉZ QUÉ ME VAN A COMPRAD?

1532

¡QUÉ BIEN SE LO VE A TU PAPÁ DE CARA, MAFALDA! ¿QUÉ SE HA HECHO?

ES QUE LE AUMENTARON EL SUELDO...

...CLARO QUE COMO ESTÁ HOY LA VIDA, VAMOS A VER CUÁNTO LE DURA EL MAQUILLAJE

1535

¡SÍ, YA SÉ, PERO QUÉ QUERÉS!...¡TANTA INESTABILIDAD, TANTA INESTABILIDAD..... AL FINAL UNO LE TOMA CARIÑO, QUÉ JOROBAR!

TOMÁ TU LECHUGA
¡POBRE BICHO! TODO LO QUE CONOCE DE LA VIDA ES ESTA CASA

PERO NO SABE QUE LA CASA ESTÁ EN UNA CIUDAD, NI QUE LA CIUDAD ESTÁ EN UN PAÍS...

...NI QUE EL PAÍS ESTÁ EN EL MUNDO, NI QUE EL MUNDO ESTÁ EN EL ESPACIO...
...NI QUE EL ESPACIO ESTÁ EN...
....

Una vez más enfrentamos una coyuntura invernal
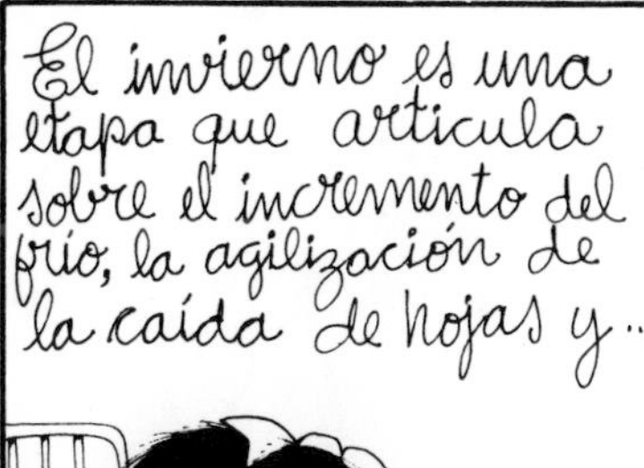
El invierno es una etapa que articula sobre el incremento del frío, la agilización de la caída de hojas y...

NO, EL LENGUAJE OFICIAL TAMPOCO SIRVE PARA ESCRIBIR COMPOSICIONES

¿TE IMAGINÁS? ¡IR A LONDRES, PARÍS, NUEVA YORK!...
?

Y LUEGO: "SEÑORES, SE RUEGA AJUSTARSE LOS CINTURONES"

¡Y VOLAR! ¡CADA DOS POR TRES, VOLAR!

¡A MÍ TAMBIÉN ME GUSTARÍA SER AZAFATA!

¿AZAFATA? HABLAMOS DE MINISTROS DE ECONOMÍA, SUSANITA

BIEN, SEÑALA EL RÍO NEUQUÉN

¿CON ESTE FRESQUETE? ¡VAMOS!...

¡¡SOY TU MAESTRA Y DEBES RESPETARME!!

SÍ, COMO A UNA SEGUNDA MADRE, LO SÉ, PERO LA PRIMERA TAMBIÉN TIENE MALA PATA CON ESO

¿PENSARON ALGUNA VEZ QUE SI NO FUERA POR TODOS, NADIE SERÍA NADA?

1541

SALUD, MANOLITO, ¿POR QUÉ TAN ALICAÍDO?

Sr. Goreiro:
más que hacer los deberes, su hijo los perpetra.
La maestra.

¡PERO GUILLE! ¿QUÉ HACÉS CON EL TELÉFONO
¡ZOY EL CODDOBÉZ!
1542

¡EL CORDOBÉS!... ¿Y CON QUÉ TORO?

PARECE QUE LOS MAESTROS SIGUEN MEDIO CON LÍOS GREMIALES, ¿NO?
Y, SÍ
1543

¡MIRÁ SI EN VEZ DE PAROS Y HUELGAS LES DIERA POR HACER SABOTAJE Y ENSEÑARNOS TODO MAL!
¿CÓMO TODO MAL? ¿POR EJEMPLO?

"A LOS ADVERBIOS SE LOS DISTINGUE POR SU HIPOTENUSA PECIOLADA DE ORDEN VERTEBRADO"

Y A MÍ EL DÍA MENOS PENSADO ME SACUDEN UN CERO POR NO SABERLO, ¡MECACHO!

1544

!

¡MIRÁ VOS, DE PRONTO ESTE VIENTO!

PUUUUCHA.... ¡YO CREÍ QUE ERA QUE EL PAÍS COMENZABA A AVANZAR!

1545

¡BUÉH!... ¡¡ME VOY A HACER LOS DEBERES, SÍ SEÑOR!! ¡CHAU!
CHAU, FELIPE

TANTA DECISIÓN EN MÍ ES SOSPECHOSA, ¿QUÉ ME TRAERÉ ENTRE MANOS?

¡"HACÉ ESTO, HACÉ LO OTRO, VENÍ, ANDÁ, DECIME, CALLATE"!... ¡USTEDES LOS GRANDES SON TODOS IGUALES!
1546

¡SE SIENTEN SUPERIORES PORQUE SON GRANDES!

¿CREEN ACASO QUE LLEGARON A GRANDES POR MÉRITO PROPIO? ¿EH?

¿NO SERÁ QUE SON GRANDES PORQUE EL CUERPO LES CRECIÓ SOLO? ¿EHEÉ?

¿NO SERÁ QUE SON GRANDES PORQUE NO TIENEN MÁS REMEDIO? ¿EHÉÉEE?

¡ES POR ESO, SÍ, POBRES, PERDÓNENME!

¡MI CORBATA A PINTITAS!... ¿¿QUÉ DIABLOS HACE AQUÍ??
1547

¡TSS!.. ¡QUÉ BARBARIDAD!

¿NO VIZTE UNA ZEDPIENTE QUE HABÍA POD AQUÍ?

A MI MAESTRA SE LE HA METIDO EN LA CABEZA QUE MIENTRAS ELLA HABLA YO PIENSO EN OTRA COSA
1548

TAL VEZ TU MAESTRA SEA DE ESAS QUE PRETENDEN QUE UNO REGISTRE TODO COMO UN GRABADOR

Y SEGURAMENTE LO QUE OCURRE CON VOS ES QUE RETENÉS EL CONCEPTO DE LO QUE ESCUCHÁS

EN VEZ DE PALABRERÍO INÚTIL VOS CAPTÁS EL NUDO DEL ASUNTO, ¿NO ES ESO?

¡KASHUBUKI!

¡NO PODÍA ACORDARME DE LA MARCA! EL DE MI TÍO ES UN GRABADOR "KASHUBUKI", ¡ES DE LINDO!.. VIENE CON M

¡NO HAY CASO, EL RACISMO ES ALGO QUE NO ME ENTRA EN LA CABEZA! ¡ME RESULTA UNA COSA INCONCEBIBLE!
1549

¡ME PARECE ESPANTOSO CONSIDERAR INFERIORES A OTROS SERES HUMANOS POR EL SOLO HECHO DE NO SER COMO UNO!

¿TODAVÍA QUE TIENEN ESA DESGRACIA, ENCIMA VAMOS A DESPRECIARLOS? ¡HAY QUE SER MÁS CARITATIVOS, CARAMBA!...

1550

SU ALEJAMIENTO DEL CARGO DE HOJITA, ¿OBEDECE AL CLIMA INVERNAL QUE VIVE EL PAÍS?

MAFADDA, ¿ME PREZTÁZ TUZ LÁPICEZ DE COLODEZ?
1551

¿SABÉS DÓNDE ESTÁN?

CLADO, PAPAFRITA, PERO NO ALCANZO, ¿O POD QUÉ CREÉZ QUE TE LOZ PEDÍ?

¡QUÉ CARADURA! ¿Y SE LOS VAS A PRESTAR?
NO TENGO MÁS REMEDIO, ¿NO TE DAS CUENTA QUE YO LOS PONGO AHÍ PARA QUE ÉL NO ME LOS USE?

"¿YO AL FRENTE? BIEN, SEÑORITA"
1552

"VEAMOS: EN 1583 DON JUAN DE GARAY FUÉ MUERTO POR ¿QUIÉNES?..."

"¡AH, NO! ¡YO BESTIA, SÍ; DELATOR, JAMÁS!"

...NI HONESTIDAD CÍVICA, NI NADA!
¡NO HAY HOMBRES, DON JOAQUÍN; NO HAY HOMBRES!
1553

¡AH, NO! ¿Y QUÉ ES MI PAPÁ? ¿UN SAXOFÓN?

¡¡A TU EDAD SABÍAMOS RESPETAR A LOS MAYORES!!
¡Y CUANDO ELLOS HABLABAN, NOSOTROS NOS CALLÁBAMOS LA BOCA!

¡PST! ¿Y NO SERÍA QUE NO TENÍAN NADA QUE DECIR?

PAPÁ, ¿ES CIERTO QUE ANTES, CUANDO HABLABAN LOS GRANDES LOS CHICOS TENÍAN QUE CALLARSE?
ES CIERTO, SÍ
1554

¡DIOS MÍO!... ¿Y VOS SUFRISTE ESA ÉPOCA ESPANTOSA?
Y, SÍ

¡POBRE, HABER TENIDO QUE TRAGARTE TODAS TUS RESPUESTAS Y CALLARTE TODAS TUS OPINIONES!
¡EH, BUENO, NO ERA PARA TANTO!

¡"GIGLI, GIGLI"! ¿QUÉ CUERNOS TIENE GIGLI QUE NO TENGA BING CROSBY? ¿EHÉ?

BUEN DÍA, ¿QUÉ MUNDO TENEMOS HOY: EL PRIMERO, EL SEGUNDO, EL TERCERO?
1555

NO, ESPEREN

MEJOR VAYAN A ECHAR UN VISTAZO, Y SI HAY LIBERTAD, JUSTICIA Y ESAS COSAS, ME DESPIERTAN, SEA EL NÚMERO DE MUNDO QUE SEA, ¿ESTAMOS?

¿QUIÉN PUEDE CONCENTRARSE EN EL JUEGO, SI TODO EL TIEMPO HAY QUE ESTAR PENDIENTE DE ESAS MALDITAS PIEZAS ?!!

¡SIEMPRE YO, SIEMPRE YO!.... ¿NO PUEDE IR OTRO A HACER LOS MANDADOS?
¡SÍ, YA SÉ!...

"VOS SOS CHIIIIICOOOO, ANDÁÁÁÁÁ... ¿QUÉ TE CUEEEEESTAAAA, EEH?"

¡¡"CHICO"!!.... ¡¡TENGO SEIS AÑOS!! ¡PERO LES DIGO UNA COSA! ¿EH?

¡ES LA ÚLTIMA VEZ EN MI VIDA QUE COMETO LA ESTUPIDEZ DE TENER ESTA EDAD!

¡OTR JHÍ-JHÍ-JHÍ OTRA VEZ JHÍ-JHÍ-JHÍ AUMEN JHÍ-JHÍ-JHÍ TÓ LA JHÍ-JHÍ-JHÍ LA LE JHÍ-JHÍ LECHE! ¡JHÍ-JHÍ-JHÍ-JHÍ-JHÍ!!.....

¡Y LA FRU JHÁ-JHA-JHÁ LA FRUTA U JHÚ-UJHÚ NA BARBARI JHÁ-JHÁ-JHÁ!...

¡¡Y LA JHÓ-JHÓ-JHÓ LA JHÓ-JHÓ VER JHÓ-JHÓ-JHÓ-JHÓ DURA!.. ¡JHÁ-JHÁ-JHÓJHÓ-JHÁ-JHAJÁ!!

ERA PREFERIBLE LA EPOCA EN QUE SE HACÍA UNA SANA MALASANGRE

¡BÚÚÚÚH!... ¡EL FANTAZMAAAAA!

¡PÉÉÉRO!.. ¡LA SÁBANA LIMPIA, CARAMBA! ¡TRAÉ PARA ACÁ!

LOS FANTASMAS, NO SE SABE, PERO QUE LAS MADRES EXISTEN.... ¡EXISTEN, GUILLE, EXISTEN!

¿ALGUNA COSA, M'HIJITO?
Y, SSSÍ, DIGO... NNNO, ¡SI NO TENGO PLATA!

AH, COMPRENDO, COMPRENDO

Y BUENO, AL FIN DE CUENTAS LA COMPRENSIÓN PRODUCE MENOS CARIES QUE LOS CHUPETINES

1561

PERO, ¿POR QUÉ EN EL SIGLO PASADO TANTOS Y HOY EN DÍA NINGUNO?

¿SERÁ QUE LOS PRÓCERES SE DAN POR RACHAS, UN SIGLO SÍ, UN SIGLO NO?

¿QUÉ OPINAN EN TU CASA DE CÓMO ANDAN LAS COSAS?
1562

¡PÚF!

POR LO MENOS SON OPTIMISTAS; EN LA MÍA OPINAN QUE **¡PUAJ!**

1563

¡FÚF!...¡NO HAY CAZO!.. ¡YA NO ZOY EL DE ANTEZ!...

1564

HOLA, MAFALDA
HOLA, LIBERTAD

BAJITA COMO NIVEL DE VIDA, LA POBRE

¡ZAS, ALLÁ VIENE SUSANITA!...
1565

¡SONAMOS, ALLÁ ESTÁ MAFALDA!...

SEGURO VIENE A DARME LA LATA CON LO DE SIEMPRE

YA ME LA VEO SALIR CON LO DE COSTUMBRE

¡YA SÉ:
CUANDO EL MUNDO TE
CASES ESTÁ LLENO DE
TENDRÁS MUCHOS
LÍOS HIJITOS!
¿NO?

UNA COSA ES UN MAÑANA MEJOR Y OTRA UN "¡UFA, MEJOR MAÑANA!"

¡A LA MEEESA!
1566

SOPA, ¿VERDAD? DE LA FRONTERA IDEOLÓGICA PARA ALLÁ, POR FAVOR

¡OY-OY!, ¡ESTA VEZ LE HABLO! ¡ESTA VEZ LA ENCARO Y LE DIGO!
1567

¡ES INÚTIL, JAMÁS ME ANIMARÉ, JAMÁS SABRÁ QUE EXISTO NI JAMÁS YO LOGRARÉ SABER NADA DE ELLA NI NADIE SOSPECHARÁ NUNCA CUÁNTO ME GUS

HOLA, JUSTAMENTE VENÍA ACORDÁNDOME DE VOS; ACABO DE CRUZARME CON LA TARADITA ESA DE MURIEL, CREO QUE SE LLAMA, Y PENSÉ: SEGURO QUE ESTA LE GUSTA A FELIPE, ¿LA UBICÁS? UNA QUE ME DIJERON QUE EL PADRE ESTUDIABA MEDICINA Y LO BOCHARON TANTAS VECES QUE TUVO QUE DEJAR Y CONFORMARSE CON SER VISITADOR MÉDICO, Y AHÍ DONDE LA VES, ESTA POBRE CRECIÓ ALIMENTADA A MUESTRAS GRATIS DE VITAMINAS Y ESAS PORQUERÍAS Y PARECE QUE CUANDO TENÍA DOS AÑOS SE

¿UNIÓN BUENOCRÁTICA?
1568

¿ACCIÓN CÍVICA BONDADISTA?

¿BUENISMO POPULAR INDEPENDIENTE?

¿POR QUÉ SONARÁ TAN MAL LA BONDAD CON LA POLÍTICA?

HOY CUANDO VENÍA PARA ACÁ ME PARECIÓ QUE EL AUTO HACÍA UN RUIDITO, COMO UN TÍKI-TÍKI-TÍKI, ¿QUÉ PODRÁ SER?
1569

A LO MEJOR FUE SOLO IDEA TUYA, NO VAS A PREOCUPARTE AHORA
¿PREOCUPARME? NO, CLARO

PORQUE ERA ASÍ COMO UN TÍKI-TÍKI-TÍKI

¿MÑBSMÑBSS TÍKI-TÍKI-TÍKI?

¡PÚH!.... ¡NUBLADO!
1570

¡CÓMO!... ¿NO HAY ZOL?
NO

¡PADEZE MENTIDA!... ¡UN SEDVIZIO PÚBLICO!..

¡ALTO AHÍ, MIGUELITO!
¡BÁNG!
¡BAÉNG!
1571

TOMEN, COBARDES, Y ACCIDENTES NATURALES TALES COMO LA CORDIBÁNG-BÁNG LLERA DE LOS ANDES, LOS ALPES EUROBÁNGPEOS, ETC.

BUENO, ¿QUÉ LES PASA? ¿NO PUEDE UN COW-BOY TENER MAÑANA PRUEBA ESCRITA DE GEOGRAFÍA? ¿EHÉ? ¿QUÉ LES OCURR

ME IMAGINO CUANDO YO SEA INGENIERO
¡PÁH!...
1572

BUEEENOOOO, ME VOY A PROYECTAR EL PUEEEENTEEEE

¡NO VOY A SER ASÍ! ¡CUANDO SEA INGENIERO NO VOY A SER ASÍ!

¡PORQUE SERÉ FAMOSO, Y TODO EL MUNDO ME ENCARGARÁ DIQUES Y CARRETERAS Y FÁBRICAS Y TÚNELES Y ACUEDUCTOS Y...

¡DIOS MÍO! ¿CÓMO HARÉ PARA HACER TODO LO QUE TENDRÉ QUE HACER?

LO QUE UNO NO VE ES CÓMO HARÁ EL GOBIERNO PARA MANTENERSE FUERTE
1573

POLICÍA

BUENO, POR LO PRONTO, AHÍ PASÓ UN FRASCO DE VITAMINAS

"BIENAVENTURADOS LOS POBRES, PORQUE DE ELLOS SERÁ EL REINO DE LOS CIELOS"
1574

¡QUÉ LINDO VESTIDO, SUSANITA!
¿VISTE? ME LO TEJIÓ MI MAMÁ CON LA MÁQUINA
1575

AH, ¿SE COMPRÓ MÁQUINA DE TEJER, TU MAMÁ?
SÍ, UNA MARAVILLA. ESTAS MEDIAS TAMBIÉN ME LAS TEJIÓ MI MAMÁ

ADEMÁS DE UN SAQUITO, Y DOS VESTIDOS PARA ELLA Y UN CHALECO Y UN PULLÓVER A MI PAPÁ Y FUNDAS PARA LOS ALMOHADONES DEL LIVING....

...Y CARPETITAS Y BUFANDAS Y HASTA UNA COLCHA, ¡ES GENIAL, LA MÁQUINA!
¿TU MAMÁ NO QUERRÁ UNA? ¿EH? COMO NUEVA, ¿EH? PREGUNTALE. LA LARGA POR LO QUE LE DEN, MI MAMÁ. DALE, ¿EH? NOS TIENE HASTA LA CORONILLA, LA MÁQUINA. EN CUOTAS, ¿EH? PREGUNTALE, ¿E

¡GUILLE!
¿ZI?
1576

¿QUÉ SIGNIFICA ESTO?

¿EZTO? BUENO...

NO ZÉ, YO HABÍA PENZADO TITULADLO "PAIZAJE POP"

COMPRENSIÓN Y RESPETO, ESO ES LO IMPORTANTE PARA CONVIVIR CON LOS DEMÁS, Y SOBRE TODO ¿SABÉS QUÉ? NO CREER QUE UNO ES MEJOR QUE NADIE

PORQUE ASÍ COMO HAY MUCHA GENTE QUE A MÍ PUEDE NO GUSTARME...
1577

...ES LÓGICO SUPONER QUE TAMBIÉN YO PUEDO NO GUSTARLE A UN MONTÓN DE IMBÉCILES, ¿NO?

DECIME, PAPÁ, ¿EN LAS PELÍCULAS PROHIBIDAS PARA MENORES....
1578

SÍ, ¿QUÉ?

NO, DEJÁ, ES ALGO MUY GORDO, MEJOR SE LO PREGUNTO A CUALQUIERA EN LA ESCUELA

¿Fideos Sin complejos?
Almacén Don Manolo
1579

¿ASÍ QUE FIDEOS SIN COMPLEJOS? DECÍ LA VERDAD, MANOLITO, ¿SON BUENOS O MALOS ESOS FIDEOS SIN COMPLEJOS?

BUENO, SON MUY ASÍ..... ¡LES IMPORTA UN PITO EL QUÉ DIRÁN!

MAMÁ, ¿PAPÁ Y VOS NO PIENSAN DARNOS ALGÚN HERMANITO AL GUILLE Y A MÍ?
¿HERMANITO? NO, NO, CON USTEDES DOS YA BASTA

¿O SEA QUE EN ESTA CASA NO MÁS EXPLOSIÓN DEMOGRÁFICA?
NO MÁS EXPLOSIÓN DEMOGRÁFICA

ADEMÁS YA A ESTA ALTURA, LA DINAMITA.... CLARO

BUÉH, AHORA LO PRINCIPAL ES SABER INTEGRARSE

-"HOLA, MI AMOR, ¡CHUIK!
¿CÓMO TE FUÉ HOY?"
-"BIEN, MI TESORO, ¡CHUIK!
¡MMMH! ¡QUÉ BIEN
HUELE LA CENA!"

-"HOLA, ¡HOY FUÉ UN DÍA HORRIBLE! TERMINÁ VOS DE DARLE DE COMER A LOS CHICOS, QUE TODAVÍA NO PUSE LA OLLA AL FUEGO"
-"BUENO, PERO APURATE, QUE VENGO MOLIDO"

-"¡A BUENA HORA LLEGÁS, FIJATE SI EN LA HELADERA ENCONTRÁS ALGO QUE HAYA SOBRADO DEL MEDIODÍA!"
-"¡MAH, SALÍ, SI YA COMÍ POR AHÍ!"

¡¡MENTIRA!! ¡¡MI MATRIMONIO NO ARRUINARÁ MI VIDA DE CASADA!!
?

PARA MÍ LO QUE ESTÁ MAL ES QUE UNOS POCOS TIENEN MUCHO, MUCHOS TIENEN POCO Y ALGUNOS NO TIENEN NADA
1582

SI ESOS ALGUNOS QUE NO TIENEN NADA TUVIERAN ALGO DE LO POCO QUE TIENEN LOS MUCHOS QUE TIENEN POCO.....

Y SI LOS MUCHOS QUE TIENEN POCO TUVIERAN UN POCO DE LO MUCHO QUE TIENEN LOS POCOS QUE TIENEN MUCHO, HABRÍA MENOS LÍOS

PERO NADIE HACE MUCHO, POR NO DECIR NADA, PARA MEJORAR UN POCO ALGO TAN SIMPLE

LOS VERBOS TERMINADOS EN "ER", ¿CORRESPONDEN A LA PRIMERA, LA SEGUNDA O LA TERCERA CONJUGACIÓN?

¿A VER SI TENGO AQUÍ.... ¡SÍ!
1583

LE DEJO MI TELÉFONO, MÑSBSIETE-DOS OCHO DOS OCHO, AHÍ ESTÁ. A ESO DE LAS CUATRO UD. ME LLAMA QUE YO LE TENGO AVERIGUADO ESE ASUNTO, ¡AH! SI POR CUALQUIER COSA SALÍ A JUGAR TAL VEZ ME ENCUENTRE EN MÑSBSEIS-TRES UNO CIN

1584

HOLA, MAFALD....
¡OH-OH! SIENTO COMO SI...

$

ORIENTACIÓN VOCACIONAL, QUE LE DICEN

¿VOS A QUÉ EDAD PENSÁS CASARTE, LIBERTAD?
1585

YO QUIERO A MI PAPÁ Y A MI MAMÁ

¿Y ESO QUÉ TIENE QUE VER?

QUE CUANDO LLEGUE EL MOMENTO DE COMPLICARME LA VIDA QUERIENDO GENTE FUERA DE MI CASA, VERÉ; POR AHORA ME GUSTAN LAS COSAS SIMPLES

DRLiiiiNG
DRiiiiNNG
1586

HOLA, ¿HABLO CON NÚMERO EQUIVOCADO?

NO SÉ, SEÑOR, ¿UD. CON QUIÉN QUIERE HABLAR?
NO... ¿PARA QUÉ?... EL CORAZÓN ME LO DICE: ES NÚMERO EQUIVOCADO...

BUENO, PERO ¿UD. CON QUÉ NÚMERO
NO, NO...
NO VALE LA PENA, SIEMPRE ES ASÍ.... EQUIVOCADO.... ETERNAMENTE.... EQUIVOCADO... ADIÓS... SIEMPRE... EQUIVOCADO... SIEMPRE... ADIÓS..
¡CLAK!

POBRE, CON QUÉ ROMANTICISMO SOBRELLEVA LOS SERVICIOS PÚBLICOS

¡LLEGA LA PRIMAVERA, GUILLE!
¡CÓMO!... ¿NO LLEGÓ EL AÑO PAZADO?
1587

¡YO NO ZABÍA QUE ZE HABÍA IDO!

PERO.... CON LOS FRÍOS QUE HICIERON, LOS DÍAS NUBLADOS Y LOS ÁRBOLES PELADOS.... ¿NO TE DISTE CUENTA DE QUE LA PRIMAVERA SE HABÍA IDO?

NO, NO; YO CREÍ QUE ZE HABÍA QUEDADO Y LE IBAN MAL LAZ COZAZ

1588
¡Feliz Primavera Mamá! Mafalda

¡Feliz Primavera Mamá! Mafalda

¡Feliz Primavera, Mamá! Mafalda
SOPA

1590

¿NO ME OÍSTE, FELIPE?... ¡JAQUE!... ¡JAQUE MATE!
¿MMMH?... ¡AH!... ¿YA?... ¡BUEH!... ¡A SIETE Y MEDIO PAGO!

¡¡PRIMAVERA!! ¡COMO SI LA PRIMAVERA CAMBIARA LA SITUACIÓN!
FIDEOS
Espigota
24 PAQUETES
1589

"LA PRIMAVERA ES LA MÁS ALEGRE DE LAS ESTACIONES"... ¡COMO SI EL DÉFICIT SE ARREGLARA CON CARCAJADAS!

"LAS PLAZAS Y JARDINES SE CUBREN DE FLORES"... ¡COMO SI LA INFLACIÓN SE FRENARA CON MARGARITAS!

"DESDE LEJANOS PAÍSES LLEGAN LAS GOLONDRINAS"...

¡¡COMO SI LA BALANZA DE PAGOS SE NIVELARA CON PAJARITOS IMPORTADOS!!

FIJÓ EL GOBIERNO PRECIOS MÁXIMOS A LOS ARTÍCULOS DE PRIMERA NECESIDAD

¿Y A CUÁNTO ESTÁ LA SENSATEZ?

Doña Pochita
debe:
3 coca
1 birulana
2 sachés lavandina

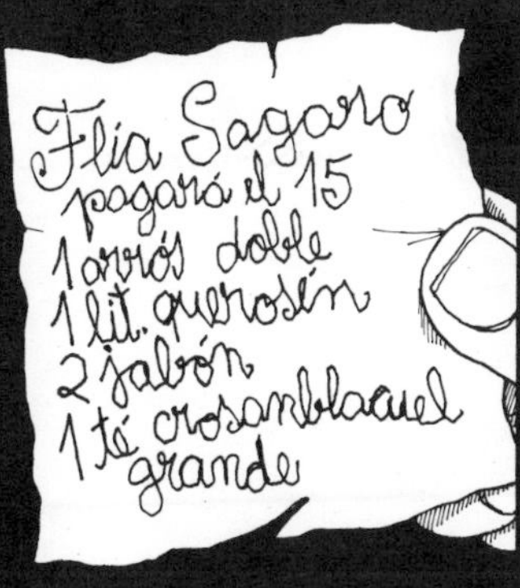
Flia Sagaro
pagará el 15
1 arróz doble
1 lit. querosén
2 jabón
1 té crosanblacuel
grande

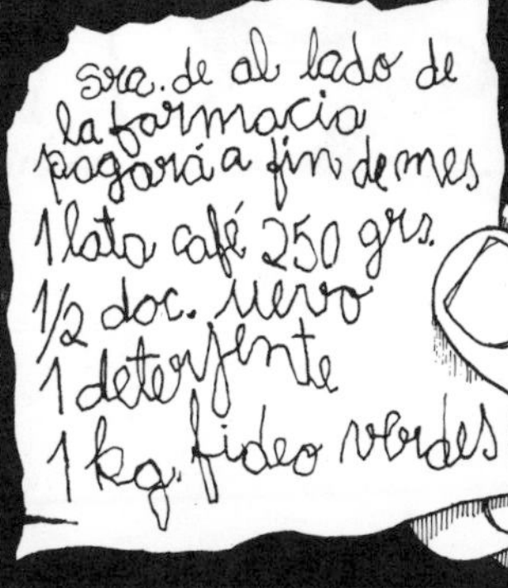
Sra. de al lado de
la farmacia
pagará a fin de mes
1 lata café 250 grs.
1/2 doc. uevo
1 deterjente
1 kg. fideo verdes

¡MECACHO!...¡CADA VEZ MÁS CLIENTES COMPRAN CON EL MANOLO'S CARD!

¿EN EZTE JUEGO DEL AJEDEZ PUEDEN GANAD LOZ DOZ?

NO, UNO SOLO

¿Y EL OTRO PADA QUÉ JUEGA?

YO NO TENGO NADA CONTRA LOS POBRES; TODO LO CONTRARIO

CREO QUE NECESITAN AYUDA Y COMPRENSIÓN

¡Y AUN MÁS!

SOY UNA CONVENCIDA DE QUE LA GRAN MAYORÍA DE LA GENTE QUE ES POBRE NO LO HACE POR MALDAD

¡OH, QUÉ MOMENTO!...

...¡CON ARROZ DE ALMACÉN "DON MANOLO"!

¡VÍSTANSE!...¡DEBEMOS ENCONTRAR YA MISMO ALGÚN PSICOANALISTA DE GUARDIA, QUE COBRE BARATO!

¡FELIiiiPEE, QUE SON LAS SIETE Y CUARTO!
MMSÍ, MMÑA' MMVOY
1596

¡¡ESPEREN, ESPEREN!! ¡LA DEMOLICIÓN ERA EN LA OTRA CUADRA!!
ESCUELA Nº2

¿CÓMO DIABLOS HARÁ MI IMAGINACIÓN PARA DESPERTARSE ANTES QUE YO?

1597

¡BUAAAAAH!...

NADA, YA SE ME PASARÁ; ES QUE HOY TUVIMOS UNA CLASE SOBRE LA CONSTITUCIÓN NACIONAL

¡BANG!
¡PERDÉS EL TIEMPO, NO PIENSO MORIRME MÁS!
1598

¡NO SABÉS JUGAR!

¡SÍ SÉ JUGAR! ¡PERO ESTOY CANSADO DE QUE ME LIQUIDEN Y DE LIQUIDAR A LOS DEMÁS UNA VEZ Y OTRA VEZ Y ASÍ TODO EL TIEMPO!

¡NO SABÉS VIVIR!

1599

SNIF
SNIF
SNIF
SNIF

SNIF
SNIF
SNIF

¡ES QUE A MÍ SE ME VALORA CUANDO SE ME CONOCE INTERIORMENTE!

1600

¿LE HABRÁ DADO POR LA POESÍA?

?

HABIENDO OTROS PLANETAS NADIE SE HACE RESPONSABLE DE LOS ACCIDENTES QUE PUDIERA OCASIONAR EL USO DE ESTE

¡POR LA POESÍA!

MAFALDA 9

TÍRAS DE QUINO
EDICIONES DE LA FLOR

¿NO VIO QUE EL COPYRIGHT DE ESTE LIBRO PERTENECE A QUINO? ¿Y QUE ESTE VOLUMEN ESTÁ EDITADO POR EDICIONES DE LA FLOR S.R.L. ... ANCHORIS 27, BUENOS AIRES?

NNNO, YO SABÍA QUE LAS TIRAS QUE LO COMPONEN SE PUBLICARON EN EL SEMANARIO "SIETE DÍAS Ilustrados" PERO....

¡PERO NADA! ¿O ACASO IGNORA QUE QUEDA HECHO EL DEPÓSITO QUE MARCA LA LEY 11.723?!

POR ESTA VEZ, SIGA, PERO NO OLVIDE QUE ESTE ES UN LIBRO IMPRESO EN LA ARGENTINA, PRINTED IN ARGENTINA, ASÍ QUE... ¡CUIDADITO, EH?

a los lectores caídos
en cumplimiento del deber.

QUINO

SE TERMINÓ DE IMPRIMIR EN GRÁFICA GUADALUPE, AV. SAN MARTÍN 3773-RAFAEL CALZADA-BUENOS AIRES, EN MAYO DE ...

¡¡MAMÁ, ME SAQUÉ UN 10 EN GEOMETRÍA!!

FELICITO!...¡MMMCHUUÍ!

¡¡TE FELIZITO, ARRUINAHOGAREZ!!

BUENAS TARDES, SEÑORA; AQUÍ LE TRAIGO SU PEDIDO

PASÁ, MANOLITO, ¿ESTÁ TODO, NO? BIEN...¡AH!..ESTEE... TE LO PAGO LA SEMANA QUE VIENE, ¿SABÉS? ¡GRACIAS!

BUENAS TARDES, SEÑORA; AQUÍ LE TRAIGO SU PEDIDO

PASÁ, MANOLITO, ¿ESTÁ TODO, NO? BIEN...¡AH!..ESTEE... TE LO PAGO LA SEMANA QUE VIENE, ¿SABÉS? ¡GRACIAS!

¡JOROBAR! ¡LA SITUACIÓN SE ESTÁ PONIENDO CADA VEZ MÁS TELEPÁTICA

¡HAY UNA EPIDEMIA DE NO ZÉ QUÉ! ¡¡ME VOY A ENFERMAD!! ¡¡¡EZTÁ TODO EL MUNDO EN CAMA!!!

¡PERO SI NO SABE LEER! ¿QUÉ DIABLOS HABRÁ VISTO EN EL DIARIO?

LAS FOTOS DE LAS ÚLTIMAS PELÍCULAS

¿A LA PLAZA? NO, NO, MEJOR TE QUEDÁS EN CASA, ¿EH? MIRÁ UN POCO DE TELEVISIÓN, ANDÁ
¡ESTÁ BIEN!

¡MAMÁ, RESULTA QUE A TUS PISOS LES FALTA EL DESLUMBRANTE BRILLO DE "CERALUX"! "CE-RA-LUX"

Y TUS CABELLOS...¡QUÉ OPACOS Y RESECOS, SIN ESE NATURAL ENCANTO QUE SOLO "SHAMPUFLOWER" PUEDE DARLES!

¿LUCEN TUS MANOS LA FRESCA Y JUVENIL TERSURA DE "NÁCAR CRÊME"? "NÁCAR CRÊME" ES ÚNICA, PORQUE CONTIENE "B

¿PENSASTE ALGUNA VEZ QUE ESTOS JÓVENES QUE HOY SUFREN PORQUE LOS ADULTOS NO LES DEJAN CAMINO...

...SON LOS MISMOS QUE MAÑANA, CUANDO SEAN ADULTOS, NO NOS VAN A DEJAR CAMINO A NOSOTROS?

NO, NUNCA LO HABÍA PENSADO

VOS QUE ANDÁS SIEMPRE PREOCUPADA POR EL LÍO QUE HAY EN EL MUNDO, ¿OÍSTE HABLAR DE ADÁN Y EVA?
SÍ, CLARO, ¿POR QUÉ?

PORQUE PARECE QUE AHÍ EMPEZÓ TODO; ¡Y POR UNA MANZANA, MIRÁ VOS!

POR COMER UNA SIMPLE MANZANA, VENIR LAS COSAS A PARAR EN ESTE DESPIPORRE DE HOY

¡TE IMAGINÁS SI LES DABA POR COMERSE UNA SANDÍA, NO?
¡¡¡MI MADRE!!!..

HOLA, MIGUELITO, ¿QUÉ HACÉS MIRANDO ESE CHARCO?
ESTABA DEJANDO MI IMAGEN EN ESTE AGUA

ASÍ, CUANDO SE EVAPORE, CADA GOTITA LLEVARÁ UN POCO DE MÍ A TODO EL AIRE DE LA CIUDAD

CUANDO MAÑANA EN EL NOTICIOSO DIGAN EL PORCENTAJE DE HUMEDAD, YA SABÉS DE QUIÉN ESTARÁN HABLANDO

HOLA, FELIPE, ¿QUÉ HACÉS MIRANDO ESE CHARCO?
ESTABA DEJANDO MI IMAGEN EN ESTE AGUA

ASÍ, CUANDO SE EVAPORE, CADA GOTITA LLEVARÁ UN POCO DE MÍ A TODO EL AIRE DE LA CIUDAD

Y APARTE DE ESO, ¿EN QUÉ OTRA COSA INTERESANTE ANDÁS?

¡MMMMMMH! ¡VEAMOS!...

¿Y?... ¿CÓMO ESTÁ EL PASTEL A LA "MÉLANGEUSE"?
Y... MMBIEMM... MMBIEMM... ¿DE DÓNDE SACASTE LA RECETA?

DEL DIARIO

¡ACABÁRAMOS! ¡SE CONTAGIÓ DE NOTICIAS!

¡VIVA EL DOCTOR! ¡VIVA!...

¡GRACIAS!
¡GRACIAS!

¡SEÑORES, NO ES CUESTIÓN DE ROMPER ESTRUCTURAS, SINO DE SABER QUÉ HACER CON LOS PEDAZOS!

¡CRACK!

¿QUÉ SE HACE CON ESTO, MAMITA?

DIGO YO, YA QUE SEGÚN DICE TODO EL MUNDO, NADIE SABE GOBERNAR...

¿POR QUÉ LA UNIVERSIDAD NO CREA LA CARRERA DE PRESIDENTE?

¡QUE LOS TIPOS QUE VAYAN SALGAN SABIENDO CÓMO SE DEBE GOBERNAR, Y LISTO!

¿Y QUIÉNES SERÍAN LOS PROFESORES?

¿QUERÉS UNA PASTILLA DE MENTA? MI ABUELITO ME COMPRÓ UN PAQUETE DE PASTILLAS DE MENTA, ¿QUERÉS? SON DE MENTA

¡¡ME DUELEN MIZ PIEZ!!

¡PERO CLARO, GUILLE, SI TE HAS PUESTO LOS ZAPATOS AL REVÉS!

¡¡ME DUELE MI ODGULLO!!

OPINA UN SECTOR DE LA IGLESIA SOBRE EL CELIBATO SACERDOTAL

¿QUÉ PENSÁS DEL CASAMIENTO DE LOS SACERDOTES, SUSANITA; VOS TE CASARÍAS CON ALGUNO?

¡¡¡PERO QUÉ HACÉS CON LOS BOTONES, DIGO YO?!! ¡¡CATORCE DE UNA SOTANA, NUEVE DE OTRA!!... ¡¡MÁH!!... ¡¡PEGÁTELOS VOS!!

NO, YO SOY MUY RESPETUOSA Y JAMÁS CONTRIBUIRÍA A APARTARLOS DE LAS SAGRADAS TAREAS QUE LES IMPONE EL CELIBATO QUE ELLOS SE COMPROMETIERON A MANTENER CRISTIANAMENTE

EN LA JUGUETRÍA FRENTE A LA PLAZA TIENEN UN ROBOT A PILAS, ¡ES DE LINDO!...
¿Y CUÁNTO CUESTA?

CUANDO CAMINA ASÍ SE LE ENCIENDEN LUCECITAS AZULES Y VERDES Y ROJAS POR TODOS LADOS, ¡ES DE LINDO!...
¿Y CUÁNTO CUESTA?

¡QUÉ SÉ YO CUÁNTO CUESTA, PERO ES DE LINDO!...

¡QUÉ MENTALIDAD! ¿CÓMO ALGUIEN PUEDE SABER QUE ALGO ES LINDO, SI NO SABE CUÁNTO CUESTA?

LADÁI-LADÍLÁ-DÁÁÁ
LADALÍÍÍDA-DOOO
LALALÍÍLAAA

¡¡MMMCHUÍÍÍÍÍK!!

¡¡MCHUÓK!

¡CHUÍK! ¡CHUÍK!
¡CHUÍK!
¡CHUÍK! ¡CHUÍK

¡¡A MÍ A CADIÑOZO NO ME VAZ A GANAD!! ¿ME OÍZ?

¡OH!...¡OBREROS!

ESO QUE ESTÁN ARMANDO CON MADERAS DEBE SER UNA BARRICADA.

¡Y LEVANTAN UN CARTEL!... ¿SERÁ LA REVOLUCIÓN SOCIAL?

NO, NO CREO QUE NINGUNA REVOLUCIÓN SOCIAL SEA DE GRAN CATEGORÍA, CON TODOS LOS AMBIENTES AL EXTERIOR Y COCHERAS OPTATIVAS

¿BUSCANDO LAS RAÍCES DE LO NACIONAL?
NO, NENA, UN ESCAPE DE GAS

COMO SIEMPRE: LO URGENTE NO DEJA TIEMPO PARA LO IMPORTANTE

A QUE EL PRÓXIMO AUTO QUE PASA ES AZUL

¿CÓMO PUEDE UN AUTO EQUIVOCARSE TANTO?

VÍ QUE TU MAMÁ COMPRA EN LA MISMA CARNICERÍA QUE MI MAMÁ, FELIPE
¿AJHÁ?

SÍ, ASÍ QUE MÁS DE UNA VEZ DEBEMOS HABER COMIDO BIFES DE LA MISMA VACA

¡MIRÁ VOS, COMPAÑEROS DE VACA SIN SABERLO!

¡PENSAR QUE DÍA A DÍA, SEMANA A SEMANA, MES A MES, NOS HEMOS ESTADO MASTICANDO UNA VACA EN EQUIPO!

¡SI NO HAY ZAPALLO HERVIDO O ALGO ASÍ, NO CUENTEN CONMIGO EN LA MESA, MAMA, EH?

AL FIN DE CUENTAS LA HUMANIDAD NO ES NADA MÁS QUE UN SANDWICH DE CARNE ENTRE EL CIELO Y LA TIERRA

¡HOLA, DERROTISTA! ¿QUÉ HAY DE MALO?

¿CÓMO ANDAN LA POLÍTICA, LAS GUERRAS, LAS INJUSTICIAS SOCIALES Y TODAS ESAS CALAMIDADES CON LAS QUE VIVÍS AMARGÁNDOTE?

¿Y EL FUTURO CÓMO PINTA; NEGRO PETRÓLEO, O MÁS BIEN NEGRO PÓLVORA, EH?

HASTA LUEGO, VOY A SOBREVIVIR UN RATO POR AHÍ ANTES QUE LA HUMANIDAD SE DERRUMBE DEL TODO

LA DERROTISTA SOS VOS: YO NO CREO QUE LAS COSAS ESTÉN TAN MAL COMO PARA TENER QUE TOMARLAS EN BROMA

EL APARATO DIGESTIVO DEL HOMBRE COMPRENDE: LA BOCA, LA FARINGE, EL ESÓFAGO, EL ESTÓMAGO, EL INTESTINO GRUESO, PERDÓN, DELGADO Y EL INTESTINO GRUESO. EL TUBO DIGEST SEGREGA LOS JUGOS QUE TRA FORMAN LOS ALIMENTOS EN EL C

¡BIEN, FELIPE, MUY BIEN, VEO QUE HAS ESTUDIADO, PUEDES IR A TU ASIENTO!

¡PERO SI LOS ANTERIORES A VOS NO FUERON NOVIOS; SÓLO FUERON *EXPERIENCIAS-PILOTO*!
?

CLARO QUE HABRÁ QUE VER SI A MI MARIDO LO CONVENCE EL LENGUAJE TECNOLÓGICO

FFFFH

¡MIS PIEZAS DE MÚSICA!
SCARLATTI

¡MIS TRECE AÑOS!... LA PROFESORA GIAMBARTOLI. ¡POBRE!... ELLA CREÍA QUE YO LLEGARÍA A SER UNA GRAN PIANISTA

¿POBRE **ELLA**?

¡OH, CUÁN FLORECIENTE ÉPOCA VIVIMOS!

?

RT-70
GARANTIA

LOS DAÑOS QUE PUDIERA SUFRIR ESTA RADIO POR MANEJO INDEBIDO, GOLPES U OTROS FACTORES EXTERNOS A LOS QUE SE VEA EXPUESTA QUEDAN EXCLUIDOS DEL PLAZO DE GARANTÍA DE 6 MESES

VENCIDO EL MISMO ESTA FIRMA NO SE RESPONSABILIZA POR NINGUNA FALLA, DESPERFECTO Ó DESGASTE QUE AFECTE AL RECEPTOR

ATENCIÓN: LAS PILAS AGOTADAS DETERIORAN SERIAMENTE PARTES VITALES DEL APARATO, POR LO QUE SE ACONSEJA CAMBIARLAS INMEDIATAMENTE A FIN DE EVITAR AVERÍAS IRREPARABLES

¿Y? ¡LINDAS, LAS NOTICIAS! ¿EEH? CASI TAN OPTIMISTAS COMO LAS QUE TE ESCUCHAMOS A VOS, ¿EEEH? ¡ALEGRE, EL NOTICIERO! ¿EEEEH? ¡SIMPÁTICO EL INFORMATI

¡"PORTATE BIEN"! ¡"PORTATE BIEN"! ¡UNO NO PUEDE PORTARSE SIEMPRE BIEN!

¡TODOS LOS HIJOS DEL MUNDO NOS PORTAMOS UNAS VECES BIEN Y OTRAS MAL!

¡CLARO!... ¡QUERER SER PADRES DE UN HIJO QUE NUNCA SE PORTE MAL ES CÓMODO!

¡QUERER SER PADRES DE UN HIJO QUE JAMÁS LES DÉ TRABAJO ES FÁCIL!

¡PERO ES ANTIDEPORTIVO, VÁYANLO SABIENDO!

LA ESFORZADA ESCALADORA ESTÁ A PUNTO DE ALCANZAR LA CUMBRE

EN ESTAS ALTURAS LA FALTA DE OXÍGENO HACE DIFICULTOSA LA RESPIRACIÓN

PERO FINALMENTE LA PROEZA SE CONCRETA

LA ESFORZADA ESCALADORA DESCIENDE VICTORIOSA. ABAJO LA ASEDIA EL PERIODISMO

A TRAVÉS DE ESTE MICRÓFONO HAGO PÚBLICO MI RECONOCIMIENTO A LAS AUTORIDADES QUE TAN BIEN SABEN MANTENER LAS CONDICIONES PARA EL LOGRO DE HAZAÑAS COMO ÉSTA

?

LA SEÑORA TE HA PEDIDO UN BESITO, GUILLE, ¿NO VAS A DÁRSELO?

¡CHUIK!

¡QUÉ AMOR! ¡SE NOTA QUE ES TAN CARIÑOSO!...

¿A TOMAR UN HELADO?
¡AJHÁ!

¡HOY HAY QUE PENSAR EN LA REVOLUCIÓN SOCIAL, NO EN TOMAR HELADOS!

¡HOY HAY QUE PENSAR EN REALIDADES, NO EN CUCURUCHOS!

¡HOY HAY QUE PENSAR EN.....

UN ESCAPISMO DE VAINILLA Y PISTACHO, POR FAVOR

UNA VEZ MÁS NUESTROS MICRÓFONOS LLEVAN A TODO EL PAÍS LA EMOCIÓN DE NUESTRO MÁS POPULAR DEPORTE:

¿QUEJARNOS?

¡FÚTBOOOL!...EN EL RELATO DE...
AH

SERVICIO MILITAR OBLIGATORIO PARA LAS MUJERES EN SUIZA
BERNA) - Suiza marcha hacia la implantación del servicio militar obligatorio femenino. Las autoridades

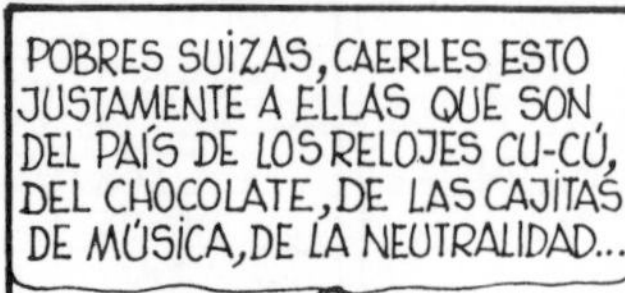
POBRES SUIZAS, CAERLES ESTO JUSTAMENTE A ELLAS QUE SON DEL PAÍS DE LOS RELOJES CU-CÚ, DEL CHOCOLATE, DE LAS CAJITAS DE MÚSICA, DE LA NEUTRALIDAD...

...DE LA SOPA EN CUBITOS!
¡¡¡QUE SE JOROBEN!!!

SALUD, MIGUELITO, ¿ALGO BUENO EN LA TV?
RECIÉN LA ENCIENDO

PERO PARECE SER QUE SI PRIMERO TE PONÉS DESODORANTE, LUEGO COMÉS SALCHICHAS Y DESPUÉS TE COMPRÁS UN LAVA-RROPAS, TENÉS QUE SER MUY TARADO PARA NO SER FELIZ

ANOCHE ESTORNUDÉ UN PAR DE VECES

¿Y QUIÉN VINO Y ME PREGUNTÓ SI HABÍA TOMADO FRÍO, Y ME PUSO LA MANO EN LA FRENTE Y ME MIRÓ LA GARGANTA, EHÉÉÉ?
¿QUIÉÉÉÉÉÉN?

¡¡MI PAPÁ!!

¡¡¡ÑÑÑÑÑÑÑÑÑH!!!...
¿VISTE COMO NO SOS HIJO ÚNICO?

¿QUÉ PASA, MAFALDA? ¿QUÉ MIRÁS?
EL CIELO, MANOLITO
¿POR QUÉ? ¿QUÉ HAY?
NADA, SIMPLEMENTE QUE ES LINDO MIRAR EL CIELO

BUENO, APARTE DE SER UNA MANERA AZUL DE PERDER EL TIEMPO... ¿QUÉ TIENE DE LINDO?

¡PILAS DE PELÍCULAS QUE NO NOS DEJAN VER PORQUE SOMOS MUY CHICOS!...

¡INFINIDAD DE CONVERSACIONES QUE NO NOS DEJAN ESCUCHAR PORQUE SOMOS MUY CHICOS!...

¡MONTAÑAS DE LIBROS QUE NO NOS DEJAN LEER PORQUE SOMOS MUY CHICOS!

¿SE PUEDE ASISTIR CRUZADO DE BRAZOS, A ESTA OLA DE MANÍA MUYCHIQUISTA SIN QUE A NADIE SE LE MUEVA UN PELO?

"DEBES SEGUIR SIEMPRE LA SENDA DEL BIEN"

LÓGICO...¡CON EL EMBOTELLAMIENTO QUE DEBE HABER EN LA AUTOPISTA DEL MAL!...

¡RACISTAS!

¿TE ACORDÁS, MANOLITO, QUE EN ENERO TODOS PENSAMOS QUE A LO MEJOR ESTE AÑO SE ACABABAN TODOS LOS LÍOS, SE ARREGLABA EL MUNDO Y EL AÑO TERMINABA MEJOR DE LO QUE EMPEZÓ?
SÍ, ¿POR?

¡PORQUE DE AQUÍ A FIN DE AÑO NOS QUEDAN TODAVÍA DOS SEMANAS DE EMOCIÓN, INTRIGA Y SUSPENSO HASTA SABER!
¿HASTA SABER QUÉ?

SI TENÍAMOS, O NO TENÍAMOS RAZÓN. ¿NO TE CARCOME LA DUDA?

¿SENTIDO DEL HUMOR? ALMACÉN "DON MANOLO"

PADA EZTA TODTUGA YO DEBO ZED UNA EZPEZIE DE GIGANTE

...DE GIGANTE GANDOTAZO, ENODME...

...DEZCOMUNAL...

!?

"UNA EZPEZIE"

ACABO DE DESCUBRIR QUE UNAS REVISTAS DE HISTORIETAS QUE ME PRESTÓ FELIPE LAS TIRÉ AL INCINERADOR JUNTO CON LOS DIARIOS VIEJOS

¡QUÉ MALA PATA, DIOS MÍO!... JUSTAMENTE A FELIPE, QUE ES TAN BONACHÓN!
¡Y BUENO, SUSANITA, ¿QUÉ VAS A HACERLE?

¡JURARLE QUE SE LAS DEVOLVÍ, POR SUPUESTO! ¡¿O QUERÉS QUE ADEMÁS DE LAS REVISTAS PIERDA MI DIGNIDAD?!

PAPÁ, ¿QUÉ TAL TE PARECE QUE ANDARÁN LAS FINANZAS DE LOS REYES MAGOS ÉSTA VUELTA?
ESTEMM.... ¿POR QUÉMM?

PORQUE PENSABA ESCRIBIRLES YA MI PEDIDO, ¿VOS TENDRÍAS PAPEL Y SOBRE?
EEH... SSI, AHORA TE TRAIGO

OH, FELIPE, ¿NO SERÍA MARAVILLOSO QUE ENTRETEJIÉRAMOS NUESTRAS VIDAS?

DEPENDE, ¿CON QUÉ PUNTO?

¡ESTÚPIDO!

LEA ÉSTA SEMANA EN REVISTA "IMPACTO" LA APASIONANTE NOTA "¿ES TABÚ EL SEXO?"

¿QUÉ DIZEN ÉZTOZ QUE QUÉ COZA EZ QUÉ?

MI PAPÁ PIENSA QUE DEBIÉRAMOS SER MÁS COMPASIVOS Y TENER UN PRESIDENTE EXTRANJERO
¡¿EXTRANJ.... NO LE DIJISTE A TU PAPÁ QUE ESTÁ LOCO?!

LE DIJE, SÍ

PERO ÉL SIGUE PENSANDO QUE ES UNA CRUELDAD DARLE, A ALGUIEN NACIDO EN ESTE PAÍS, UN PUESTO DESDE EL CUAL EL POBRE NO PUEDE PROTESTAR CONTRA EL GOBIERNO

¡OJALÁ!
ESO, ¡OJALÁ!

LA GENTE ESPERA QUE ESTE AÑO QUE EMPIEZA SEA MEJOR QUE EL ANTERIOR

APOSTARÍA QUE POR SU PARTE, ESTE AÑO QUE EMPIEZA ESPERA QUE LO QUE SEA MEJOR SEA LA GENTE

MAFADDA

CUANDO UN PAÍZ ZE GAZTA, ¿ADÓNDE LO TIDAN?

TODAVÍA NO SOY UN JOVEN DE CUARENTA Y YA TENGO COSAS DE UN VIEJO DE TREINTAYNUEVE

EN MI CASA SIEMPRE LA MISMA HISTORIA: CADA DOS POR TRES SE DESCOMPONE EL LAVARROPAS
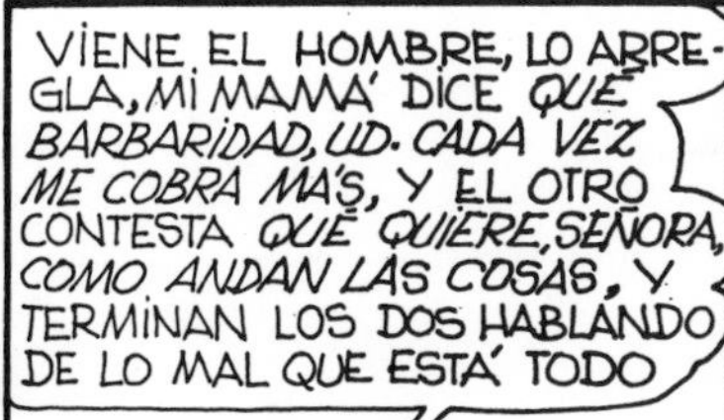
VIENE EL HOMBRE, LO ARREGLA, MI MAMÁ DICE QUÉ BARBARIDAD, UD. CADA VEZ ME COBRA MÁS, Y EL OTRO CONTESTA QUÉ QUIERE, SEÑORA, COMO ANDAN LAS COSAS, Y TERMINAN LOS DOS HABLANDO DE LO MAL QUE ESTÁ TODO

LA CUESTIÓN ES QUE CADA VEZ QUE ME PONGO ROPA LIMPIA SIENTO COMO QUE ANDO POR AHÍ TODA VESTIDA DE CRISIS

¡AQUÍ LOS
SON TODOS IGUALES: MUCHO BLÁ-BLÁ, MUCHO BLÁ-BLÁ, PERO NINGUNO PIENSA EN EL PAÍS!

TODOS PIENSAN EN EL PAÍS, QUE NO SE LES OCURRA NADA ES OTRA COSA, PERO TODOS PIENSAN EN EL PAÍS

¡SALUD, PROCELOSO!

¡SOPA EN VERANO! ¿A QUIÉN SE LE OCURRE HACER SOPA EN VERANO? ¡A NADIE! ¡SOLO A VOS SE TE OCURRE HACER SOPA EN VERANO!

¿VERDAD QUE SOY ORIGINAL?

...ÉSTA POR DARLE ARGUMENTOS AL ENEMIGO, ¡GULP!... ÉSTA POR TARADA, ¡GLÚP!.. ÉSTA POR NO SABER QUÉ CONTESTAR, ¡GÚLP!...ÉSTA POR

ESTOY EMPEZANDO A SOSPECHAR QUE PARA EDUCARNOS LOS GRANDES SON UNOS CÓMODOS, FELIPE
¿UNOS CÓMODOS?

Y, SÍ: ELLOS VIENEN Y TE ENSEÑAN QUÉ ES BUENO Y QUÉ ES MALO

PERO LUEGO TE LARGAN PARA QUE VOS SOLITO TE LAS REBUSQUÉS COMO PODÁS EN APECHUGAR CON LO BUENO QUE TIENE LO MALO Y LO MALO QUE TIENE LO BUENO

¿USTEDES CUÁNDO SE VAN DE VERANEO?
TODAVÍA NO SABEMOS, LIBERTAD

NOSOTROS NOS VAMOS CATORCE DÍAS DE VERANEO, AUNQUE NO SABEMOS SI REALMENTE NOS IREMOS CATORCE DÍAS DE VERANEO
¿POR?

PORQUE TENEMOS PLATA SUFICIENTE PARA DOS SEMANAS, PERO NO SABEMOS SI REALMENTE LA PLATA QUE TENEMOS SERÁ SUFICIENTE PARA DOS SEMANAS, ¿ENTENDÉS?

SÍ, CLARO, ENTIENDO
YO TAMBIÉN

¿NO ES TRISTE QUE ENTENDAMOS?

EL PUEBLO AL PODER
U.J.R.

¡PARA QUÉ!.. ¿PARA QUE DESPUÉS QUEDE TODO EL PODER LLENO DE CÁSCARAS DE NARANJA, PAPELES USADOS Y MANCHAS DE SÁNDWICHES DE CHORIZO?

¿QUÉ PASA?
NADA, ME PARECIÓ QUE EL MUY CRETINO SE SONREÍA

¡MECACHO, QUÉ CALOR HACE!
¡FÚF!..

EZ POD EL GOBIEDNO, ¿VEDDAD?

NO, GUILLE; ES POR EL VERANO
AH

EL POBRE TODAVÍA NO SABE REPARTIR MUY BIEN LAS CULPAS

¡BROOOOOMM!

¡BROOOOMM!
¡BRUUN

NUNCA ENTENDÍ ESA MANÍA DE PROMOCIONARSE QUE LES DA A LAS TORMENTAS EN VERANO

¡MMMMMMMMHHH!
¡QUÉ HERMOSA LLUVIA!

¡QUÉ HERMOSO RESFRÍO!
¿POR QUÉ NO VAS A TU CASA?

ASÍ ES COMO LUEGO SE ENFERMAN
¡DAR TRABAJO! ¡PARECE QUE LES GUSTARA DAR TRABAJO!

LO QUE NOS FALTABA: ¡¡COMANDOS PARAMATERNALES!!

LA VERDAD, SER CHICO TAMBIÉN TIENE SUS VENTAJAS
SÍ, CLARO

UNO NO TIENE QUE TRABAJAR...
LOS PADRES ESTÁN TODO EL TIEMPO CUIDÁNDOTE LA SALUD...

Y ADEM....

¿VAMOS A CALLARNOS A MI CASA?

¿QUÉ EZ ÉZTO TODO LLENO DE CAÑITOZ?

ES UN AVISO DE UNA PLANTA DE GAS
¿DE GAZ?
SÍ, DE GAS DEL ESTADO

¿Y EL EZTADO UZA ÉZTO PADA INFLAD QUÉ?

PARA INFLAR NADA, GUILLE; ÉSE ES EL GAS QUE SE USA EN LAS CASAS Y ÉSO
AAH

CREO QUE LE CONTESTÉ LA VERDAD, ¿NO?

¿ME PRESTÁS UNA PARTE DEL DIARIO, PAPÁ?
TOMÁ
GRACIAS

LA FRASE DE HOY: "MÁS CONOZCO A LOS HOMBRES, MÁS QUIERO A MI PERRO" Diógenes

¡PERO!...

¿QUÉ CLASE DE PERIODISMO ES ÉSTE? ¡FALTA LA OPINIÓN DEL PERRO!
QUINO

VOS ERAS MARY, LA MUCHACHA QUE HABÍA HEREDADO "RODEO RANCH" CON CIENMIL CABEZAS DE GANADO
OKEY

VOS ERAS PETE JOE, Y CON UNA TRIQUIÑUELA HABÍAS DESPOJADO A MARY DE "RODEO RANCH"
VERISGÜEL

YO ERA EL SHERIFF, DESCUBRÍA TODO Y LUEGO DE UN TIROTEO TE CAPTURABA EN TU GUARIDA ¿ENTENDIDO? ¡VAMOS!

¡ENTRÉGATE, PETE!
¡BANG! ¡BANG! ¡BANG! ¡BANG! ¡BANG!

¡POR FIN LA JUSTICIA ME DARÁ A MI LO QUE ES MÍO
Y A PETE JOE SU MERECIDO!

NO SERÁ TAN FÁCIL, MARY: LA GUARIDA Y "RODEO RANCH" ESTÁN A NOMBRE DE UN TESTAFERRO
QUINO

¡¡PE...PERO... EL PRECIPICIO, MIGUELITO, CUIDADO, POR DIOS!!

¿SE ROMPE?
QUINO

¡MIENTRAS TODO EL MUNDO VERANEA FELIZ..... MI PRIMITA, MI POBRE PRIMITA MABEL!....

¿QUÉ LE OCURRE, SUSANITA?
¡JUSTAMENTE AHORA, MIRÁ VOS!

¡ELLA NO MERECÍA ESTO, NO LO MERECÍA!
¿ES ALGO GRAVE?
¡GRAVE, DECÍS!..

¡NUEVE AÑOS Y YA ENVIUDAR DEL APÉNDICE! ¿HAY DERECHO?
QUINO

ESTA MISMA TARDE COMPRO UNA POSTAL Y SE LA MANDO
Querida Mafalda: desde estas hermosas playas.....

NO, ESO ES MUY VULGAR. A VER....
Querida Mafalda:
¿QUERIDA MAFALDA QUÉ?

MEJOR PENSAR TRANQUILO ESTA NOCHE EN EL HOTEL CÓMO ESCRIBIR ESA TARJETA

AL FIN DE CUENTAS LLEGUÉ HOY; TENGO TIEMPO, PUEDO ENVIÁRSELA MAÑANA, POR EJEMPLO

¡CÓMO!..¿ASÍ QUE NO RECIBISTE NAD....
¡¡QUE DESASTRE ESTÁ HECHO EL CORREO.!!
QUINO

¡AAAAH! ¡UNOS DÍAS MÁS Y NOS VAMOS DE VACACIONES!
¿PADA QUÉ?

¡LA PREGUNTA!.... ¡PARA DESCANSAR, GUILLE! ¡PARA DES-CAN-SAR!!

MAFADDITA, ¿DE QUÉ EZTAMOZ CANZADOZ?

¿TODO EZTE AGUA VINO A PADAD AQUÍ CUANDO ZE PINCHÓ QUÉ COZA?

SÍ, BUENO PERO ¿CON QUÉ RÉGIMEN SE ADELGAZA REALMENTE?

CONOZCO UNO QUE PARECE EFICAZ, PERO MEJOR NO ESTROPEARSE EL VERANEO RECORDANDO CÓMO ANDAMOS EN POLÍTICA

¿NO ES UN ABUSO DE AUTORIDAD?

¡¡"CON PEDMIZO"!! ¿EHÉÉ?

¡HAY NUBEZ QUE NO ZÉ DÓNDE APRENDIEDON EDUCAZIÓN!

EL INSPECTOR CARSON,
DE SCOTLAND YARD,
MORDISQUEÓ SU QUÉ
BIEN ESTÁ LA MÁS BAJITA
DE SCOTLAND YARD, MOR-
DISQUEÓ SU PIPA Y ESE
GORDO TENÍA QUE PARAR-
SE JUSTO DELANTE

EL INSPECTOR CARSON, DE
SCOTLAND YARD, MORDIS-
QUEÓ SU PIPA Y AHÍ SE
VA EL GORDO, BÁRBARA
ESTÁ PECTOR CARSON,
DE SCOTLAND YARD, MOR-
DISQ TAMBIÉN CON ESA
BIKINI EL INSPECTOR
CARSON, DE SCOTLAND ZÁS,
AHORA PARECE QUE ESTÁN
POR IRSE SU PIPA Y MIRÓ
A TRAVÉS DE LA VENTANA

¿SE IRÁN? CARSON, DE
SCOTLAND YARD, MORDIS
SE VAN NOMÁS, QUÉ LÁS-
TIMA, CON LO BIEN QUE
ESTABA.... Y BUÉH...

EL INSPECTOR CARSON,
DE SCOTLAND YARD,
MORDISQUEÓ SU PIPA Y
MIRÓ A TRAVÉS DE LA
VENTANA

PERO ESTO.....

¡¡A VER SI HICE LA
MACANA DE COMPRAR
UNA NOVELA POLICIAL
QUE YA LEÍ!!...

¿Y ESO?
NADA, QUERÍA PROBAR LA
SENSACIÓN DE SENTIRME UNA
CHICA SEXY

¿PUEDO DESTAPARME O POR
CENTÉSIMA VEZ VAS A REVISAR
LA CUENTA PARA CONVENCERTE
DE QUE YA SE NOS ACABAN
LOS DÍAS DE VACACIONES?

LA COSA ES
TOMAR LO ARTIFICIAL
CON NATURALIDAD

¡PZT! ¡A PAPÁ ZE LE EZTÁ PELANDO LA EZPALDA! ¿POD QUÉ?
POR EL SOL, GUILLE, ¡POR QUÉ VA A SER!...

QUÉ ZÉ YO..... MALA CALIDAD
QUINO

¡QUÉ DULCE, CON SU HIJITO A CASSETTE!

QUINO

¡BUÁÁÁH!

¡TODOS QUISIÉRAMOS QUEDARNOS, GUILLE, PERO NO PODEMOS!
¿POD QUÉ NO?

PORQUE YO TENGO QUE VOLVER A TRABAJAR
Y YO A PREPARARME PARA LA ESCUELA
Y YO A OCUPARME DE LA CASA, ¿ENTENDÉS?
ZÍ

HOTEL

¡BUUÁÁÁÁÁH!..
QUINO

¿QUÉ HACÉS, PAPÁ?
FUMO UN CIGARRILLO, ¿POR QUÉ?

NO, POR NADA

ME PARECIÓ QUE ERA EL CIGARRILLO EL QUE TE ESTABA FUMANDO A VOS, PERO NO ME HAGÁS CASO

QUINO

¡LO ZIENTO, EZTE LÁPIZ EZ MÍO!

¡ZOMOZ HEDMANOZ Y NOZ QUEDEMOZ MUCHO, PERO LO QUE EZ DE CADA UNO EZ DE CADA UNO!

QUINO

¡QUE VOY A HACERLE! ¡YA ESTOY CASI RESIGNADA A QUE ÉL SEA MI PAÍS LIMÍTROFE!

ME PUSE A IMAGINAR QUE EL SUELO NO EXISTE Y QUE ESTOY PARADO EN EL AIRE
¿Y?

¡QUE NO ENTIENDO CÓMO NO ME CAIGO!

MUY FÁCIL: SI EL SUELO NO EXISTE ¿ADÓNDE VAS A CAERTE?

¡LO QUE ES SER REALISTA!
QUINO

...Y TODO PARA COBRAR UNA MISERABLE JUBILACIÓN!
¡ÉSO!

ES QUE LOS JUBILADOS DEBERÍAN MANDARSE UNA BUENA HUELGA, ¡SÍ SEÑOR! ¡HUELGA GENERAL DE JUBILADOS POR TIEMPO INDETERMINADO EN TODO EL PAÍS, Y NO AFLOJAR!
¡NO PASARÍA NADA, LIBERTAD!

¿QUE NO? ¡JÁH! ¡EL GOBIERNO TENDRÍA QUE LLAMAR AL EJÉRCITO PARA CUBRIR LA FALTA DE JUBILADOS, Y LOS SOLDADOS TENDRÍAN QUE LEER EL DIARIO EN LAS PLAZAS, CRUZAR MAL LAS CALLES, PROTESTAR CONTRA LOS JÓVENES!...

¿Y DE ABUELOS? ¿QUIÉNES HARÍAN DE ABUELOS? ¿CREÉS QUE ALGUIEN AGUANTARÍA TENER EN SU CASA A UN SOLDADO DE INFANTERÍA HACIENDO DE ABUELO? ¿EHÉ? ¿TI
QUINO

¡CHIIISS!

SALUD

¡MENOS MAL! LLEGABA A DECIRME GRACIAS Y DESPACHURRO EL PRESUPUESTO FAMILIAR PAGANDO PSICOANALISTAS
QUINO

¡MMMMMH! ¡QUÉ LINDA MI TODTUGA!

TODTUGA NO, GUILLE: TORTUGA
¿TODTUGA?

NO, NO
TORTUGA
TODTUGA

¡PERO NO! PROBA OTRA VEZ:
TORRRTUGA

QUINO
¿Y ZI MEJOD LA PATEO?

¡SÑF!

¡SÑIG!
QUINO

¡SNIF!

Y ESO QUE LOS LIBRETISTAS DE TELENOVELAS TIENEN LA DELICADEZA DE NO MOSTRARNOS A LOS PROTAGONISTAS CUANDO EN MEDIO DE SU DRAMA DE PASIONES LES CAE ADEMÁS LA FACTURA DE LA LUZ, EL TELÉFONO, IMPUESTOS MUNICIPALES, GAS, OBRAS SANITA

¡VAMOS, FELIPE!...¡HAY QUE MIRAR EL LADO POSITIVO DE VOLVER A EMPEZAR UN NUEVO AÑO DE CLASES!
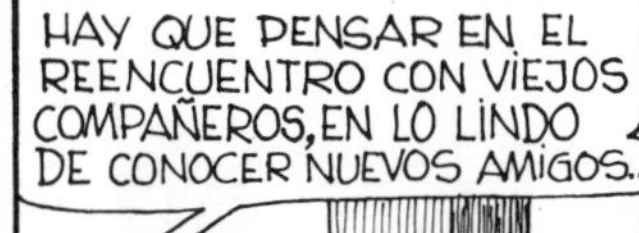
HAY QUE PENSAR EN EL REENCUENTRO CON VIEJOS COMPAÑEROS, EN LO LINDO DE CONOCER NUEVOS AMIGOS...

...Y EN LA ALEGRÍA DE LOS RECREOS
SÍ, CLARO, TENÉS RAZ....¡CÓMO!...¿LO TENÍAS ANOTADO EN UN PAPELITO?

Y, SÍ, SÍ HAY QUE VER EL TRABAJO QUE ME COSTÓ, ¡TODA LA MAÑANA PARA ENCONTRAR ESOS TRES ESTÚPIDOS ARGUMENTOS DE PORQUERÍA!

¡¡ÚÚÚÚJUUUH!!...

¡M CHUIK!

LO BUENO DE ESTOS PRIMEROS DÍAS DE CLASE ES QUE LA MAESTRA TODAVÍA NO CONOCE BIEN A CADA ALUMNO
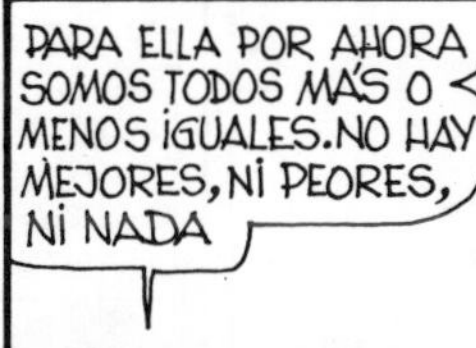
PARA ELLA POR AHORA SOMOS TODOS MÁS O MENOS IGUALES. NO HAY MEJORES, NI PEORES, NI NADA

HASTA ES CAPAZ DE PENSAR QUE TAL VEZ YO PUEDO LLEGAR A SER EL PRIMERO DEL GRADO

¡LA MUY BESTIA! ¡YO!...¡YO EL PRIJÁH-JÁH-JÁH-JÁH DEL GRAJÁH-JÁH-JÁH

¡SSSHHH!... LOGRAMOS ACERCARNOS AL CAMPAMENTO COMANCHE SIN SER DESCUBIERTOS

¡PST, HEY, FELIPE! ESTABA PENSANDO.... ¿POR QUÉ YA QUE TENEMOS ARMAS NO DEJAMOS ESTA ESTUPIDEZ Y JUGAMOS A LA REVOLUCIÓN SOCIAL?

SE CREE EL REY DE LA OFICINA!¡SE CREE QUE PUEDE LLEVARNOS A TODOS POR DELANTE!¡SE CRE

¿Y POR QUÉ VOS NO VAS, LO AGARRÁS Y LO MOLÉS A PATADAS?

¡MÁH, CALLATE!... ¡QUÉ ENTENDÉS VOS!..

¿YO? NADA, ¿VOS SÍ?
¡CLARO QUE ENTIENDO!

AH, ¿Y DE QUÉ TE SIRVE, SI NO PODÉS IR, AGARRARLO Y MOLERLO A PATADAS?

VEAMOS LOS PUNTOS CARDINALES, ¿EL SOL SALE POR....
LA MAÑANA

¡PERO NO! ¡LA MAÑANA NO ES UN PUNTO CARDINAL!
AH, ESO AL SOL NO LE IMPORTA. ÉL SALE IGUAL

SÍ, BUENO, PERO ¿POR DÓNDE?
POR LA VENTANA DEL LIVING
¡ESO VISTO DESDE TU CASA!
Y, SÍ. A MI EDAD NO TENGO MUCHAS POSIBILIDADES DE AMANECER EN OTRO LADO

ANDÁ A TU ASIENTO, POR FAVOR

LÁSTIMA; CHARLAR CON USTED ME FASCINA

SALUD, MANOLITO ¿POR QUÉ TAN CABIZBAJO?

¿TE ACORDÁS QUE YO DECÍA QUE LO BUENO DE LOS PRIMEROS DÍAS DE CLASE ES QUE LA MAESTRA TODAVÍA NO CONOCÍA BIEN A SUS ALUMNOS?
SÍ

¿Y QUE PARA ELLA POR AHORA ÉRAMOS TODOS IGUALES, SIN MEJORES, NI PEORES, NI NADA?
SÍ

BUENO, HOY ME CORRIGIÓ EL PRIMER DICTADO.... ¡Y SE ACABÓ LA DEMOCRACIA!

MAFALDA, ¿PODÉS IR A COMPRAR EL PAN?
¿CON EL SUDOR DE MI FRENTE?
VOY

¿DE DÓNDE SALIÓ ESO DE "GANARÁS EL PAN CON EL SUDOR DE TU FRENTE", MAMÁ?

ESO SE LO DIJO DIOS A ADÁN
AH

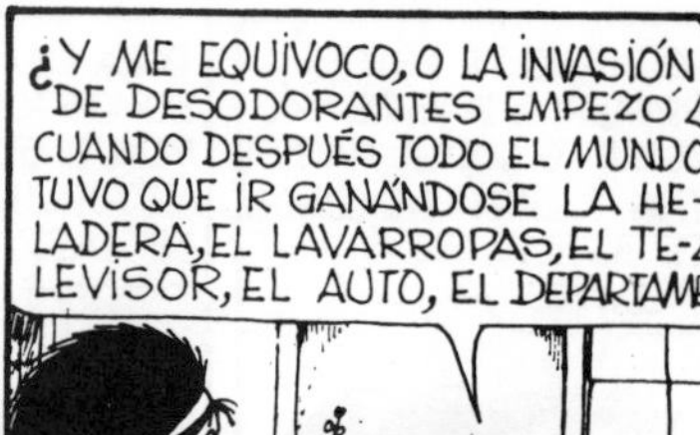
¿Y ME EQUIVOCO, O LA INVASIÓN DE DESODORANTES EMPEZÓ CUANDO DESPUÉS TODO EL MUNDO TUVO QUE IR GANÁNDOSE LA HELADERA, EL LAVARROPAS, EL TELEVISOR, EL AUTO, EL DEPARTAME

¡CUANDO SEA GRANDE VOY A SER JEFE! ¡NO SÉ DE QUÉ, PERO VOY A SER JEFE!

¡PERMISO! ¿EH?
¿EH? ¡AH! ¡SÍ, SÍ, YA!

¡EN FIN!...

¡BUÉH!... UN POCO DE RESPONSABILIDAD Y A EMPEZAR EL DEBER DE GEOMETRÍA

"RESPONDE: ¿CUÁNDO UN TRIÁNGULO ES ISÓSCELES?"

CUANDO FELIPE KID LLEGA JUSTO A TIEMPO DE IMPEDIR QUE CARROÑA JOE SE ALCE CON LA HIPOTENUSA

¡YA TUVE QUE DEJARME INFLUENCIAR POR MÍ!

HOY ACOMPAÑÉ A MI MAMÁ A HACER LAS COMPRAS.... ¡DIOS MÍO, ERA COMO SI EL POBRE MONEDERO TUVIERA COLITIS !!!

AQUÍ HABLAN DEL *ESPERANTO* ¿QUÉ CORCHOS SERÁ ESO?

ES UN IDIOMA UNIVERSAL

AH, ¿BÁNG?

¡AH!, A MÍ LO QUE ME GUSTARÍA SERÍA PERTENECER A LA SOCIEDAD!
A LA SOCIEDAD PERTENECEMOS TODOS, SUSANITA

NO ME ENTENDÉS. YO TE DIGO A LA QUE TIENE APELLIDO
APELLIDO TENEMOS TODOS, SUSANITA

¡PERO NO, TARADA! ¡YO TE DIGO A LA QUE TIENE LA SARTÉN POR EL MANGO!

DALE, ¿A VER?, DALE: *"LA SARTÉN POR EL MANGO LA TENEMOS TODOS, SUSANITA"*. DALE, ¿EH? DECILO, ANDÁ, ¿A VER?, DALE...:

99-9

...Y ASÍ CONCLUYE LA PRIMERA EMISIÓN DE ESTA SERIE TITULADA: CADA HOGAR UN MUNDO

¡LINDA COMPARACIÓN! ¿SERÁ UNA CAMPAÑA PSICOLÓGICA PARA DESPRESTIGIAR HOGARES?
QUINO

LAS HORMIGAS VIVEN HOY EXACTAMENTE DE LA MISMA MANERA EN QUE VIVÍAN HACE MILES DE AÑOS, Y TAN CAMPANTES
100-9

LA HUMANIDAD EN CAMBIO MUCHA EVOLUCIÓN, MUCHA TÉCNICA, MUCHA CIENCIA, Y CADA VEZ CON MÁS LÍOS

QUINO

ES TAN CIERTO ESO QUE ACABÁS DE DECIR QUE NO SIRVE ABSOLUTAMENTE PARA NADA

YO OPINARÍA QUE... PERO MEJOR NO TOCAR EL TEMA ¿NO?

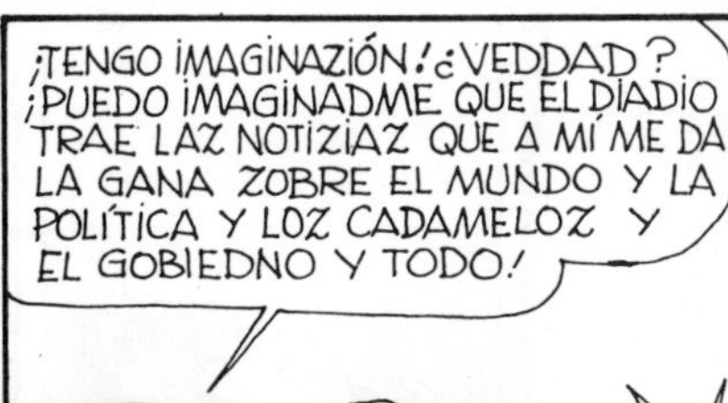

TENGO UNA DUDA CON UN TIEMPO DE VERBO ¿PODRÍA CONSULTAR TU LIBRO?

POR SUPUESTO, VENÍ

VEAMOS...
YO ME AMO
TÚ ME AMAS
ÉL ME AMA
NOSOTROS NOS...

¿VES? ¡FALTA!

¿FALTA QUÉ?

NOSOTROS ME AMAMOS

¡PERO SUSANITA, ESO NO EXISTE!

¿¡CÓMO NO VA A EXISTIR "*NOSOTROS ME AMAMOS*"!?

TOMÁ. LO QUE VEO ES QUE EL QUE HIZO LOS VERBOS SERÍA MUY DUCHO EN GRAMÁTICA, PERO EN EGOÍSMO ERA UN ZOQUETE!

¡LA FUERZA DEL DINERO ES FABULOSA! PENSAR QUE UN JAPONÉS, A QUÉ SÉ YO CUÁNTOS MILES DE KILÓMETROS DE AQUÍ INVIERTE SU CAPITAL EN FABRICAR SACA PUNTAS...

Y QUE PARA TRAER ALGO TAN SIMPLE HAY INVERTIDOS MILLONES Y MILLONES DE DÓLARES EN AGENCIAS EXPORTADORAS, COMPAÑÍAS DE TRANSPORTE, AGENCIAS IMPORTADORAS, EMPRESAS DISTRIBUIDORAS.....

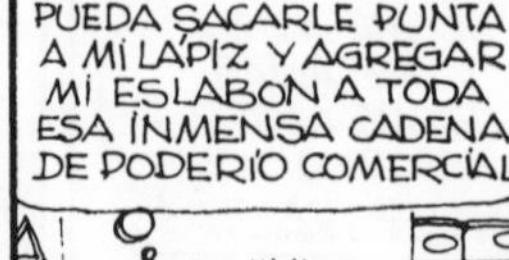

Señora Tota debe un envase Pecsicola

¿A QUÉ VELOCIDAD VOLARÁN LAS MOSCAS?

¿NO TE PARECE QUE LAS COSAS ESTÁN COMO PARA PREOCUPARSE POR ALGO MÁS IMPORTANTE QUE ESO, MIGUELITO?

SI HOY PARA VIVIR COMO LA MONA UN OBRERO DEBE DESLOMARSE DIECISEIS HORAS DIARIAS, ¿CUÁNTOS KILÓMETROS RECORRERÁ UNA MOSCA EN ESE TIEMPO?

¡HMMM!....NO

¡ÑÍC!

QUEDO MUCHO MEJOD CON EL BIGOTE AFEITADO

¿CÓMO HABRÁ SIDO EL ASUNTO? ¿LAS DOS COSAS SERÁN OBRA DE UN MISMO SÁDICO?

¿O POR PURO GUSTO DE FASTIDIAR EN EQUIPO, UN CRETINO INVENTÓ LA CUCHARA Y AHÍ NOMÁS A OTRO DEPRAVADO SE LE OCURRIÓ LA SOPA?

DULCE

¡AAAH!...NO HAY MEJOR COSA QUE TERMINAR DE ACOSTUMBRARSE A QUE TODO ANDA MAL, PARA EMPEZAR A SER FELIZ

"NADIE VALE POR LO QUE TIENE, SINO POR LO QUE ES"

¡VAMOS!...,¡SI EL QUE NO TIENE, NI SIQUIERA ES!

A MÍ PAPÁ LE DIERON DE VUELTO UNA MONEDA CON UN AGUJERO Y ME LA REGALÓ
116

¿CON UN AGUJERO? ¿A VER?

QUINO

NO SÉ SI GUARDARLA COMO AMULETO O COMO RECUERDO DEL DETERIORO ECONÓMICO

117

ENZO PUFI
LUCHADOR INCANSABLE DE PRECLARAS IDEAS

ASÍ, CUALQUIERA. EL MÉRITO ES ESTAR CANSADO Y SEGUIR LUCHANDO
QUINO

¡ATCHÍÍÍSS!
118

¡DIOS MÍO, MAFALDA! ¿ESTORNUDASTE?

NO, ES QUE AHORA ME DA POR OPINAR POR LA NARIZ, PARA NO COMPROMETERME

¡HACETE LA CÁUSTICA, TARADA! ¡TODAVÍA QUE ME PREOCUPO POR TU SALUD!...
QUINO

BIEN, AHORA GUARDEN TODOS SUS ÚTILES
119

MENOS LÁPIZ, GOMA DE BORRAR Y UNA HOJA EN BLANCO EN LA QUE ANOTARÁN: "PRUEBA ESCRITA"

PERDÓN, ¿Y SI APELÁRAMOS A LA SENSATEZ Y DEJÁRAMOS LA COSA PARA OTRO DÍA?

DIGO..... PARA EVITAR UN INÚTIL DERRAMAMIENTO DE CEROS

120
HOLA, FELIPE. VENÍA PENSANDO... ¿QUÉ ACTITUD CONVENDRÁ ADOPTAR ANTE LA GENTE?

¿LA DE SEGURO DE UNO MISMO, PARA QUE TODOS TE RESPETEN?
¿LA DE INDIFERENTE, PARA PASAR INADVERTIDO Y QUE NADIE TE MOLESTE?

¿LA DE DESPROTEGIDO, PARA QUE TODOS TE AYUDEN?
DE LA QUE UNO ELIJA DEPENDE CÓMO LE IRÁ EN LA VIDA, ASÍ QUE ES MUY IMPORTANTE DECIDIR DESDE YA, Y NO EQUIVOCARSE

¡MECACHO!...¡Y TAN TRANQUILO QUE ESTABA YO!...

PARECERÁ CRUEL, PERO ES UNA VERDAD

MÁS QUE UNA VERDAD: ES UNA LEY DE LA NATURALEZA

"NADIE PUEDE AMASAR UNA FORTUNA SIN HACER HARINA A LOS DEMÁS"

¡Y DÁLE CON LA POLÍTICA! ¡Y DÁLE CON LA POLÍTICA! ¡¡ME TENÉS PODRIDA CON LA POLÍTICA!!

"¡LA POLÍTICA ES UN DESASTRE!..." "¡LA CULPA DE TODO LA TIENE LA POLÍTICA!..." "¡LA POLÍTICA ESTO, LA POLÍTICA AQUELLO!..."

¿SABÉS LO QUE PARECÉS? ¡LA NUERA DE LA POLÍTICA! ¡ESO PARECÉS!

LOS DIRIGENTES POLÍTICOS PASAN SU VIDA PENDIENTES UNOS DE OTROS

SE JUNTAN, SE PELEAN, SE SEPARAN, VUELVEN A JUNTARSE....

SI ESO NO ES AMOR, NO SÉ QUÉ ES

POBRE, QUÉ MOLESTO DEBE SER PARA VOS NO PODER RASCARTE CUANDO TE PICA ALGÚN LUGAR

¿NO QUERÉS QUE TE RASQUE EL ULSTER, POR EJEMPLO?

¡NO SÉ QUIÉN ME MANDA A PREGUNTARLE NADA!
SGRACH
SGRACH
GRACH
GRACH
SGRACH
GRACH
SGRACH
GRACH

¡PERO MAMÁ, LOS HIJOS NO PODEMOS SER TAN MONSTRUOS Y BAÑARNOS SIN OPONER RESISTENCIA!

¡LOS HIJOS NO PODEMOS SER TAN DEGENERADOS Y COMER SIN CHISTAR!

¡LOS HIJOS NO PODEMOS SER TAN DESALMADOS Y PORTARNOS BIEN!

¡¡SERÍA CERRARLES A NUESTRAS PROPIAS MADRES SUS FUENTES DE TRABAJO!!

¿SE PODRÁ MIRAR CÓMO ANDA LA COSA? ¿O TODAVÍA MEJOR NO?

¿QUÉ ESTÁS VIENDO, MAFALDA?
LA PELEA

PERO....¡SI ES UN TELETEATRO! ¿QUÉ PELEA?

LA DEL LIBRETISTA; ES APASIONANTE VER CÓMO HA LUCHADO EL LIBRETISTA PARA NO CAER EN LAS GARRAS DE LA INTELIGENCIA

127

¿Y ESTE CAMIÓN CON MANGUEDA?

ES POR SI HAY SEMBRADA VIOLENCIA, GUILLE. PARA ARRANCARLA DE RAÍZ, APENAS APARECEN BROTES ESTOS SEÑORES VAN Y LOS RIEGAN

COMO MÉTODO AGRÍCOLA ES ALGO CONTRADICTORIO, PERO HAY TANTAS COSAS CONTRADICTORIAS QUE NO VALE LA PENA PREOCUPARSE
QUINO

EN MI CASA TODOS LOS MESES LO MISMO
128

ENTRA MI PAPÁ CON EL SUELDO, SE LO PASA A MI MAMÁ, MI MAMÁ LO RECIBE, CONTROLA BIEN...

AVANZA MI MAMÁ UNOS DÍAS, VA MIDIENDO EL SUELDO, APARECE UNA CUENTA, LA PAGA, SIGUE AVANZANDO MI MAMÁ, SIEMPRE PAGANDO A-TRAVIESA LA MITAD DEL MES....

UN COBRADOR TRATA DE INTERCEPTARLA, EN-FRENTA A MI MAMÁ... ¡MI MAMÁ LO ELUDE! ¡SIGUE SU AVANCE SIEMPRE CON SUELDO DOMINADO! ¡TRATA DE LLEGAR A FIN DE MES!...

¡GRAN EMOCIÓN!... ¡SE VA ACERCANDO MI MAMÁ CON EL SUELDO!...¡PUEDE SER! ¡VA LLEGANDO! ¡PUEDE SER!... ¡LO ESTIIIRAAAA!...

....¡CUANDO SE INTERPONE EL DÍA 26 Y ENVÍA EL SUELDO AL CORNER!
QUINO

129

¡NO SÉ POR QUÉ, PERO A VECES ME AGARRAN POR DENTRO CADA INCOMPATIBILIDADES CON MI NIÑEZ, QUE NO TE CUENTO!
QUINO

?
130

Cuando un cliente compra una cosa está comprando dos:

una, la que él cree que está comprando, y otra la que realmente uno le está vendiendo.
QUINO

¡MECACHO!...¡MIS APUNTES TÁCTICOS!...

¡"USE" "COMPRE" "TOME" "COMA" "PRUEBE"!...¡EEEEEEEH!... ¿QUÉ CREEN QUE SOMOS?
¡CLACK!

¿Y QUÉ SOMOS?

¡CLICK!

LOS MUY MALDITOS SABEN QUE TODAVÍA NOSOTROS NO LO SABEMOS

135

¿ADÓNDE VAS TAN APURADO, GUILLE?

NO SÉ, PERO HOY EN DÍA NO HAY TIEMPO QUE PERDED

¡MECACHO, QUÉ GENERACION!
QUINO

HACER LOS DEBERES, ¡BIEN, ADMITIDO!
136

PORQUE LOS DEBERES SE HACEN EN LA CASA, LA MAESTRA LOS CORRIGE EN SU CASA, Y TODO ES MÁS DISCRETO

¡¡PERO PASAR AL FRENTE A DECIR LA LECCIÓN!!...

¿HAY DERECHO A QUE LO TENGAN A UNO AHÍ, PROTAGONIZANDO SU CERO DELANTE DE TODO EL MUNDO?
QUINO

¡BÁNG! ¡BÁNG! ¡BANG! ¡BÁNG! ¡BÁNG! ¡BANG! ¡BÁNG! ¡BÁNG! ¡BÁNG! ¡BÁNG! ¡BÁNG! ¡BÁNG! ¡BÁNG! ¡BÁNG! ¡BÁNG! ¡BÁNG! ¡BÁNG!
137

¡ÉÉÉÉÉÉÉH!... ¿DÓNDE VISTE QUE UN REVÓLVER DISPARE TANTAS BALAS SIN RECARGARLO? ¡UN POCO MÁS DE REALISMO, CARAMBA!

BUENO, SI ES POR ESO TAMPOCO ES HORA DE ESTAR TIROTEÁNDONOS EN UN SUPUESTO DESFILADERO DE ARIZONA, SINO DE IR A TOMAR LA LECHE

QUINO
REALISMO, DIJE, NO REALIDAD

SEGÚN DICE MI PAPÁ, DESDE HACE AÑOS LO ÚNICO QUE SABEN HACER LOS GOBIERNOS ES OPRIMIR AL PUEBLO
138

¡VIENE UN GOBIERNO Y OPRIME AL PUEBLO!...
¡VIENE OTRO Y OPRIME AL PUEBLO!...
¡VIENE OTRO Y OPRIME AL PUEBLO!...

¡TAMBIÉN EL PUEBLO, CHÉ! ¡QUÉ VOCACIÓN DE TIMBRE! ¿NO?
QUINO

131

PAPÁ, ¿LOS CHICOS FORMAMOS PARTE DEL PUEBLO?
¡POR SUPUESTO!

¡MECACHO!.. YA QUE NO TENÍAMOS ACCESO A CASI NADA POR SER CHICOS...¡ENCIMA ESO!

132

¡MIRÁ VOS QUÉ LINDO, CÓMO SE AMAN EL ÁRBOL Y LA ENREDADERA! ¿NO?
AJHÁ

CLARO QUE ANDÁ A SABER SI NO SON COMO LOS DE ENFRENTE DE CASA, QUE SE DICE QUE ÉL LA AGUANTA PORQUE NO SABE CÓMO SACÁRSELA DE ENCIMA

¡LA BANDA IMPLACABLE SE PREPARA PARA UN NUEVO GOLPE!
134

¡DEJEMOSNOS DE MACANAS! ¿A QUIÉN VAMOS A IMPRESIONAR CON ESTA FACHA DE AUTOCENSURADOS?

¿TE CONTÉ QUE MI PAPÁ A SU SUELDO LO LLAMA "EL CONCORDE"?
¿EL CONCORDE?

SÍ, POR LO RÁPIDO QUE VUELA
AH

TIENE MUCHO SENTIDO DEL HUMOR TU PAPÁ

BUENO, NO SÉ ¿DECIR LAS COSAS LLORANDO ES TENER MUCHO SENTIDO DEL HUMOR?

YA MISMO ME LEVANTO Y VOY A HACER LOS DEBERES
133

ESTO ES LO QUE SE LLAMA DISPARIDAD DE CRITERIOS

PAPÁ....
¿SÍ?
139

DECIME, CUANDO UNO LLEGA A TU EDAD.....

...¿LOGRA DISTINGUIR UNA LÍNEA POLÍTICA DE UN GARABATO IDEOLÓGICO, O TAMPOCO?
QUINO

¡SALUD, SUSANITA! ¿QUÉ CONTÁS DE BUENO?
140

ME ALEGRA TU PREGUNTA PORQUE JUSTAMENTE HOY ME SIENTO AUTOBIOGRÁFICA. YA DESDE MI MÁS TIERNA INFANCIA DEMOSTRÉ MI CARÁCTER; TENDRÍA YO COSA DE AÑO Y MEDIO CUANDO CIERTA MAÑANA EN QUE ME ENCONTRABA..
QUINO

141

¿NO QUERÉS QUE TE TRAIGA MEJOR UN PALO, MANOLITO? ¿CÓMO DIABLOS PODÉS ESCRIBIR CON ESA PUNTA?

TENÉS RAZÓN, MIRÁ VOS, NO ME DABA CUENTA, ¡SOY DE BRUTO, A VECES!

¡JRAP!
¡JRAP!
¡JRAP!

QUINO
¡A VECES!

142

LA VIDA NO DEBIERA ECHARLO A UNO DE LA NIÑEZ SIN ANTES CONSEGUIRLE UN BUEN PUESTO EN LA JUVENTUD
QUINO

MAMÁ, ¿VOS DEJASTE UNA GUISERA CON TODO UN GUISO EN LA HELADERA?
SÍ, ¿POR?
143

PORQUE FUÍ A TOMAR UN VASO DE NARANJADA Y..... MIRÁ
¿Y ESO QUÉ ES?

DEPENDE; PARA VOS, ES UN PEDACITO DE LOZA CON SALSA; PARA UN DIARIO SERÍA UNA MUESTRA QUE REFLEJA LA MAGNITUD DE LO ACAECIDO
QUINO

MIRÁ VOS, EL SEÑOR DEL DEPARTAMENTO DE ABAJO DE MI CASA, ANTES TENÍA SU EMPLEO....
¿Y QUÉ LE PASÓ?
Y, QUE COMO NO LE ALCANZABA EL SUELDO PARA VIVIR, TUVO QUE BUSCARSE OTRO EMPLEO PARALELO, PERO COMO ENTONCES NO LE ALCANZABA EL TIEMPO LLEGABA SIEMPRE TARDE A LOS DOS EMPLEOS. Y COMO SI LO ECHABAN DE UN EMPLEO, CON EL OTRO NO PODÍA VIVIR, PARA CONSERVAR LOS DOS TUVO QUE COMPRARSE UN AUTO EN CUOTAS, QUE PAGA CON LO QUE GANA EN EL EMPLEO QUE TUVO QUE BUSCARSE CUANDO CON UN SOLO EMPLEO NO PODÍA VIVIR, O SEA QUE AHORA PARA VIVIR SÓLO LE QUEDA EL SUELDO DEL PRIMER EMPLEO, PERO CLARO, CON EL AUTO, LLEGA TEMPRANO A LOS DOS, ESO SÍ

A LA MEEEESAAA

AH, PERO... ¡CÓMO!...

¿HOY TAMBIÉN ES SAN ESTÓMAGO MÁRTIR?

MIENTRAS UNO ES CHICO, PUEDE SER HIJO, SOBRINO, PRIMO Ó NIETO, QUE SON PALABRAS LINDAS
146

PERO CUANDO UNO ES GRANDE... ¡PUEDE SER COSAS ESPANTOSAS!

¡TE JURO: SI UN DÍA YO LLEGO A SER EL CONCUÑADO DE LA NUERA DE ALGUIEN, ME SUICIDO DE ASCO!

¡¡DIJE QUE NO ME VOY A BAÑAD, Y NO ME VOY A BAÑAD!!

...Y UN PAQUETE DE ARROZ, ¿ALGO MÁS?
NADA MÁS

FFFSSSSSS ¡BLOP!

MIRÁ VOS, YA NI EN EL INSTINTO DE CONSERVACIÓN DEL TOMATE SE PUEDE CONFIAR

HOY, QUE VIVIMOS EN UNA SOCIEDAD MODERNA...

¿SUCIEDAD MODERNA?

¡SOciEDAD MODERNA!

¿ZOOCIEDAD MODERNA?

ESTUVE LEYENDO EN ESTA REVISTA UNA NOTA EN LA QUE HABLAN DE UN SELF-MADE MAN
¿Y ESO QUÉ ES?

TODAVÍA NO PUDE ENTERARME BIEN

PERO PARECE SER QUE SI EMPEZÁS EN UNA CUNA MISERABLE Y TERMINÁS EN UN ATAÚD DE LUJO, HAS TRIUNFADO EN LA VIDA

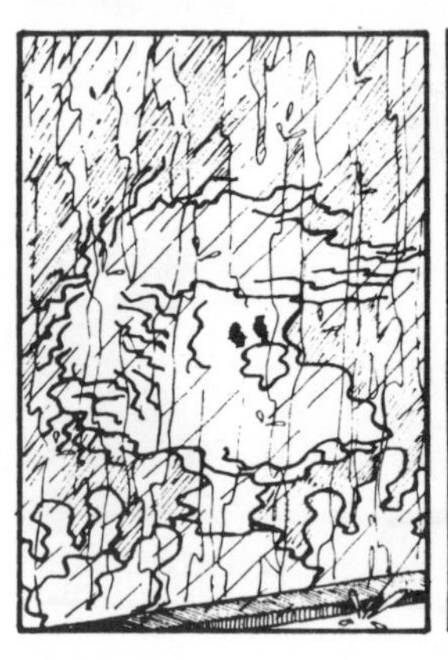

"LLUEVE, HIJO. SERÁ MEJOR QUE TE QUEDES EN CASA EN LUGAR DE IR A LA ESCUELA, ¿EH?"
151

LLUEVE, HIJO. SERÁ MEJOR QUE TE LLEVES EL IMPERMEABLE, ¿EH?

SI NO FUERA POR UN LEVE MATIZ, DIRÍA QUE CONOZCO A MI MAMÁ COMO A LA PALMA DE MI MANO

¿ME ALCANZÁS LA GOMA, GUILLE?
YO NO SOY TU SIDVIENTE

NO TE LO PIDO COMO A UN SIRVIENTE, SINO COMO A UN AMIGO

GRACIAS, INGENUOTE

SÍ, BUENO, TRABAJAR PARA GANARSE LA VIDA, CLARO

¿PERO POR QUÉ ESA VIDA QUE UNO SE GANA TIENE QUE DESPERDICIARLA EN TRABAJAR PARA GANARSE LA VIDA?

MAMÁ, CUANDO CONOCISTE A PAPÁ ¿SENTISTE QUE TE DEVORABAN LAS LLAMAS DE LA PASIÓN, O APENAS QUE ALGO SE TE TOSTABA?

HOLA, ¿CÓMO TE LLAMÁS?
MAFALDA

QUÉ BIEN, ¿Y VAS A LA ESCUELA?

SÍ, CLARO. ¿Y UD. PAGA TODOS SUS IMPUESTOS?

ÉL EMPEZÓ A HABLAR DE OBLIGACIONES

SÍ, BUENO, PERO ¿Y EL ENCANTO DE VER LA ENVIDIA DE LAS AMIGAS DE LA NOVIA, Y QUE A LA MADRINA LE QUEDAN CHICOS LOS ZAPATOS, Y MIRÁ ESTOS ROÑAS LA BARATIJA QUE REGALARON, Y A ESTE ENGRUDO LLAMAN TORTA DE BODAS

CADA VEZ QUE LLEGA LA CUENTA DE LA LUZ A MI PAPÁ TAMBIÉN LE DA POR OPINAR SOBRE EL ASUNTO

¡BASTA DE CENSU

O SE LE ACABÓ LA PINTU, O NO PU TERMI POR RAZO QUE SON DEL DOMIN PUBLI
ENSU

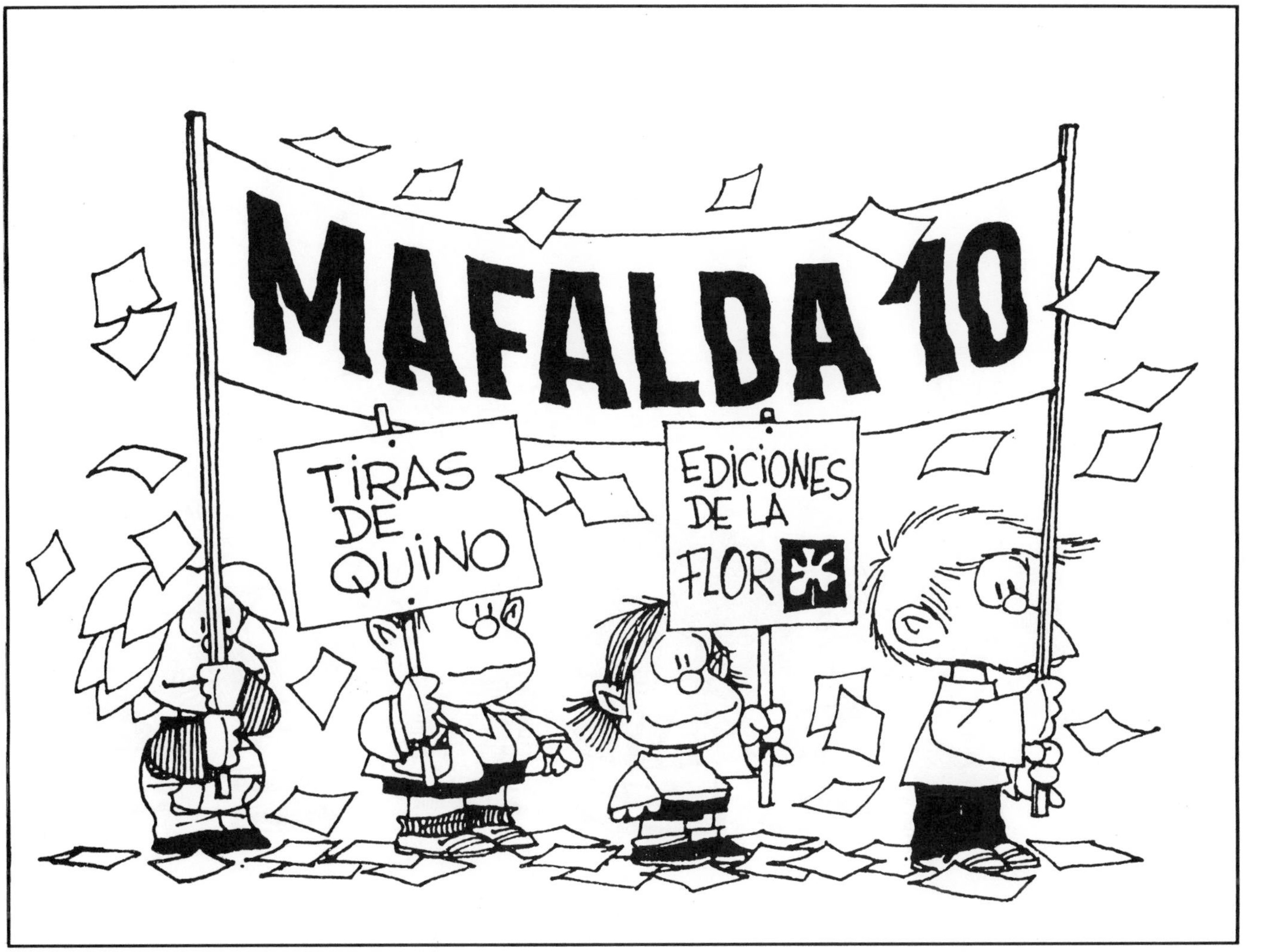

MAFALDA 10

TIRAS DE QUINO

EDICIONES DE LA FLOR

a Mafalda, Felipe, Manolito, Susanita, Miguelito, Guille y Libertad.

QUINO

¡ASÍ COMO ALGÚN DÍA SE TERMINARÁN LOS PRIVILEGIOS, ESTE LIBRO SE TERMINÓ DE IMPRIMIR EN GRÁFICA GUADALUPE, AV. SAN MARTÍN 3773 - RAFAEL CALZADA - BUENOS AIRES, EN MAYO DE...

¡BANG!

NO BASTA MORIR COMO UN VALIENTE, HAY QUE MORIR COMO UN VALIENTE ORGANIZADO

ODIA EL ÉXITO FÁCIL

PARECIERA QUE HOY MI IMAGINACIÓN PIENSA HACERME PASAR UNO DE ESOS DÍAS MOVIDITOS

USTED TAMBIÉN HA SIDO CHICO, SR. JUEZ, Y DEBE RECORDAR QUE A MEDIDA QUE UNO SE ACERCABA A LA ESCUELA IBA SINTIENDO COMO PLOMO EN LOS ZAPATOS, SR. JUEZ

CADA VEZ MÁS Y MÁS PLOMO EN LOS ZAPATOS, SR. JUEZ

POR ESO LE ECHÉ LOS TRES LITROS DE NAFTA Y EL FÓSFORO, SR. JUEZ. ¡PORQUE NO LO AGUANTABA, SIEMPRE AHÍ, CON SU MALDITO SARCASMO!

DESPACIO ESCUELA

Y EL JUEZ NO PODRÁ CONDENARME, PORQUE DE TODAS MANERAS NUNCA ME ANIMARÉ A HACERLO

PLATO DEL DÍA
SOPA DE VERDURAS

INGREDIENTES: 2 LITROS DE CALDO, 1 ATADO DE ACELGAS, 4 ZANAHORIAS, 2 CEBOLLAS, 1 NABO, 2 TOMATES, 1 AJÍ, ½ REPOLLO, 2 RAMITAS DE APIO, SAL A GUSTO.- PREPARACIÓN: EN UNA CACEROLA SE PONEN JUNTOS TODOS ESTOS INGREDIENTES....

¡¡Y SE LOS PROCESA POR ASOCIACIÓN ILÍCITA!!

HOY EN EL DIARIO SALE UNA NOTICIA DEPRIMENTE. EN TODO EL MUNDO TRABAJAN 43 MILLONES DE CHICOS EN CONDICIONES DEFICIENTES
¿TE DAS CUENTA? ¡Y ES UN INFORME DE LA ORGANIZACIÓN INTERNACIONAL DEL TRABAJO Y QUÉ SÉ YO! ¡43 MILLONES DE CHICOS DEBEN TRABAJAR PARA VIVIR!

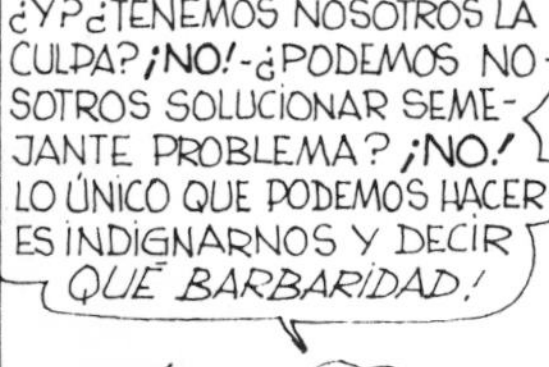

¿Y? ¿TENEMOS NOSOTROS LA CULPA? ¡NO! -¿PODEMOS NOSOTROS SOLUCIONAR SEMEJANTE PROBLEMA? ¡NO! LO ÚNICO QUE PODEMOS HACER ES INDIGNARNOS Y DECIR QUÉ BARBARIDAD!

¡QUÉ BARBARIDAD!

LISTO. DECÍ VOS TAMBIÉN TU QUÉ BARBARIDAD, ASÍ NOS DESPREOCUPAMOS DE ESE ASUNTO Y PODEMOS IR A JUGAR EN PAZ

?

?

¿OÍSTE HABLAD DE UNA NUEVA EMPRESA DE MOSCAS QUE TIENE VUELOS CON AZAFATA?

ES DIVERTIDO BUSCAR FORMA DE QUÉ TIENEN LAS NUBES

AQUÉLLA, POR EJEMPLO, TIENE FORMA DE...

DE....

DE...

DE...

¿DE IDEALES DEMOCRÁTICOS?

¡PERO A QUE EN MI LUGAR NO TENDRÍAS EL CORAJE DE AFRONTAR EL PAPELÓN DE SER UN COBARDE!

TIENE LA TEORÍA DE QUE PEINARSE CON PEINE PINCHA LAS IDEAS

SE ACERCA EL 12 DE OCTUBRE Y CADA AÑO LA MISMA HISTORIA
Composición Tema: Cristóbal Colón

Hace muchísimos años Colón inventó que la Tierra era toda redonda
Entonces agarró y empezó a machacar con que la Tierra es redonda y con que la Tierra es redonda, pero nadie le creía

Lo triste es que al final resultó que era redonda no más y el pobre nunca vió un centavo de "ROYALTY". Fin

LARÁ-LARÍLAA
LADÍ LADÓÓÓ

POPÓM POPÓM
TADÓDA DÍÍÍIDA

PADÍM-PODÓM POPÓM-PAPAM
POPÓÓM

¿NO LES ENSEÑARON SUS PADRES UN POCO DE URBANIDAD?
LADÁ LADÍÍÍ

SÍ, PERO POR SUERTE NOS URBANIZARON SIN PAVIMENTARNOS LA NATURALIDAD
LA DÁ-TA

TLÍNG
TLÍNG

LO PEOR ES QUE ESTE FINAL INDECISO ME HA HECHO OLVIDAR QUÉ TENÍA QUE DECIDIR

UN INFORME BRITÁNICO DA CUENTA DE QUE DURANTE LOS PRIMEROS CINCUENTA AÑOS DE ESTE SIGLO HUBO 117 GUERRAS EN LAS QUE MURIERON 42 MILLONES Y MEDIO DE PERSONAS

MIRÁ VOS A LA MUERTE.... ¡QUÉ ÉXITO DE TAQUILLA, QUE LA TIRÓ!

¿QUE NO ME INTERESA LA POLÍTICA? ¡SI NO ME INTERESARA LA POLÍTICA NO ME HABRÍA PUESTO A ESCUCHAR LO QUE DECÍA HOY MI PAPÁ!
¿Y QUÉ DECÍA?

¡QUE PESE A TODO LO QUE SE HA HECHO HASTA EL MOMENTO, AÚN NO ESTÁN DADAS LAS CONDICIONES, AHÍ TENÉS!
¿LAS CONDICIONES PARA QUÉ?

AH, AHÍ DEJÉ DE PRESTAR ATENCIÓN, PORQUE TOTAL, SI NO ESTÁN DADAS LAS CONDICIONES, ¿QUÉ CUERNOS IMPORTA PARA QUÉ?

...Y LUEGO LA FAMILIA, AL DIVIDIR LA HERENCIA....

HAY QUE EXPRESARSE CON PROPIEDAD, SEÑORA; UNA FAMILIA JAMÁS DIVIDE UNA HERENCIA: LA DESCUARTIZA

UN HACENDADO POSEE UNA ESTANCIA DE 5.000 METROS DE FRENTE POR 6.000 DE FONDO

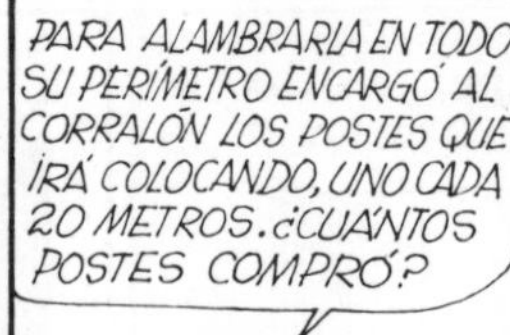
PARA ALAMBRARLA EN TODO SU PERÍMETRO ENCARGÓ AL CORRALÓN LOS POSTES QUE IRÁ COLOCANDO, UNO CADA 20 METROS. ¿CUÁNTOS POSTES COMPRÓ?

REVISA, ¿TE PARECE QUE COMPRÓ TANTOS?

AH, ¿POR QUÉ? ¿ADEMÁS DE OLIGARCA, AMARRETE?

farmacia

¿TE CONTÉ QUE MI PAPÁ FUE AL MÉDICO?
¿AL MÉDICO?

SÍ, PARA VER SI LE RECETABA UNAS PÍLDORAS O ALGO CONTRA SU CANSANCIO, INTRANQUILIDAD, PREOCUPACIÓN, NERVIOSISMO, DESEQUILIBRIO Y ANSIEDAD

PERO SEGÚN EL MÉDICO TODAVÍA NO SE INVENTÓ NADA CONTRA LA NORMALIDAD

Y, CLARO, EL DRAMA DE SER PRESIDENTE ES QUE SI UNO SE PONE A RESOLVER PROBLEMAS DE ESTADO NO LE QUEDA TIEMPO PARA GOBERNAR

¡NO SOS ABIERTA AL MONÓLOGO!

MAMÁ, ¿VOS QUÉ FUTURO LE VES A ESE MOVIMIENTO POR LA LIBERACIÓN DE LA MUJNO, NADA, OLVIDALO

¡MOVIMIENTO POR LA LIBERACIÓN DE LA MUJER!.... ¡VÁLGAME DIOS, YA NO SABEN QUÉ INVENTAR!

SI QUERÉS A TU MARIDO, ¿ES ESCLAVITUD VIVIR COCINANDO, LAVANDO, PLANCHANDO Y FREGANDO PARA ÉL?
¡NO!

Y SI NO LO QUERÉS, ¿TENÉS DERECHO A SENTIRTE LIBRE Y ABANDONARLO? ¡TAMPOCO! PRIMERO PORQUE SERÍA ATENTAR CONTRA LA FAMILIA, BASE DE LA SOCIEDAD

Y SEGUNDO PORQUE SERÍA DESPERDICIAR LA VENTAJA DE TENERLO SIEMPRE A MANO PARA AMARGARLE LA VIDA CADA VEZ QUE TE DÉ LA GANA

¿Y, AL FINAL TE VAS O NO TE VAS A ESTUDIAR?

SEGURO QUE ME VOY A ESTUDIAR, SI YO EN REALIDAD TENGO MUCHÍSIMA VOLUNTAD

CLARO QUE....¡LO DE SIEMPRE, ESTOY GOBERNADO POR UNA MINORÍA!

FRANCAMENTE NO ME EXPLICO CÓMO PUEDE HABER TIPOS CAPACES DE SUBIRSE A UN BOMBARDERO Y LIQUIDAR A MILES DE PERSONAS DE UN SOLO SAQUE

OJALÁ TODO EL MUNDO PENSARA COMO VOS, MIGUELITO

PORQUE HACERLO CON UN FUSIL....¡BUENO!.. AL MENOS TIENE EL MÉRITO DE LA COSA ARTESANAL

YO ERA ASÍ, Y YA OÍA DECIR QUE EL PAÍS ESTABA EN CRISIS

YA VOY POR ACÁ Y SIGO OYENDO DECIR QUE EL PAÍS ESTÁ EN CRISIS

¿LA CRISIS TENDRÁ HORMONAS DE CRECIMIENTO COMO PARA LLEGAR HASTA DÓNDE?

TENEMOS UNA MONEDA SANA, NO FUMA, NO BEBE...

BUENAS, MANOLITO, ¿TENÉS ESE JABÓN EN POLVO QUE ANUNCIAN POR TELEVISIÓN?

¿CUÁL, EL DE
BLÍN-BLÍN "PULCRILIMP"?

NO, ESE OTRO DE
SE COOOMEN SE COOOMEN
SE COOOMEN LA MUGRECITA
LAS BURBUJITAS DE "SAVONEX"

Y PENSAR QUE HAY PROFESIONES EN LAS QUE SE PUEDE ESTAR ACTUALIZADO SIN NECESIDAD DE ESTAR RIDÍCULAMENTE ACTUALIZADO

¡Y DALE! ¿NO ENTENDÉS QUE SON POBRES PORQUE QUIEREN? ¡USÁ LA CABEZA, PAPAFRITA, USÁ LA CABEZA!
¡DIOS MIO!
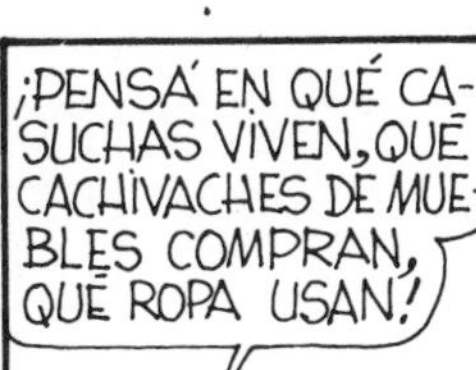
¡PENSÁ EN QUÉ CASUCHAS VIVEN, QUÉ CACHIVACHES DE MUEBLES COMPRAN, QUÉ ROPA USAN!

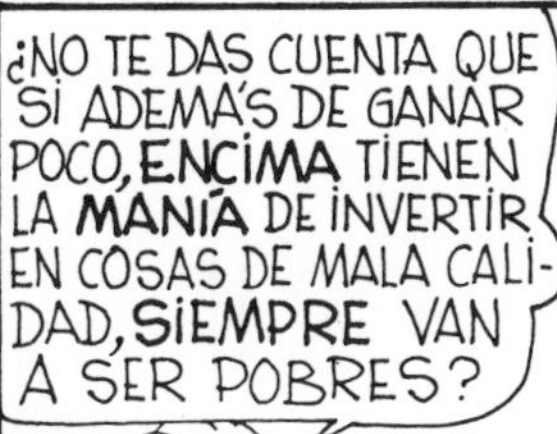
¿NO TE DAS CUENTA QUE SI ADEMÁS DE GANAR POCO, ENCIMA TIENEN LA MANÍA DE INVERTIR EN COSAS DE MALA CALIDAD, SIEMPRE VAN A SER POBRES?

¡NO HAY CASO, CON GENTE QUE NO RAZONA, NO SE PUEDE!

A MÍ NUNCA VA A PASADME NADA MALO PODQUE VOS SIEMPRE VAS A PROTEGEDME, ¿VERDAD, PAPÁ?

¡CLARO, HIJITO!

ESTE POLVO QUE SACAN TODOS LOS DÍAS, ¿DE DÓNDE SALE?

¿CÓMO DE DÓNDE SALE? ES HOLLÍN Y TIERRA QUE ENTRAN DE AFUERA, GUILLE

¡¡IIIIÚÚÚJU!..

YO SIEMPRE PENSÉ QUE SALÍA DE NOSOTROS, QUE NOS ÍBAMOS GASTANDO DE A POQUITITO!

EL COMBUSTIBLE SE HACE CON PETRÓLEO NACIONAL, ¿NO?
SÍ, CLARO

BUENO, AL MENOS ES UN ALICIENTE FOLKLÓRICO SENTIR QUE A UNO SE LE LLENA EL PECHO DE ALGO QUE VIENE DE LA ENTRAÑA MISMA DE LA PATRIA

LOS DIARIOS HABLAN CADA VEZ MÁS DE LA CONTAMINACIÓN DEL AIRE

¡LOS DIARIOS!... ¡LOS DIARIOS INVENTAN LA MITAD DE LO QUE DICEN!

¡Y SI A ESO SUMAMOS QUE LOS DIARIOS NO DICEN LA MITAD DE LO QUE PASA, RESULTA QUE LOS DIARIOS NO EXISTEN!

¿CONTAMINACIÓN DEL AIRE? ¡VOS SIEMPRE LA MISMA PESIMISTA!

¿Y SI TUVIERAS RAZÓN?

¿Y SI UNAS MALDITAS PARTÍCULAS DE AIRE PURO VINIERAN A ROMPER NUESTRO NORMAL EQUILIBRIO PORQUERIOLÓGICO? ¡DIOS MÍO! ¿QUÉ SERÍA DE NOSOTROS?

LÁSTIMA SUIZA, UN PAÍS CON TANTOS RELOJES Y QUE LOS BARCOS NO PUEDAN LLEGAR NI TEMPRANO NI A HORARIO NI TARDE NI NADA, PORQUE NO TIENE MAR

¡MIRÁ QUE SE LE OCURREN TONTERÍAS!... ¿EH?
¡FRANCAMENTE!...

IBA A COMENTAR ADEMÁS SI LA MARCHA OFICIAL DE LA MARINA SUIZA SERÁ UN HIMNO A LA CLAUSTROFOBIA, PERO PARECE QUE NO HAY MUCHO CLIMA

¡VOS Y TU FAMOSA IGUALDAD!
¿QUÉ TE PASA, SUSANITA?

¡QUE ESTOY CON DOLOR DE ESTÓMAGO, ZANAHORIA! ¿LE DUELE EL ESTÓMAGO A ESTE PAPAFRITA? ¡NO! ¿TE DUELE EL ESTÓMAGO A VOS? ¡TAMPOCO, CLARO, TE RESULTA MÁS CÓMODO QUE EL ESTÓMAGO ME DUELA A MÍ!

¡PORQUE ES MUY CÓMODO HABLAR DE IGUALDAD CUANDO LA DESIGUALDAD LA SUFRE OTRO! ¿NO?

¿POR QUÉ HOY NO LE DUELE EL ESTÓMAGO A TODO EL MUNDO, YA QUE SOMOS TODOS TAN IGUALES?

¡PERO LIBERTAD, LO ESTÁS PONIENDO AL REVÉS!

¿AL REVÉS RESPECTO DE QUÉ? LA TIERRA ESTÁ EN EL ESPACIO, Y EL ESPACIO NO TIENE NI ARRIBA NI ABAJO
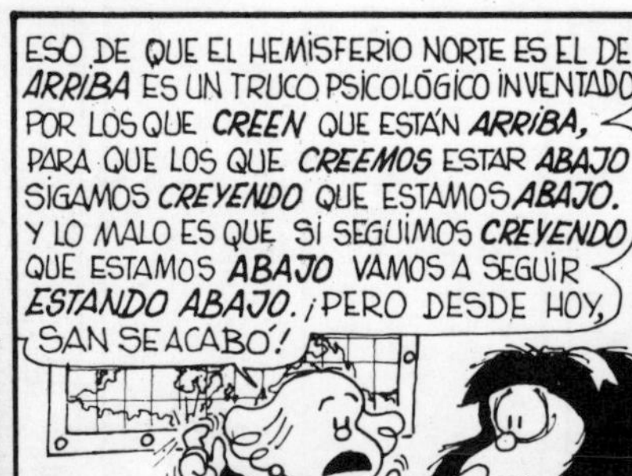
ESO DE QUE EL HEMISFERIO NORTE ES EL DE ARRIBA ES UN TRUCO PSICOLÓGICO INVENTADO POR LOS QUE CREEN QUE ESTÁN ARRIBA, PARA QUE LOS QUE CREEMOS ESTAR ABAJO SIGAMOS CREYENDO QUE ESTAMOS ABAJO. Y LO MALO ES QUE SI SEGUIMOS CREYENDO QUE ESTAMOS ABAJO VAMOS A SEGUIR ESTANDO ABAJO. ¡PERO DESDE HOY, SAN SE ACABÓ!

¿DÓNDE ESTABAS, MAFALDA?
NO LO SÉ, PERO ALGO ACABA DE SANSEACABARSE

QUIENES SABEN VIVIR, BEBEN WHISKY "BLACK GROG"

¿Y LOS QUE SABEMOS VIVIR PERO EL SUELDO NO NOS LO PERMITE, **QUÉ?**

PERDÓNENLO, EL POBRE TIENE LA MANÍA DE CREER QUE LA VIDA SE PARECE MÁS A LA VIDA QUE A LOS AVISOS

A VECES TENÉS RAZÓN EN DECIR QUE EN ESTE MUNDO HAY INJUSTICIAS, MAFALDA

MIENTRAS OTRAS AUTOESTIMAS LLEVAN UNA VIDA REGALADA, LA AUTOESTIMA DE MANOLITO SUDANDO LA GOTA GORDA PARA TRATAR DE AUTOESTIMAR **ESTO** ¿HAY DERECHO?

?

¿QUÉ LE PASA A TU MAMÁ?
QUE EL GUILLE ESTUVO COMIENDO UNA REBANADA DE PAN CON MIEL
¿Y?

¿VOS VISTE ALGUNA VEZ IMPRESIONES DIGITALES?
SÍ, CLARO

BUENO, SI VAS AL LIVING VERÁS LOS DEDOS DEL GUILLE A NIVEL DE BOOM EDITORIAL

¿NO TE DIGO? ¡EN LOS DIARIOS NO SE PUEDE CREER!
¡PERO NO, LIBERTAD, DEBE SER UN ERROR DE IMPRENTA!

AH, ESO PODRÍA SER

IMPORTANTE ESTUDIO CONTABLE
NECESITA
JOVEN PERITO MERCANTIL
edad 25/30 años
Escribir detallando antecedentes a Oficina Personal C.C. 00271
¿ERROR DE IMPRENTA? NO HAY NINGÚN ERROR DE IMPRENTA

¡VAMOS! ¿AHORA RESULTA QUE HASTA TAN VIEJO UNO ES JOVEN?

¿QUÉ HACÉS, MIGUELITO?
PENSABA: ¿QUÉ LES HUBIERA COSTADO PONERLE MI NOMBRE A ESTA AVENIDA?

¿QUÉ LES HUBIERA COSTADO VENIR Y DECIRME: *VEA, MIGUELITO, COMO TENEMOS FE EN UD. Y NO DUDAMOS QUE LLEGARÁ A SER UNA FIGURA EXCEPCIONAL HEMOS RESUELTO LLAMAR A ESTA AVENIDA* **AVENIDA MIGUELITO**, *PARA IR GANANDO TIEMPO*

PERO NO

¿VES CÓMO, DE ENTRADA NOMÁS, YA LO DESANIMAN A UNO?

¡PERO A QUE YO SOY MÁS INTELIGENTE!

UNO PROTAGONIZA UNA RABIETA EN SU CASA Y LOS PADRES LE ARMAN UN LÍO ESPANTOSO CON ENOJOS, GRITOS, AMENAZAS Y QUÉ SÉ YO

PERO RESULTA QUE DESPUÉS ANDAN POR AHÍ CONTANDO LA COSA MUY DIVERTIDOS

¿HAY DERECHO A QUE UN PAR DE INCOHERENTES ANDEN DESVALORIZANDO DELANTE DE TODO EL MUNDO UN BERRINCHE EN EL QUE UNO PUSO SERIAMENTE TODO SU OFICIO?

¿Y EL PASTOR QUE LAS CUIDA A USTEDES ES CASADO? ¿TIENE HIJITOS? ¿QUÉ TAL ES LA MUJER? ¿CÓMO SE LLEVAN? ¿Y A USTEDES QUÉ TAL LAS TRATAN? ¿A LO MANOLITO, NOMÁS, O BIEN? ¿SABÍAN QUE EN LA ESCUELA NOS HABLAN SIEMPRE DE USTEDES? POR LO DE LA LANA Y TODO ESO, CLARO. MI MAMÁ SIEMPRE TEJE CON LANA. ES GENIAL, LA LANA. MEJOR QUE EL NYLON. CLARO QUE UNA NOVIA CON VELO DE LANA SE VERÍA RIDÍCULA, Y ADEMÁS EL NOVIO NO SABRÍA CON QUIEN SE ESTÁ CASANDO, AUNQUE ESO LES PASA A MÁS DE CUATRO, QUE LA NOVIA TIENE CARA DE UNA COSA Y DESPUÉS RESULTA OTRA, COMO LE OCURRIÓ AL HIJO

SI ESO LO HUBIERA HECHO UN TIPO, YA LA HUMANIDAD ESTARÍA JACTÁNDOSE DE QUE EL GENIO DEL HOMBRE FUÉ CAPAZ DE VENCER AL ZAPATO

EN LA MADRUGADA DE AYER, EN CIRCUNSTANCIAS EN QUE TRANSITABA A GRAN VELOCIDAD POR AVENIDA PIRULETES EL AUTOMOVIL CHAPA MMBSDOSMMBSIETE CONDUCIDO POR EL DR. MMBSOANDO MMSBSYOLA, QUIÉN LLEVABA COMO ACOMPAÑANTES

VIOLENTA

SI LOS AUTOS QUIEREN SUICIDARSE, ALLÁ ELLOS; LO QUE NO ENTIENDO ES ESA MANÍA QUE TIENEN DE HACERLO CUANDO LLEVAN GENTE ADENTRO

Toda LAS gentes que están en lo nuevo

agarran y compran en almacén Don Manolo

¿Por qué?

Porque SÓLO almacén Don Manolo tiene "Pichínching-System"

MIRÁ QUE SE TE OCURREN TRIQUIÑUELAS PARA VENDER, MANOLITO, ¿QUÉ DIABLOS ES ESO DEL *"PICHÍNCHING SYSTEM"* QUE INVENTASTE AHORA?

ES UN SISTEMA EXCLUSIVO DE ALMACÉN *"DON MANOLO"* PARA GENTE QUE ESTÁ EN LO NUEVO.- SI ESTÁS EN LO NUEVO, CON EL *"PICHÍNCHING-SYSTEM"* PODÉS COMPRAR ALGUNOS ARTÍCULOS A PRECIOS TAN BAJOS QUE SON REALMENTE UNA PICHINCHA

SÍ, BUENO, PERO ¿DE QUÉ CALIDAD?

¡SI EMPEZÁS CON **PREJUICIOS** NO ESTÁS EN LO NUEVO!

PARECIERA QUE EN LOS REPORTAJES DE LA TV, ESTÁ COMO DE MODA PREGUNTARLE A LOS POLÍTICOS SI ESTÁN EN FAVOR O EN CONTRA DE LA PROPIEDAD PRIVADA, ¿NOTASTE?
SÍM

¿Y VOS, SUSANITA, QUÉ PENSÁS: HAY QUE ESTAR EN CONTRA O EN FAVOR DE LA PROPIEDAD PRIVADA?

DEPENDE.... ¿DE LA PROPIEDAD PRIVADA DE **QUIÉN**?

ANOCHE POR TV PASARON UNA DEMOSTRACIÓN DE ESOS TIPOS QUE PONEN VARIOS LADRILLOS Y ¡ZÁS! LOS PARTEN CON LA MANO
AH, LOS KARATEKAS ¿QUÉ TAL, INTERESANTE?

SÍ, TANTO QUE ESTA MAÑANA, APENAS NOS SENTAMOS A DESAYUNAR MI MAMÁ TRAJO LA MANTECA Y......

¡¡¡IIAÁÁH!....

TRES TARROS DE QUITA-MANCHAS EN AEROSOL

BUENO, ¿QUÉ LES PASA? VIVIMOS EN UN PAÍS EN EL QUE HAY LIBERTAD DE CULTOS, ¿NO?

LO PEOR ES QUE
EL EMPEORAMIENTO
EMPIEZA A EMPEORAR

PAPÁ, ¿VOS ALGUNA VEZ GANASTE UNA MEDALLA POR ALGO?
¿YO?

¿UNA MEDALLA, YO? ¡NO! ¿A QUIÉN LE INTERESAN LAS MEDALLAS?
AL FIN DE CUENTAS ¿QUÉ ES UNA MEDALLA?
UN PEDAZO DE METAL CON UNA RIDÍCULA FIGURA ALEGÓRICA Y UNA RIDÍCULA INSCRIPCIÓN

¡¡QUE DECÍA "IV INTERCOLEGIAL DE BÁSQUET", Y BAÑADA EN ORO, ERA!! ¡¡Y TODO POR EL BOLITA GÓMEZ, QUE SI EL BOLITA GÓMEZ NO HUBIERA SIDO PRIMO DEL CELADOR NO NOS LO ENCAJABAN EN EL EQUIPO, AL BOLITA GÓMEZ!!
QUINO

¡ESTÁ BIEN! ¡NO TOMÁS LA SOPA: NO COMÉS POSTRE!!

¡NO LA TOMO Y NO LA TOMO! ¡Y YO SERÍA UNA REPUGNANTE SI HUBIERA ALGÚN SOBORNO CAPAZ DE HACERME DESERTAR DE MIS PRINCIPIOS, TRAICIONAR MIS CREENCIAS Y VENDER MIS CONVICCIONES!!

PANQUEQUES

¡¡QUÉ ASCO ME DOY A VECES!!
QUINO

PODEROSOS GRUPOS FINANCIEROS INTERNACIONALES DECIDIERON REALIZAR FUERTES INVERSIONES DE CAPITAL EN PAÍSES NO DESARROLLADOS

ACTUALMENTE ANALIZAN QUÉ NACIONES EN VÍAS DE DESARROLLO SERÍAN LAS MÁS ADECUADAS AL EFECTO

O SEA, ESTÁN ESTUDIANDO EL MENÚ, DIGAMOS
QUINO

SEGÚN LA FAMILIA DE MI PAPÁ, TENGO LOS OJOS DE MI ABUELO, LA CAMINADA DE MI TÍO FERNANDO Y EL MENTÓN DE MI PAPÁ

SEGÚN LA FAMILIA DE MI MAMÁ, TENGO LA NARIZ DE MI OTRO ABUELO, LA FRENTE DE MI MAMÁ Y LA SONRISA DE MI TÍA MARTITA

MIRÁ VOS LA DE GENTE QUE HACE FALTA PARA QUE AL FINAL UNO NI SIQUIERA SE PAREZCA A UNO, ¿NO?
QUINO

¡SOY UN CONVENCIDO DE QUE ESTE AÑO QUE VIENE SERÁ SENSACIONAL!

¿POR QUÉ, FELIPE?

¡VOS SIEMPRE CON ARGUMENTOS PARA DERRUMBARLE EL OPTIMISMO A UNO!
QUINO

¡FELICES FIESTAS PARA TODOS!

¿NO CONVENDRÍA ACLARAR QUE ESE *TODOS* LO DECIMOS SIN ASCO A LA PROMISCUIDAD DE MEZCLAR NUESTRA FELICIDAD CON LA DE CUALQUIERA? DIGO, PARA NO ARRUINAR EL MENSAJE DE NUESTRO SALUDO DE AMOR, ¿EH? PARA QUE NADIE VAYA A PENSAR QUE ALGUNO DE NOSOTROS TIENE PREJUICIOS, ¿EH? SERÍA UNA PENA NO DEJAR BIEN EN CLARO QUE EN FECHAS COMO ESTAS UNA TIENE SENSIBILIDAD SOCIAL Y TODO, ¿EH?

MAFALDA, ¿VOS ME SACASTE EL CENTÍMETRO DEL COSTURERO?

¡SONAMOS!...¡UNA VEZ QUE NOS HABÍAMOS ACOSTUMBRADO A JUGAR CON RELOJ, TENER QUE DESARMARLO!
¡LÁSTIMA!

¿VOS QUÉ OPINÁS DEL AMOR, MANOLITO?
¿DEL AMOR A QUÉ?

¡PERO NO!...¡NO TE HABLO DEL AMOR A *QUÉ*, SINO A *QUIÉN*! ¿NUNCA SENTISTE AMOR POR ALGUNA CHICA?

¡JOROBAR!...¿AMOR? NO SÉ, HABÍA EN LA ESCUELA UNA REGORDETA SIMPATICONA, PERO NO SÉ...¡JOROBAR!...¡QUÉ SÉ YO SI ESO ERA AMOR, O QUÉ!

ES MUY FÁCIL; SI CUANDO LA VEÍAS TE SENTÍAS COMO FLOTANDO ENTRE TULES, MIENTRAS OÍAS MÚSICA DE VIOLINES, ¡ESO ERA AMOR, MANOLITO!...**¡AMOR!**

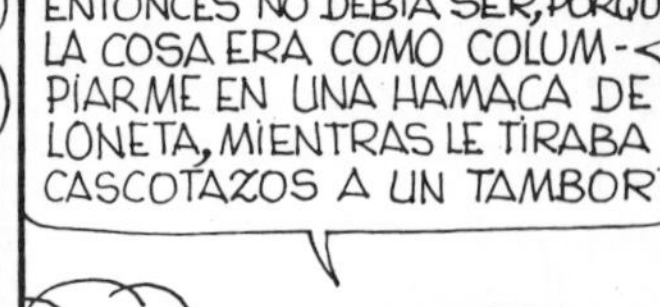
ENTONCES NO DEBÍA SER, PORQUE LA COSA ERA COMO COLUMPIARME EN UNA HAMACA DE LONETA, MIENTRAS LE TIRABA CASCOTAZOS A UN TAMBOR

¡ÁNIMO, QUE ESTE QUEDÓ ASÍ PORQUE HAY QUE VER LAS QUE TUVO QUE PASAR, PERO VAS A VER QUE A VOS TE VA A IR MEJOR

REZAR NO SABÉS, ¿NO?

¿ME ESCRIBÍS LA CARTA PARA LOS REYES MAGOS, PAPÁ?
¡CLARO, HIJITO! DAME

QUERIDOS REYES MAGOS
QUERIDOS REYES MAGOS:
¿QUÉ LES PEDÍS, GUILLE?

TODO

¿CÓMO TODO? ¿TODO QUÉ?
TODO LO QUE TENGAN

¡PERO GUILLE!¿CÓMO VAN A TRAERTE A VOS TODO LO QUE TENGAN? ¡DEBEN REPARTIRLO ENTRE TODOS LOS CHICOS DEL MUNDO! PODÉS PEDIRLES UNA O DOS COSAS, PERO NO **TODO**, ¿ENTENDÉS?

ENTIENDO, TACHÁ *QUERIDOS*

¿QUÉ TE PASA, SUSANITA?

QUE ENCONTRÉ EN MI CASA UN LIBRITO DE CATECISMO, Y LEÍ UNA ORACIÓN QUE TODO EL TIEMPO DICE *MEA CULPA* POR ESTO, *MEA CULPA* POR AQUELLO, *MEA CULPA* POR LO DE MÁS ALLÁ....
¿Y?

¡Y ENTONCES TODA LA NOCHE LEYENDO!

¡TODA LA NOCHE QUEMÁNDOME LAS PESTAÑAS BUSCANDO A VER SI HAY UNA ORACIÓN QUE SIRVA PARA ENDILGARLE LA CULPA A OTRO!...¡PERO NADA!

¡CAMBIAR EL MUNDO! ¡JÁH!...¡COSAS DE LA JUVENTUD!

TAMBIÉN YO CUANDO ERA ADOLESCENTE TENÍA ESAS IDEAS, Y YA VE.....

¡SONAMOS, MUCHACHOS! ¡RESULTA QUE SI UNO NO SE APURA A CAMBIAR EL MUNDO, DESPUÉS ES EL MUNDO EL QUE LO CAMBIA A UNO!

MAMÁ, ¿A VOS LA POLÍTICA TE IMPORTA UN PITO, NO?

NO ES QUE ME IMPORTA UN PITO, MAFALDA, SINO QUE YO DE POLÍTICA NO ENTIENDO NADA

BUENO, PERO SI NO TE INTERESÁS, NUNCA VAS A ENTENDER

SÍ, CLARO, PERO ¡JUSTO ESO ME FALTARÍA A MÍ! ¡ADEMÁS DE TODAS LAS TAREAS DE LA CASA, ENCIMA LA POLÍTICA!!

¡AH! ¿Y TE PARECE BONITO QUE MIENTRAS VOS MANEJÁS BIEN TU CASA, OTROS MANEJEN TU PAÍS COMO LES DA LA GANA?
NO, PERO SI ADEMÁS DE LIMPIAR, LAVAR, PLANCHAR, HACER LA COMID... SNIF, SNIF
¡LA COMIDA!!

PIZZA
PAPÁ, ¿A VOS LA POLÍT....NO, NADA

CUANDO UNO ESTÁ EN UN DILEMA, LO MEJOR ES PEDIR CONSEJO A LOS AMIGOS

SI YO FUERA VOS, LO QUE HARÍA ES

YO EN TU LUGAR NO DEJARÍA DE

YO QUE VOS, AGARRARÍA Y CA

AL FINAL NO LOGRÉ ENTERARME QUÉ CUERNOS HARÍA YO QUE YO, EN MI LUGAR, SI YO FUERA YO

DOCTOR, HOY SE HABLA MUCHO DE MADUREZ POLÍTICA, ¿A QUÉ GRADO JUZGA UD. QUE LLEGA ESA MADUREZ EN EL CASO DE NUESTRO PAÍS?

PODEMOS AFIRMAR SIN TEMOR A EQUIVOCARNOS QUE, HOY, MÁS QUE NUNCA ESTAMOS, POLÍTICAMENTE HABLANDO, REALMENTE MADUROS

¿PARA QUE NOS COMA QUIÉN, POLÍTICAMENTE HABLANDO?

¡ES ABSURDO! ¿POR QUÉ LOS CHICOS NO PODEMOS VOTAR?
¡BIEN DICHO!
¡AHÍ ESTÁ!
¡ESO! ¿POR QUÉ?

¿ACASO NOSOTROS NO FORMAMOS TAMBIÉN PARTE DEL PAÍS?
¡SÍ SEÑOR!
¡MUY BIEN!
¡BRAVO!

¿ACASO NO SOMOS TAN CIUDADANOS COMO EL QUE MÁS?

¡SÍ QUE SOMOS!
¡CLARO QUE SÍ!

¿Y TAN DEL PUEBLO COMO CUALQUIERA?

¡AH, NO! ¡A MÍ, INSULTOS NO!

HOY
FESTIVAL PLUTO

HOY
FESTIVAL PLUTO

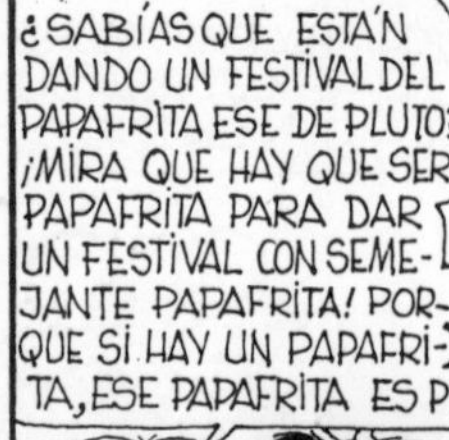
¿SABÍAS QUE ESTÁN DANDO UN FESTIVAL DEL PAPAFRITA ESE DE PLUTO? ¡MIRA QUE HAY QUE SER PAPAFRITA PARA DAR UN FESTIVAL CON SEMEJANTE PAPAFRITA! PORQUE SI HAY UN PAPAFRITA, ESE PAPAFRITA ES P

¡FÚF!... ¡POR FIN!..

¿A LOS ALMOHADONES LOS FABRICAN CON POLLOS EN OTOÑO?

¡CÓMO!... ¿MURIÓ? PERO... ¿CUÁNTOS AÑOS TENÍA?

¿QUÉ IMPORTAN LOS AÑOS? LO QUE REALMENTE IMPORTA ES COMPROBAR QUE AL FIN DE CUENTAS LA MEJOR EDAD DE LA VIDA ES ESTAR VIVO

PROHIBIDO PISAR EL CESPED
1830

¡MALDITAS LAS GANAS QUE TENÍA DE PISARLO, PERO ME ENFERMA QUE ME ESTÉN DICIENDO QUE NO HAGA LO QUE YA SÉ QUE NO DEBO HACER!
PROHIBIDO PISAR EL CESPED

1831
¡PST!
¿QUÉ PASA, GUILLE?

¡SOY EL HOMBRE INVISIBLE!

¡UY, CIERTO! ¡ES INCREÍBLE!

¡FHUIUH!

ALLÁ VA DOÑA PEPA

PARECE MENTIRA, CON EL ASUNTO DE QUE COBRA UNA MISERIA DE JUBILACIÓN, NOS DEBE YA COMO SIETE MESES, POBRE DOÑA PEPA

¿Y QUÉ HACE EL MINISTERIO, O LO QUE SEA, POR DOÑA PEPA?
¡NADA! TOTAL, ESTAMOS NOSOTROS PARA QUE DOÑA PEPA NO SE MUERA DE HAMBRE

¡DÉNLE NOMÁS!

...POSEN SUS CABECITAS OFICIALES SOBRE SUS ALMOHADAS RELLENAS CON FIDEOS DE ALMACÉN *DON MANOLO* Y DUERMAN TRANQUILOS NOMÁS!

¡DIOS MÍO, QUÉ ASCO DE PROGRAMA!

DISCULPAME, ES LA COSTUMBRE

A PARTIR DE AHORA, EN VEZ DE LLAMARLOS A USTEDES *"NIÑOS, CHICOS O NENES"*, LOS LLAMAREMOS *"SERES HUMANOS EN VÍAS DE DESARROLLO"*. ¿DE ACUERDO?
¡SÍ!
1834

¿SÍ, QUÉ?
SÍ, SEÑOR
ASÍ SUENA MEJOR, ¿VERDAD?
SÍ, SEÑOR

ESTO MERECE QUE LO FESTEJEMOS, ¡CAMARERO!...UN WHISKY PARA MÍ Y OTRO PARA MÍ

EL SUYO, MIGUELITO, LO BEBO POR USTED; SERÍA LAMENTABLE QUE UN *SER HUMANO EN VÍAS DE DESARROLLO* COMENZARA A INTOXICARSE CUANDO AÚN NO ESTÁ CAPACITADO PARA ELLO. ¡SALUD!
SALUD, SEÑOR

BIEN, ESO ES TODO. GRACIAS Y FELICITACIONES A USTED Y A TODOS LOS AHORA LLAMADOS *SERES HUMANOS EN VÍAS DE DESARROLLO*. PUEDE RETIRARSE
GRACIAS, SEÑOR

ANOCHE SOÑÉ QUE SEGUÍAMOS SIENDO EL ÚLTIMO OREJÓN DEL TARRO, ¡PERO QUÉ RESPETO!

DECIME, MAMÁ ¿VOS EN TU NIÑEZ....
1835

SÍ, TE ESCUCHO, MAFALDA

NO, DEJÁ, MEJOR ME PREOCUPO POR MI NIÑEZ, NOMÁS, QUE TODAVÍA LA TENGO A MANO

NO VOY A HACER NOMBRES PARA NO COMETER LA INJUSTICIA DE UN OLVIDO, PERO... ¡HAY CADA ZANAHORIA POR AHÍ QUE DIOS ME LIBRE!

MANOLITO...
¿SÍ?
¿ES BUENA ESTA NUEVA MARCA DE DURAZNOS?
1836

AH, SEÑORA... ¡DÁTIS!

¿DÁTIS? NO ENTIENDO, ¿QUÉ ES DÁTIS?

DECUÉSTION ¿NUNCA OYÓ DECIR DÁTIS DECUÉSTION?

HOY VINO TU MAMÁ POR EL ALMACÉN; A PROPÓSITO, MUY CULTA NO ES, TU MAMÁ ¿NO?
QUINO

© QUINO
1837
MAMÁ, ¿LOS AUTOS SON SERES QUE ATACAN AL HOMBRE PARA DEFENDERSE DE QUÉ?
QUINO

ALMACÉN

¿Y TU PAPÁ, LIBERTAD, A QUIÉN PIENSA VOTAR EN LAS PRÓXIMAS ELECCIONES?
CALLATE... ¡ANDA CON UNA CARA, POBRE!
1839

AH, ¿TODAVÍA NO SE DECIDIÓ POR NINGÚN CANDIDATO?
SÍ, SE DECIDIÓ, ¡Y ANDA CON UNA CARA, POBRE!

¿POR QUÉ? ¿PIENSA QUE ESE CANDIDATO VA A PERDER?

NO, PIENSA QUE VA A GANAR, ¡Y ANDA CON UNA CARA, POBRE!

NO ENTIENDO A TU PAPÁ, LIBERTAD: SABE A QUIÉN VOTAR EN LAS PRÓXIMAS ELECCIONES, PIENSA QUE ESE CANDIDATO VA A GANAR... ¿Y NO ESTÁ CONTENTO?
NO, ¡ANDA CON UNA CARA, POBRE!

PERO... ¿POR QUÉ? ¿ACASO SUPONE QUE AL CANDIDATO NO LO VAN A DEJAR GOBERNAR?

A VECES SUPONE ESO, ¡Y ENTONCES ANDA CON UNA CARA, POBRE!
OTRAS VECES SUPONE QUE SÍ, QUE LO VAN A DEJAR GOBERNAR, ¡Y TAMBIÉN ANDA CON UNA CARA, POBRE!

¡PERO JOROBAR! ¡SI TANTO LE FASTIDIA ESE CANDIDATO, POR QUÉ CUERNOS NO SE LE OCURRIÓ VOTAR A CUALQUIERA DE TODOS LOS OTROS!

SE LE OCURRIÓ, ¡Y ANDUVO CON UNAS CARAS, POBRE!
QUINO

ANOCHE MIRANDO EL CIELO LLEGUÉ A UNA CONCLUSIÓN: HAY MUCHAS MÁS ESTRELLAS DE LAS QUE SE NECESITAN

¿DE LAS QUE SE NECESITAN PARA QUÉ?

¡FAP!
¡FAP!
¡FAP!

SI QUERÉS ECHARLE UN PRIMER VISTAZO, APROVECHÁ AHORA QUE LAS NOTICIAS ESTÁN MEDIO ATONTADAS

¡PECHUGA DE PAVITA CON CHAMPIGNONS, PECHUGA DE PAVITA CON CHAMPIGNONS! ¡EN CADA VUELO ESPACIAL... PECHUGA DE PAVITA CON CHAMPIGNONS!!!
NASA
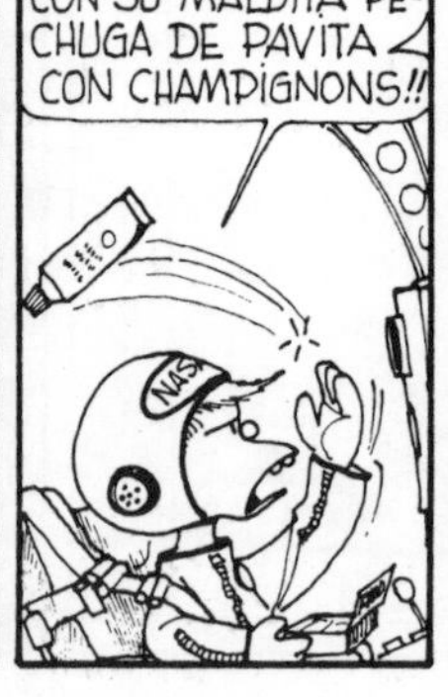
¡VEAN LO QUE HAGO CON SU MALDITA PECHUGA DE PAVITA CON CHAMPIGNONS!!

¡PLOSHP!

¡SUNESCÁN! ¡¡DALÚNA BÚSO!!
¡SLAM!

¿Y ESO?

"ES UN ESCÁNDALO, UN ABUSO" EN DIALECTO DE MADRE VOLVIENDO DEL MERCADO

SALUD, MAFALDA, ¿SIEMPRE PREOCUPADA PENSANDO ADÓNDE VA LA HUMANIDAD?

NO, TOTAL... SE SUPONE QUE NO HAY NADIE ESPERÁNDOLA EN NINGUNA PARTE, ¿NO?

¿QUIÉN ES ESTE SEÑOR DE ESTE CARTEL?
UN SR. QUE QUIERE SER PRESIDENTE, GUILLE

¿Y ESTE OTRO SEÑOR?
OTRO SR. QUE TAMBIÉN QUIERE SER PRESIDENTE

¿Y AQUÉL OTRO?
TAMBIÉN
¿Y ESE?
TAMBIÉN
¿Y ESTE?
TAMBIÉN
¿Y AQUÉL?
TAMBIÉN

PERO...¿NO HAY YA UN PRESIDENTE?
SÍ, CLARO

¡MECACHO!...¡NOS TIENEN RODEADOS! ¿VERDAD?
QUINO

MÁS DE UNA VEZ ME HE PREGUNTADO CÓMO SIENDO TAN DISTINTAS PODEMOS SER AMIGAS.
1847

BUENO, HAY QUE RECONOCER QUE A VECES LA PASAMOS BIEN, SERÁ POR ESO QUE SOMOS AMIGAS

SÍ, CLARO, PERO ¿Y CUANDO VOS TE PONÉS ESTÚPIDA?
¿Y VOS TARADA?
¿Y VOS ZANAHORIA?
¿Y VOS PAPAFRITA?
¿CÓMO PODEMOS SER AMIGAS CUANDO NO NOS AGUANTAMOS?

¡QUÉ SÉ YO!...PERO ANTES DE NO AGUANTAR A UN EXTRAÑO... ¡QUÉ QUERÉS QUE TE DIGA!...PREFIERO TODA LA VIDA NO AGUANTARTE A VOS

QUINO

1848

BUENAS NOCHES, ¿SUBE?
¿EH? ¡AH, SÍ, GRACIAS!
QUINO

¿SU SEÑORA, LOS CHICOS, BIEN?
¿BIEN? SÍ, MUY BIEN, SÍ
ME ALEGRO, DELES SALUDOS MÍOS

RECIÉN EN EL OMBLIGO ME ENCONTRÉ CON LA SEÑORA DE ARRIBA; ME DIO OMBLIGOS PARA USTEDES

ESTEEEM....PAPÁ, ESO DE "¿A QUIÉN QUERÉS MÁS, A FULANO O A MENGANO?" A MÍ ME FASTIDIA, PERO...ESTEE... DECIME, ¿VOS A QUIÉN QUERÉS MÁS, A MAMÁ O A MÍ?
1849

¿YO? ¿A MAMÁ O A VOS? ¡LA PREGUNTA!... ¡A MAMÁ Y A VOS IGUAL! ES DECIR.... DISTINTO, CLARO, PERO A LAS DOS IGUAL

¡LO QUE SOSPECHABA: BIGAMIA!
QUINO

¡HEY, MANOLITO! ¿QUÉ PASA?
1850

¡PASA QUE NO TENGO MILLONES DE PESOS! ¡ESO PASA!

BUENO, YA LOS VAS A TENER, ¿ACASO NO ESTÁS SEGURO DE QUE ALGÚN DÍA LOS VAS A TENER?
¡SÍ, CLARO QUE LOS VOY A TENER!

¿PERO Y TODOS LOS INTERESES QUE ME ESTOY PERDIENDO DE GANAR SOBRE LOS MILLONES QUE NO TENGO AHORA, QUIÉN ME LOS VA A DAR?
QUINO

¿Y ESE OTRO?
1851
¡AH, ESE, UN MONITO VIOLINISTA, A CUERDA!

ME LO REGALÓ MI TÍO FERNANDO EL AÑO PASADO, QUE LA VERDAD, A MI TÍO FERNANDO LO QUIERO MUCHÍSIMO

CON DECIRTE QUE ESTE ES UNO DE LOS JUGUETES QUE CON MÁS CARIÑO HE DESTROZADO EN MI VIDA

¡PST! ¿QUÉ HACÉS, GUILLE? ¡VAS A DESPERTAR A MAMÁ!

¿CELOSO PORQUE VOS NO LA CONOCÉS DESDE QUE NACISTE Y YO SÍ?

¿TU PAPÁ HABLA CON LAS PLANTAS?
TIENE LA TEORÍA DE QUE HABLÁNDOLES, LAS PLANTAS SE PONEN MÁS LINDAS

SÍ, CONOZCO LA TEORÍA ESA, PERO CON EL MALVONCITO DE CASA, NO SÉ, PARECE QUE MUCHO NO RESULTA
PERO, ¿LE HABLAN, AL MALVONCITO?

¡CRECE DE UNA MALDITA VEZ, RAQUÍTICO CONDENADO!

SÍ, PERO NO SÉ, PARECE QUE MUCHO NO RESULTA

¿LARGÁS O NO?
¡NO LARGO NADA! ¡YO ESTABA PRIMERO!
1854

¡VOS ESTABAS PRIMERO, PERO YO SOY MUJER!
¡MUJER! ¿Y CON ESO, QUÉ

¡CÓMO "QUÉ", DEGENERADO! ¡QUE ESTÁS DESCOLUMPIANDO A TUS MADRES, ESPOSAS, NOVIAS, HERMANAS

UNA DE LAS SUTILEZAS DEL AJEDREZ ES SABER PONER NERVIOSO AL ADVERSARIO

VOS PENSÁ TRANQUILA, NOMÁS, ¿EH? ¡TOTAL, PODEMOS PASARNOS MESES ENTEROS AQUÍ SENTADOS JUGANDO!

LO DUDO; APENAS UNAS SEMANAS MÁS, Y YA TENDREMOS QUE LEVANTARNOS PARA IR DE NUEVO A LA ESCUELA

VEAMOS: SI YO LE COMO EL ALFIL CON MI CUADERNO...

¡CAPITALISTA! ¡SEGÚN TU ESQUEMA, SÓLO IMPORTA QUE LOS RICOS TENGAN PLATA, PORQUE TOTAL, EL DINERO HACE LA FELICIDAD! ¿NO?
1856

¡POR CULPA TUYA Y DE TODOS LOS CAPITALISTAS COMO VOS, ANDA EL MUNDO COMO ANDA!

DECÍ LA VERDAD, ¿A VOS TE PARECE QUE PUEDO HACER CASO A LAS TONTERÍAS QUE DICE?

Y, UNA PARTE DE RAZÓN TIENE, MANOLITO... VOS VIVÍS DÁNDOLE IMPORTANCIA SÓLO AL DINERO, CUANDO EN EL FONDO, HAY COSAS MUCHO MÁS IMPORTANTES

¡REACCIONARIA! ¡SEGÚN TU ESQUEMA, NO IMPORTA QUE LOS POBRES NO TENGAN PLATA, PORQUE TOTAL, EL DINERO **NO** HACE LA FELICIDAD! ¿NO?

¡POR CULPA TUYA Y DE TODOS LOS REACCIONARIOS COMO VOS, ANDA EL MUNDO COMO ANDA!
QUINO

TRRRT
TRRRRRR
1857

TTRRRR

TRRR

LA TÉCNICA AVANZA TARDE. ¿QUÉ NO HUBIERA DADO UN POBRE DINOSAURIO POR TENER QUIÉN LE ARREGLARA UNA CARIES?
QUINO

¡AAAH! ¡AHORA, LO DICEN! ¿POR QUÉ NO LO DIJERON CUANDO ESTABAN EN EL GOBIERNO?

¡ELLOS, JÍH-JÍH, ELLOS SANEAR LA ECONOM. JÍH-JÍH-JÍH!

¡PERO HAY QUE SER CARADUR...! ¡PERO POR FAV...
?

¡TENÍAS RAZÓN, ES GENIAL!
¡Y NO HAY QUE AGUANTAR LA PUBLICIDAD!
¡NI GASTAR CORRIENTE!
¿NO LES DIJE QUE ES MEJOR QUE LA **TV**?
QUINO

¿POR QUÉ A ESTE SR. LE HICIERON UN MONUMENTO?
DEBE HABER HECHO MUCHO POR EL PAÍS
1859

¿NO BASTABA CON DECIRLE *"GRACIAS"*?
BUENO, LEVANTARLE UN MONUMENTO ES UNA MANERA DE ESTAR SIEMPRE DICIÉNDOLE *"GRACIAS"*

NO TIENE MUCHA CARA DE *"UDS. LAS MERECEN"*, QUE DIGAMOS
QUINO

SALUD, MANOLITO, ¿SIEMPRE CON LOS CINCO SENTIDOS PUESTOS EN GANAR PLATA?

NO ENTIENDO, ¿CUÁLES SON LOS OTROS CUATRO?
QUINO

NO ES CIERTO QUE TODO TIEMPO PASADO FUE MEJOR. LO QUE PASABA ERA QUE LOS QUE ESTABAN PEOR TODAVÍA NO SE HABÍAN DADO CUENTA

¿Y NO SERÁ, DIGO YO.....
1861

...QUE CONFUNDÍS *ALIMENTACIÓN* CON *ALIMENTAJE*?

MIRÁ QUÉ LINDA PIEDRA ENCONTRÉ, MANOLITO
1862

¿LINDA? ES UNA PIEDRA, ¿QUÉ TIENE DE LINDO?
Y, EL COLOR, LA FORMA... ¡ES LINDA!

PERO... TIENE COLOR Y FORMA DE PIEDRA. ¿ESO ES LINDO?
PARA MÍ, SÍ
¿PARA VOS SÍ?
NO?

¡POBRE!...

¿HAY DERECHO? EL VERDULERO AUMENTA LAS PAPAS, EN MI CASA PONEN CARA DE PACIENCIA, Y SEGUIMOS COMIENDO PAPAS
1863

EL LECHERO AUMENTA LA LECHE, Y SEGUIMOS TOMANDO LECHE

EL CARNICERO AUMENTA LA CARNE, Y SEGUIMOS COMIENDO CARNE

YO ME PORTO MAL GRATIS, Y HAY QUE VER LA QUE SE ARMA!

1864

DECÍ LA VERDAD, ¿SE ME NOTA MUCHO UN AIRE COMO DE FOJA CERO?

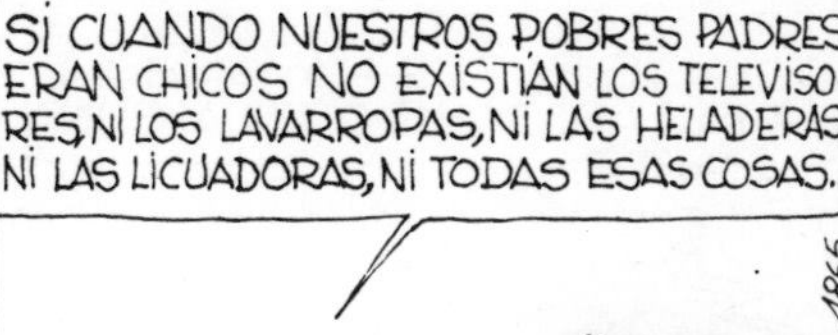
SI CUANDO NUESTROS POBRES PADRES ERAN CHICOS NO EXISTÍAN LOS TELEVISORES, NI LOS LAVARROPAS, NI LAS HELADERAS, NI LAS LICUADORAS, NI TODAS ESAS COSAS...

1865

...Y NUESTROS POBRES PADRES TUVIERON LUEGO QUE DESLOMARSE PARA COMPRAR TODAS ESAS COSAS EN CUOTAS....

¿TE IMAGINÁS LA DE PORQUERÍAS QUE ESTARÁN INVENTANDO YA, PARA VENDERNOS EN CUOTAS, LOS ORGANIZADORES DE NUESTRO FUTURO DESLOME?

¡ESTE AÑO DECIDÍ ENCARAR LA ESCUELA AL REVÉS!
1866
¿CÓMO AL REVÉS?

¡CLARO; ANTES ME LA TOMABA COMO QUE ERA ELLA LA QUE MANDABA, ELLA LA QUE ME OBLIGABA A ESTUDIAR A MÍ!

¡EN CAMBIO ESTE AÑO PIENSO TOMÁRMELA COMO QUE SOY YO EL QUE MANDO, YO EL QUE LE EXIJO A ELLA QUE ME ENSEÑE!

¡JÁH!..

"¡JÁH!" ¿Y SI LA MUY OBSECUENTE ME OBEDECE?

1867

NO TE PREOCUPES, QUE EN ESTE MISMO MOMENTO HAY MILES DE TIPOS ESTUDIANDO TODOS TUS PROBLEMAS: SUPERPOBLACIÓN, HAMBRE, CONTAMINACIÓN, RACISMO, ARMAMENTISMO, VIOLENCIA.... ¡TODOS!

SÍ, YA SÉ; HAY MÁS PROBLEMÓLOGOS QUE SOLUCIONÓLOGOS, PERO ¿QUÉ VAMOS A HACERLE?

1868

¿EL DÍA DE MAÑANA QUÉ SERÁ MÁS SANO PARA UNA? ¿CUIDARSE DE ESTE MUCHACHO PORQUE TAL COSA, DE AQUÉL PORQUE TAL OTRA, DEL DE MÁS ALLÁ PORQUE PATATÍN, Y ASÍ?

¿O AGARRAR Y PONERSE A FUMAR NOVIOS SIN FILTRO, NOMÁS?

BUEN DÍA, MANOLITO. QUISIERA UN PAN DE MANTEC... ? ¡EH, MANOLITO, BUEN DÍA, DIJE!
1869

¡EH, MANOLITO!

¡MANOLITO!
¿EH? ¡AH, HOLA!
¿QUÉ CUERNOS TE PASA?

NADA, ES QUE CADA VEZ QUE ME PONGO A MIRAR LA LISTA DE PRECIOS...NO SÉ..

ME QUEDO RECORDANDO, ¡PENSAR QUE YO A ESTOS PRECIOS LOS CONOCÍ DE PEQUEÑOS, Y AHORA VERLOS YA TAN CRECIDOS!.. ¿QUÉ QUERÉS?! ¡ME EMOCIONA!

PAPÁ...
1870
¿SÍ?

VOS QUE ESTÁS SENTADO JUNTO AL GLOBO TERRÁQUEO, ¿PODRÍAS DECIRLE QUE A VER SI ESE PAÍS DE AHÍ SE DEJA DE FASTIDIAR, POR FAVOR?

¿QUÉ PAÍS DE DÓNDE?

ESO NO IMPORTA. VOS DECILE, TOTAL, SIEMPRE HAY ALGÚN PAÍS FASTIDIANDO EN ALGUNA PARTE

1871
ENCONTRÉ ALGO ESPECIAL PARA VOS, SUSANITA. ESCUCHÁ

"DESDICHADO DE AQUÉL A QUIEN SÓLO LE IMPORTA EL QUÉ DIRÁN"

¡POR SUPUESTO, SI EN REALIDAD LO QUE IMPORTA ES EL QUÉ DIJERON, QUIÉNES LO DIJERON, CÓMO LO DIJERON, CUÁNDO LO DIJERON, DE QUIÉN LO DIJERON, POR QUÉ LO DIJ
QUINO

1872

¿Y ESE BICHO CON ESOS OJAZOS, GUILLE?
ES EL GATOLUPA

¿EL GATOLUPA? ¿Y QUIÉN ES EL GATOLUPA?
UN GATO QUE VE TODO MUY-MUY-MUY GRANDE

¡A LAS RATITAS LAS VE COMO VACAS!
¡¿COMO VACAS?! ¡POBRE GATOLUPA!

NO CREAS, ABRIÓ UNA LECHERÍA PARA VENDERLES LECHE DE RATITA A LAS HORMIGAS, Y NO LE VA NADA MAL

¡¡MANOLITO, SI ESTO QUE ME VENDISTE ES CAFÉ, YO SOY BRIGITTE BARDOT!!
1873

¿USTED? ¿USTED BRIGITTE BARDOT?
© QUINO

¡BRIJÍH-JÍH-JÍH! ¡BARJÓH-JÓH-JOH!
?
QUINO

¿Y NO SERÁ UN TIPO QUE NUNCA JUEGA AL AJEDREZ CON LAS NEGRAS, O ALGO ASÍ?
¡PERO NO! ¡NO VES QUE ES UNA NOTICIA POLICIAL?
¿Y ENTONCES?
Y... NO SÉ
1874

MAMÁ, ¿QUÉ ES UN TRATANTE DE BLANCAS?
¡FFRRP!
¡TÓSJ! ¡TOSJ!
QUINO

¡AJHÉM! ¡AJHÉM!
¡TÓSJ! ¡TÓSJ!
¿VISTE CÓMO EL AJEDREZ NO TIENE NADA QUE VER?

¿QUÉ GANO CON ESTAR AQUÍ SENTADO ESQUIVÁNDOLE EL BULTO A LOS DEBERES? ¡TENGO QUE IR Y HACERLOS! ¡AL FIN DE CUENTAS ES POR MI PROPIO BIEN!

¡MECACHO, QUE ANGUSTIAS ME ACARREA MI PROPIO BIEN!
QUINO

¿SABÉS LO QUE SOS? ¡UNA COMADRONA CHISMOSA CORREVEIDILE QUE SE PASA LA VIDA METIENDO SU REPUGNANTE NARIZ EN LA VIDA DE TODO EL MUNDO PARA LUEGO IR Y DESPARRAMAR PONZOÑA POR TODOS LADOS! ¡ESO SOS!

¡LO QUE FALTABA: QUE AHORA UNA NO PUEDA TENER UN HOBBY!

¿QUIÉN FUÉ EL GRACIOSO QUE LE SACÓ EL FILTRO A MIS CIGARRILLOS?

¡MAMÁ, LA LECHE QUE ME MANDASTE A COMPRAR...
SÍ, TESORITO ¿QUÉ?

¡QUE TROPECÉ!

¡YA ESTÁ EN TODAS LAS LIBRERÍAS: "CÓMO PASAR DE TESORITO DE LA CASA A SIEMPRE EL MISMO ESTÚPIDO", POR MIGUELITO... USTED NO PUEDE DEJAR DE LEER ESTA OBRA APASIONANTE!

¡CHÁ'QUE LO TIRÓ! ¡TODA LA TARDE LUCHANDO CON ESTE MALDITO DIBUJO DE LA PLANTA DE PAPA PARA EL DEBER DE BOTÁNICA!

¡Y AHORA A ESTUDIAR LA LECCIÓN: "LA PAPA: LA PAPA ES UNA PLANTA DE LA FAMILIA DE LAS SOLANÁCEAS, DE RAÍZ FIBROSA Y HOJAS COMPUESTAS. SUS TUBÉRCULOS, RICOS EN FÉCULA, SON MUY

'A BABA: 'A BABA EH UHA BLANTHA 'E 'A BAMILIA 'E 'AS HOLANÁ'HEAS, 'E HAÍZ FIBROHA Y HOHAS HOMBUESDAS. HUS DUBÉRGULOS, HICOS EN HÉCULA, HON HUY...

"LA PAPA: LA PAPA ES UNA PLANTA DE LA FAMILIA DE LAS SOLANÁCEAS, DE RAÍZ FIBROSA Y HOJAS COMPUESTAS. SUS TUBÉRCULOS, RICOS EN FÉCULA, SON

¡PÚFFA, QUERIDA! ¿¡OTRA VEZ PURÉ!?

ANOCHE SOÑÉ QUE ENVIUDABA DE MOTU PROPIO, MIRÁ VOS

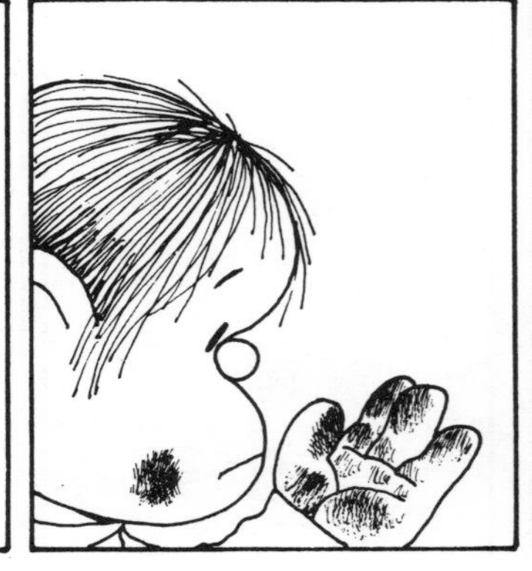

¡MECACHO! HASTA AHORA PARA LO ÚNICO QUE TENGO PODER ADQUISITIVO ES PARA LA MUGRE

EL CIELO ES IMPORTADO, ¿VERDAD?
¿EL CIELO? ¿IMPORTADO? ¿CÓMO VA A SER IMPORTADO EL CIELO, GUILLE?

AH, ¿ESTÁ HECHO ACÁ EN EL PAÍS?
¡PERO NO!...
¡ENTONCES ES IMPORTADO!
¡Y DALE!..; NO, PORQUE TAMPOCO ESTÁ HECHO EN NINGÚN OTRO PAÍS!

AH, ¿NO?
NO

ENTONCES EL CIELO ES MÁS IMPORTADO DE LO QUE YO CREÍA, Y TUS IDEAS SON MÁS CHIQUITAS DE LO QUE VOS CREÉS

¡QUÉ CARA! ¿QUÉ TE ANDA PASANDO?
QUE TENGO UN PROBLEMA

¿UN PROBLEMA?
¡ES IMPOSIBLE QUE VIVAS TAN DESUBICADO, MIGUELITO!

HOY LA GENTE TIENE MILES DE PROBLEMAS, Y SI REALMENTE QUERÉS LLEGAR A ALGO TENDRÁS QUE CONSEGUIRTE... NO SÉ, DIGAMOS SEIS, O CINCO PROBLEMAS, COMO MÍNIMO

PERO TENER UN SOLO, ÚNICO PROBLEMA AHÍ PELADO.... ¡VÁLGAME DIOS, ES UN PAPELÓN!

¡POBRES, LAS MONJAS!.. LA RELIGIÓN ME PARECE MUY BIEN, PERO VIVIR PARA LA RELIGIÓN EN VEZ DE VIVIR PARA UN MARIDO.... NO SÉ, YO PREFIERO VIVIR PARA UN MARIDO

CLARO QUE A DIOS NUNCA SE LE VA A OCURRIR SALIRTE CON QUE SU MAMÁ COCINA MEJOR

?

¡MMMMMH!".. SU INCONFUNDIBLE, AÑEJO SABOR, LO DELATA....

¡ES LA TIERRA, EL PLANETA DE LOS ELEGIDOS!
¡¡ÚNICO CON SABOR A CONFLICTO!!

¿Y SI LE DECIMOS A PAPÁ DE CAMBIAR EL AUTO JUSTO EN ESTE MOMENTO?¡VAMOS!..

Armamentos

En 10 años los gastos militares en América latina aumentaron en más del 100 por ciento.

LA NACION — Sábado 25, noviembre 1972

¡SI CREEN QUE SOY UNO DE ESOS ARRIBISTAS QUE POR DINERO SON CAPACES DE CUALQUIER COSA, SE EQUIVOCAN!!

¡YO, PARA QUE SEPAN, TENGO MI FILOSOFÍA! ¡Y POR DINERO, DE LO ÚNICO - ESCUCHEN BIEN - DE LO ÚNICO QUE SOY CAPAZ ES DE GANAR DINERO!!
QUINO

SI PEPITO TENÍA UNA DOCENA DE CARAMELOS Y DIO SEIS A UN AMIGUITO, ¿SE QUEDÓ CON....
CON....

¿CON......

...FLICTUADO, POR ESTÚPIDO?

COMO DE UN LAVARROPAS QUE MARCHA SIN CESAR

LA ESPUMA DE LA DICHA DESBORDARÁ EN MI HOGAR

TENDRÉ UN BELLO MARIDO
NO FALTARÁ EL DINERO
VIVIREMOS UNIDOS
CUAL EL PELO AL RULERO

¡¡QUÉ SABRÁN USTEDES DE POESÍA, MANGA DE INSENSIBLES!!

¡SENSACIONALES, LOS ZAPALLITOS RELLENOS, MAMÁ! ¿QUÉ HAY DE POSTRE?

PANQUEQUES
¡MMMMMMH!

PERO ANTES......
¡NO!
¡SÍ!

¿POR QUÉ? ¿POR QUÉ SIEMPRE TIENE QUE APARECER LA *COSA NOSTRA* EN LA MESA?
QUINO

¡ES ESPANTOSO! ¡CAPITALES INTERNACIONALES METIDOS EN LA ELABORACIÓN DE SOPAS EN CUBITOS, SOPAS ENLATADAS, SOPAS DESECADAS, SOPAS ENSOBRADAS!...

¡MONTONES DE FÁBRICAS EMPEORANDO LA COSA CON CABELLOS DE ÁNGEL, FIDEOS FINOS, ENTREFINOS, DEDALITOS, MUNICIONES, MOÑITOS Y MIL CLASES MÁS DE PORQUERÍAS!

¿CÓMO LUCHAR CONTRA TODO ESO, SI SON NUESTRAS MADRES, NUESTRAS PROPIAS MADRES, LAS QUE MANTIENEN EN FUNCIONAMIENTO SEMEJANTE MAQUINARIA?

¿CÓMO? ¡ARMÁNDOLES A ELLAS UN ESCÁNDALO MAYÚSCULO CADA VEZ QUE NOS VIENEN CON SOPA! ¡RECORDARLES SU EDAD Y ESAS COSAS!
¡ESO NO SIRVE DE NADA!

¿QUE NO? ¡JA'H! ¡UNA PULGA NO PUEDE PICAR A UNA LOCOMOTORA, PERO PUEDE LLENAR DE RONCHAS AL MAQUINISTA!

"ME GANASTE, SÍ. ¿Y CON ESO, QUÉ? ¿ES MÉRITO GANARLE A QUIEN, COMO YO, JUEGA CON LA SANA DESPREOCUPACIÓN DE NO ALIMENTAR EL BAJO APETITO DEL FUGAZ TRIUNFO, GERMINADOR DE ENGAÑOSAS VANIDADES QUE

1896
¿SNÍF?
¿SNÍF?

SNÍF
SNÍF

¡MECACHO! ¿SE HABRÁN PODRIDO DE VERAS, O ESTARÁN SOMATIZANDO?
QUINO

ESCRIBIR EN LETRAS LA SIGUIENTE CIFRA:
1897

754.305
BEDDÓN...

¿OS GUE ESDAMOS DESFRIADOS BODEMOS ESGRIBID sedediendos dingüendayguadromil dreciendos dingo?
QUINO

1898

¡DIOS MÍO! ¡LÍOS EN TODOS LADOS! ¿POR QUÉ ANDA TAN MAL LA HUMANIDAD?

¿LA CONOCÉS?

SÍ, ES TU INMADUREZ. YA ME LA PRESENTASTE VARIAS VECES
QUINO

¡POBRE, AHÍ PRESO!
¡Y BUEH!... TIENE QUE PAGAR SU DELITO, GUILLE
¿POR QUÉ? ¿QUÉ HA HECHO?
1899

HA COMETIDO NACIMIENTO EN ÉPOCA ACTUAL CON INTENTO PREMEDITADO DE PERPETRAR NIÑEZ EN DOMICILIO DE RADIO URBANO
QUINO

¡A LOS COW-BOYS, SIEMPRE A LOS COW-BOYS!... ¿POR QUÉ NO JUGAMOS A LOS PIRATAS?
1900

¡YA ESTÁ! ¡ÉRAMOS LOS MIEMBROS DEL DIRECTORIO Y DECIDÍAMOS AUMENTAR UN 55% LA TASA DE INTERÉS A COBRAR SOBRE PRÉSTAMOS HIPOTECAR

¿A **QUÉ** PIRATAS?
QUINO

¿NO TENEMOS OTRO DICCIONARIO, PAPÁ? ¡ESTE ES UNA PORQUERÍA!
1901

DICE QUE MUNDO VIENE DEL LATÍN MUNDUS
¿Y?

QUE LO QUE INTERESA SABER NO ES DE DÓNDE VIENE SINO ADÓNDE VA!
QUINO

MAMÁ, ¿PUEDO COMER UNOS CARAMELOS?
1902

NO, PORQUE DESPUÉS NO ALMORZÁS

¿Y CUÁNTO FALTA PARA ALMORZAR?

MEDIA HORA, MÁS O MENOS

DOMÁ, VIVÍ VOS DAMBIÉN EL PRESENDE
QUINO

¡LOS ESTÚPIDOS VERTEBRADOS SON ANIMALES DE ES-QUELETO INTERNO, ÓSEO O CARTILA-GINOSO!
1903

¡QUE COMPRENDE: EL MALDITO CRÁNEO, LA COLUMNA VER-TEBRAL Y SUS MALDITOS ANEXOS!

¡EL IMBÉCIL SISTEMA NERVIOSO DORSAL A-BARCA EL MALDITO EN-CÉFALO Y LA MÉDULA
¿SE PUEDE SA-BER QUÉ DIABLOS TE PASA, MIGUELITO?

NADA, QUE ME DA TANTA RABIA TENER QUE ESTUDIAR LAS LECCIONES QUE SI NO ME DESAHOGO MIENTRAS LAS ESTUDIO, NO PUEDO ESTUDIARLAS
QUINO

¿A JUGAR A LA PLAZA? ¿PERO NO TENÍAS QUE ESTUDIAR?
¡SÍ, MAMÁ, PERO SI JUEGO UN RATO, LUEGO ESTUDIO CON LA CABEZA BIEN DESPEJADA!

¡RÍNDETE YA, PETE JOE! ¡TE TENEMOS RODEADO!
1904

¿RENDIRME? ¡NÉVER! ¡ESTOY DISPUESTO A VENDER CARO MI PELLEJO!

¡A PROPÓSITO DE VENDER CARO: ME DI-JO MI MAMÁ QUE LE DIGAS A TU PAPÁ QUE EL QUESO, ADEMÁS DE COBRÁRNOSLO UNA BARBARIDAD, RESUL-TÓ UN ASCO!

¡CLARO, COMO SI EL QUESO LO FABRICARA MI PAPÁ!
¡LO QUE FABRICA TU PAPÁ ES LA MEJOR MANERA DE DESPLUMAR A LA GENTE!
¡SON TODOS IGUALES, UNA MANGA DE DE
NERADOS
¡ANDÁ, VOS SIEMPRE CON TUS ESTU

¡CON LA CABEZA BIEN DESPEJADA!

1905

¡MAMÁ, VENÍ! ¡LOS BANDIDOS HAN RODEADO AL MUCHACHO! ¡LO VAN A MATAR!!

¡PERO NO, HIJITO! ¡VAS A VER QUE NO LO MATAN!

¿NO?
SEGURO QUE NO

¡GANAS DE HACERLE PERDER TIEMPO A LA GENTE, CARAMBA!
QUINO

1906

¡YÍÍÍÍÍÍÍÍÍÍÍÍK!
¡CRASH!

YÍÍÍÍÍÍÍÍÍÍK-CRASH: PREPOSICIÓN INSEPARABLE QUE SUELE ANTEPONERSE A CIERTAS EXPRESIONES IDIOMÁTICAS

¡HOY EN DÍA LA COSA NO TIENE VUELTAS: HAY QUE ESTAR CON EL PUEBLO!
1909

¡Y YO VOY A ESTAR CON EL PUEBLO!

POR FAVOR, ¿PARA IR A ESTAR CON EL PUEBLO, QUÉ ME DEJA BIEN?

PAPÁ, ¿CUANDO VOS ERAS CHICO QUÉ CANTANTE TE GUSTABA?
¿A MÍ? ¡BING CROSBY!
1910

¿BING CROSBY? ¿Y ERA BUENO, ESE?
¿QUE SI ERA BUENO? ¡JÁH!

JUÉN DE BLUUUU OF DE NÁAAiiiiiiT MITS DE GOOOUUL OF DE DÉEEEEiiiiii

SÁMUUAAAAN GÜEITS FOOOR Miiiiiiiiiii

MAFALDA, ¿PODRÍAS...
(¡SSSSHHHHH!...)

1911

NO ANDABA MUY BIEN, PARECE QUE LE CAYÓ UNA INSPECCIÓN DE LA DIRECCIÓN GENERAL IMPOSITIVA
¡HÚM!

¡MECACHO!
¿QUÉ PASA? ¿ALGO EN EL ZAPATO, MANOLITO?

¡NO, QUÉ SÉ YO!... VENÍA LO MÁS BIEN, Y DE PRONTO... NO SÉ.... ES COMO UNA NEURALGIA AQUÍ, EN EL BOLSILLO!

1912
LO IMPORTANTE ES QUE NOS QUEREMOS, MAMITA; VOS NO TE FIJES EN LO ANECDÓTICO

MIGUELITO, PASA AL FRENTE
1913

GRACIAS, SEÑORITA, PERO PREFIERO LUCHAR DESDE EL LLANO

¡LOS POLÍTICOS PUEDEN DARSE EL LUJO DE DECIR CIERTAS FRASES PORQUE NO TIENEN UNA MAESTRA QUE LOS CLASIFIQUE; POR ESO PUEDEN DARSE EL LUJO DE DECIR CIERTAS FRASES, LOS POLÍTICOS!!
QUINO

1914
¡CUIDADO!
HOMBRES
TRABAJANDO

QUINO
¡CUIDADO!
HOMBRES
TRABAJANDO

1915
HOLA
HOLA

MGUGUI
MAMMMA'

¡JAMÁS!

QUINO
?

1916

Sr.
Juez
QUINO

1917
...Y CAMBIE! ¡CAMBIE POR LA ULTRAMODERNÍSIMA LÍNEA DE COCINAS, LAVARROPAS, HELADERAS, CALEFONES, SECARROPAS, ACONDICIONADORES DE AIRE, TELEVISORES, LICUADORAS, ELECTRO-EXPRIMIDORAS, ENCERADORAS, ASPIRADORAS, RADIOCASETTES....

...GRABAD....
¡CLICK!

BUENO, ¿Y CUANDO LA SOCIEDAD DE CONSUMO LLEGUE A LA SACIEDAD DE CONSUMO, QUÉ?
QUINO

VITA MINAS

?

Y ENTONCES ELLA ME DIJO QUE LO QUE PASABA ERA QUE NO SABÍA POR QUÉ TODOS DECÍAN QUE ELLA LO HABÍA HECHO, CUANDO EN REALIDAD LO ÚNICO QUE ELLA HIZO FUE CONTARLE AL PRIMO DE LA CUQUI, NO SÉ SI LO CONOCÉS, UNO MEDIO BRUTO ASÍ ESTILO MANOLITO AUNQUE NUNCA TAN BESTIA, CLARO, BUENO, TE DECÍA QUE ELLA DECÍA QUE LO ÚNICO QUE ELLA HIZO FUE CONTARLE AL PRIMO DE LA CUQUI QUE LE PARECÍA QUE LO QUE IBA A HACER ERA IR Y DECIRLE A LA MÓNICA QUE SI ELLA PENSABA QUE ELLA ERA DE LAS QUE ANDABAN METIENDO

PERO RESULTA QUE, SEGÚN ELLA DICE, ESTO DE IR Y DECIRLE A MÓNICA ESO PENSÓ HACERLO PERO NO LO HIZO Y DE AHÍ QUE AHORA SALE CONQUE NO FUE Y LE DIJO A MÓNICA LO QUE PENSABA DECIRLE, PORQUE YO LA VERDAD MUCHO NO LE CREO Y ANDÁ A SABER SI ELLA LO HIZO Y AHORA DICE QUE NO LO HIZO PORQUE YA UNA VEZ, NO ME ACUERDO SI FUE EL AÑO PASADO O EL ANTEAÑO, ME HIZO UNA QUE NO ME OLVIDO NUNCA, AUNQUE YO NO SOY RENCOROSA. CLARO, QUE SI HAY ALGO QUE NO VA CONMIGO SON LA ENVIDIA, EL RENCOR Y TODO ESO, PERO QUE DE AQUELLA QUE ME HIZO ELLA ESO SÍ QUE NO ME OLVIDO, PORQUE VOS DECIME SI SON COSAS DE HACER LA QUE ELLA ME HIZO. RESULTA QUE VIENE UN DÍA Y ME DICE, ME

NE EL PIRULO UNO PUDIERA NO CONOCERLO. BUENO, RESULTA QUE VIENE Y ME PREGUNTA SI YO LO CONOZCO AL PIRULO, ¿Y POR QUÉ? LE PREGUNTO YO. Y, NO POR NADA, AGARRA Y ME DICE ELLA; NO, POR NADA NO, LE DIGO YO, VOS POR QUÉ ME PREGUNTÁS SI CONOZCO O NO AL PIRULO? Y, BUENO, NO SÉ, PORQUE ME PARECE QUE ES UNO DE ESOS A LOS QUE MÁS VALE PERDERLOS QUE ENCONTRARLOS, MIRALA VOS COMO SI ELLA FUERA NO SÉ QUIÉN; BUENO, LA CUESTIÓN ES QUE VINO A DECIRME UNA CANTIDAD DE COSAS DEL PIRULO, Y QUE ERA ESTO Y QUE ERA LO OTRO Y LO DEMÁS ALLÁ CUANDO LA VERDAD ES QUE EL PIRULO, POBRE, SERÁ MEDIO PAPAFRITA PERO MAL CHICO NO ES, ¿CÓMO VA A SER MAL CHICO SI UNA VEZ QUE EL GORDITO DE AL LADO DE LA

¡HOLA!

¡SALVADO! ¡GRACIAS, MANOLITO!
¡MMMCHUÍÍÍÍK!

¿!?
¿♡?
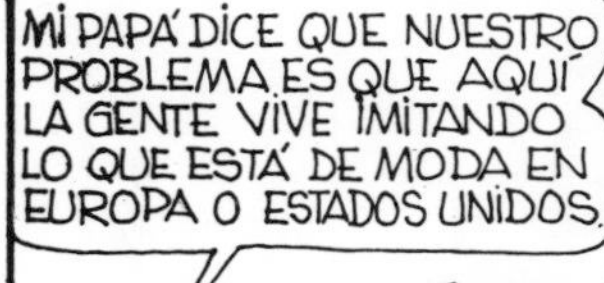
MI PAPÁ DICE QUE NUESTRO PROBLEMA ES QUE AQUÍ LA GENTE VIVE IMITANDO LO QUE ESTÁ DE MODA EN EUROPA O ESTADOS UNIDOS.

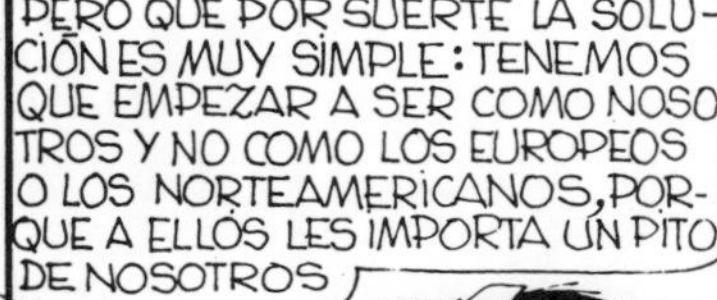
PERO QUE POR SUERTE LA SOLUCIÓN ES MUY SIMPLE: TENEMOS QUE EMPEZAR A SER COMO NOSOTROS Y NO COMO LOS EUROPEOS O LOS NORTEAMERICANOS, PORQUE A ELLOS LES IMPORTA UN PITO DE NOSOTROS

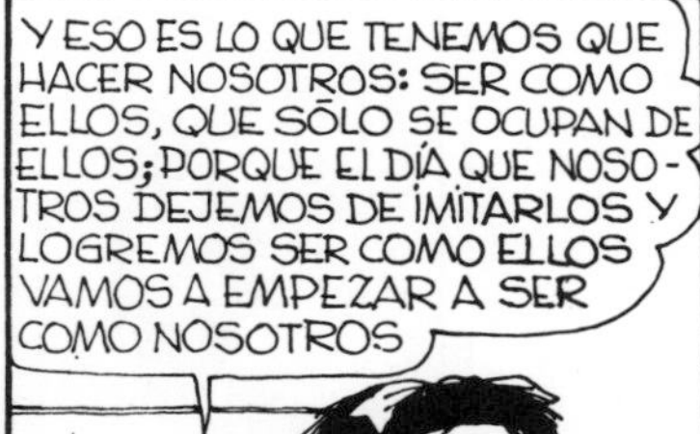
Y ESO ES LO QUE TENEMOS QUE HACER NOSOTROS: SER COMO ELLOS, QUE SÓLO SE OCUPAN DE ELLOS; PORQUE EL DÍA QUE NOSOTROS DEJEMOS DE IMITARLOS Y LOGREMOS SER COMO ELLOS VAMOS A EMPEZAR A SER COMO NOSOTROS

SÍ, POR SUERTE LA SOLUCIÓN ES MUY SIMPLE
¡ESO!

MIRÁ VOS, Y EN LA ETIQUETA LOS MUY CRETINOS LE PONEN COGNAC TIPO FRANCÉS

¡TARADA! ¡TENÉS PESADILLAS Y ENCIMA TE REÍS?

MAFALDA **I**NÉDITA

TEXTOS E INVESTIGACIÓN PERIODÍSTICA: SYLVINA WALGER
RECOPILACIÓN: ALICIA Y JULIETA COLOMBO

Si este libro está aquí es gracias al Monito.
Quino

EXPLICACIÓN

La trayectoria de **Mafalda** abarca el periodo comprendido entre los años 1964 y 1973, en tres publicaciones: "Primera Plana", "El Mundo" y "Siete Días Ilustrados". Bastante antes de la despedida oficial de la tira, en junio de 1973, Quino -y nadie más que él- se había dado cuenta de que se encontraba agotado y que no podía insistir sin repetirse.

A diferencia de otros colegas suyos -como Schulz, creador de "Peanuts"-, que han hecho perdurar las tiras apoyándose en un equipo de guionistas y dibujantes, Quino se resistió siempre a perder el contacto personal con su creación. Jamás quiso adoptar esta modalidad de trabajo por considerarla no adecuada a su estilo, así como tampoco nunca ha utilizado un mecanismo particular de trabajo. Antes que nadie lo pudiera percibir, Quino supo que **Mafalda** había cumplido su cometido.

Los diez libros editados sobre **Mafalda** no recogen exhaustivamente las andanzas del personaje que Umberto Eco definiera como una "heroína iracunda que rechaza al mundo tal cual es... reivindicando su derecho a seguir siendo una niña que no quiere hacerse cargo de un universo adulterado por los padres".

Las tiras que integran este **Mafalda inédita** -en buena parte aparecidas en las publicaciones mencionadas- fueron, en muchos casos, deliberadamente omitidas de los libros precedentes. La decisión de darlas a conocer a través de una nueva edición significa no solamente un homenaje a la verdad histórica de **Mafalda** -a punto de cumplir sus veinticinco años- sino también un llamado a la reflexión sobre casi una década de la historia local y mundial.

El volumen incluye las 48 tiras publicadas en "Primera Plana", nunca recopiladas; además, los orígenes de la tira que, como se verá, no nació tanto de un afán de contestar al mundo como de la más prosaica necesidad de publicitar un determinado producto.

Excepto razones de fuerza mayor, como ocurriera con la desaparición de algunos originales, los criterios utilizados para descartar las tiras que aquí se reproducen fueron tres principalmente. En primer término prevaleció la opinión del autor, que descalificó algunas por encontrarlas sencillamente "malas" y por lo tanto sin méritos suficientes como para ser incluidas en los anteriores volúmenes. Otras, en cambio, fueron eliminadas por considerarse que respondían a situaciones de validez temporal (ejemplo, los llamados a vacunarse contra la poliomielitis).

Por último, y aquí se impusieron criterios de tipo político, tampoco fueron incluidas las tiras que aludían, con la inevitable sorna del momento, a las limitaciones del gobierno del doctor Illia. El mismo Quino explica que "tanto por la ignorancia que teníamos acerca de las reglas del juego democrático como por la misma precariedad de estas democracias nos convertimos, sin desearlo, en los mejores aliados del enemigo".

QUINO
Recibió un llamado telefónico de Joan Manuel Serrat pidiéndole algo para su disco "El Sur también existe", que musicalizaba poemas de Mario Benedetti y entendió que Serrat quería la tira para ponerla dentro del disco como un desplegable —de ahí el formato cuadrado—; pero el disco ya había salido a la venta y la tira no llegó a distribuirse con él.
"Fue el producto de un equívoco entre un catalán y un andaluz", explica Quino, aludiendo a sus propios orígenes.

LEOPLAN

LEOPLAN

Como una "historia curiosa" define el humorista y escritor Miguel Brascó la participación que le cupo en el nacimiento de *Mafalda*. Amigo personal de Quino, hacia 1962 habían compartido páginas en las revistas "Tía Vicenta", que dirigía Landrú y "Cuatro Patas", una creación de Carlos del Peral que, aunque de circulación restringida y corta duración, también fue un modelo humorístico de la época.

"Quino me había comentado que tenía ganas de dibujar una tira con chicos", recuerda Brascó. "Un día llaman de Agens Publicidad y me piden un dibujante capaz de urdir una tira cómica que habría de publicarse de manera encubierta en algún medio, para promocionar los electrodomésticos Mansfield producidos por Siam Di Tella."

"La persona que habló conmigo se llamaba Briski y me acuerdo porque el nombre me sugirió una mezcla de Brascó con Oski." Brascó le dice a Quino -"Quinoto", como lo recuerda cariñosamente- "para mí vos sos el indicado", y le sugiere que imagine una historieta que combine a "Peanuts con Blondie". Para Brascó, "Quino era y sigue siendo no sólo un gran dibujante, sino un genial argumentista".

El autor boceta entonces una familia tipo en la que puede reconocerse a *Mafalda* y a sus padres, pero respetando una de las reglas de oro de la agencia: que el nombre de todos los personajes comience con "M".
Quino se acuerda de que en la novela de David Viñas, "Dar la cara", se habla de una beba llamada Mafalda, le parece un nombre alegre y lo adopta para su protagonista. Con el tiempo se entera de la desgraciada historia de la Principessa Mafalda de Savoia, hija del rey de Italia, Vittorio Emanuele III, que terminara sus días en el campo de concentración de Buchenwald.
Agens resuelve entregarle la tira al diario "Clarín" a cambio de que no se les cobrara el espacio. Pero el diario percibe la publicidad encubierta y el acuerdo se rompe. La campaña no se hace y los productos Mansfield -por motivos ajenos a esto- no llegan nunca a estar en el mercado.

LEOPLAN

Miguel Brascó se entera de que "el negocio no había prosperado" cuando Quino le lleva las fallidas tiras a "Gregorio", el suplemento estable de humor de la revista "Leoplán", creado y dirigido por Brascó, y en el que colaboraban firmas de la talla de Rodolfo Walsh, Carlos del Peral, Kalondi y Copi. Impresionado por el homenaje a "Periquita" que cree entrever en el dibujo de **Mafalda**,
Brascó le publica tres de las tiras.
Hasta aquí la primera parte del nacimiento de **Mafalda**, que prueba hasta qué punto su autor nunca se pensó a sí mismo como un crítico del mundo y, menos aun, tuvo expectativas de transformarlo porque, según sus propias palabras, no cree que "el humor transforme nada".

EL fracaso de la campaña Mansfield y la gran amistad que unía a Quino con Julián Delgado, jefe de redacción de la revista "Primera Plana", desaparecido cuando era director de "Mercado" -el 4 de junio de 1978- determinaron que **Mafalda** se formalizara como tira. Delgado intuye que puede ser un éxito entre los lectores de "Primera Plana". Lo conversa con Quino y éste se incorpora a la publicación. **Mafalda** debuta oficialmente como tira el 29 de setiembre de 1964 en "Primera Plana", donde se publica hasta el 9 de marzo de 1965. Durante este periodo, Quino produjo 48 tiras a un ritmo de dos por semana.

En esta etapa sólo permanecerán del boceto original **Mafalda** y los padres, hasta que el 19 de enero de 1965 hace su primera aparición Felipe. La fuente de inspiración de este personaje hay que buscarla en otro gran amigo del autor, Jorge Timossi, quien a otras cualidades espirituales sumaba -explica Quino- "dos graciosos dientes de conejito". Timossi es un periodista argentino que se radicó en Cuba hace muchos años y participó de la fundación de la agencia de noticias "Prensa Latina".
Mafalda parecía definitivamente instalada en "Primera Plana" cuando en marzo de 1965 un diario del interior solicita la tira para publicarla. Al intentar Quino retirar los originales para comenzar a enviárselos, se entera de que el semanario considera de su propiedad las tiras publicadas.
"Fui al archivo y logré que el cadete me las diera", recuerda. Fue el fin de su relación con "Primera Plana" y también una dolorosa ruptura de su amistad con Julián Delgado.

Como toda persona que trabaja en un medio debe adaptarse a la modalidad periodística del mismo y siendo "Primera Plana" un semanario de actualidad nacional e internacional, Quino trató de reflejar las inquietudes de la época.
Las referencias que se hacen en las tiras a China, Africa, América latina y la condición femenina tienen que ver con que, por entonces, se creía firmemente en que el Tercer Mundo y la mujer lograrían revertir su situación de sumergidos.

29 setiembre '64

29 setiembre '64

6 octubre '64

6 octubre '64

En febrero de 1962 un golpe militar depuso al gobierno de Arturo Frondizi. Entre las causas que provocaron su caída pueden mencionarse el triunfo peronista en la provincia de Buenos Aires en las elecciones legislativas de ese año y la firma de unos oscuros contratos de petróleo. Le sucede José María Guido, presidente provisional del Senado, al que un manejo político coloca al frente del país como la cara civil de las Fuerzas Armadas. Mientras, surgen diferencias en el seno del Ejército, que se divide en dos bandos, "azules" y "colorados", que llegan al enfrentamiento armado. Los "azules", de tendencia "legalista", se inclinaban por una restauración del orden constitucional por oposición a los "colorados", proclives a instalarse definitivamente en la Casa Rosada.

13 octubre '64

13 octubre'64

20 octubre '64

20 octubre '64

Triunfa la fracción azul, con el general Juan Carlos Onganía a la cabeza. El país concurre nuevamente a las urnas el 7 de julio de 1963. Perón, desde Madrid, había ordenado el voto en blanco. Resulta ganadora -con sólo el 21,9 por ciento de los votos- la Unión Cívica Radical del Pueblo, convertida en primera minoría.
El 12 de octubre asume la presidencia de la República el doctor Arturo Umberto Illia. Sobrio y austero como pocos, aficionado al mate y a las largas charlas, este anciano médico de Cruz del Eje, Córdoba, que conocía por el nombre a toda la gente de su pueblo y se interesaba personalmente por sus males, supo conservar ese estilo como presidente de la Nación. (Ref. tira 2 marzo '65).

27 octubre'64

27 octubre'64

3 noviembre '64

3 noviembre '64

Cumpliendo lo prometido durante su campaña electoral, en noviembre de ese año anuló los contratos de petróleo concertados por el gobierno de Frondizi con compañías extranjeras. Sabiendo el escozor que tal medida provocaría en los sectores más reaccionarios del país, Illia prefirió que el anuncio lo hiciera discretamente, y a medianoche, su ministro de Economía, Eugenio Blanco.
Al cumplirse el primer año de gobierno, octubre de 1964, una encuesta realizada por la revista "Primera Plana" revelaba que el 98 por ciento de los encuestados adjudicaba al Presidente la imagen de un mandatario "bondadoso, calmo y paternal" más que la de un gran estadista con "poder de conducción y ejecutividad". (Ref. tira 1º diciembre '64).

10 noviembre '64

10 noviembre '64

17 noviembre '64

17 noviembre '64

Conocidos hombres de prensa como el columnista de "Primera Plana" Mariano Grondona -Subsecretario de Interior luego del triunfo de los "azules" y uno de los autores del "Comunicado 150" de Campo de Mayo, que consagraba la prescindencia de los militares en política- escribía en esa misma época que la "figura del doctor Illia creció este año de la nebulosa inicial a una imagen de unánime respeto. Desde Marcelo T. de Alvear ...nunca un presidente ha sido menos atacado en el orden personal".
El país conocía en tanto un primer año de paz democrática y recibía la influencia de la libertaria década de los sesenta. La creatividad florecía en el Instituto Di Tella, sede de la vanguardia intelectual del momento, y la Universidad atravesaba una de sus épocas más brillantes bajo el rectorado de Risieri Frondizi.

24 noviembre '64

24 noviembre '64

1º diciembre '64

1º diciembre '64

La expansión industrial valorizó la industria nacional y obligó a las empresas a remozar sus cuadros directivos dando origen a unos personajes que pusieron la nota sofisticada de esos años, "los ejecutivos", a quienes inmortalizara María Elena Walsh en una canción. Gerentes de ventas, expertos en relaciones públicas, finanzas o costos industriales, impusieron un lenguaje rebuscado del cual la revista "Primera Plana" fue un modelo. Canalizaban sus nervios en la jaula de golf y se trataban con psicoanalistas. (Ref. tira 2 febrero '65).

8 diciembre '64

8 diciembre '64

15 diciembre '64

22 diciembre '64

En el verano de 1965 termina la tregua que los partidos políticos, las entidades empresarias y los gremios habían concedido al gobierno al que ya comenzaba a enrostrársele una notable falta de dinamismo en su gestión. Esta calificación falsa resultaba impulsada por una campaña orquestada, trampa en la que muchos cayeron. En agosto de 1964 se había anunciado el retorno de Perón y en setiembre la Justicia decretaba la prisión preventiva de los 119 dirigentes cegetistas que habían aprobado un "plan de lucha" con ocupación de fábricas, por "instigación a cometer delitos". Se extiende por el país una psicosis retornista y las encuestas arrojan que un 61 por ciento de la población es favorable al retorno; con la misma intensidad, el general Onganía aparece como el militar que despierta más simpatías.

15 diciembre '64

22 diciembre '64

29 diciembre '64

29 diciembre '64

El 3 de diciembre de 1964 Perón llega al aeropuerto de Río de Janeiro y es declarado "persona no grata" por el gobierno brasileño a instancias de la Argentina, por lo que debe regresar a España. (Ref. tira 5 de enero '65). A partir de entonces, desde Madrid se ordena no dar tregua al sistema vigente en el país.
Pese a que entre agosto de 1964 y marzo de 1965 el aumento del costo de vida había sido tan sólo de un 15 por ciento, José Alonso, secretario general de la C.G.T., asegura que "esto no da para más" y pronostica que "el país comienza a salir ahora de la crisis para entrar en el caos". (Ref. tira 9 febrero '65).
Una vez más la sociedad se ve sacudida. Una carta del general Enrique Rauch denuncia un complot alentado por Frondizi, Frigerio y Framini para desplazar al comandante en Jefe del Ejército, general Juan Carlos Onganía, y reemplazarlo por el general Carlos Jorge Rosas. Onganía sale fortalecido de la crisis.

5 enero '65

5 enero '65

12 enero '65

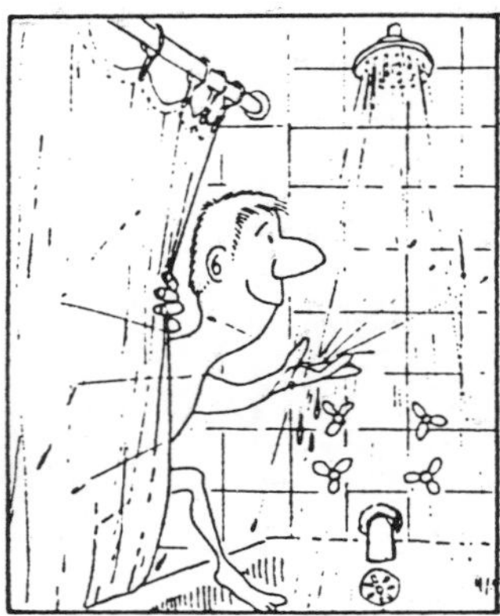

12 enero '65

Por la misma época, el mundo enfrentaba los cambios más profundos que las sociedades hayan registrado después de la Segunda Guerra Mundial. La posibilidad de un holocausto nuclear y el ímpetu revolucionario de la China de Mao, que a diferencia del comunismo soviético no se contentaba con cambiar la vida sino que pretendía cambiar al hombre, eran percibidos como una amenaza para el planeta. (Ref. tira 3 noviembre '64). Vanos resultaban los llamados del entonces secretario general de la ONU, el pacífico budista birmano U-Thant, apelando a la conciencia de las naciones para detener la carrera armamentista atómica.

19 enero '65

19 enero '65

26 enero '65

26 enero '65

En los Estados Unidos, ya embarcados en la guerra de Vietnam, una explosión racial sin precedentes reivindicaba la igualdad de derechos civiles para blancos y negros. Su líder, Martin Luther King, posteriormente asesinado, recibía el Premio Nobel de la Paz, en octubre de 1964. Al mismo tiempo, Jean-Paul Sartre rechazaba el de Literatura alegando que "un escritor que toma posiciones políticas, sociales o literarias sólo debe actuar con medios que le son propios, es decir, con la palabra escrita" ..."mis simpatías por los guerrilleros de las FALN venezolanas -por ese entonces muy extendidas en ese país- sólo me comprometen a mí, pero si el Premio Nobel Jean-Paul Sartre toma partido por la resistencia en Venezuela arrastra consigo a todo el Premio Nobel".

2 febrero '65

2 febrero '65

9 febrero '65

9 febrero '65

En junio de 1964, el senador por Arizona Barry Morris Goldwater, nieto de un judío polaco que había emigrado a los Estados Unidos y miembro de la fascista John Birch Society, obtenía la candidatura republicana a la presidencia. Anticomunista visceral, Goldwater emprendió contra los demócratas una de las campañas más virulentas que los Estados Unidos hayan conocido, responsabilizándolos por "la degradación moral del país". Reclamaba mano dura contra los negros y prometía una política exterior de "paz por la fuerza". En las elecciones de ese año, arrastró al partido Republicano a su más estrepitosa derrota frente al binomio Lyndon Johnson-Hubert Humphrey. (Ref. tira 27 octubre '64).

16 febrero '65

16 febrero '65

23 febrero '65

23 febrero '65

Un episodio que ocupara gran espacio en la prensa de esos meses corresponde a los avatares del turbulento proceso de descolonización del Congo Belga (hoy República del Zaire). En 1961 el Congo había conquistado su independencia de manera truculenta, después de un siglo de dominación belga que impuso a la población de algo más de 14 millones de habitantes un régimen de terror.
Moise Capenda Chombe, terrateniente de Katanga, la provincia más rica del Congo Belga, aspira a convertirla en un Estado independiente. Se le opuso Patrice Lumumba, primer ministro del presidente Joseph Kasavubu, que pretendía construir un auténtico Estado nacional congoleño. Lumumba, obligado a huir, es reemplazado por el coronel Joseph Desiré Mobutu (actual presidente de Zaire). Apresado Lumumba es entregado a Chombe y en enero de 1961 se informa que había muerto al "intentar

2 marzo '65

2 marzo '65

9 marzo '65

9 marzo '65

escapar". Chombe libra una cruenta guerra civil -apoyado por los belgas- contra Kasavubu-Mobutu, más afines a Washington. La Unión Minera Belga cedió posiciones y fue creada la Sociedad Congoleña de Minerales, donde los Estados Unidos salieron fortalecidos. (Ref. 23 febrero '65).
Octubre de 1964 resultará un mes intenso en el plano internacional. Se acentúan las diferencias ideológicas que distanciarán -durante largos años- a China de la Unión Soviética. Renuncia el secretario general del partido Comunista soviético, Nikita Kruschev, no sin antes definir a Mao como un "segundo Hitler".

El 17 de octubre China hace estallar su primera bomba atómica convirtiéndose en la quinta potencia nuclear del mundo. U-Thant calificó al experimento de "lamentable", aunque la agencia "Nueva China" se apresuró a calmar los ánimos argumentando que el artefacto no tenía otro objetivo que acabar con el monopolio nuclear. (Ref. tiras 27 octubre '64 y 3 noviembre '64).
El recelo con que el mundo miraba a aquellos setecientos millones de chinos que pretendían, además de comer, castigar al hombre blanco por haberlos humillado durante tantos años, no fue obstáculo para que el semanario francés "L'Express" consagrara a Mao como el hombre del año. China y Francia tenían algo en común; ambas se habían negado a firmar, en 1963, el Tratado Nuclear de Moscú que aspiraba a la no proliferación de armas nucleares, acordado por la Unión Soviética, Inglaterra y Estados Unidos.

En América latina, en tanto, las aguas se agitaban. En marzo de 1964 un golpe militar había depuesto al presidente brasileño Joao Goulart. En octubre de ese mismo año, el gobierno del mariscal Humberto Castelo Branco -muerto en 1967 en un accidente de aviación- reconocía que los militares que llegaron al gobierno para asegurar "la reconstrucción económica, financiera, política y moral del país" no habían podido frenar el '"costo de vida". El 28 de octubre de 1965 Castelo Branco impone una verdadera dictadura militar y concentra en su persona la suma del poder público.

Entre los diarios que en ese momento se editaban en la Capital, "El Mundo" era uno de los más populares e independientes. Brascó, que conocía personalmente a su director, Carlos Infante, le recomendó **Mafalda**. Empezó a publicarse el 15 de marzo de 1965 y continuó hasta el 22 de diciembre de 1967, fecha en que "El Mundo" cerró definitivamente. "Ese fue el verdadero lanzamiento de Quino", sostiene Miguel Brascó, que intervino para que la historieta siguiera adelante y que por entonces viaja a Santa Fe y recomienda la tira a su amigo Luis Vittori, subdirector de "El Litoral". Más tarde el diario "Córdoba", de Córdoba, también a instancias del mismo "promotor" comienza a publicar **Mafalda**, que se extiende por los diarios del interior del país.

Quino pasa de "Primera Plana", que era un semanario, a publicar tiras cotidianas en un diario, y esto le permite tocar temas de último momento. Los problemas, tanto domésticos como políticos, pasan a reflejarse entonces en los juegos y en las relaciones familiares. La polémica sobre si la televisión era perniciosa o no para los niños estaba en pleno auge. Quino que, como muchos, se resistía a tener televisor, no pudo eludir el tema.
Al cabo de dos semanas de publicar en "El Mundo" advierte que necesita más personajes para enriquecer la tira, y el 29 de marzo de 1965 aparece Manolito -Manuel Goreiro- inspirado en el padre de Julián Delgado, propietario en Buenos Aires de una panadería situada en Cochabamba y Defensa, en el histórico barrio de San Telmo.

El 6 de junio debuta Susanita -Susana Beatriz Chirusi- que no responde a un modelo de persona conocida por su creador. El hermanito de **Mafalda** -un simpático y desfachatado sobrino de Quino que tiene ya 24 años y estudia flauta en Basilea- no llegó a aparecer porque el repentino cierre de "El Mundo" dejó a la mamá embarazada de Guille.

9 marzo '65

1º abril '65

19 abril '65

8 mayo '65

Desde marzo de 1965 hasta junio de 1966 la Argentina soportó una embestida contra sus instituciones democráticas que desembocará en el golpe militar del 28 de junio. El triunfo del peronismo, con el nombre de "Unidad Popular", en las elecciones legislativas del 14 de marzo, y una campaña orquestada contra la gestión de gobierno, tenida por algunos como exageradamente estatista y por otros como demasiado dócil ante las exigencias del FMI, habían enrarecido el clima social y militar.
La imagen del gobierno se deterioraba a diario sin que nadie tratara de defenderlo. La lentitud que se atribuía a los radicales quedó simbolizada en una tortuga. También las arrugas del rostro del Presidente se habían convertido en motivo de bromas. Las mejor intencionadas rescataban aquello de venerable que imprime el paso del tiempo, y sus adeptos se complacían en expandir esa figura calma y bondadosa- "popular", decían- del Primer Mandatario. Otro tipo de pullas asociaba las arrugas presidenciales a un

10 mayo '65

11 mayo '65

12 mayo '65

13 mayo '65

estilo de gobierno "en favor de la calma y la unidad" pero que no lograba resolver candentes temas sociales como el deterioro salarial o la suba de precios. (Ref. tiras 12 y 13 de junio '65 y 8 de octubre '65).
Durante este periodo -marzo de 1965-diciembre de 1967- la vida del país se vincula estrechamente a los acontecimientos que ocurren en América latina. Es el caso de la invasión norteamericana a Santo Domingo en abril de 1965 que despierta una polémica dentro del partido gobernante al tiempo que algunos sectores aprovechan para responsabilizar al radicalismo de debilidad frente a la ""infiltración comunista". (Ref. tira 15 mayo '65).
El 29 de abril, quinientos "marines" habían desembarcado en la República Dominicana pretextando la "incapacidad" de su gobierno para defender los intereses de los compatriotas norteamericanos residentes en la isla.

14 mayo '65

15 mayo '65

16 mayo '65

17 mayo '65

En realidad, Washington quería sofocar el alzamiento de un grupo de militares nacionalistas que se oponían al triunvirato de facto que dos años antes había depuesto al gobierno constitucional del presidente Juan Bosch, también curiosamente acusado de "blando con el comunismo". El Triunvirato, que se apoyaba en propietarios de ingenios azucareros, comerciantes y en la Iglesia, era herencia de treinta y dos años de dictadura del "Benefactor" Rafael Leónidas Trujillo, asesinado en 1962.
La CIA, a cargo del republicano, conservador y católico, John Mc Cone, temerosa de que cundieran por América latina ejemplos como los de Castro, Nasser o Ben Bella, desconfiaba más de los "nacionalismos de izquierda" que de los marxismos legales. Era el caso del Partido Comunista Dominicano, que nunca apoyó a Bosch, entre otras cosas porque participaba de la "Legión del Caribe", que agrupaba a liberales

12 junio '65

13 junio '65

14 junio '65

8 octubre '65

centroamericanos, antidictatoriales y amigos de los Estados Unidos y que integraban José Figueres en Costa Rica, Rómulo Betancourt en Venezuela y Muñoz Marín en Puerto Rico.

Durante cuatro meses -de abril a julio- la República Dominicana se debatió en una guerra civil. La OEA, preocupada por la posibilidad de un triunfo de los sectores más radicalizados crea -en contra de la opinión de la ONU- la Fuerza Interamericana de Paz, "FIP", para combatir la "infiltración comunista" en el marco de la intervención norteamericana a Santo Domingo. (Ref. tira 8 mayo '65).

La vacilante decisión del canciller Miguel Angel Zavala Ortiz de enviar tropas argentinas a la FIP desata una crisis en el gobierno radical. Una creciente movilización opositora a la propuesta de Zavala Ortiz, que integran el peronismo, la CGT, el desarrollismo, la democracia cristiana, el socialismo argentino,

19 octubre '65

26 octubre '65

12 diciembre '65

21 diciembre '65

organizaciones estudiantiles y sectores importantes del propio radicalismo, obligó al gobierno a demorar el envío del proyecto al Congreso. (Ref. tira 10 mayo '65).

El 12 de mayo se realiza un acto de protesta en la Plaza de los Dos Congresos que culmina con el asesinato del estudiante Daniel Grinbak. Dos grupos de la organización nacionalista Tacuara se culparon mutuamente por el hecho: el Movimiento Nacionalista Revolucionario (MNR-Tacuara) y la Guardia Restauradora Nacionalista.

En octubre de ese año Diputados debate la resolución de la Cámara de Representantes norteamericana que permitía a los Estados Unidos intervenir en otras naciones del continente "ante cualquier amago de subversión comunista". Cerró el debate el diputado radical Raúl Alfonsín con una ponencia que fue

24 diciembre '65

Fue un error de Quino suponer que en la escuela los chicos seguían haciendo palotes.

12 marzo '66

El 15 de marzo de 1966 Quino festeja el primer aniversario de *Mafalda* en el diario "El Mundo", al mismo tiempo que en la ficción el personaje cumple seis años.

15 marzo '66

considerada "medular históricamente" y "doctrinaria políticamente". Alfonsín, que impactó al bloque de diputados justicialistas, dijo que los gobiernos radicales han sostenido siempre la libre determinación de los pueblos, la no intervención en sus asuntos internos y la igualdad jurídica de las naciones. La Argentina no envió tropas a Santo Domingo.

Otro hecho repercutió en la sociedad argentina. En mayo muere en Buenos Aires Celia de la Serna de Guevara Lynch, madre del Che Guevara. Es la primera vez que se habla públicamente del ignorado paradero de Guevara, sobre el que se tejen todo tipo de conjeturas. Algunos sostenían que la Revolución Cubana había eliminado a su ala izquierda, encarnada por el Che. Otras aseguraban que Guevara intentaba reproducir la experiencia cubana en otros países. El diario "The Times", de Londres, llegó a afirmar que su presencia se había convertido en un peligro para la Revolución Cubana luego del discurso antisoviético que pronunció en la Conferencia de Argel. (Ref. tira 19 octubre '65).

21 mayo '66

27 mayo '66

29 mayo '66

14 junio '66

Sin embargo, el 4 de octubre de 1965 Fidel Castro -que por entonces había disuelto el Partido de la Revolución Socialista para reemplazarlo por el Partido Comunista Cubano- dio a conocer una carta que le enviara Guevara, fechada el 1º de abril, donde bajo la forma de un testamento político, el Che renunciaba a su cargo de ministro de Industria y a la nacionalidad cubana.

"Otras tierras del mundo reclaman el concurso de mis modestos esfuerzos. Yo puedo hacer lo que te está negado -le explicaba a Fidel en un párrafo- y llegó la hora de separarse. Sépase que lo hago con una mezcla de alegría y dolor. Aquí dejo lo más puro de mis esperanzas de constructor y lo más querido entre mis seres queridos. Hasta la victoria siempre. Patria o Muerte. Te abrazo con todo fervor revolucionario. Che." "Dejo que los enemigos de la Revolución sigan haciendo conjeturas sobre Guevara", fue el comentario de Castro.

El teniente general JUAN CARLOS ONGANÍA que desde hoy preside el gobierno.

EL TIEMPO

HOY

MAÑANA

AYER

EL MUNDO

"Lo bueno, si breve, dos veces bueno." GRACIAN.

Año XXXIX - Nº 13.429 - Buenos Aires, miércoles 29 de junio de 1966

PROCLAMA REVOLUCIONARIA

LOS TRES COMANDANTES en Jefe de las Fuerzas Armadas, integrantes de la Junta Revolucionaria, momentos antes de darse lectura, desde el Salón Blanco de la Casa de Gobierno, al mensaje dirigido al pueblo informando sobre los verdaderos fines de dicho movimiento.

Asumirá Hoy la Presidencia el General Onganía

Con la presencia de altos jefes y oficiales de las tres armas, hoy, a las 11, en el Salón Blanco de la Casa de Gobierno, prestará juramento como presidente de la República el teniente general Juan Carlos Onganía. Tendrá cumplimiento así lo anunciado en el mensaje dirigido ayer al pueblo por la Junta Revolucionaria integrada por los tres comandantes en jefe de las Fuerzas Armadas. Estímase que, previo al juramento de Onganía, harán lo propio los nuevos miembros de la Corte Suprema de Justicia. Inf. págs. 2, 3, 4, 5, 6, 7, 8, 9, 20, 21 y 40.

Desquite Por Landrú

--Vengo a hacerle un planteo.

PHILIPS

EN MADRID

MADRID (AFP). — El ex presidente argentino Juan D. Perón expresó que está a favor del golpe de estado que derrocó al doctor Illia. En declaraciones formuladas a un semanario de Buenos Aires, subrayó que el golpe de estado era *"la única salida para acabar con el régimen corrupto que imperó en la Argentina en los últimos tres años"*.

Luego elogió la personalidad del general Onganía, nombrado jefe del nuevo gobierno, de quien dijo que era *"un brillante soldado"*, indicando que "con el trabajo de todo el país podrá recuperarse en poco tiempo".

EL MUNDO, MIERCOLES 29 DE JUNIO DE 1966

MAFALDA

Por Quino

19 julio '66

Mundial de fútbol de 1966 / Partido Argentina-Inglaterra.

26 julio '66

Guerra egipcio-israelí

6 junio '67

25 julio '67

La actitud de EE.UU. y la OEA frente al conflicto de Santo Domingo encontró su contrapartida en la Conferencia de Solidaridad Tricontinental inaugurada en La Habana en enero de 1966. Esta reunión se propone desarrollar y coordinar la lucha contra el imperialismo norteamericano.
Perú, Colombia, Venezuela y Estados Unidos sostienen que la actitud del encuentro es de "intervención en los asuntos internos de los países" y reclaman de la OEA sanciones para la misma. Pero el organismo, reunido en sesión secreta, no logra ponerse de acuerdo sobre el texto de resolución condenando a la Tricontinental de La Habana.
En tanto en Argentina, a fines de 1965, el comandante en Jefe del Ejército, general Juan Carlos Onganía, solicita su retiro alegando no haber sido consultado para la designación del nuevo Secretario de Guerra. (Ref. tira 12 diciembre '65).

21 diciembre '67

22 diciembre '67

15 agosto '67

20 octubre '66

Durante el verano de 1966 comienzan a ser cada vez más frecuentes los rumores de un golpe militar en la Argentina. Las Fuerzas Armadas, aunque todavía prescindentes, observaban con creciente interés a Brasil, donde un gobierno militar que había disuelto los partidos políticos continuaba gozando de la afluencia masiva de capitales. (Ref. tira 6 de abril '66).
Sumándose al coro de los descontentos aparecen una serie de solicitadas que firma una Federación Argentina de Entidades Democráticas Anticomunistas, FAEDA, que recurre al viejo truco de acusar de "comunista" al gobierno para justificar un golpe. Sus denuncias fueron acompañadas, en muchos casos, de listas con nombres y apellidos de los "infiltrados" en distintos ámbitos. El historiador José Luis Romero, el periodista Gregorio Selser y el presidente de EUDEBA, Boris Spivacow, mencionados en dichas listas, inician querella a la entidad.

Durante los meses de mayo y junio de 1966 se suceden los conflictos sociales. Paran estatales, ferroviarios, transporte automotor de la provincia de Buenos Aires, los profesores de enseñanza media y los estudiantes ocupan las facultades en demanda de mayor presupuesto. El 14 mayo caen asesinados el dirigente metalúrgico Rosendo García -cercano a Augusto Vandor- y el secretario adjunto de la UOM, Domingo Blajakis. Tres años después el escritor Rodolfo Walsh en el libro **Quién mató a Rosendo** responsabilizaba al propio Vandor por el episodio.
Ese mismo mes Perón asegura, en un reportaje, haber recibido emisarios del gobierno argentino para solicitarle una tregua política, así como la visita de militares y civiles para interesarlo en un golpe de Estado. Si bien Perón declara que si se cumplieran ciertas condiciones que beneficiaran al país lo apoyaría, dice no haber llegado a ningún acuerdo.

Mientras, el ministro de Justicia, Carlos Alconada Aramburú, denuncia a las revistas "Primera Plana", "Confirmado", "Atlántida" e "Imagen" por "anunciar los preparativos del delito de rebelión", al cual se instigaba públicamente. El 29 de mayo el Instituto Argentino de Opinión Pública consagra a Onganía como el hombre del año. En la misma lista de galardonados figuraban Amalita Fortabat y Pinky, designadas las más elegantes.

El 25 de junio el ministro de Defensa, Leopoldo Suárez, interinamente a cargo de la Escuela Superior de Guerra, acuerda con los altos mandos tres puntos a debatir con el Presidente: plan político, comunismo y medios para asegurar el orden interno. El 28 trasciende que a las 21.25 horas la Presidencia de la Nación dará a conocer un comunicado a difundirse por la cadena nacional. Propósito que no llega a concretarse porque las emisoras habían sido ocupadas por el Ejército una hora antes.
En la madrugada del día 29 de junio un grupo de oficiales entre los que se encontraban Julio Alsogaray y Luis César Perlinger, le exigen a Illia que renuncie. La respuesta del Presidente de la Nación fue tajante: "Me quedo en el lugar donde la Constitución y la ley me obligan a quedarme. Ustedes son insurrectos, yo cumplo con mi deber". Derrocado, Arturo Umberto Illia abandonó esa noche la Casa Rosada en un taxi. (Ref. tira 29 junio '66 y primera página de "El Mundo").

El 30 de junio Onganía asume como nuevo Presidente de los argentinos y justifica el levantamiento asegurando que "el país estaba disminuido física y moralmente". A partir de entonces se impone la "Doctrina de la Seguridad Nacional", que permite a los militares intervenir en caso de conflicto interno.

La CGT adhiere al golpe y en el juramento del nuevo ministro de Economía, Néstor Jorge Salimei, están presentes, entre otros, el dirigente metalúrgico Augusto Vandor -que se refiere al hecho como un "reencuentro nacional"- y representantes de las 62 Organizaciones. Las directivas de Perón se resumen en aquella famosa frase "hay que desensillar hasta que aclare" o sea, esperar el curso de los acontecimientos. (Ref. tira 19 de julio '71).

El 2 de julio se prohíbe la actividad política, el 9 Isabel Perón abandona el país y el 24 Alvaro Alsogaray es enviado al exterior para explicar "los alcances de la Revolución". El día 30 el gobierno suprime la autonomía universitaria, recuperada luego durante el gobierno del doctor Alfonsín. Las universidades pasan a depender del Ministerio de Educación y el nuevo administrador de la Universidad de Buenos Aires es el ex juez Luis Botet.

La noche siguiente al decreto de supresión de la autonomía universitaria se reúnen los Consejos de cada Facultad para analizar la nueva situación. La policía irrumpe entonces en todas las casas de estudio destrozando puertas, vidrios, golpeando y deteniendo a decenas de estudiantes y profesores. El operativo quedó inscripto como "la noche de los bastones largos", titulado así por Sergio Morero -testigo ocular- en una nota publicada en "Primera Plana". Había comenzado el éxodo.

Se allanan albergues transitorios (entonces hoteles alojamiento) a las horas más intempestivas y una moralina gris y opaca se extiende por todo el país. La iluminación de los lugares nocturnos debe ser tal que desde cualquier ámbito "pueda apreciarse con absoluta certeza la diferencia de sexo entre los concurrentes". Prohíben la representación en el Teatro Colón de la ópera "Bomarzo" - basada en la novela de Manuel Mujica Láinez y con música de Alberto Ginastera- por contener escenas "inmorales" y clausuran la revista "Tía Vicenta" por "irrespetuosidad hacia la autoridad". El Centro de Artes Visuales del Instituto Di Tella, considerado un reducto de elementos "disolventes", también sufrirá reiteradas clausuras. La obsesión por el pelo largo de los varones hizo que la policía detuviera al plástico Ernesto Deira, junto a otros artistas, y les cortara el pelo en la seccional.

La luna de miel entre la central obrera y el régimen militar dura sólo un año. En junio de 1967 un documento de la CGT enjuicia severamente al gobierno por su política económica y social.

En agosto se inaugura en La Habana la OLAS, Organización Latinoamericana de Solidaridad cuyo objetivo es buscar, una vez más, "una nueva estrategia contra el imperialismo norteamericano" siguiendo los lineamientos marcados en la carta del Che del 1º de abril de 1965. Dos revolucionarios nicaragüenses, Francisco García y José González, aseguran que Nicaragua -sometida a la dictadura de Somoza- "será el próximo país que se levantará en América latina". (Ref. 15 agosto '67).

EN 1965 Estados Unidos logra enviar a Marte la sonda espacial Mariner IV, que tras 137 días de vuelo transmite las primeras fotos cercanas del planeta. La carrera espacial prosigue con el fracaso de la cápsula espacial Géminis VI mientras el Lunik II, lanzado por la Unión Soviética, fotografía la, hasta entonces, cara oculta de la Luna, hecho que conmocionó tanto al mundo científico como a la opinión pública. (Ref. tira 19 abril '65).

Temas más cercanos preocupan sin embargo a la humanidad. George Wallace, el racista gobernador de Alabama, prohibía una marcha de elementos integracionistas dirigida por Martin Luther King. Estados Unidos intensificaba la guerra de Vietnam y el mundo se enteraba horrorizado de que los norteamericanos empleaban gases tóxicos y napalm en el conflicto.

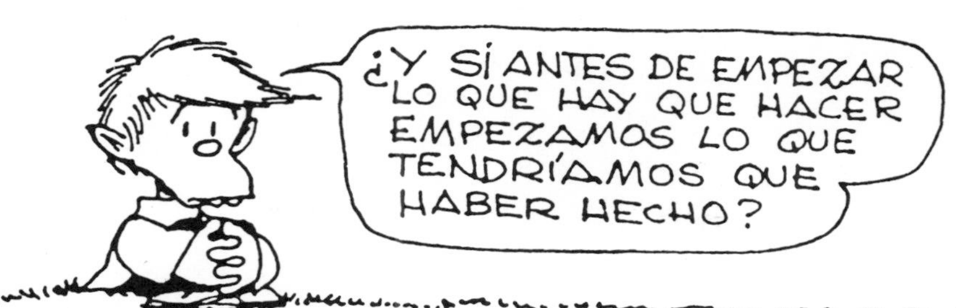

El temor a la influencia de las decisiones de La Habana recrudece por toda la región. La supuesta presencia del Che en Bolivia, donde combaten guerrilleros y fuerzas regulares, origina un gran operativo en su búsqueda. El 8 de octubre de 1967 Ernesto "Che" Guevara es capturado, herido y luego asesinado por "rangers" bolivianos.
Los soviéticos toman partido por los norvietnamitas e instalan rampas para cohetes en Hanoi. En Estados Unidos se organizan manifestaciones de protesta contra la guerra y en muchos países actos de repudio contra la intervención extranjera en Asia.
En Francia, anterior y derrotado ocupante de Vietnam -Indochina-, el general De Gaulle reprueba esta guerra y declara su solidaridad con los movimientos de liberación latinoamericanos. En Egipto, Gamal Abdel Nasser reacciona violentamente porque la República Federal Alemana reconoce a Israel. En España, los estudiantes salen a la calle para protestar por la sindicalización obligatoria impuesta por el franquismo, y la Universidad de Buenos Aires se solidariza con ellos. Desde el Concilio Vaticano II, el Papa Pablo VI hace un llamado a los cristianos para que se entronquen "en la realidad del mundo". Unos meses antes el Concilio había eliminado el término "deicida" para los judíos, condenado el antisemitismo y permitido a los sacerdotes absolver a los masones -excomulgados en 1738- arrepentidos. Pablo VI también había clamado por el fin de las guerras durante su visita a la ONU en mayo de 1965.
El Tercer Mundo intenta hacerse escuchar y noventa y tres países protagonizan una rebelión contra las diez grandes potencias financieras internacionales exigiendo plena participación en la reforma del sistema monetario internacional, pero el FMI permanece insensible. La Argentina figuraba entonces como el tercer país deudor (2.100 millones de dólares) precedida por la India (4.000 millones) y Brasil (2.300 millones).
El mundo de entonces lo poblaban 2.500 millones de seres, de los que 1.700 estaban condenados al hambre. Según estadísticas de la ONU los países ricos contaban con el 10 por ciento de la población mundial y disponían del 70 por ciento de la renta del mundo, en tanto que el 54 por ciento de la población mundial estaba concentrada en los países de mayor indigencia y percibía sólo el 9 por ciento del ingreso universal. La realidad social del hombre comenzaba a ser percibida como íntimamente vinculada a la estructura económica de las regiones subdesarrolladas. Y también como una consecuencia de pésima distribución de las riquezas en el mundo.
En enero de 1966 reanuda sus deliberaciones la Conferencia de Ginebra sobre Desarme Mundial. Meses después la Unión Soviética y Estados Unidos se acusan mutuamente de proseguir en secreto las pruebas nucleares.

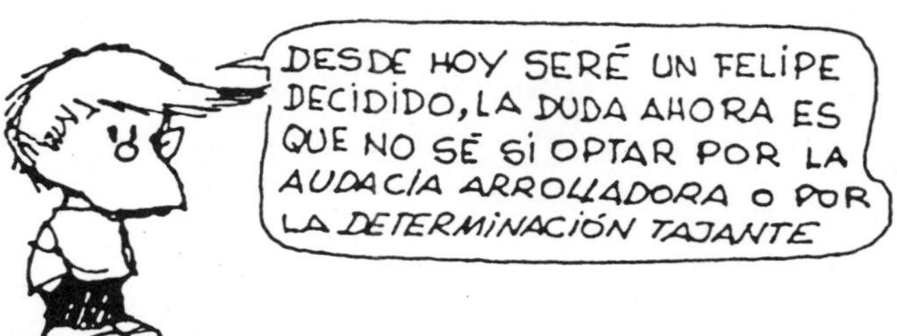

El 1º de junio de 1966 estalla en China la "Revolución Cultural", movimiento creado por Mao Tse Tung para expulsar del gobierno a los opositores a su línea revolucionaria y que ensangrentará a China durante algunos años. Se agravan sus diferencias con la Unión Soviética, a la que China llega a denunciar como cómplice de los Estados Unidos en el conflicto vietnamita. Pero temerosa de que la condenen al aislamiento, alerta al pueblo sobre la posibilidad de una guerra con los Estados Unidos. En Moscú, los líderes de los partidos comunistas y primeros ministros de los aliados de Europa oriental condenan enérgicamente la escisión generada por Pekín. En julio el secretario general de las Naciones Unidas, U-Thant, expresa su deseo de no ser reelegido. Su decisión se atribuye a la poca atención que las potencias prestaron a sus gestiones de paz. Francia abandona la NATO y hace estallar su bomba atómica en el atolón de Mururoa, en el Océano Pacífico, cerca de Tahití. Los Estados Unidos conocen un nuevo tropiezo en la conquista del espacio con el estallido del gigantesco cohete Saturn I B, precursor del vector que lanzará a la Luna a los astronautas tres años después. Mientras, estalla otra ola de violencia racial, alentada por los seguidores de Stokely Carmichael, creador del "Poder Negro". El presidente Lyndon Johnson la cataloga como obra de "una conspiración general".
En los primeros meses de 1967 un golpe militar depone al rey Constantino de Grecia. Una junta de coroneles se hace cargo del país. Durante el mes de junio un episodio que conmueve al mundo es la "Guerra de los Seis Días", entre Israel y Egipto, que junto con el resto de los países árabes nunca aceptó la creación del Estado de Israel. Pese a que la agresión armada partió de Egipto, Israel en sólo seis días revierte el conflicto a su favor y se convierte en el indiscutible vencedor. Nasser, a quien se llamó el "Faraón del siglo", había abandonado sus galones frente al general israelí Moshe Dayan, conocido como "el Tuerto Heroico" por haber perdido un ojo combatiendo junto a los ingleses durante la Segunda Guerra Mundial. (Ref. tira 6 de junio '67).

El 17 de junio de 1967 China hace estallar su bomba de hidrógeno, lo que significa el triunfo de la línea dura de Mao, tanto internamente como frente a Estados Unidos y la Unión Soviética. La agencia "Nueva China" define a Mao como "el más grande marxista leninista de nuestra era", mientras se extiende por el mundo la psicosis del peligro amarillo ante la posibilidad de que China se convierta en una potencia nuclear.

Durante los seis meses que siguieron al cierre del diario "El Mundo" ningún otro medio se interesó por **Mafalda**. Por entonces Quino publicaba una página de humor en "Siete Días Ilustrados", semanario nacido en mayo de 1967. Sergio Morero, secretario de redacción, y Norberto Firpo, jefe de redacción, se complotan para reemplazar la página de humor por la tira de **Mafalda** "Quino prefiere trabajar con amigos, no quiere entregarle el rollito de su página a un cadete porque le gusta que miren inmediatamente su trabajo", recuerda Morero. **Mafalda** aparece por primera vez en "Siete Días Ilustrados" el 2 de junio de 1968, en una página que incluye cuatro tiras.

A diferencia de lo que ocurre cuando se publica en un diario, ésta debe ser entregada con quince días de anticipación a la fecha de aparición. El cambio de modalidad impide al autor poder seguir tan de cerca la actualidad. Quino, para completar la diagramación de la página, la encabeza con un pequeño dibujo que hace a último momento, antes de entregarla. La mayor parte de estos dibujos junto con las tiras de fin de año, no fueron recopiladas en los libros. Por esa misma época **Mafalda** se edita en Italia donde, acorde con los tiempos de agitación social que corrían, aparece con el nombre de "Mafalda la contestataria".

En su primera aparición en "Siete Días Ilustrados" **Mafalda** dirige una carta-currículum escrita por Sergio Morero, al director de la revista.

Guille ya había nacido y el 15 de febrero de 1970 se incorpora a la tira Libertad.

En mayo de 1973 Quino hace que los personajes comiencen a despedirse de los lectores. Esto no se observa en las tiras sino en el dibujo del encabezamiento. (Ref. dibujos del 28 de mayo, 4, 11 y 18 de junio.) El 25 de junio se despide formalmente.

"Quino nunca firma contrato, para poder irse", explica Sergio Morero.

Entre 1968 y 1973 los argentinos tendrán oportunidad de conocer a seis presidentes: los generales Onganía, Levingston y Lanusse, el doctor Cámpora, Raúl Lastiri y Perón. Durante estos años la violencia se extiende por todo el país. Aumentan los asesinatos, secuestros, estallidos de bombas, incendios y otros atentados, y se pueden entrever los primeros síntomas de descontento popular que explotará en el "Cordobazo" de mayo de 1969.

La CGT, entonces escindida en dos ramas, una combativa (liderada por Raimundo Ongaro) y otra burocrática (afín a Augusto Vandor) decreta un paro general de actividades para el día 30 de mayo, pero el 29 Córdoba se vuelca a la calle. La jornada, conocida como el "Cordobazo", fue la protesta social más violenta ocurrida en el país desde la Semana Trágica de 1919 y marcó el inicio del declive del presidente, teniente general Juan Carlos Onganía. Un mes después, el 30 de junio, Augusto Vandor cae asesinado. Esa misma noche, el gobierno declara el estado de sitio.

El estreno de la película "Z" -del realizador griego Costa Gavras, sobre la investigación de un crimen político en la Grecia de los coroneles- se convierte en una demostración contra el gobierno. En la revista "Inédito" un columnista que firma Alfonso Carrido Lura escribe: "Cuando un pueblo no encuentra canales naturales para expresarse, la historia ha demostrado que consigue hacerlo a través de vías insólitas". Carrido Lura era el seudónimo de Raúl Alfonsín, quien en 1968 fue detenido por participar en un acto radical en conmemoración de los veinte años de la Declaración Americana de Derechos Humanos.

Un año después del "Cordobazo", el 29 de mayo de 1970, los Montoneros secuestran al general Pedro Eugenio Aramburu, al que posteriormente asesinan. El 8 de junio la Junta de Comandantes destituye a Onganía y lo reemplaza por el desconocido general Roberto Marcelo Levingston, que vuela desde Washington para ocupar el cargo.

El 11 de noviembre se forma "La Hora del Pueblo", integrada por peronistas, radicales y partidos minoritarios. Su objetivo era lograr del gobierno un retorno al sistema democrático.

A comienzos de 1971 un enfrentamiento entre el presidente Levingston y el comandante en Jefe del Ejército, general Lanusse, partidario de una salida política, culmina con la renuncia del primero. El 26 de marzo Lanusse asume como Presidente de la Nación con retención de las funciones de Comandante en Jefe. Se levanta la prohibición a los partidos políticos y el nuevo gobierno plantea la necesidad de un Gran Acuerdo Nacional (GAN), que posibilitaría una salida institucional.

Entretanto Perón, cuya táctica oscila entre alentar la existencia de "formaciones especiales" (organizaciones armadas) y formular sesudas declaraciones apelando a la cordura, reemplaza a su delegado personal, Jorge Daniel Paladino, por Héctor J. Cámpora.

El año 1972 encuentra a la sociedad argentina en plena actividad política y peronizada cuasi masivamente. Dispuesto a impulsar una política sin fronteras ideológicas, Lanusse tiene reuniones con Salvador Allende, presidente de Chile, Pacheco Areco, de Uruguay; Hugo Banzer, de Bolivia; viaja a Colombia, Venezuela y Brasil y reconoce a China Popular. Durante un discurso pronunciado en el Colegio Militar, Lanusse afirma que si Perón no vuelve "permitiré que digan porque no quiere, pero en mi fuero íntimo diré: porque no le da el cuero para venir".

El 22 de agosto 16 guerrilleros alojados en dependencias de la Armada -la Base Almirante Zar, en Trelew- son ejecutados, supuestamente por intento de fuga. La versión oficial fue recibida con dudas por la opinión pública y el episodio se convirtió en bandera de lucha.

Finalmente, y después de 17 años de ostracismo, Perón regresa al país el 17 de noviembre de 1972 y permanece 25 días. Retorna a España y desde allí proclama a Héctor J. Cámpora candidato del Frente Justicialista de Liberación (FREJULI).

El 11 de marzo de 1973 se realizan elecciones generales: la fórmula Héctor J. Cámpora-Vicente Solano Lima obtiene el 49,59 por ciento de los votos; los candidatos de la Unión Cívica Radical, Balbín-Gamond, el 21,30 por ciento.
El 28 de marzo el presidente Lanusse restablece relaciones diplomáticas con Cuba. Los presidentes Osvaldo Dorticós, de Cuba, y el de Chile, Salvador Allende, asisten a la asunción de Cámpora el 25 de mayo. El 20 de junio Perón regresa definitivamente al país.

Bajo el lema "la imaginación del poder", en mayo de 1968 estalla en Francia una revuelta estudiantil que rápidamente se extiende a otros países de Europa, Estados Unidos, Japón, México. En todos ellos hay una violentísima represión por parte de las fuerzas del orden. En la ciudad de México la movilización estudiantil arrojó un saldo de 400 muertos en lo que se conoce como "la matanza de Tlatelolco", ocurrida en octubre en la Plaza de las Tres Culturas. Esas revueltas dan origen a lo que se llama "Mayo del '68", que posiblemente quede inscripto en la historia como "la Revolución del '68".
Ese mismo año tanques soviéticos invaden Checoslovaquia poniendo fin a "la Primavera de Praga", movimiento liderado por Alexander Dubcek, quien respaldado por intelectuales, estudiantes y artistas, intentaba la creación de una democracia socialista.
También en 1968 dos magnicidios conmueven al mundo: en Estados Unidos son asesinados Martin Luther King (Premio Nobel de la Paz 1964) y Robert Kennedy.
En noviembre Richard Nixon es elegido presidente y al año siguiente -1969- inicia el deshielo con China Popular; las gestiones culminarán con su propia visita a Pekín en 1972 y la admisión de China en el seno de las Naciones Unidas.
En Perú un movimiento militar nacionalista encabezado por el general Juan Velasco Alvarado depone al presidente Fernando Belaúnde Terry, y lleva a cabo una serie de reformas sociales y económicas.
El 20 de julio de 1969 el mundo se conmueve por el éxito de la misión APOLO XI: después de 102 horas, 45 minutos y 40 segundos de viaje, el astronauta Neil Armstrong es el primer ser humano que pisa la superficie lunar.
En 1970, en un hecho que pasó a la historia como "Setiembre Negro", tropas del rey Hussein de Jordania masacran a 20 mil combatientes palestinos (OLP) liderados por Yasser Arafat, allí refugiados, por considerarlos una amenaza para el territorio jordano.
En Africa termina, después de tres años de lucha, la guerra de Biafra con un saldo de dos millones y medio de muertos.
En Francia muere el general Charles de Gaulle.
En Italia se aprueba la ley de divorcio y desde Inglaterra una noticia más frívola sacude al mundo: se disuelven los Beatles.
El pueblo chileno elige presidente a Salvador Allende, quien el 11 de setiembre de 1973 muere atrincherado en el Palacio de La Moneda, durante el ataque de las fuerzas que responden al general Augusto Pinochet.
En Bolivia el coronel Hugo Banzer depone al general Juan José Torres, un militar nacionalista de izquierda, asesinado posteriormente en la Argentina.
En noviembre de 1972, en EE.UU., es reelegido Richard Nixon, obligado a renunciar un año después a causa del "escándalo Watergate". Pese a este episodio, ese mismo año se firma trabajosamente el acuerdo "SALT I" entre Estados Unidos y la Unión Soviética para reducir el uso de las armas estratégicas.
En enero de 1973 Estados Unidos y Vietnam del Norte, representados por Henry Kissinger y Le Duc Tho, respectivamente, llegan a un acuerdo para poner fin a la guerra de Vietnam. Ese año ambos recibieron el Premio Nobel de la Paz.

Señor Director de Siete Días:

Un amigo mío, el dibujante Quino (se llama así pero cuando firma los cheques pone Joaquín Lavado), me dijo que tenías mucho interés en contratarnos a mí y a mis amiguitos Susanita, Felipito, Manolito y Miguelito, para que juntos trabajemos todas las semanas en tu revista. Aceptamos con mucho gusto, pero antes debo decirte que en casa aumentó la familia, porque el 21 de marzo nació mi hermanito, lo que alegró bastante a mi papá y mi mamá; y a mí me produjo curiosidad. Ahora estamos todos muy preocupados por atenderlo y pensar en un nombre que a él le guste cuando sea grande. Como me parece que vos y los lectores de la revista querrán conocerme un poco mejor antes de firmar el contrato, te envío mi *currículum* (¿así se escribe?) más o menos completo, porque de algunas cosas ya no me acuerdo. ¡Ah!, también te mando algunas fotos de mi álbum familiar que me sacó mi papá, ¡pero devolvémelas! En la vida real yo nací el 15 de marzo de 1962. Mi papá es corredor de seguros, y en casa se entretiene cuidando plantas. Mi mamá es ama de casa. Se conocieron cuando estudiaban juntos en la Facultad, pero después ella abandonó para cuidarme mejor, dice. El nombre que me pusieron fue en homenaje a una pibita que trabajaba en la película "Dar la cara", que se hizo leyendo el libro del escritor David Viñas. El 22 de setiembre de 1964, Quino me consiguió una recomendación para trabajar en la revista "Primera Plana", y en marzo del '65 me llevaron al diario "El Mundo". Vas a ver que mis amiguitos te van a gustar tanto como a mí. Felipito tiene un papá que es todo un ingeniero, él es bueno, un poco simple, tierno y, a pesar de que en la escuela está en un grado más que yo, a veces lo cuido como si fuera hijo mío. A Manolito lo conocí en el almacén de su papá, porque nosotros somos clientes de él. Ahora vamos al colegio juntos. A veces me hace enojar porque es muy cabeza dura. Siempre quiere tener razón... y lo que más bronca me da es que casi siempre la tiene. Con Su-sanita no me llevo muy bien. Reconozco que a veces yo parezco muy antipática con ella, pero cada vez que habla parece el Premio Nobel de la Clase Media. Seguro que cuando sea grande tocará el piano, se casará y tendrá muchos hijos y jugará a la canasta. Te voy a contar un secreto, pero no se lo digas a nadie, porque a Susanita no le gusta que se sepa: el papá de ella es vendedor de una fábrica de embutidos. Miguelito es el último que ingresó a la barra. Todos lo queremos mucho y nos hace reír porque piensa siempre las cosas más fantásticas. Claro que es muy chico todavía. Va a un grado menos que nosotros.

En estos días recibí muchas cartas y llamadas telefónicas preguntándome por mi hermanito. A casi todos les preocupa saber cómo mis papás me explicaron el asunto. Fue así: me llamaron un día, se pusieron muy colorados, dijeron que tenían que decirme algo muy importante. Mi papá me contó que habían encargado un hermanito para mí, que antes de nacer lo cuidaría mamá porque crece como una semillita, y que la había plantado él porque sabe mucho de plantas. Yo no entendí muy bien, pero me puse muy contenta al saber la verdad, porque la mayoría de los chicos en la escuela hablan de los nenes que nacen en repollos o los trae la cigüeña desde París... ¡Con los líos que hay ahora en París están como para pensar en cigüeñas!

Otros me preguntan cómo, siendo yo tan pesimista en un problema tan grave como el de la paz, creo todavía en los Reyes Magos. Melchor, Gaspar y Baltasar existen porque me lo dijo mi papá, y yo le creo; en cambio sobre la paz tengo todos los días pruebas de que, por ahora, es un cuento.

Aprovecho la publicación de esta cartita para enviar un saludo a U-Thant y a Los Beatles, a quienes admiro mucho. El pobre secretario de la UN tiene muy buenas intenciones y sería macanudo que le hicieran caso, pero... Pensando en él, comprendo mejor a mi papá y a mi mamá. Después de todo, ellos no tienen la culpa de cómo son y de cómo viven. Los Beatles me gustan porque son muy alegres, están de acuerdo conmigo en muchas cosas, y tocan la música que nos gusta a los jóvenes. Ellos deberían ser presidentes del mundo, porque tienen influencia sobre mucha gente de todos los países.

También me gusta leer, escuchar los noticiosos, mirar la TV (menos las series), jugar al ajedrez, al bowling y a las hamacas. Me gusta mucho jugar y correr al aire libre, donde haya árboles y pajaritos, como en Bariloche. Cuando fuimos de vacaciones para allá, pasamos días muy lindos. Este año no fuimos de vacaciones porque esperábamos la llegada de mi hermanito. Espero que en el verano crezca pronto, así lo podemos llevar con nosotros a Córdoba. Cuando se preocupe menos por el chupete, le voy a presentar al Pájaro Loco, que trabaja en la TV. Seguro que le va a gustar tanto como a mí.

Entre las cosas que no me gustan están: primero, la sopa, después, que me pregunten si quiero más a mi papá o a mi mamá, el calor y la violencia. Por eso, cuando sea grande, voy a ser traductora en la UN. Pero cuando los embajadores se peleen voy a traducir todo lo contrario, para que se entiendan mejor y haya paz de una buena vez.

Hasta la semana que viene.

Mafalda

23 julio '68 - Psicodélico. Término con que se definió la música y la gráfica "pop" relacionándolos con los efectos de los alucinógenos.

2 junio '69 - El teniente general (R) Alejandro Tcherniakov, muerto el 21 de mayo, eleva a quince el número de generales (en retiro o actividad) fallecidos en un mes y medio.

16 junio '69 - La NASA ultima los detalles de la misión Apolo XI, que depositará a los astronautas Neil Armstrong, Edwin Aldrin y Michael Collins sobre la superficie lunar el 20 de julio.

23 junio '69 - Onganía renueva totalmente su gabinete.

11 agosto '69 - Confusión entre el popular trompetista y Neil Armstrong, primer hombre que pisó la Luna.

2 febrero '70 - Referencia a la llamada pantalla Panorámica con que se anunciaban las superproducciones de Hollywood.

23 marzo '70

25 mayo '70 - Alude a la noticia de la puesta a punto de la fecundación *in vitro*. El primer nacimiento logrado por este sistema se produjo en Inglaterra en 1978.

22 febrero '71 - Alude a la gestión presidencial del general Levingston.

31 mayo '71 - Referencia a un decreto que limitaba la venta de carne al consumidor.

7 junio '71 - El 1º de mayo Fidel Castro pronuncia un discurso en el que alude a los escritores e intelectuales "seudo izquierdistas".

21 junio '71 - El flamante presidente Lanusse suprime el Ministerio de Economía, que pasa a depender del Ministerio de Hacienda.

19 julio '71 - Manolito hace referencia a la frase con que Perón comentó el golpe de Onganía en 1966, para reflejar la expectativa del peronismo ante al cambio Levingston-Lanusse.

23 de agosto '71 - Referencia a una devaluación monetaria del 20 por ciento.

4 octubre '71

mAFaLdA

6 marzo '72 - Parece cristalizar el Gran Acuerdo Nacional, (GAN), convocado por el general Lanusse, quien se postula como candidato a presidente.

13 marzo '72 - Auge de la cocina macrobiótica en el país.

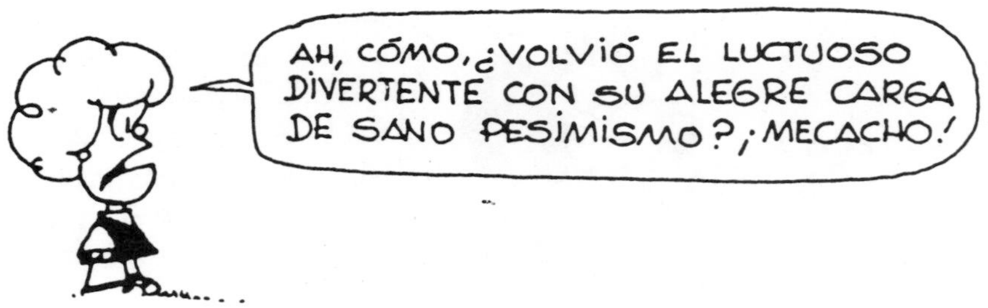

3 julio '72 - Quino vuelve a incluir el dibujito cabeza de página que la dirección había eliminado para dar el espacio.

31 julio '72 - Alusión al FRECILINA, antecesor del FREJULI.

11 setiembre '72 - Bobby Fischer, campeón mundial de ajedrez.

25 de setiembre '72

6 noviembre '72 - Alusión a posibles complicaciones que impidieran llegar a los anunciados comicios de 1973.

3 octubre '72

13 noviembre '72 - Quino había cometido un error en el primer cuadro de la tira de *Mafalda* que se publicó el 3 de octubre. Ante la avalancha de cartas de lectores, el 13 de noviembre trata de subsanar lo mejor posible el papelón.

11 diciembre '72 - Referencia a la formación del FREJULI, integrado por partidos de muy diversa ideología.

25 diciembre '72

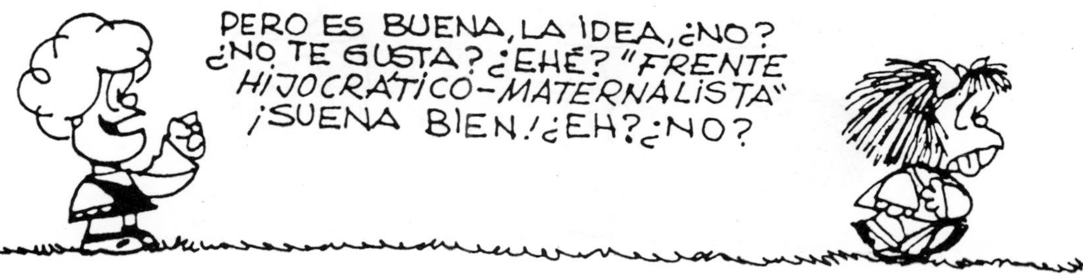

22 enero '73 - Alusión al FREJULI.

5 febrero '73 - En enero, los representantes de Estados Unidos, Henry Kissinger, y de Vietnam del Norte, Le Duc Tho, llegan a un acuerdo para poner fin a la guerra de Vietnam.

12 febrero '73 - Referencia a los comicios que se efectuarían el 11 de marzo.

19 febrero '73 - Visita del cantautor Joan Manuel Serrat, quien se interesó vivamente por los problemas argentinos.

5 marzo '73 - El 11 de marzo se iban a realizar las ansiadas elecciones generales, luego de siete años de gobiernos militares.

19 marzo '73 - Referencia al triunfo de la fórmula Cámpora-Solano Lima con el 49,59 por ciento de los votos.

26 marzo '73 - El doctor Cámpora buscaba integrar su gabinete.

¿PORQUÉ SERÁ QUE NUNCA SE DIJO DE ALGUIEN: "MURIÓ, RICO Y OLVIDADO"..... ¿EEEHH? ¿POR QUÉ LES PARECE? ¡A QUE NO ADIVINAN! ¿EEHÉE?

LA JUSTICIA VENCE SIEMPRE, PERO NUNCA NADIE LEVANTA LOS PAGARÉS

¡OH!
¡QUÉ YOLÍ CIEL, QUE LO TIRÓ!

¡IMPRESIONE A SUS VISITAS! ¡ODORICE SUS AMBIENTES CON "GUITASMELL", EL PRIMER ODORIZADOR CON PERFUME A MONEDA EXTRANJERA! SÓLO ALMACÉN "DON MANOLO" LO TIENE

¡POBRE! ¡PENSAR QUE SÓLO SOS EL FELPUDO DE LA ENTRADA AL UNIVERSO!

"Todos somos vulgo."
Montaigne.

DE CARROCERÍA Y DE MOTOR EL PAÍS ESTÁ FENOMENAL, ¡LÁSTIMA LA PALANCA DE CAMBIOS!

¿POR QUÉ COMPLICARSE LA VIDA CON LOS PROBLEMAS DEL PAÍS CUANDO LA SOLUCIÓN MÁS SIMPLE ES SOLUCIONARLOS?

NO SEA COSA QUE POR INICIAR APERTURAS OLVIDEMOS TERMINAR DE TAPAR AGUJEROS, ¿EH?

NO CONFUNDIR CHISMOCIENCIA CON CHISMOFICCIÓN

por QUINO
AH, SÍ, UNO DE ANTEOJOS, MEDIO PELADITO, QUE LE TIENE TERROR AL AGUA PORQUE SEGÚN ME CONTARON CUANDO TENÍA SIETE AÑOS ERA TAN ENCLENQUE QUE SE METIÓ A UN CANAL Y EL AGUA SE LO LLEVÓ COMO A UNA HORMIGA; DEBE SER MEDIO TARADO, PORQUE TAMBIÉN SUPE QUE EN LA CONSCRIPCIÓN UNA MULA LE ENCAJÓ UNA PATADA, Y CUANDO FUE EN MOTO A

ADALFAM

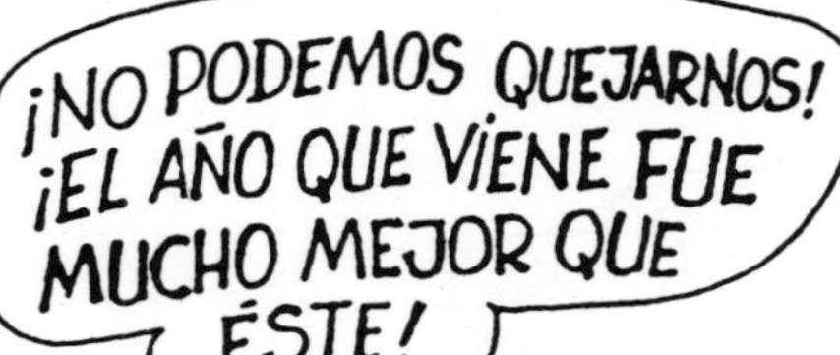

Mafalda

ESTÁ BIEN QUE SEAMOS UN PAÍS GANADERO EN TREN DE DESARROLLO, PERO ¿POR QUÉ SON LAS VACAS LAS QUE VAN EN EL COCHE PULMAN?

CADA MINISTERIO CON SU MINI-HISTERIA

¿UN ALMANAQUE DEL AÑO QUE VIENE? ¿A VER?
¿NO TE DIGO? ¡EN JUEVES!
¡¿PERO ESTOS QUÉ SE CREEN, DIGO YO?!
¡¡¿QUÉ?!!
¡EL AÑO PASADO CUMPLÍ AÑOS EN MARTES, ESTE AÑO EN MIÉRCOLES, AHORA RESULTA QUE EL AÑO QUE VIENE... EN JUEVES
¡PERO MIG
¡PERO MIGUELITO UN CORNO! ¡YO SÉ POR QUÉ LO HACEN!
¡SERÉ CHIQUITO, PERO NO ESTÚPIDO! ¡Y SÉ LO QUE BUSCAN ESTOS!
¡PERO CONMIGO VAN MUERTOS ¿EH? ¡ASÍ QUE DÉNLE NOMÁS! ¡POSTÉRGUENME HASTA CANSARSE!
¡COIMEROS!

PERO...¡CÓMO!...
¡AUSTRALIA ES UN PAÍS CON TODAS SUS FRONTERAS MOJADAS!

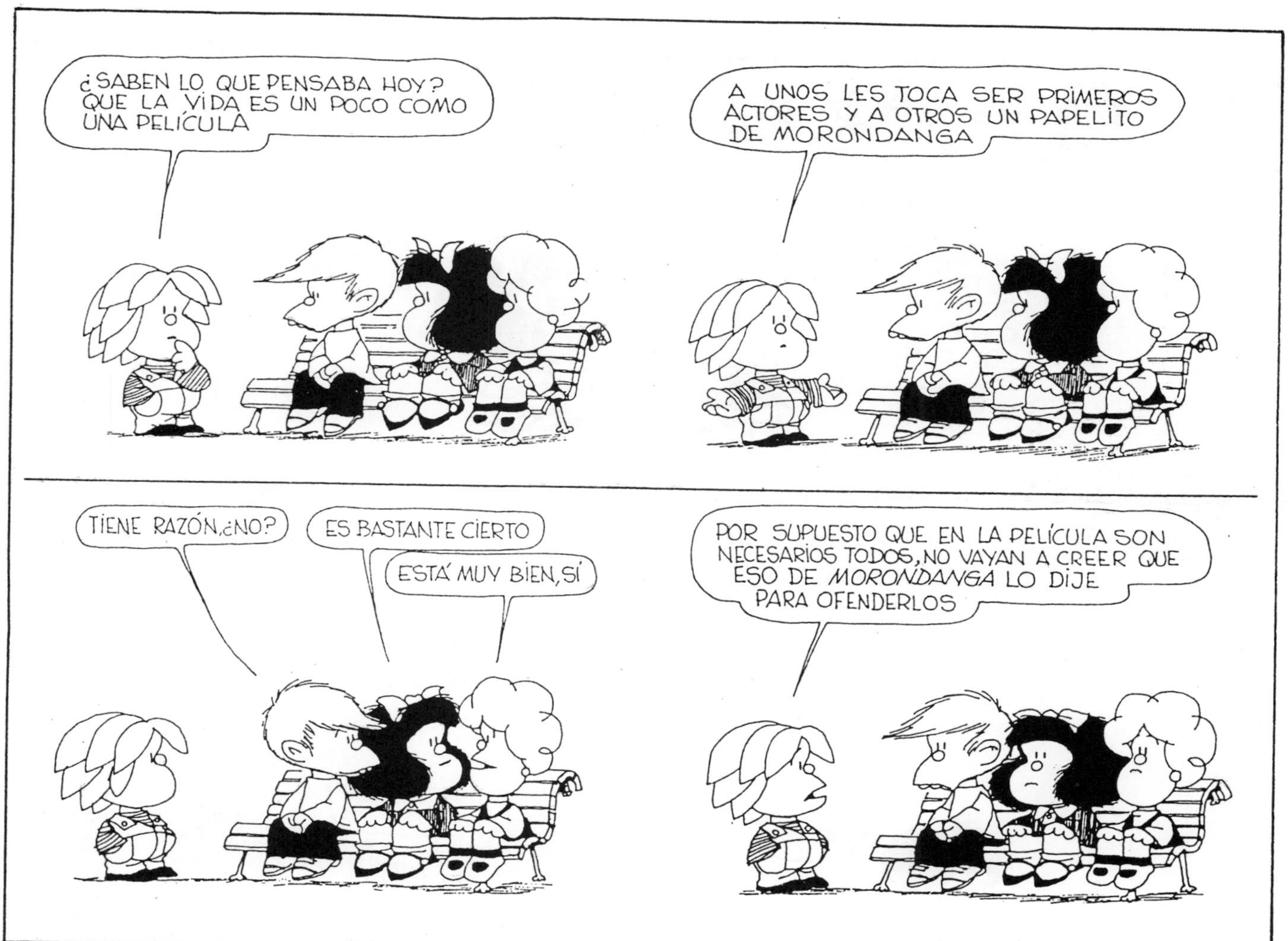

¿SABEN LO QUE PENSABA HOY? QUE LA VIDA ES UN POCO COMO UNA PELÍCULA

A UNOS LES TOCA SER PRIMEROS ACTORES Y A OTROS UN PAPELITO DE MORONDANGA

TIENE RAZÓN, ¿NO?

ES BASTANTE CIERTO

ESTÁ MUY BIEN, SÍ

POR SUPUESTO QUE EN LA PELÍCULA SON NECESARIOS TODOS, NO VAYAN A CREER QUE ESO DE *MORONDANGA* LO DIJE PARA OFENDERLOS

MAFALDA

por landrú!
PERO... ¡NO!
por Brascó
¡NO, TAMPOCO!

por GARAYCOCHEA
¡Y DALE!... ¡NO!
por QUINO
BRÓCCOLI ¡ESE SÍ QUE ES GRACIOSO!

MAFALDA
¿TE GUSTA EL LETRERO? LO HIZO MI MAMÁ CON FLORES DE PLÁSTICO
ES HORRIPIRMOSÍSIMO, SUSANITA

Mafalda
¿POR QUIÉN?
POR AQUÉL
QUINO
¿POR MÍ?

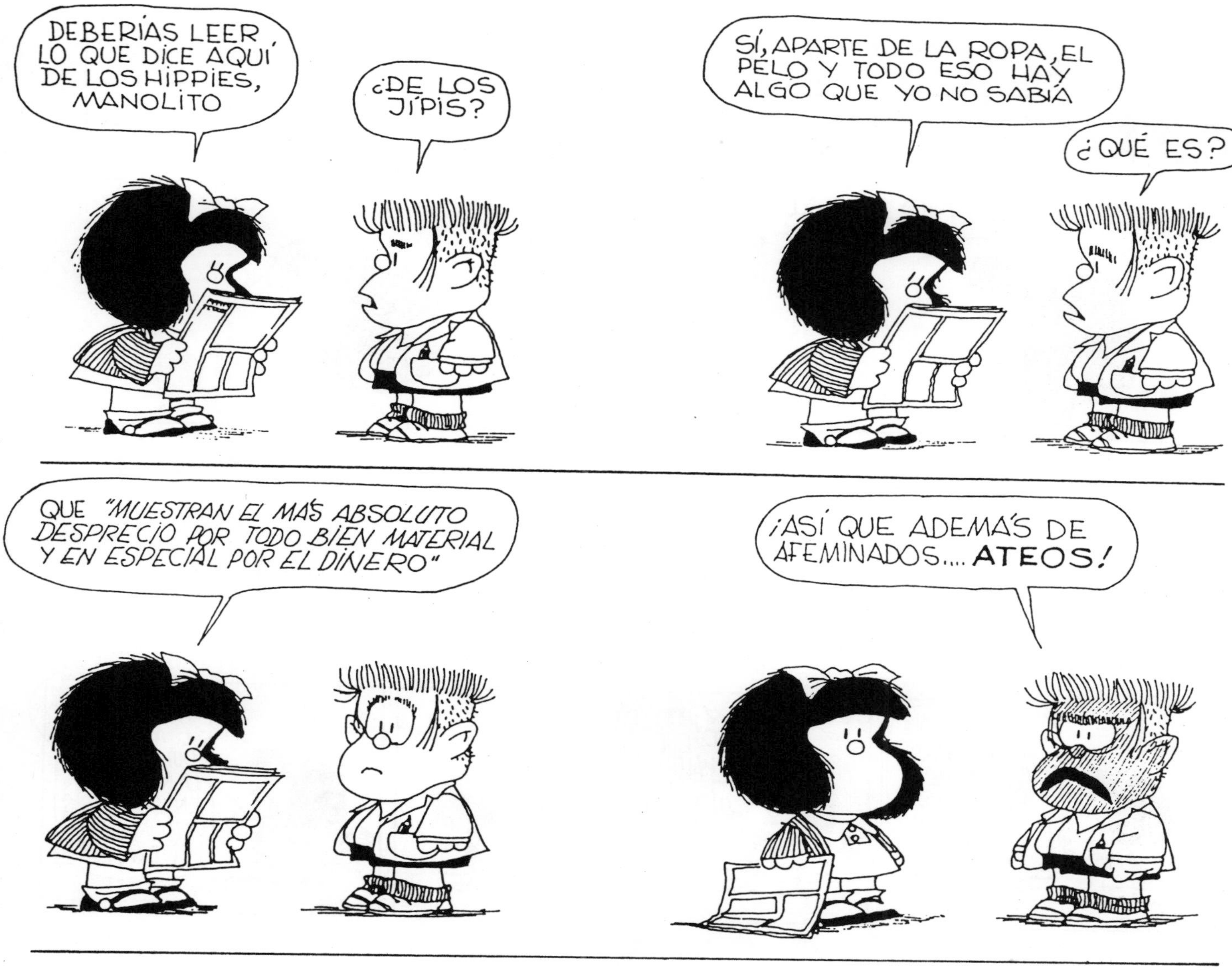

DEBERÍAS LEER LO QUE DICE AQUÍ DE LOS HIPPIES, MANOLITO

¿DE LOS JÍPIS?

SÍ, APARTE DE LA ROPA, EL PELO Y TODO ESO HAY ALGO QUE YO NO SABÍA

¿QUÉ ES?

QUE *"MUESTRAN EL MÁS ABSOLUTO DESPRECIO POR TODO BIEN MATERIAL Y EN ESPECIAL POR EL DINERO"*

¡ASÍ QUE ADEMÁS DE AFEMINADOS.... **ATEOS!**

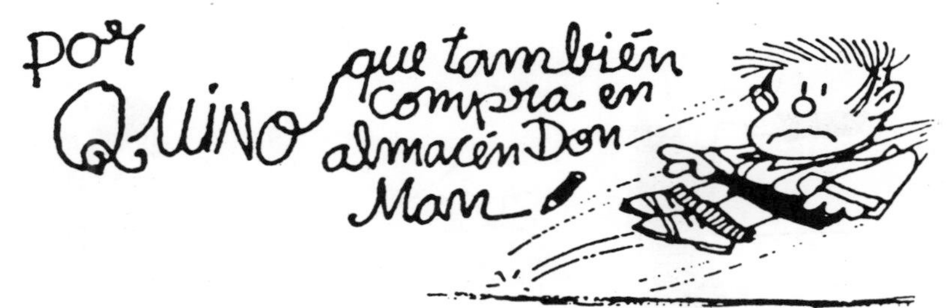

Referencia al derrocamiento del rey Constantino II, de Grecia, por parte de una junta de coroneles.

28 mayo '73

4 junio '73

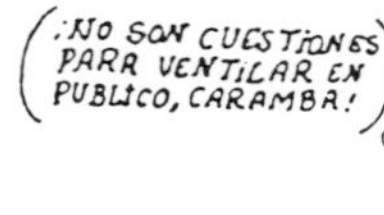

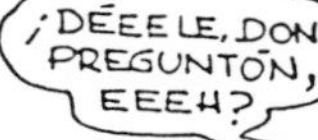

11 junio '73

18 junio '73

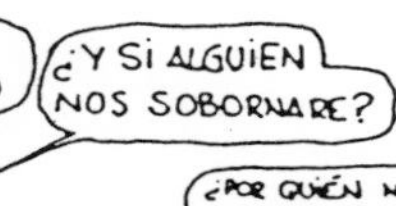

Después que **Mafalda** se despidiera en junio de 1973,
Quino vuelve a retomar sus personajes en campañas de defensa de la niñez.
Ocasionalmente lo había hecho antes, como en el caso de "El Mosquito", publicación interna del Hospital de Niños de Buenos Aires.
En 1976, Año Internacional del Niño, UNICEF pide a Quino hacer un afiche e ilustrar los 10 principios de la Declaración de los Derechos del Niño. El autor cede sus derechos sobre esa edición al UNICEF.
Para fines de 1989 está prevista una Convención Internacional de los Derechos del Niño que pretende "que los países reconozcan esos derechos y luchen por su observancia con medidas legislativas".
Hasta ahora los principios sólo son buenas intenciones que los países no se obligan a respetar.

Esta Mafalda enfermera fue la portada de la revista "El Mosquito", sobre idea del Dr. Jorge Colombo, cuando el Hospital de Niños realizaba una intensa campaña para crear la Sala de Terapia Intensiva.

Boceto del poster que editó *Unicef* celebrando el *Año Internacional del Niño*.

DECLARACION DE LOS DERECHOS DEL NIÑO

Comentada por Mafalda y sus amiguitos para el UNICEF
(FONDO DE LAS NACIONES UNIDAS PARA LA INFANCIA)

Principio 1
El niño disfrutará de todos los derechos enunciados en esta Declaración. Estos derechos serán reconocidos a todos los niños sin excepción alguna ni distinción o discriminación por motivos de raza, color, sexo, idioma, religión, opiniones políticas o de otra índole, origen nacional o social, posición económica, nacimiento u otra condición, ya sea del propio niño o de su familia.

Principio 2
El niño gozará de una protección especial y dispondrá de oportunidades y servicios, dispensado todo ello por la ley y por otros medios, para que pueda desarrollarse física, mental, moral, espiritual y socialmente en forma saludable y normal, así como en condiciones de libertad y dignidad. Al promulgar leyes con este fin, la consideración fundamental a que se atenderá será el interés superior del niño.

Principio 3
El niño tiene derecho desde su nacimiento a un nombre y a una nacionalidad.

Principio 4
El niño debe gozar de los beneficios de la seguridad social. Tendrá derecho a crecer y desarrollarse en buena salud; con este fin deberán proporcionarse, tanto a él como a su madre, cuidados especiales, incluso atención prenatal y postnatal. El niño tendrá derecho a disfrutar de alimentación, vivienda, recreo y servicios médicos adecuados.

Principio 5
El niño física o mentalmente impedido o que sufra algún impedimento social debe recibir el tratamiento, la educación y el cuidado especiales que requiere su caso particular.

Principio 6
El niño, para el pleno y armonioso desarrollo de su personalidad, necesita amor y comprensión. Siempre que sea posible, deberá crecer al amparo y bajo la responsabilidad de sus padres y, en todo caso, en un ambiente de afecto y de seguridad moral y material; salvo circunstancias excepcionales, no deberá separarse al niño de corta edad de su madre. La sociedad y las autoridades públicas tendrán la obligación de cuidar especialmente a los niños sin familia o que carezcan de medios adecuados de subsistencia. Para el mantenimiento de los hijos de familias numerosas conviene conceder subsidios estatales o de otra índole.

Principio 7
El niño tiene derecho a recibir educación que será gratuita y obligatoria por lo menos en las etapas elementales. Se le dará una educación que favorezca su cultura general y le permita, en condiciones de igualdad de oportunidades, desarrollar sus aptitudes y su juicio individual, su sentido de responsabilidad moral y social, y llegar a ser un miembro útil de la sociedad.
El interés superior del niño debe ser el principio rector de quienes tienen la responsabilidad de su educación y orientación; dicha responsabilidad incumbe en primer término, a sus padres.
El niño debe disfrutar plenamente de juegos y recreaciones, los cuales deberán estar orientados hacia los fines perseguidos por la educación; la sociedad y las autoridades públicas se esforzarán por promover el goce de este derecho.

Principio 8
El niño debe, en todas las circunstancias, figurar entre los primeros que reciban protección y socorro.

Principio 9
El niño debe ser protegido contra toda forma de abandono, crueldad y explotación. No será objeto de ningún tipo de trata.
No deberá permitirse al niño trabajar antes de una edad mínima adecuada; en ningún caso se le dedicará ni se le permitirá que se dedique a ocupación o empleo alguno que pueda perjudicar su salud o su educación, o impedir su desarrollo físico, mental o moral.

Principio 10
El niño debe ser protegido contra las prácticas que puedan fomentar la discriminación racial, religiosa o de cualquiera otra índole. Debe ser educado en un espíritu de comprensión, tolerancia, amistad entre los pueblos, paz y fraternidad universal, y con plena conciencia de que debe consagrar sus energías y aptitudes al servicio de sus semejantes.

En 1984, a pedido de una institución de bien público, la Liga Argentina para la Salud Bucal, LASAB, Quino hizo que **Mafalda** se lavara públicamente sus dientes para que todos los chicos de Argentina lo compartieran con ella.

Mafalda se cepilla los dientes todas las noches antes de dormir.

Cepilla todas las caras de afuera de todos los dientes.

Todas las caras de adentro de todos los dientes.

Todas las caras que mastican.

Y ahora las caras de atrás... de los dientes de adelante.

Y también la lengua!!!

Para completar la limpieza de los dientes se cortan 30 cm de hilo de seda dental

y enroscándolo entre los dedos, lo pasamos por los espacios entre los dientes.

¿¿¿Mmmm???

¿¿¿Mmmm???

Afiche para el Congreso Internacional de Ambliopía realizado en Montevideo en 1984.

COMiENZA TU DÍA CON UNA SONRiSA, VERÁS LO DiVERTiDO QUE ES iR POR AHÍ DESENTONANDO CON TODO EL MUNDO

Estas 9 tiras, publicadas originalmente entre el 15 y el 24 de marzo de 1965 estuvieron incluidas en el volumen 1 de **Mafalda** editado por Jorge Alvarez y fueron suprimidas en ediciones ulteriores. Todas ellas, menos la correspondiente al 21 de marzo, fueron republicadas en el libro **10 años con Mafalda**, primero por Editorial Lumen en Barcelona y más adelante por de la Flor en la Argentina. Aunque el motivo de la supresión puede deducirse por las circunstancias políticas en algunos casos, en otros, como el de la tira definitivamente "sepultada" sólo podría atribuirse a la alusión burlona a un '"defecto" físico de Felipito.

15 de marzo de 1965

17 de marzo de 1965

18 de marzo de 1965

19 de marzo de 1965

20 de marzo de 1965

21 de marzo de 1965

22 de marzo de 1965

DEME UN CHOCOLATÍN

23 de marzo de 1965

¡ME NIEGO A QUE MAFALDA SE TRANSFORME EN UNA TARADITA CANTAJINGLES!...¡MALDITA LA HORA EN QUE LE NOMBRARON LA TELEVISIÓN!

24 de marzo de 1965

¿TABÉ QUE ADMATÉN "NON MADOLO" VENDE BADATÍTIMO?

Cuando Mafalda se publicaba en el semanario "Siete Días", en cada edición ocupaba una página, que incluía cuatro tiras y el título, en general dibujado por Quino con letras de fantasía y cargadas de alusiones.

Junto al título aparecía alguno de los personajes, a veces acompañado de otro, formulando una reflexión, pronunciando un juego de palabras o un discurso, o protagonizando algún **gag**.

Para 1971 ya se había acumulado tal cantidad de material valioso, con dibujos enriquecidos por su aire de bocetos, sin lo estereotipado de la historieta, que Ediciones de la Flor armó con ellos dos pequeños volúmenes: **Al fin solos** e **Y digo yo**. Se publicaron en la Argentina en noviembre de 1971 y luego también en España.

Otra recopilación del mismo origen apareció en octubre de 1973, ya en un formato mayor, bajo el título de **¿A dónde vamos a parar?**

Las tapas de esos libros son las que se reproducen en esta página, y a su contenido corresponden las viñetas que aparecen intercaladas a lo largo de este volumen y las que se ven a continuación.

UNA COSA ES TENER PASTA Y OTRA QUE A UNO LO TOMEN PARA EL FIDEO

UNOS SOMOS CHICOS Y OTROS DESCRECIDOS, NOMÁS.

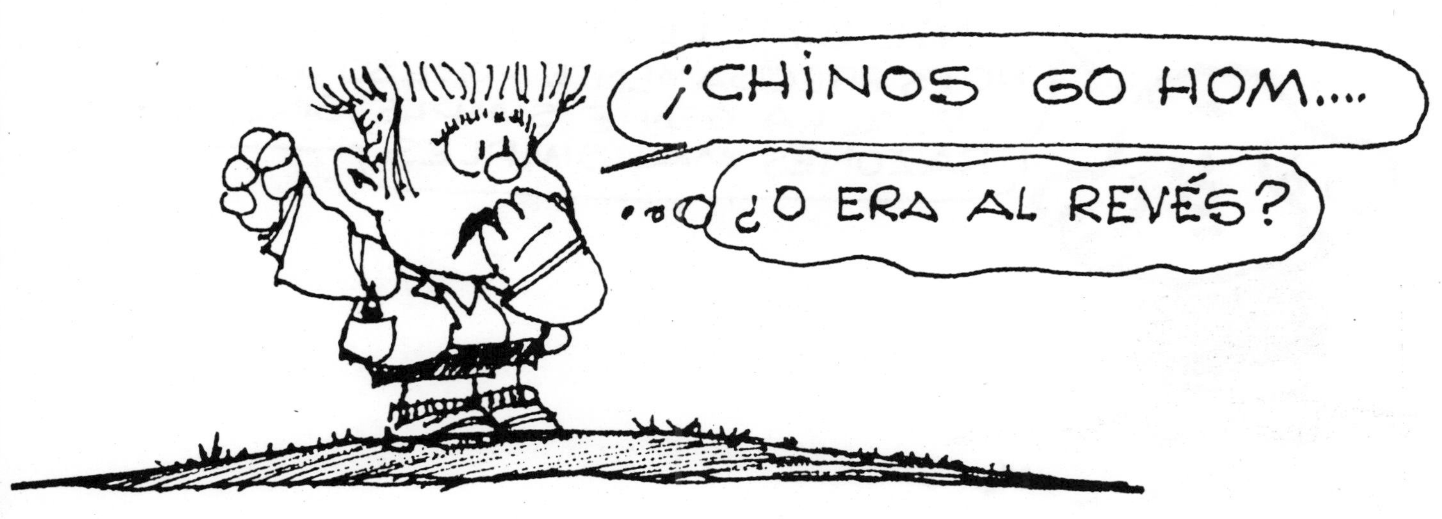
¡CHINOS GO HOM....
¿O ERA AL REVÉS?

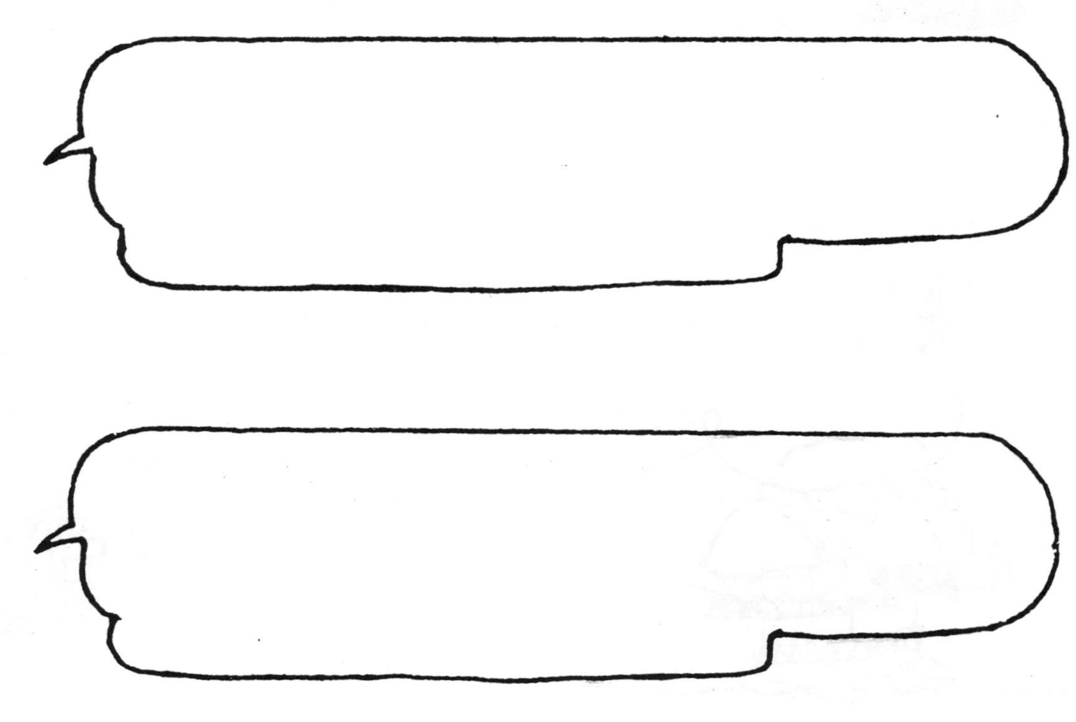

A MÍ ME GUSTA LA SIMPLICIDAD DE LA GENTE SIMPLE. YO SOY SIMPLE PERO NO ES PRECISAMENTE POR ÉSO QUE ME GUSTA LA GENTE SIMPLE, SINO POR RAZONES MÁS SIMPLES

DIGAN LA VERDAD, ¿USTEDES SE SIENTEN POLÍTICAMENTE REPRESENTADOS?

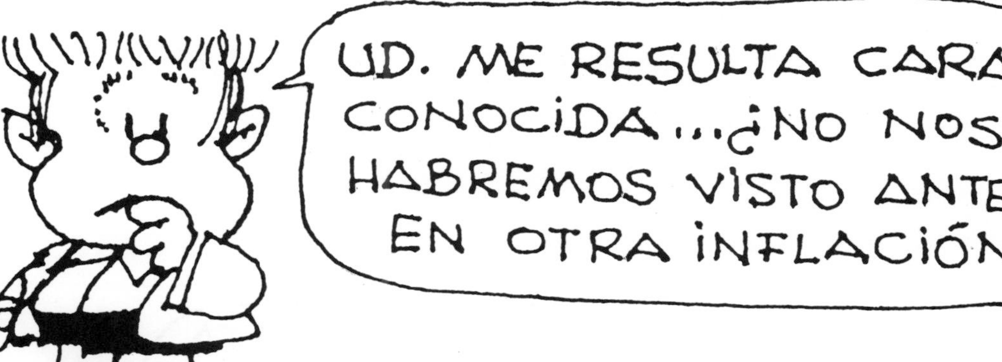

LA POBRE HA CONTRAÍDO EL TEMOR DE TENER PELOS EN LA LENGUA

NUNCA FALTA ALGUIEN QUE SOBRA

¡CALUMNIAS!... ADEMÁS, AL QUE CON GRANDES SE ACUESTA.... ¿EH? ¿POR QUÉ NADIE DICE QUÉ LE PASA AL QUE CON GRANDES SE ACUESTA? ¿EH?

CUANDO UNO NO SABE QUÉ DECIR NO SABE CÓMO DECIR QUE NO SABE QUÉ DECIR
CUANDO UNO NO SABE QUÉ DECIR NO SABE CÓMO DECIR QUE NO SABE QUÉ DECIR
CUANDO UNO NO SABE QUÉ DECIR NO SABE CÓMO DECIR QUE NO SABE QUÉ DECIR

¡BÉH!.. AL FIN DE CUENTAS UN RELOJ ES UN ALMANAQUE VIAJANDO EN TAXI

SI NO TUVIÉRAMOS CODOS... ¡QUE MANGA DE DESAPOYADOS! ¿EH?

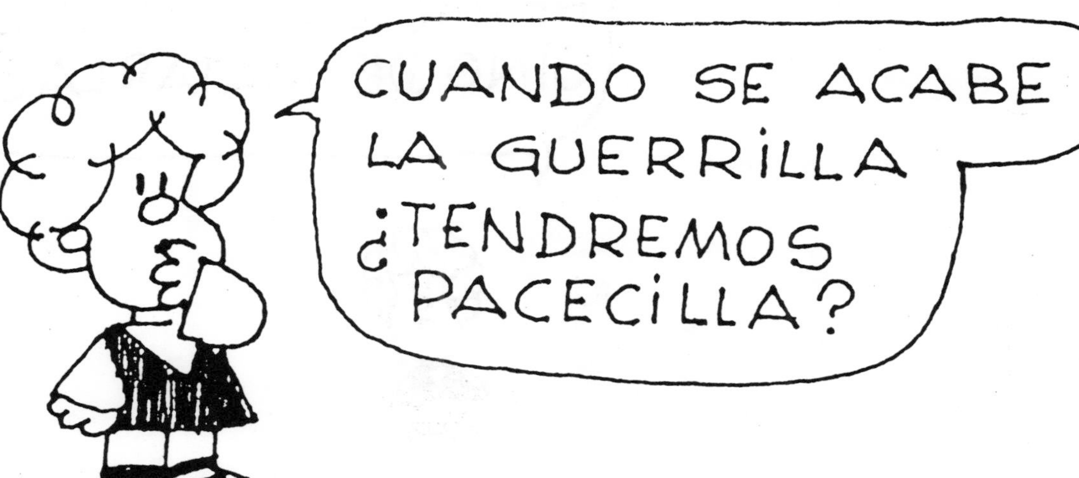
CUANDO SE ACABE LA GUERRILLA ¿TENDREMOS PACECILLA?

ES QUE ESTO DE SALTAR A LA CUERDA NO ES PARA INTELECTUALES COMO VOS

NO ES CUESTIÓN DE HERIR SUSCEPTIBILIDADES, SINO DE MATARLAS

¡¡AL FIN SOLOS!!

¡VADE RETRO, CULTURA!

PARECE QUE ÉSTE AÑO VIENE MEDIO MEZCLADA LA COSA

AL FIN DE CUENTAS UN SECRETO DE ESTADO NO ES OTRA COSA QUE UN CHISME VENIDO A MÁS

ASÍ ES LA COSA, DEL BEATLE CAÍDO TODOS SACAN PELO

¡DESDE LO ALTO DEL DÓLAR, CUARENTA DEVALUACIONES OS CONTEMPLAN!

VAN A LLEVARME A PASAR LAS VACACIONES AL CAMPO ¿LO CONOCEN? ES UNA COSA VERDE QUE QUEDA LEJOS

SE HABLA MUCHO DE DEPOSITAR CONFIANZA, PERO NADIE DICE QUÉ INTERÉS TE PAGAN

YO DIRÍA QUE NOS PUSIÉRAMOS TODOS CONTENTOS SIN PRE-GUNTARNOS POR QUÉ

HOLA ¿SABÍAS QUE EL ALMACÉN DE MI PAPÁ ES EL ÚNICO ATENDIDO POR SUS PROPIOS BESTIAS?

DIGO YO, ¿Y NACIONALIZAR LA NACIÓN? ¿O YA ES MUCHO PEDIR?

GUBIDA IPU MAMA ¿ITE?

K-K

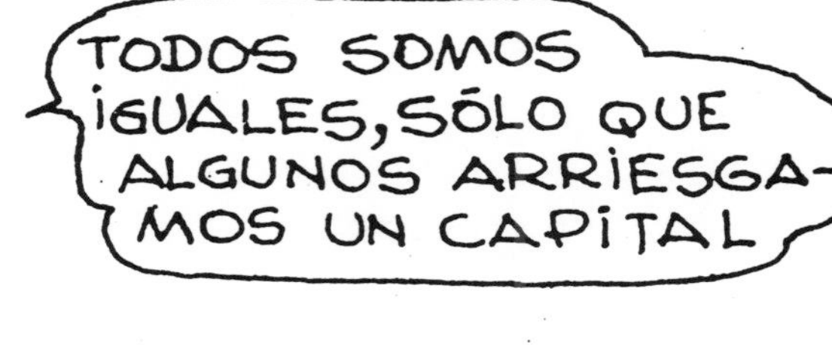
TODOS SOMOS IGUALES, SÓLO QUE ALGUNOS ARRIESGAMOS UN CAPITAL

EL AULA ES EL LIVING ROOM DE LA CULTURA

ME DIJO EL VERANO QUE PARA LOS DÍAS PESADOS ESTA TEMPORADA SE LLEVA MUCHO LA MUFA AL BIÉS

HOY NADIE ES SIMPLE, VOS HABLÁS DE ASCENSORES Y TE SALEN CON BERENJENAS

AHORA, YO PARA NO CANSAR

Cuando Quino firmó ejemplares de *Mafalda inédita* en su presentación en la librería "Fausto" de la calle Corrientes en Buenos Aires, la dibujó así para el cartel que lo anunciaba.

Dibujo para un pañuelo.

Cuatro versiones de una Mafalda "ecológica" dibujadas en Milán en 1988.

El 10 de diciembre de 1983, el Dr. Raúl Alfonsín había asumido la Presidencia de la Argentina tras más de siete años de cruenta dictadura militar. El 10 de diciembre es también el Día Universal de los Derechos Humanos, consagrado como tal por las Naciones Unidas.

Para celebrar el 5º aniversario del retorno de la Democracia, el Ministerio de Relaciones Exteriores y Culto encomendó a Quino un afiche que es el que aparece en la página siguiente: arriba una primera versión y abajo la que se imprimió. Los 9 bocetos de esta página pudieron haber sido la Mafalda de ese afiche.

¡FELIZ CUMPLEAÑOS, LIBERTAD!

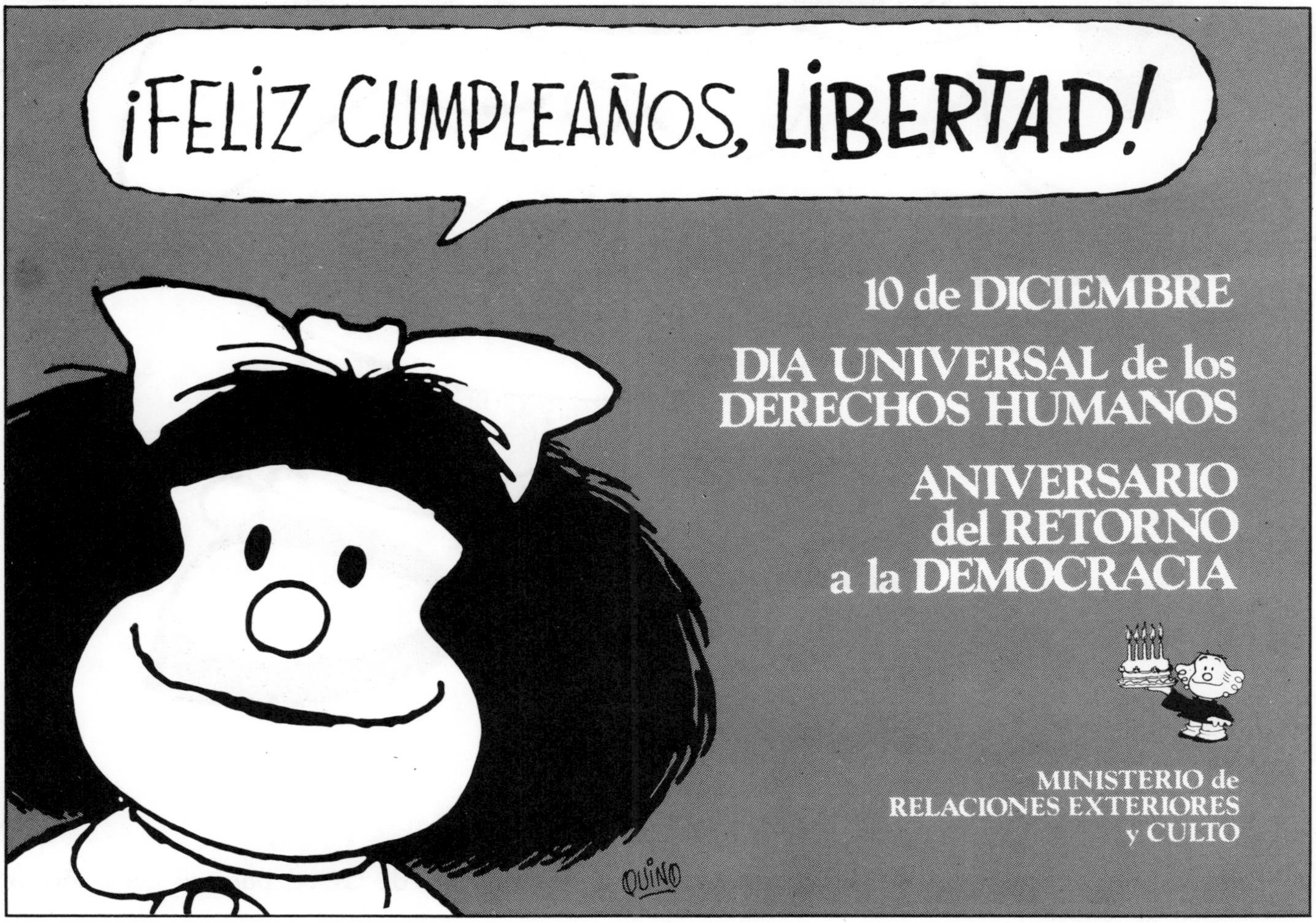

¡FELIZ CUMPLEAÑOS, LIBERTAD!

10 de DICIEMBRE

DIA UNIVERSAL de los DERECHOS HUMANOS

ANIVERSARIO del RETORNO a la DEMOCRACIA

MINISTERIO de RELACIONES EXTERIORES y CULTO

QUINO

La Cruz Roja Española también recibió la muy especial contribución de Quino para su campaña de recolección de fondos.

- Mi mamá es tan sensible a los problemas sociales que la sola palabra discapacitado ¡FRRRSSHT! le hace saltar el circuito emotivo. Y, sabés, todas esas fibras íntimas quemadas le bloquean el altruismo.

- Y, sssí... los demasiado buenos sufren a menudo estos problemas técnicos.

Algunos dibujos utilizados para tarjetas y posters.

En 1970, Aldo Guglielmone, escenógrafo, decorador, buen cocinero y amigo de Quino escribió para Ediciones de la Flor un libro de recetas para neófitos, todas preparadas con productos enlatados. Quino ilustró ese *¡Viva la lata!* con dibujos hechos sobre platos, que luego se exhibieron en la galería de Alvaro Castagnino. El capítulo sobre las sopas -¿cuál otro?- se presentaba con esta ilustración.

En 1991, después de un largo proceso, el correo argentino emitió una serie de ocho sellos postales dedicada a los más afamados dibujantes argentinos de humor y de historietas. En el conjunto (abajo) no podía faltar Mafalda, para cuya estampilla Quino había enviado dos bocetos. El que no se utilizó es el que se ve a la izquierda.

Dibujos realizados para una exposición en el Instituto Di Tella de Buenos Aires.

Aunque realizado para el Ayuntamiento de Madrid con motivo de la Semana Cultural Argentina en esa ciudad (octubre de 1990) este dibujo pareció después un comentario de Quino a la conmemoración del Quinto Centenario.

Dibujo realizado especialmente para la tapa del libro de geografía para escolares *El espacio argentino desde sus orígenes hasta la actualidad* de Carlos Rodolfo Marino, publicado en 1992 por la Editorial Estrada de Buenos Aires.

AHORA: "LA FLAUTA MAGICA"
de W. Amadeus Mozart
UNA BELLÍSIMA HISTORIA QUE NOS CUENTA QUÉ LÍO ES BUSCAR EL AMOR... ¡¡¡Y QUÉ HERMOSO ES HALLARLO GRACIAS A LA MAGIA DE LA MÚSICA!!!
QUINO

Desde esta página a la 649: Ilustraciones para un folleto patrocinado por la Fundación Konex, dirigido a los niños, promoviendo el Teatro Colón de Buenos Aires.

¡FÁH!...¡YO NO SABÍA QUE SEMEJANTE TEATRAZO FUESE NUESTRO!!
¿¿NUESTRO? ¿Y CUÁNTO NOS DARÁN POR ÉL?

¡NADA, MANOLITO! ¡¡EL COLÓN NO SE VENDE, PORQUE ES DE LA CIUDAD, Y LA CIUDAD ES DE TODOS!!

¡OOOH!...¡QUÉ MÚSICA!...

A MÍ LO QUE ME GUSTÓ ES LA DULZURA DE LOS TIMBALES:
¡¡PÓM-PÓM-PÓM!!
¡A MÍ LAS BAILARIIIIINAS!
¡¡Y A MÍ ME QUEDÓ MUY CLARA UNA COSA.....

....Y ES QUE EL COLÓN ES HERMOSO, Y
YO VOY A SEGUIR VINIENDO, PORQUE
SI NO VOLVÉS MÁS A UN SITIO ESE
SITIO NUNCA SERÁ TUYO SINO DE OTROS!

¡CHICOS!...RECUERDEN
QUE EN EL COLÓN
HAY OPERA,
BALLET,
CONCIERTOS DE
ORQUESTAS GRANDOTAS,
DE ORQUESTAS CHIQUITAS,
SOLISTAS DE CANTO,
SOLISTAS DE INSTRUMENTOS,
GENTE QUE CANTA TODA
JUNTA EN COROS....
¡EN FIN, UN
MONTÓN
DE COSAS!!

QUINO

Y AHORA: "EL CASCANUECES"
DE PIOTR I. TCHAIKOVSKI
¡CRACK!
UN CUENTO
CON HERMOSA
MÚSICA
BAILADA POR
CHICOS, ABUELOS,
SOLDADOS, HADAS,
CHINOS, CONFITES
Y RATONES.
¡TAMBIÉN EN ALMACÉN "DON MANOLO" NOS VOLVEMOS CHINOS CON LOS RATONES QUE BAILAN ENTRE LOS CONFITES Y LAS NUECES!!
QUINO

Dibujo realizado sobre una servilleta para el restaurante Griffin's de Buenos Aires en 1994.

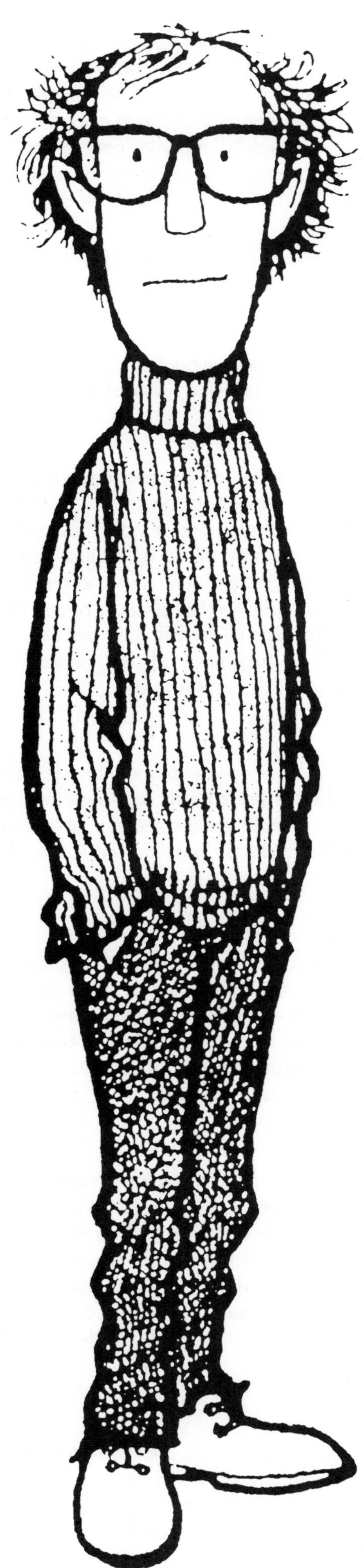

CRONOLOGÍA

1932

Tercer hijo de un matrimonio de inmigrantes españoles nace el 17 de julio en Mendoza (Argentina), Joaquín Salvador Lavado: Quino para sus familiares y sus futuros lectores.

1939

Quino empieza la escuela primaria y con ella muchas de las dificultades que después viviría su personaje Felipe en la historieta. *Me angustiaba tanto que en los primeros tres meses tenía malas notas, pero después terminaba el año con notas altas, aunque nunca era el primer alumno y eso me daba bronca.*

1945

El mismo año en que muere su madre, él termina la primaria y decide inscribirse en la Escuela de Bellas Artes. Por esa época aparece en Buenos Aires, la revista "Rico Tipo" dirigida por Divito. Publicar un dibujo allí será el sueño de Quino durante mucho tiempo.

1948

Con una muerte más a cuestas —la de su padre— toma una de las decisiones más importantes de su vida. *Cansado de dibujar ánforas y yesos* decide abandonar la Escuela de Bellas Artes para transformarse en un dibujante humorístico.

1950

Las puertas comienzan a abrirse. Una tienda le encarga dibujar una historieta publicitaria. *Recuerdo que era para una tienda de sedería y que se llamaba Sedalina, pero prefiero no tratar de pensar cómo era esa publicidad, porque seguramente me avergonzaría.*

1951

Entusiasmado, Quino viaja a Buenos Aires y recorre varias redacciones en busca de un lugar donde publicar sus dibujos. Luego de tres semanas de invertir dinero y esperanzas, vuelve a Mendoza sin haber podido conseguir trabajo.

1953

El dibujante debe cumplir con el servicio militar. Durante un año siente *que nunca iba a salir de allí y tenía ganas de matar a todos.* No obstante le sirve para conocer gente diferente: *Fue una ruptura muy grande, después empecé a dibujar algo distinto.*

1954

Pasé el momento más feliz de mi vida recuerda:

después de deambular por muchos diarios y revistas porteñas, en el mes de noviembre consigue publicar, en el semanario "Esto es", su primera página de chistes sin palabras. A partir de este año fue publicando en "Vea y Lea", "Leoplán", "Damas y Damitas", "TV Guía", "Usted", "Panorama", "Atlántida", "Adán", diario "Democracia", etc.

1959

La vida de Quino parece definitivamente encaminada. Publica regularmente en distintos medios gráficos —entre ellos las revistas de Divito "Rico Tipo" y "Doctor Merengue" o "Tía Vicenta" de Landrú—.

1960

Se casa con Alicia Colombo, una doctora en química.

1962

Hace su primera exposición en una librería de Buenos Aires con dibujos especialmente realizados para esa ocasión.

1963

Con prólogo del periodista y humorista Miguel Brascó aparece **Mundo Quino,** su primer libro. Es una recopilación de chistes sin palabras. Ese año, Brascó no sólo presenta el libro sino también al autor ante Agens Publicidad que necesitaba promocionar la nueva línea de electrodomésticos Mansfield de la empresa Siam Di Tella. El pedido era preciso: querían una historieta que combinara el estilo de "Peanuts" con "Blondie", publicitara los productos en forma encubierta y estuviera protagonizada por personajes cuyos nombres comenzaran con la letra "M". Así nace Mafalda.

1964

La campaña finalmente no se realiza y los productos Mansfield nunca llegan a estar en el mercado. Mafalda en cambio, tiene mejor suerte. Luego de que tres de las tiras se publicaran en la revista "Leoplán" la historieta queda formalmente integrada a las páginas del semanario "Primera Plana". El 29 de setiembre aparece por primera vez.

1965

Hasta el 19 de enero la tira era protagonizada por Mafalda y sus padres, una pareja de clase media que padece los cuestionamientos de la **enfant terrible.** Ese día se incorpora Felipe, un amigo de Mafalda, cuya figura está basada en Jorge Timossi, un periodista que —según explica Quino— *tenía dos graciosos dientes de conejito.*
Casi dos meses después, el 9 de marzo, Quino termina la relación con "Primera Plana". De allí, Mafalda se muda al diario "El Mundo" donde se suman los personajes de Manolito y Susanita.

1966

El sello Jorge Álvarez Editor publica el primer libro que reúne las tiras de Mafalda. Sale para Navidad y en dos días agota su tirada de cinco mil ejemplares. Por entonces, los personajes inundan la ciudad. La gente recorta las viñetas del diario y las pega en las ventanas, los negocios, las vidrieras, las agendas.

1967

El 22 de diciembre cierra el diario "El Mundo" y la tira queda interrumpida justo cuando estaba por nacer Guille, el hermanito de Mafalda. Los lectores pudieron, mientras, revivir sucesos anteriores a través de la segunda recopilación que publica Jorge Álvarez bajo el título de **Así es la cosa, Mafalda.**

1968

Con Guille ya nacido, la historieta se reanuda —el 2 de junio— en el semanario "Siete Días". Ese año Quino y Alicia hacen su primer viaje a Europa. Y también los personajes: treinta de las tiras son traducidas al italiano e incluidas en una antología de textos literarios y dibujos humorísticos que se tituló **Libro dei Bambini Terribili per adulti masochisti.** En Argentina, además, aparecen las Mafaldas 3 y 4 (Ed. Jorge Álvarez).

1969

También en Italia se edita el primer libro de Quino: **Mafalda la contestataria** con la presentación de Umberto Eco, director de la colección. Aparece en la Argentina **Mafalda 5,** la última con el sello de Jorge Álvarez.

1970

La sexta recopilación de tiras es publicada por Ediciones de la Flor, desde entonces a cargo de los nuevos tomos. Paralelamente, el sello Lumen lanza en España el primer libro de Mafalda. La censura del gobierno franquista obliga a los editores a colocar la frase "para adultos" en la tapa.

1971

Mafalda y el resto de los personajes recorren el mundo. La historieta aparece en distintas publicaciones de América latina. A su vez, traducida al francés, alemán y otros muchos idiomas, se reproduce en libros, diarios o revistas de países como Francia, Alemania, Dinamarca, Suecia y Finlandia. En la Argentina, De la Flor lanza la **Mafalda 7.**

1972

Editorial Siglo XXI de México publica **A mí no me grite,** la segunda recopilación de humor de Quino sin incluir a Mafalda. A diferencia de la primera, **Mundo Quino,** no todos los chistes son mudos. A su vez, de la Flor presenta el octavo compendio de tiras de la historieta. Ese año, además, el dibujante acepta dos propuestas que hasta entonces había rechazado: contratar un **merchandising** —dada la proliferación de Mafaldas piratas en todo el mundo— y firmar un contrato con Daniel Mallo para la realización de una serie de cortometrajes con sus personajes.

1973

Cuando la televisión argentina comienza a difundir los dibujos animados, Mafalda y sus amigos se están despidiendo formalmente de los lectores de "Siete Días". Después del 25 de julio, Quino ya no volverá a dibujar nuevas tiras. Sus personajes participarán en adelante de campañas de bien público. Este mismo año se publica **Yo que usted...,** el tercer libro con recopilación de humor gráfico. (Ed. Siglo XXI, México.) Aparece **Mafalda 9** en la Argentina.

1974

Los cortos filmados de la historieta se reproducen en los televisores de Italia y de algunos países latinoamericanos. De la Flor lanza la última recopilación de Mafalda: el tomo 10.

1976

La editorial española Lumen publica la cuarta selección de humor en libro: **Bien gracias, ¿y usted?** Esta recopilación aparecerá más adelante en la Argentina, en Ediciones de la Flor. En marzo Quino pone casa en Milán, y este último libro se edita en Alemania e Italia. Desde entonces Quino y Alicia pasarán bastante tiempo en Europa cada año. *La patria significa la juventud. Por lo tanto el hecho de estar lejos de ella ha hecho que mi humor se haya vuelto un poco menos vivaz pero tal vez algo más profundo.*

1977

A pedido del UNICEF, Quino ilustra con Mafalda y los otros personajes de la tira la campaña mundial de difusión de la Declaración de los Derechos del Niño. Se publica una nueva recopilación de humor —**Hombres de bolsillo—** lanzada por Lumen en España y Ediciones de la Flor en Argentina.

1978

El Salón Internacional del Humorismo de Bordighera le confiere a Quino el Trofeo Palma de Oro, su más alta distinción.

1979

La nueva recopilación de humor **Gente en su sitio** llega inmediatamente a Alemania, Portugal e Italia. En este último país aparece además, **Tuttamafalda** que reúne todas las tiras de la historieta. Con la autorización de Quino, en Francia se imprimen las tiras coloreadas y se editan en Grecia los primeros libros de Mafalda.

1980

Aparece **A la buena mesa** —un compendio temático sobre gastronomía, dietas y comida— y comienza "Humor por Quino", una página fija en la revista dominical del diario "Clarín", que se mantiene aún (enero/93) .

1981

En Buenos Aires, el productor Daniel Mallo presenta el estreno mundial del largometraje "Mafalda", que no es más que el montaje de los cortos realizados para la televisión. Mientras, aparecen los primeros libros con la historieta en Brasil y Colombia y Lumen publica una edición en catalán.

1982

Quino viaja al Salón Internacional de Humorismo de Montreal donde es elegido por sus colegas el **Cartoonist** del año. Se publica **Ni arte ni parte,** una recopilación de humor sobre literatura, plástica y música.

1983

Nuevo libro alrededor de la creatividad y la imaginación: **Déjenme inventar.** Después de mucho tiempo, las figuras de Mafalda y Manolito son retomadas por Quino para ilustrar humorísticamente una campaña de los odontólogos argentinos sobre la higiene bucal.

1984

Invitado para integrar el jurado del Festival Latinoamericano de Cine de La Habana, viaja a Cuba donde comienza su amistad con el dibujante de cine de animación Juan Padrón. Se realiza en Buenos Aires una gran exposición de dibujos de Quino organizada por la Fundación San Telmo, y otra en Mendoza, su ciudad natal. Paralelamente el Salón Internacional del Comic en Italia festeja los veinte años de Mafalda y en España salen tres libros con la historieta en gallego. La editorial Promexa comienza a publicar la obra de Quino en México.

1985

El ICAIC (Instituto Cubano de Arte e Industria Cinematográfica), bajo la dirección de Juan Padrón produce en Cuba los primeros cortometrajes de sus páginas de humor bajo el título de "Quinoscopios". Aparece **Quinoterapia,** una recopilación de humor sobre medicina, que aumenta la "quinomanía" de los lectores.

1986

Mafalda se convierte en la protagonista de una campaña para promover las primeras elecciones de consejos escolares en España. Por primera vez se publica un libro del dibujante en Estados Unidos: **The World of Quino,** cuya edición es acompañada con frases de elogio de humoristas famosos como Schulz, Larson y Trudeau.

1987

A pedido de Joan Manuel Serrat, que desea ilustrar con los personajes la tapa de su disco "El Sur también existe" —en el que incluye temas compuestos sobre textos del poeta Mario Benedetti— Quino dibuja una nueva tira de Mafalda, que finalmente no es utilizada con ese fin. En tanto, amores, noviazgos y matrimonios quedan retratados en otro libro del humorista: **Sí... cariño.**

1988

Quino recibe dos honores. El primero, en Mendoza, que lo distingue como Ciudadano Ilustre por ser "maestro del humor, la sensibilidad y la justicia". El segundo, a través de Mafalda a quien el Tercer Salón Internacional del Comic en Alemania le otorga el premio "Max und Moritz", denominado así en homenaje a los dos primeros niños terribles, considerados antecedentes de la historieta moderna. Dibuja a Mafalda y Libertad para un afiche del Ministerio de Relaciones Exteriores de la Argentina que celebra los Derechos Humanos y la recuperación de la vida democrática.

1989

Para celebrar los 25 años de la primera publicación de la historieta, Ediciones de la Flor presenta **Mafalda inédita,** un volumen que reúne las tiras y dibujos que por distintas razones no habían sido incluidos hasta el momento, en ningún libro. El lanzamiento se realiza en Buenos Aires y es acompañado por una exposición de dibujos originales y documentos en el Teatro San Martín. También de este año es el libro **Potentes, prepotentes e impotentes.**

1990

En China (Taiwan) aparecen ediciones piratas de **Mafalda.** Se publica en España (Lumen) **Mafalda inédita.**

1991

Se publica **Humano se nace.**

1992

En Madrid la Sociedad Estatal Quinto Centenario organiza una gran exposición llamada "El Mundo de Mafalda". En esta ocasión se exhibe un cortometraje realizado en Cuba por Juan Padrón sobre un dibujo de Quino que muestra a Mafalda con Colón. Editorial Lumen publica en Barcelona **Todo Mafalda,** un libro que reúne las tiras de la historieta y otros materiales del autor.

1993

Aparece en abril la primera edición de **Toda Mafalda,** publicada por De la Flor. La empresa española D.G. Producciones S.A., en coproducción con Televisiones Españolas produce 104 episodios de Mafalda en dibujos animados de un minuto de duración, realizados por Juan Padrón en el ICAIC. Esos cortometrajes no han sido comercializados en la televisión argentina hasta el momento de redacción de esta cronología. En octubre se realiza una muestra de humor gráfico del autor en el Centro Cultural Recoleta de Buenos Aires. En noviembre De la Flor edita **Yo no fui,** una nueva recopilación de páginas de humor.

1994

Se celebran en Milán los treinta años de Mafalda con una reunión en el Circolo della Stampa. Participan Umberto Eco, Marcello Bernardi, Fulvia Serra —directora de la revista "Linus"— y Román Gubern, semiólogo catalán y presidente del Instituto Cervantes de Roma.
Se inaugura en Buenos Aires la plaza "Mafalda" ubicada en el barrio de Colegiales en la manzana delimitada por las calles Concepción Arenal, General E. Martínez, Santos Dumont y Conde.

1995

En febrero, exposición de dibujos de Quino en el Centro de Promoción Argentina del Consulado General en Milán. En junio se edita **Yo no fui** en Portugal (Ed. Bertrand). En octubre, "El País Semanal", revista dominical del diario madrileño "El País" comienza la publicación de páginas de humor de Quino.

1996

En abril De la Flor edita el libro de Jorge Timossi **Cuentecillos y otras alteraciones** ilustrado por Quino con su personaje Felipe. El libro aparecerá luego en España y México y, traducido al portugués, en Brasil. En agosto la Universidad Empresarial Siglo 21 organiza una muestra de humor de Quino en Córdoba. También Ediciones de la Flor edita en la Argentina **¡Qué mala es la gente!:** es la primera recopilación de Quino en la cual el dibujo de la tapa está coloreado.

1997

Recibe un curioso premio: la "Placa de Plata" otorgada por la Asociación Madrileña de Empresarios de Restaurantes y Cafeterías, "por haber contribuido con sus manifestaciones gráficas al prestigio y la difusión gastronómica".

Esta edición se terminó de imprimir en el mes
de setiembre de 1998 en los talleres gráficos
de Editorial Médica Panamericana S.A.
Av. Amancio Alcorta 1695
Buenos Aires - Argentina